El arte del bien vivir

JOAQUÍN RIERA

El arte del bien vivir

Sabiduría epicúrea, felicidad y posmodernidad

ℙ

ALMUZARA

© Joaquín Riera Ginestar, 2022
© Editorial Almuzara, S. l., 2022

Primera edición: junio de 2022

Editorial Almuzara • Colección Ensayo
Director editorial: Antonio Cuesta
Edición de Rosa García Perea

www.editorialalmuzaracom
pedidos@almuzaralibros.com - info@almuzaralibros.com

Imprime: Black Print
ISBN: 978-84-16750-93-1
Depósito Legal: CO-836-2022
Hecho e impreso en España - *Made and printed in Spain*

A mi padre,
por estar sin ser
y ser sin estar.

A ti, que, mil y una veces,
tratas de mostrarme
la gozosa y serena senda
del lúcido Epicuro.

A Aurore y Laika.

A mis enemigos,
«porque lo que no me mata
me hace más fuerte».

Mosaico de Metrodoro del siglo II - III d. C. en el Museo Rolin, Francia. Se encuentra inscrita la *Sentencia Vaticana*, 14: «Hemos nacido una vez y no puede haber un segundo nacimiento. Por toda la eternidad nunca más seremos. Pero tú, aunque no eres señor del mañana, pospones tu felicidad. Desperdiciamos nuestras vidas retrasando las cosas, y cada uno de nosotros muere sin haber realmente vivido».

Índice

«Qué dulce es, cuando los vientos alborotan el mar, mirar desde la tierra la pena y el esfuerzo de otros, no porque sea un agrado o gozo ver a alguien sufrir, sino porque es dulce ver de qué males uno está a salvo. Dulce es también observar los combates bélicos cuando uno se encuentra lejos del peligro. Pero no hay nada más dulce que morar sobre los serenos templos asentados sobre la enseñanza de los sabios y desde ahí mirar hacia abajo, a los demás, cómo van de acá para allá buscando un camino a su vida sin rumbo, cómo compiten en ingenio y se enfrentan por tener fama, esforzándose noche y día a la caza de beneficios para llegar a encumbrarse con las mayores riquezas y tener el poder. ¡Ah, ciegos corazones! ¡Ah, mísero espíritu humano! ¡En qué tinieblas y en qué grandes peligros pasa el tiempo de la vida, sea este el que sea! ¡No ven que la Naturaleza no pide más que eliminar el dolor del cuerpo para que la mente, libre de pena y preocupaciones, disfrute de una sensación de alegría!»

Tito Lucrecio Caro, De rerum natura, II, 1-19

«Sí, estoy orgulloso de sentir el carácter de Epicuro de modo diferente, quizás, que cualquier otro y de gozar, en todo lo que leo y oigo de él, la felicidad de la tarde de la Antigüedad: veo su ojo mirar hacia un mar extenso y blanquecino, por encima de unas rocas de la costa sobre las que descansa el sol, mientras animales grandes y pequeños juegan en su luz, seguros y tranquilos como esa luz y ese ojo mismo. Una felicidad tal solo ha podido inventarla alguien que ha sufrido permanentemente, es la felicidad de un ojo ante el cual el mar de la existencia se ha vuelto calmo y que ya no puede cansarse de mirar su superficie, esa piel marina multicolor, tierna, temblorosa: nunca antes hubo una modestia tal de la voluptuosidad.»

Friedrich Nietzsche, La gaya ciencia, 45 (1882)

«Todo el mundo descubre, tarde o temprano, que la felicidad perfecta no es posible, pero pocos hay que se detengan en la consideración opuesta de que lo mismo ocurre con la infelicidad perfecta. Los momentos que se oponen a la realización de uno y otro estado límite son de la misma naturaleza: se derivan de nuestra condición humana, que es enemiga de cualquier infinitud. Se opone a ello nuestro eternamente insuficiente conocimiento del futuro; y ello se llama, en un caso, esperanza y en el otro, incertidumbre del mañana. Se opone a ello la seguridad de la muerte, que pone límite a cualquier gozo, pero también a cualquier dolor. Se oponen a ello las inevitables preocupaciones materiales que, así como emponzoñan cualquier felicidad duradera, de la misma manera apartan nuestra atención continuamente de la desgracia que nos oprime y convierten en fragmentaria, y por lo mismo en soportable, su conciencia.»

Primo Levi, *Si esto es un hombre* (1947)

Busto de Epicuro. Copia romana del siglo II de un original griego de la primera mitad del siglo III a. C. Museo Metropolitano de Arte de Nueva York.

Prefacio

En el libro cuarto de *La Gaya Ciencia* (1882), en el aforismo 341, Friedrich Nietzsche (1844-1900), tal vez el filósofo que más claramente ha captado el espíritu nihilista de la contemporaneidad, se refiere al «peso más grave», «el pensamiento de los pensamientos» o «pensamiento del eterno retorno», que le fue revelado «a primeros de agosto de 1881 en Sils-Maria (Suiza), a 6 000 pies sobre el nivel del mar y mucho más alto aún sobre todo lo humano»:

> Qué pasaría si un día o una noche un demonio se deslizara furtivo en tu más solitaria soledad y te dijera: «Esta vida, tal como la vives ahora y tal como la has vivido, tendrás que vivirla no solo una, sino innumerables veces más; y no habrá nada nuevo en ella, sino que cada dolor y cada placer y cada pensamiento y suspiro y todo lo indeciblemente pequeño y grande de tu vida tendrá que retornar a ti, y todo en el mismo orden y la misma sucesión —como igualmente esta araña y este claro de luna entre los árboles, e igualmente este instante y yo mismo. Al eterno reloj de arena de la existencia se le dará la vuelta una y otra vez —¡y tú con él, mota de polvo en el polvo!» ¿No te arrojarías entonces al suelo, rechinando los dientes y maldiciendo al demonio que te hablara así? ¿O acaso ya has vivido alguna vez un instante tan formidable en el que le hubieras respondido: «¡Eres un dios y nunca escuché algo más divino!»? Si ese pensamiento adquiriera poder sobre

ti, te transformaría respecto de como eres y quizás te destruiría; la pregunta decisiva respecto a todo y a cada caso particular, «¿quieres repetir esto otra vez e innumerables veces más?», gravitaría sobre tu acción como la carga más pesada. ¡Cómo tendrías que quererte a ti y a la vida para no *desear nada más* que confirmar y sancionar esto de una forma definitiva y eterna!

Para Nietzsche, filósofo vitalista por excelencia, la asimilación consciente de una concepción del tiempo que acepta que todos los acontecimientos del mundo, todas las situaciones pasadas, presentes y futuras, se repetirán eternamente, debe desencadenar en nosotros una transformación total en la manera de enfrentarnos con nuestra vida, afirmándola por encima de todas las circunstancias y teniendo presente siempre una pregunta ante todo lo que nos disponemos a hacer y por lo que atravesamos en nuestra existencia: ¿Es esto de tal modo que quisiera hacerlo y vivirlo infinidad de veces? Es decir, lo que hago o dejo de hacer, lo que, en definitiva siento, pienso y vivo desde mi interioridad hacia el exterior (y viceversa) por medio del juicio y la acción, ¿es de tal modo que lo quiera innumerables veces más, infinitamente?

Sin duda alguna la tesis nietzscheana del «eterno retorno de lo idéntico» (idea hipotética primero, dogmática después y finalmente —igual que el concepto de «superhombre» o «suprahombre»— ficción útil en el pensamiento de Nietzsche), más allá de su fundamentación científica[1], es la expresión de una reivindicación radical y total de una vida fugaz impregnada de placer y dolor que se convierte en lo Absoluto. Es una propuesta filosófica que invita a practicar el *amor fati*, esto es, no solo, como sucede con el estoicismo, a aceptar neutralmente lo que acontece como algo necesario (adaptarse a las cosas ajenas a nuestra voluntad y no querer

---

[1] Según Nietzsche, dado que la cantidad de fuerza que hay en el universo es finita y el tiempo infinito, el modo de combinarse dicha fuerza para dar lugar a las cosas que podemos experimentar es finito. Pero una combinación finita en un tiempo infinito está condenada a repetirse de modo infinito y, por lo tanto, todo se ha de dar no una ni muchas sino infinitas veces. Para Nietzsche, en fin, el tiempo es una serie infinita de cíclicos períodos idénticos (Ruiz, 2012).

cambiarlas), sino también a desear intensamente, tal como es, el vasto encadenamiento de causas y efectos que escapa a nuestro control y conforma el tejido del mundo y de la existencia; desear que lo que sucede suceda como sucede; no desear sino lo que es; no contentarse con tolerar lo inevitable sino amarlo; conceder, en fin, nuestro «sí» a cada instante de nuestra vida y con ello a toda la existencia en su conjunto, con sus luces y sus sombras.

Esta filosofía nietzscheana afirmativa de la existencia tiene, dentro de la historia del pensamiento occidental, un precedente y un hito en el filósofo griego Epicuro, un sabio muy admirado por el pensador alemán y con quien compartía una salud precaria; una condición fisiológica que sin duda influyó en la formulación de las ideas de ambos hombres y en su concepción de la filosofía como herramienta práctica edificada sobre las necesidades del cuerpo y como medicina del alma, es decir, de la mente. Tanto Epicuro como Nietzsche, cuyas ideas respondían a la máxima de Voltaire (1694-1778) de que «la mayor preocupación y la única que debemos tener es la de ser felices», propusieron una filosofía (entendida como indagación que busca conocer racionalmente la realidad y desentrañar el pensar, sentir y obrar humano, encaminándolo hacia la *verdad*) desde la vida y para la vida; un pensamiento en acción orientado a que el hombre consiguiese vivir libre de todo temor y, por tanto, feliz. Esa filosofía surgió en unos momentos históricos de crisis y de desesperanza como solución a una problemática atemporal, esto es, la del anhelo de felicidad y el temor ante el futuro, el sufrimiento, la muerte y, en definitiva, el incierto destino del hombre. Se trata de los mismos temas que nos acucian aún hoy y ante los que cabe adoptar una postura vital conducente al bien vivir.

De la experiencia del momento histórico que les tocó vivir, ambos pensadores supieron extraer una consecuencia crítica sobre el existir personal, una visión del mundo que tal vez algunos puedan calificar de pesimista y que no es otra que la asunción de que no hay un sentido trascendente en el universo ni en la vida humana y que la sociedad con sus luchas y estructuras de poder amenaza el único bien auténtico del individuo: su libertad personal. En esa situación la filosofía se convierte en un arte de la desconfianza en los valores reconocidos por la retórica oficial y se refugia en la subjetividad individual. Es una filosofía que abandona la fe en las ideas trascendentes y acude al materialismo y al empirismo para edificar una comprensión de la realidad que concluye en una ética individualista (solo aparentemente) que sitúa la finalidad de la vida en la felicidad derivada de los placeres de este mundo, negando cualquier providencia trascendente así como sus nocivos efectos en forma de vanos temores y falsas esperanzas.

Es esta una respuesta al problema del vivir humano cuya radicalidad no puede ignorarse. Una solución demasiado humana y terrena para el sentir de algunos (élites socioeconómicas y políticas) que ha producido un fuerte rechazo hacia ambos pensadores y sus respectivas ideas y obras, calumniadas, perseguidas y manipuladas durante mucho tiempo, hasta convertirlos en algunos períodos de la historia en autores malditos y auténticos enemigos públicos, negadores de la trascendencia mundana y adversarios de la religión y del Estado. De Nietzsche y su pensamiento, analizado a partir de unas obras que se han conservado íntegramente, se ha escrito y dicho mucho desde el siglo XX, pero de Epicuro, en cambio, se conoce muy poco y sus escritos se han perdido casi en su integridad. En las líneas que siguen se intenta recuperar el legado de la sabiduría ética epicúrea conformada por un lúcido «arte del bien vivir» y se aspira a mostrar su posible y necesaria aplicación a la nihilista posmodernidad en la que nos ha tocado vivir para tratar de hallar, contra viento y marea, la felicidad en nuestra breve existencia.

Al hablar de la propuesta epicúrea de un «arte del bien vivir» el término «arte» debe entenderse como aquella actividad humana hecha con habilidad, talento, imaginación, esmero, dedicación y experiencia y, a la vez, como el conjunto de reglas necesarias para desarrollar de forma óptima dicha actividad. En este sentido, el proceso de aprender un arte puede dividirse en dos partes: una, el dominio de la teoría, y la otra, el dominio de la práctica. Primero debe adquirirse todo el conocimiento teórico, hecho que no comporta, en modo alguno, ser competente en un arte. Porque solo se llega a dominar un arte después de mucha práctica, hasta que finalmente los resultados del conocimiento teórico y los de la actividad práctica se funden en uno solo, la intuición, que es la esencia del dominio de cualquier arte. Pero aparte del aprendizaje de la teoría y la práctica, procesos en los cuales deben estar presentes la disciplina, la concentración, la paciencia y el cuidado, hay un tercer factor que es necesario para llegar a dominar cualquier arte y que no es otro que la asunción de que el dominio de ese arte debe ser un asunto de fundamental importancia, de manera que nada en el mundo debe ser más relevante que el arte que se quiere adquirir. A este respecto, Epicuro nos propone con su filosofía el aprendizaje y la aplicación práctica del que sin duda alguna es el arte más importante que se puede y se debe adquirir y ejercitar en nuestra breve existencia: el del buen vivir.

La sabiduría epicúrea está ahí, a nuestra disposición. Que podamos entenderla y veamos su utilidad para superar las contrariedades cotidianas y para lograr disfrutar del «ser» más que del «tener» derivado de un desaforado «querer» y «desear» es lo que pretende esta obra. Otra cosa distinta, que depende ya de la voluntad de cada cual, es la aplicación práctica de ese arte esencial para gozar de la vida en toda su plenitud. Esto no será posible mientras olvidemos que *hay que tener para vivir*, como ocurría en la era preindustrial, y no *vivir para tener*, como ocurre ahora, en la posmodernidad, determinando esta visión miope de la vida que las personas nos olvidemos de que somos esencialmente mucho más de lo que tenemos, del cargo que ocupamos o de lo que los demás piensan de nosotros. En este sentido, frente a la defensa acérrima por parte del materialismo capitalista del predominio del «tener» sobre el «ser», en lugar de valorarnos por lo que poseemos y representamos ante los demás deberíamos asumir que valemos por lo que somos natural y genuinamente nosotros mismos. Así, no deberíamos vender nuestra alma a lo meramente material y aparente, sino ser fieles a nuestra historia, idiosincrasia, forma de pensar, etc. Es decir, deberíamos, en definitiva, ser auténticamente libres y, por tanto, nuestros valores, decisiones y formas de ser y actuar propias deberían decir más de nosotros que lo que pretendemos mostrar que somos y que aquello que poseemos o fingimos tener en forma de bienes materiales o de cargos y poderes de diverso tipo. El epicureísmo nos da las claves para realizar ese cambio o transición del «tener» al «ser», pero queda la duda de si seremos capaces de aprender y aplicar su «arte del bien vivir» a nuestra existencia. Ello requiere analizar la realidad desde la lucidez del pensamiento crítico para poder desterrar una nociva configuración de la personalidad propia de la posmodernidad que aboca al hombre a experimentar un desánimo y una insatisfacción crónicos, a pesar de estar rodeado de variadas comodidades, bienes y servicios (algunos necesarios y muchos superfluos) que adquiere y consume con avidez en busca de una felicidad que se le resiste y para tapar el vacío existencial que le causa el incesante, indiscriminado, doloroso y estéril desear propio del hedonismo neoliberal.

JOAQUÍN RIERA GINESTAR
Tormos (La Marina Alta), 9 de mayo de 2022

Introducción

Si hay un pensador de la Antigüedad la figura del cual haya sido vilipendiada y cuya filosofía, ya en una edad tan temprana como el siglo IV, haya sido profundamente tergiversada e incluso casi borrada de la historia, primero por paganos como, por ejemplo, el emperador romano Juliano y posteriormente por la ortodoxia cristiana y su implacable censura ideológica, pero también por eminentes filósofos modernos como Hegel (1770-1831), ese ha sido sin duda Epicuro (341-270 a. C.). Este filósofo griego, nacido en la isla egea de Samos, fundó en el año 306 a. C. en Atenas, en una casa rodeada por un huerto y acompañado por un reducido grupo de amigos, una escuela filosófica conocida como el Jardín. Dicha escuela y la filosofía que en ella se enseñaba supusieron la creación de un modesto remanso de paz, seguridad y amistad durante el convulso periodo histórico conocido como época helenística (323-30 a. C.). Una época en la que el equilibrio del mundo clásico helénico se vio sustituido por un mundo agitado, fragmentado y sin valores sólidos. Un mundo muy semejante al desconcertado, convulso y líquido mundo posmoderno actual en el que la búsqueda infructuosa de la felicidad y la falta de autonomía para encontrarla por uno mismo al margen del sistema del capitalismo salvaje y de las supuestas «alternativas» al mismo como la «happycracia» (Cabanas, 2019) y el *neohippismo* son unos rasgos muy destacados.

Las enseñanzas de Epicuro, cuya finalidad era que el ser humano pudiese obtener la salud de cuerpo y mente de manera sencilla y sin intermediarios, que su existencia transcurriese sin verse atenazada por obsesiones y miedos terrenos y trascendentes, simplemente tratando de vivir de acuerdo con su propia naturaleza, persiguiendo el placer y sorteando el dolor desde una prudencia racional basada en la experiencia y conocedora de los límites, fueron unas enseñanzas malinterpretadas, temidas y combatidas desde el mismo momento de su formulación. Eso ocurrió porque los guardianes de la ortodoxia ideológica sabían que el epicureísmo podía llegar al corazón de la gente común y liberar a millones de seres de las cadenas impuestas desde la época de las primeras civilizaciones por jerarquías sociales e instituciones políticas y religiosas a través de supersticiones, normas y valores opresores.

Los nutridos enemigos de la filosofía de Epicuro temían que calara entre los hombres el desprecio epicúreo al miedo a la muerte, los dioses, la Fortuna y el Destino, así como su defensa de una felicidad autónoma y posible en esta vida y este mundo, sin depender de futuros premios en un paraíso celestial ni temer castigos en un infierno tenebroso. Por esa razón combatieron la concepción epicúrea de la felicidad. Una concepción de la dicha basada en la obtención del placer o, lo que lo mismo, en la eliminación, aquí y ahora, del dolor físico y psíquico —sin rechazar su inevitable presencia y las ventajas que a veces se derivan de un mal ineludible—, colmando de forma prudente, desde la autarquía (gr. *autárkeia*) o independencia frente a cualquier circunstancia externa, los deseos naturales y necesarios. Y ello con la finalidad de obtener un moderado disfrute de placeres corporales básicos que procuran la ausencia de dolor somático y permiten el gozo de elevados placeres anímicos conducentes a la serenidad o ataraxia (gr. *ataraxía*), estado positivo indisolublemente ligado a la plenitud de la vida perfectamente cumplida en sus límites, con la presencia de un bien que en nada se puede aumentar.

Además, Epicuro, rechazando la tendencia filosófica griega clásica que había servido para la formación de ciudadanos y políticos, predicó una filosofía que no tenía como fin la educación de las élites de la sociedad para garantizar su triunfo en los ámbitos político y económico, sino buscar la manera de que la sabiduría, como camino y fármaco para alcanzar la felicidad, llegara a todas las personas. La invitación de Epicuro a llevar una vida apartada de la escena pública y no sometida a ella fue otro motivo más para el ataque de sus detractores. Y es que, para el epicureísmo, si bien la vida pública puede reportar placeres, no obstante, acaba generando más riesgos y peligros que beneficios. En este sentido, frente a la organización política y social tradicional, totalmente vertical, Epicuro llamó, provocando el rechazo de las élites, a ejercer una solidaridad horizontal. Una solidaridad sin jerarquías ni instituciones coactivas en un mundo donde, a pesar de la utilidad de las leyes, la constatable ausencia de justicia real debe ser sustituida, a partir de la libre voluntad individual de cada uno, por una amistad auténtica. Una amistad utilitaria, pero a la vez desinteresada, capaz de fundar una comunidad libre de iguales y de hacer frente a una sociedad y a unas instituciones estatales y privadas donde la justicia es un mero pacto de no agresión. Una sociedad donde, sin cautela y sin amigos, el hombre es un cordero inerme frente a lobos disfrazados de ovejas, presa fácil de la avaricia, envidia y malicia ajenas en una lucha por el poder sin reglas ni tregua.

En la actual época posmoderna, después de los horrores totalitarios y bélicos del siglo XX, la caída del comunismo, el triunfo absoluto del capitalismo en su versión neoliberal más voraz y la generalización teórica a escala mundial del modelo democrático occidental nacido en la Inglaterra del siglo XVII (1688), lejos de haberse alcanzado el final feliz de la historia mundial y haberse conseguido la paz y prosperidad universales, que según una visión idealista *neohegeliana* se pregonaba allá por 1992 (Francis Fukuyama), se ha abierto una crisis social de tres vértices comparable a la que asoló el mundo griego en la era helenística. En primer lugar, una crisis del sistema político con la degradación de la calidad democrática por la galopante corrupción de la clase política, la tendencia al autoritarismo de algunos líderes y la proliferación de nacionalismos racistas y populismos neofascistas y neocomunistas crecientemente apoyados por una población desengañada de los partidos tradicionales y de la propia democracia liberal, considerada ineficaz ante cuestiones como la desindustrialización o la inmigración masiva. En segundo término, una crisis económica crónica (con efectos como el desempleo o la inflación) agudizada por fenómenos como el terrorismo, las pandemias o las guerras que no impide un simultáneo consumismo compulsivo en un marco de flexibilización, deslocalización y globalización productiva, así como de profundo recorte de derechos sociolaborales en beneficio de una reducida élite. Y, en tercer lugar, una crisis existencial con una acelerada depauperación material e intelectual (analfabetismo funcional) y con la aparición de nuevos tipos de violencia en un marco de extensión del nihilismo o negación de toda creencia, principio o dogma religioso, político y social y de un fundamento objetivo en el conocimiento y en la moral, así como de asentamiento del relativismo o negación del carácter absoluto del conocimiento al hacerlo depender del sujeto que conoce, lo que abona el terreno para la intoxicación informativa y la posverdad impulsadas de manera interesada por los poderes económicos y políticos.

En este marco general, el imperio de la desinformación de los *mass media* (ausencia de un control o filtrado objetivo de la información), ayudado por las nuevas tecnologías e instrumentalizado por la élite económica y política que domina también las instituciones (des)educativas y que degrada de manera interesada los significados de las palabras del lenguaje como medio para controlar y atemorizar, por la vía de la mentira y lo políticamente correcto, las mentes de la masa y ejercer sobre ellas una presión asfixiante y condicionadora, marca la dirección de la ideología posmoderna y determina una visión deformada y unidireccional del mundo que coarta la libertad (generación de actitudes de autocensura para evitar la exclusión) y que condena a la infelicidad. Hoy más que nunca, de manera desafortunada, la libertad entendida como independencia de pensamiento y, por tanto, como base de la autonomía para decidir lo positivo para cada uno con vistas a la propia salud corporal y mental, no tiene nada que ver con que se pueda decir lo que se piensa (aunque la libertad de expresión también se vea hoy amenazada por el poder político a través de «comités» o «ministerios de la Verdad» con la excusa de acabar con la avalancha de bulos y *fake news* que inundan las redes sociales), sino con que se pueda pensar lo que se dice. Para ello es necesario que las mentes no estén corrompidas por las (des)informaciones recibidas, no solo a través de los medios de comunicación de masas, la publicidad (venta de un objetos y servicios) y la propaganda (venta de ideas, opiniones, doctrinas y creencias), sino también a través de una educación devaluada, simplificada y tendenciosa, padecida dentro y fuera de las escuelas, cuya misión no es formar seres humanos libres, sino crear un rebaño de individuos acríticos y sectarios (incluso fanáticos). Un rebaño de borregos ignorantes que, dentro de la vorágine consumista, atenazados por deseos innecesarios que conducen a placeres vacíos, insatisfactorios y dolorosos, y oprimidos por fobias diversas en una cultura del miedo que actúa como herramienta de control social, engrosan pasivamente las filas de un creciente contingente de dócil mano de obra barata al servicio de la trituradora de la economía neoliberal.

En un periodo histórico como el posmoderno, en el que la sociedad de consumo impulsa una estupidez colectiva y un hedonismo mezquino o amor al placer como fin supremo de la vida que confunde cantidad con calidad y precio con valor, tal vez sea más necesario que nunca tener en cuenta la sabiduría ética epicúrea. Una sabiduría hedonista que, como tal, estima que el placer es el comienzo, fundamento, culminación y término de una vida feliz, pero que basa dicho placer, a través de la experiencia, en el raciocinio prudente, en la *phrónesis* o prudencia al servicio de un «arte del buen vivir» al estilo de Baltasar Gracián (1995) más que en la *sophía* o sabiduría entendida como mera acumulación de conocimientos. Se trata de un hedonismo responsable y apolíneo que parte de la base de que el arte de disfrutar sabiamente de la vida y sus placeres consiste en la moderación y el conocimiento de los límites, en buscar aquello acorde con la Naturaleza (armonía y racionalidad). Un saber que es consciente del necesario equilibrio entre las pasiones, que hacen *vivir* al hombre, y la razón, que lo hace *durar*, partiendo de la base de que si las pasiones no llevasen a cometer torpezas que degradan y hacen sufrir al hombre, tendrían muchas ventajas sobre una fría razón que, por sí misma, sin el concurso del placer al cual modula, no proporciona felicidad. Este modelo de vida propugnado por Epicuro también apela a rechazar la opulencia del mundo urbano y la política de consumo y lujo que, en su inmoderación, tanto en la época del filósofo samio como hoy, animaliza a los seres humanos y provoca en muchos de ellos dolor y miseria material y moral.

Epicuro que, en definitiva, sintió en su sensible piel psicológica que el mundo en el que le tocó vivir, igual que el mundo posmoderno, estaba enfermo, a la deriva, sin finalidad ni justicia, sometidos los hombres a los terrores del futuro, a tormentos y servidumbres y, por tanto, necesitados de un remedio robusto, propone al hombre de hoy concebir la filosofía como una reflexión sobre la realidad con una finalidad práctica y, más concretamente, como una medicina para el alma. Un remedio eficaz que, partiendo de la base de que el placer y el dolor son las dos fuerzas básicas naturales que atraviesan cada fibra de la carne del ser humano y le avisan continuamente de lo que es conveniente, invita a desarrollar la capacidad, desde el autoconocimiento, de gobernarse a uno mismo y, por tanto, de ser libre en el camino hacia la serenidad. Un camino hacia el sosiego en el que, por otra parte, la amistad auténtica es un elemento importante.

Alejada de dogmatismos y moralismos metafísicos y asentada en la idea de que es posible hallar en la Naturaleza una norma de verdad no trascendente, susceptible de ser conocida y, por tanto, asequible, la propuesta filosófica epicúrea considera que una vida plena es una vida sensata, honesta y justa. Una vida que sigue estas virtudes no porque sean concebidas como buenas en sí mismas, es decir, porque tengan un valor intrínseco o metafísico, sino porque, desde una perspectiva que le concede a la virtud un valor extrínseco o pragmático, dichas virtudes llevan más a menudo al placer —entendido como ausencia de dolor— que sus contrarios y, por tanto, a una vida feliz. Es decir, la virtud es concebida por el epicureísmo como un instrumento (como un modo de ser o una disposición habitual, fruto del ejercicio y la costumbre) que propicia un estado fisiológico placentero caracterizado por la ausencia de dolor (concepción negativa del placer).

Por el gran valor del legado epicúreo para la humanidad, es una tarea intelectual inexcusable colaborar en la labor de rescatar de la manipulación la revolucionaria teoría de la *hedoné* (placer) de Epicuro. Es necesario ayudar a recuperar su propuesta intemporal de una felicidad o *eudaimonía* (literalmente llevar en sí, como disposición interior o voz de la conciencia, un «buen» —*eu*— «demonio» —*daimon*—) consistente en vivir de acuerdo con la Naturaleza y en «ser más» frente a «tener más», así como defender la aplicación de la ética epicúrea en la vida cotidiana en una versión no adulterada por el hedonismo posmoderno. Consideramos que el marco histórico del nihilista siglo XXI y de la desencantada y desnortada posmodernidad contemporánea es un crítico y, por ello, idóneo contexto para redescubrir y aplicar las herramientas filosóficas epicúreas dando a conocer, sin tergiversaciones, las enseñanzas de una sabiduría intemporal constituida como eficaz medicina que permite al hombre no solo sobrevivir en un mundo agitado, sino llegar a ser auténtica y sencillamente feliz en él. Poniendo en relación el objetivo de la filosofía epicúrea con el nombre de la escuela fundada por Epicuro en Atenas, puede afirmarse que su pensamiento terapéutico es como la acción de un buen jardinero que, con delicadeza, pero a la vez con firmeza, arranca de la psique humana las malas hierbas que impiden germinar las semillas de la felicidad sembradas en el cuerpo, facilitando que estas broten en equilibrio con la mente.

Nuestro análisis de la filosofía epicúrea y su vigencia en la posmodernidad se divide en cuatro capítulos e incluye un sustancioso apéndice con los textos éticos de Epicuro más importantes. En el primer capítulo se aborda el contexto histórico e ideológico en el que se ubica la figura de Epicuro y su filosofía, esto es, la época helenística, refiriéndonos sucintamente a sus obras y al sistema filosófico que dejan traslucir. También se analizan los antecedentes del pensamiento de Epicuro y la influencia de sus escritos en autores posteriores, así como la suerte que corrieron las obras epicúreas a lo largo del tiempo. En el segundo capítulo del estudio se disecciona el concepto de posmodernidad o época histórica en la que nos hallamos inmersos y que guarda concomitancia con el periodo helenístico. En el tercer capítulo de nuestro ensayo se repasa la evolución del concepto de felicidad a lo largo del tiempo, centrándonos, sobre todo, en la etapa posmoderna contemporánea. En el cuarto y último capítulo de la obra se pone en relación la filosofía epicúrea con problemas universales presentes con un acento propio en la posmodernidad, tales como el mal en el mundo y el silencio de Dios, la muerte, los deseos y los placeres, la autonomía personal, la vida en sociedad, el amor y el sexo, el ansia de riqueza y la libertad humana frente a las circunstancias. Para relacionar estas cuestiones con el pensamiento epicúreo se utilizan como eje de la reflexión sobre las mismas los cuatro remedios o juicios rectos (*tetraphármakon*) con los que Epicuro quiso restituir la salud del alma humana del hombre helenístico. Con el análisis, desde una óptica epicúrea, de esos problemas universales y de su manifestación posmoderna también se pretende corregir la interpretación y aplicación deformada que del epicureísmo y de conceptos clave de este como el hedonismo se ha hecho en la época posmoderna. El libro lo cierran unas conclusiones a modo de sumario, un epílogo, un jugoso apéndice con todos los escritos éticos de Epicuro y las referencias bibliográficas consultadas. Para facilitar la fluidez de la lectura hemos prescindido del uso de las notas al pie de página y también hemos omitido la indicación de las referencias de las citas de los textos de Epicuro que el lector puede encontrar en su integridad en el apéndice.

I
El epicureísmo

1. MARCO HISTÓRICO

Epicuro vivió y escribió en el periodo histórico conocido como helenístico, etapa temporal que abarca desde el año 323 a. C., en el cual muere Alejandro Magno tras haber formado un gigantesco imperio y aparecen, de la mano de los generales del macedonio, como fruto de la disgregación de dicho imperio y enzarzados en luchas por el dominio de unos sobre otros, los reinos helenísticos, hasta el año 30 a. C., cuando tras la caída de Cleopatra y Marco Antonio, Egipto, el último reino helenístico, es sometido por Octavio Augusto, primer emperador romano. El adjetivo «helenístico» hace alusión al intento de Alejandro Magno de helenizar o convertir a la cultura griega (lengua, urbanismo, religión, moneda, etc.) a todos los pueblos conquistados (desde Grecia, pasando por Asia Menor, Egipto, Fenicia y Palestina, hasta Mesopotamia, Persia, Afganistán, Pakistán e India), sin que ello implicara la aculturación o eliminación de los rasgos culturales propios de dichos pueblos. Más bien se trataba de establecer una influencia recíproca entre unos y otros (sincretismo). Este afán expansionista de Alejandro supuso la desaparición del papel de la *polis* o ciudad-estado griega como centro de la vida política y como referencia de la actividad del individuo. Su importancia quedó a partir de entonces diluida en el marco más amplio del imperio alejandrino y, posteriormente, en un contexto de violencia, se disolvió en los ámbitos de las distintas monarquías helenísticas, las cuales instauraron regímenes absolutistas de corte oriental. Los ciudadanos, que antes decidían sobre su propio destino en las asambleas de la *polis*, se hallaron subordinados al poder superior y autocrático de un monarca o de un tirano. Esta nueva situación conllevó tres consecuencias que se asemejan a algunos rasgos generales de la contemporaneidad posmoderna en la que vivimos:

(1) *Apoliticismo*. Debido a que la *polis*, al quedar políticamente englobada primero dentro de un imperio y después dentro de reinos absolutistas y verse azotada por violencias que la empobrecieron materialmente, perdió su autosuficiencia, ya no tenía sentido preocuparse por los asuntos públicos, los cuales escapaban de las manos de los ciudadanos, convertidos en súbditos. A este respecto, con su llamada al apartamiento de la actuación pública, Epicuro testimonia el individualismo creciente de la época helenístico-romana, en la cual, por el fracaso de sus convicciones políticas y por la falta real de libertad tanto bajo gobiernos despóticos como de signo popular, la mayoría de los ciudadanos renunciaron a sus tareas cívicas progresivamente. Puede decirse que a partir de este periodo histórico se constató por parte de los filósofos que, independientemente del tipo de Estado y del sistema político imperantes (monarquía, república, tiranía, democracia, etc.), siempre gobierna una oligarquía (nunca gobierna uno solo ni tampoco todos), siendo la democracia un sistema de distribución y reciclaje de una minoría privilegiada en el cual la mayoría de la población es representada por medio de un reducido y «selecto» grupo. Hay que tener en cuenta la ruptura que esto significó, pues la moral tradicional griega se fundamentaba en una cierta cooperación y competición en la vida pública y en el culto consecuente del heroísmo y la gloria como «virtud» y «excelencia» (gr. *areté*). Frente a ello, el epicureísmo, con una ética que no espera ni pretende la aprobación social, sino que se refiere como base de todo al

placer individual, abandonará de golpe toda vertiente pública de la moral. En este sentido, los epicúreos se convertirán en «idiotas» (del gr. *idiotes*, que literalmente quiere decir «aquel que se ocupa solo de sus intereses privados»), pues en la Atenas democrática aquel ciudadano que se aislaba de la participación política (asuntos públicos) para limitarse a su vida privada era considerado un «idiota», término que fue cargándose de una connotación peyorativa con el tiempo hasta designar al «tonto o corto de entendimiento». La incitación al «idiotismo» de los epicúreos significó la renuncia a toda esa colaboración social en la que, en otro tiempo (época clásica), el griego de la democracia mostraba su «areté» o virtud, premiada con la aprobación social, la buena reputación, la admiración popular e incluso la fama.

El apoliticismo helenístico se correspondería, en cierta medida, con el desengaño y desapego ciudadano respecto de la política tradicional propio de la posmodernidad; un desencanto que nutre populismos de extrema derecha y extrema izquierda (y también nacionalismos) y que hace que una creciente parte de la población sienta como ajenas, estériles, ineficientes y dañinas instituciones democráticas nacionales (parlamentos, tribunales de justicia), así como organizaciones supranacionales (UE, FMI, BCE, etc.), en este último caso devaluadas (al menos hasta la brutal invasión rusa de Ucrania de 2022) por la ausencia por parte de la mismas de la implementación de medidas eficaces ante las crisis económicas y migratorias y por el rebrote de nacionalismos decimonónicos con tintes racistas (véase el caso del Brexit). El matiz dentro del parecido entre el apoliticismo helenístico y el desapego político posmoderno, pero sobre todo la diferencia entre este último y el apoliticismo epicúreo, está en que Epicuro defiende un alejamiento de la política consciente y razonado (reconociendo la necesidad de un mínimo civismo) para hallar la tranquilidad individual y no, como ocurre en nuestra contemporaneidad, para evadirse, por pereza y por atrofia del pensamiento crítico, de las responsabilidades cívicas y buscar fuentes de excitación y supuesta realización personal en el consumo desaforado de productos, experiencias, servicios y drogas y en la adhesión acrítica y superficial a populismos de uno u otro signo. En este sentido, el razonado «idiotismo» epicúreo poco tiene que ver con la *idiotización* sin paliativos de la población supuestamente apolítica de hoy en día, unos *neoidiotas* que mientras trabajan para consumir sin freno y sin lograr una satisfacción auténtica (como lo prueba el aumento de las tasas de consumo de drogas, de trastornos mentales y de suicidios), por pura desidia mental (por no tener que pensar) y para conseguir una falsa tranquilidad y ubicarse identitariamente en alguna de las categorías o etiquetas establecidas de manera más o menos explícita por el sistema con el fin de agrupar, polarizar y controlar a los individuos, acatan sin rechistar la imposición de una visión externa y totalitaria de la vida (ideologías, pseudoideologías, modas y tendencias varias), dejando de lado su curiosidad y su capacidad de asombro y de cuestionamiento de la realidad y, en consecuencia, abdicando de su subjetividad, identidad, pensamiento crítico y autonomía.

(2) *Cosmopolitismo*. La eclosión política del helenismo trajo consigo la sensación de convivir en un espacio ilimitado, donde las relaciones de todo tipo (económico, social, etc.) eran mucho más laxas que en el marco concreto de la ciudad nativa (*polis*). En ese contexto, la concepción del ser humano como «animal político o cívico», tal y como había sido definido por Aristóteles (384-322 a. C.), es sustituida por la de «cosmopolita», configurándose así el hombre como «ciudadano del mundo», de la comunidad humana, algo esperanzador pero a la vez generador de incertidumbres, extrañamientos identitarios y recelos frente al «otro», al *bárbaro* (originalmente, en griego, «extranjero» y, posteriormente, sinónimo de persona inculta o cruel), con el que se ha de coexistir en un mundo sin fronteras. El cosmopolitismo helenístico tendría su paralelo posmoderno en el fenómeno de la *globalización* y los movimientos masivos de ideas, modas, capitales y personas de la contemporaneidad asociados a ella. Una globalización que si bien, por una parte, tiene elementos positivos pero a la vez polémicos como el multiculturalismo (dificultades para lograr una interculturalidad natural y real y esquivar un «choque de civilizaciones»), por otra parte, también presenta aspectos negativos como la pérdida de soberanía política en favor de instituciones supranacionales (desposesión democrática), la disolución de identidades culturales («contrarrestada» con un reverdecimiento de naciona-

lismos xenófobos opuestos a la «aldea global») o la explotación de los trabajadores del tercer mundo en sus países por multinacionales, y rasgos totalmente dramáticos como la inmigración ilegal que, mediatizada por las mafias que trafican con seres humanos, supone la esclavización laboral (agricultura, servicio doméstico, prostitución, etc.) y, lo que es peor, la muerte de miles de personas en desesperadas travesías hacia el mundo desarrollado en busca de una vida digna. A este respecto, tristemente, algunos políticos atizan el miedo al extranjero (identificación de cierta inmigración con terrorismo y delincuencia, fenómenos visibles y vendibles en televisión y redes sociales) para ocultar la ineficacia de unos gobiernos teóricamente soberanos ante los poderes globales (grandes potencias, multinacionales y fondos de inversión) que determinan el (des)orden mundial y provocan flujos migratorios a gran escala.

(3) *Individualismo*. La pérdida de importancia de la *polis* como referente social o el paulatino sentimiento de disociación de los antiguos vínculos cívicos entre los hombres, acompañado de una notoria sensación de inseguridad frente a un mundo que deja de ser claro, limitado y preciso y que se convierte en inestable, caótico y sin valores absolutos, trajo como consecuencia que el individuo pasase a preocuparse fundamentalmente de sí mismo, es decir, se desarrolló un creciente individualismo. En la crisis ciudadana, el individuo trató de mirar solo por sí mismo, por su familia y sus bienes, desentendiéndose de los demás. Se produjo la desaparición del sentimiento ciudadano de pertenecer a una comunidad autosuficiente y libre que, gracias a la colaboración activa y ferviente de todos sus miembros, subsistía y progresaba, y con ello se perdió el ideal del hombre libre que se ocupaba ante todo de la política patria y era responsable ante su ciudad de su conducta. La ciudad había perdido su autonomía tanto desde el punto de vista económico como político y el destino de los ciudadanos no estaba ya en sus propias manos, sino en las del monarca o el caudillo de turno y, acaso por encima de ellos, en las de la Fortuna o el azar, una divinidad imprevisible que ocupaba la vacante dejada por los antiguos dioses patrones de la ciudad-estado. La solidaridad entre los miembros de la comunidad cívica desapareció a medida que

aumentaba la lucha de clases en su aspecto más primario, el del enfrentamiento entre hombres libres ricos y pobres, estos últimos, desposeídos y en paro, más desamparados a menudo que los obreros esclavos. Por eso, los filósofos de esa época ya no se dirigirán a los ciudadanos como miembros de una comunidad con intereses comunes —como hacía Sócrates—, sino más bien a los individuos como personas aisladas en un mundo y una sociedad en crisis.

El individualismo helenístico, asimilado con la defensa de una madura singularidad autónoma frente a la desilusión y decepción causada por la crisis y degradación de la esfera política colectiva, podría compararse con el narcisismo eólatra de la contemporaneidad, una época en que las innegables virtudes del individualismo clásico, acrático y liberal, se han transmutado en vicios al aparecer su lado oscuro, que no es otro que el narcisismo y el hiperegoísmo. Se trata, además de un individualismo naif teledirigido y fomentado por el sistema contra el cual aparentemente se posiciona. Es, en este sentido, un individualismo que exagera la singularidad, pero que nace desde arriba, alentado por una estrategia del sistema que busca la división y desmovilización de la sociedad. Dicho sistema potencia entre la gente, por vías diversas, un desengaño hacia lo público que implica un claro reflujo de la agitación política y cultural de los años sesenta del siglo XX, la cual se definió por una imbricación masiva del individuo, a través de organizaciones colectivas, en los asuntos públicos. Se observa, de esta manera, desde finales del siglo XX y en beneficio de los poderes económicos, sociales, culturales y políticos del sistema, una creciente indiferencia del individuo con respecto a lo colectivo, algo que se manifiesta en la despolitización o desencanto respecto de la política tradicional paralelo a la aparición populismos; en la transformación de las ideologías, antaño coraza de ideas nucleadora de la sociedad, en meros eslóganes vacíos y mercadotecnia barata; en la desindicalización; en la ausencia de fe revolucionaria; en la disolución de la protesta estudiantil; en el agotamiento y mercantilización de la contracultura; y en la desvalorización de la educación y de la cultura en general. Raras son las causas (ecologismo, feminismo, antirracismo, LGTB, antimilitarismo en guerras europeas, etc.) capaces de galvanizar a largo término las energías de los individuos narcisistas posmodernos; unos individuos que están totalmente obsesionados consigo mismos y que consideran que los que les rodean deben hacerles sentir mejor o ser castigados por no hacerlo, lo que les lleva a convertirse en psicópatas en potencia capaces de racionalizarlo y justificarlo todo en beneficio de su ego. Esta realidad narcisista determina también una modificación de las relaciones sociales, convertidas muchas veces en meras conexiones superficiales temporales caracterizadas por el ensimismamiento de los individuos, la desconfianza hacia el «otro» y la virtualización y expansión artificial de los vínculos interpersonales («amigos» de *Facebook* a los que pedimos amistad por puro fisgoneo y no saludamos cuando vemos en persona o a los que no conoceremos nunca físicamente, «seguidores» de *Instagram* ideales para el postureo o el «lucimiento de palmito» reforzador del ego, etc.).

Estamos, en fin, ante una tendencia social posmoderna que, frente al espíritu colectivista y social de otras épocas y desde una dinámica basada en el afianzamiento del egoísmo y de las preocupaciones puramente personales, pone una atención puntillosa y una preocupación permanente sobre el individuo y su cuerpo. Un cuerpo que, sometido a un culto superficial en un marco de hedonismo consumista, debe tener una funcionalidad óptima con vistas a la obtención de un placer continuo y, asimismo, debe estar disponible para cualquier experimentación que le ofrezca el sistema económico capitalista. Ahora bien, a pesar del cacareado hiperindividualismo y de la evidente atomización (que no autonomización) de la sociedad que comporta el narcisismo del tercer milenio, paradójicamente y sin darse cuenta, los individuos actúan como un dócil rebaño ante el sistema económico y político que los dirige, manipula, divide y polariza, buscando acrecentar su poder sobre ellos y explotarlos al máximo en beneficio propio.

Es innegable que en la configuración de la idiosincrasia narcisista de las colectividades posmodernas ha influido de manera determinante la desvalorización de los grandes mitos y el «deber ser» propios de la sociedad ilustrada moderna, un desvalorización que ha inaugurado nuevos modos de relación sociocultural en que si bien los individuos no abandonan del todo los conceptos y valores de la modernidad, no obstante, los reorganizan y adaptan libre e interesadamente a las exigencias de sus realidades concretas y, aunque no sean conscientes, a las directrices del sistema. Este movimiento hacia la epidermis de los valores substanciales de la cultura humanística clásica y el evidente descafeinamiento de los mismos puede describirse como un proceso en el cual los individuos, en su socialización, dejan de prestar atención a dichos valores con el nivel de importancia prescrito en el discurso enunciativo del deber para hacer un uso de ellos práctico, superficial, atenuado y elástico, adaptado a sus prioridades, necesidades e intereses particulares situacionales. Se cumple así la máxima atribuida a Groucho Marx que dice: «Estos son mis principios; si no le gustan, tengo otros».

La entrada en crisis en la cultura occidental posmoderna de las instituciones hijas de la modernidad y de los discursos referenciales o relatos que la sustentaban, tales como el de la gran ética o la noble política herederas de la época de la Ilustración, hace que la sociedad no solo utilice de forma pragmática valores antaño inmutables y sagrados, sino que perciba también una galopante y flagrante ineficiencia y corrupción burocrática en todas las escalas de lo institucional. Asimismo, dicha crisis impulsa un sentimiento de desconfianza general de los individuos hacia las instituciones públicas y privadas, cuya pérdida de credibilidad supone una deslegitimación del estatus de verdad absoluta que sustentaba dichas instituciones y que a la vez emanaba de ellas y de los valores que predicaban y supuestamente defendían. Se abre así, desde principios del siglo XXI, con la ayuda inestimable de tecnologías de la comunicación como Internet y de las aplicaciones de las redes sociales, una libertad de acceso a la información desconocida hasta el momento (una maravillosa Biblioteca de Alejandría 2.0) y que permite una verdad multiperspectivista que desgraciadamente acaba por convertirse en muchos casos, debido a la ausencia de verificaciones de hechos (*fact-checking* o detección de errores y noticias falsas en los medios de comunicación) y de filtros objetivos (ecuánimes y no censores ni manipuladores) aplicados a dicha ingente información, en posverdad y bombardeo de *fake news* por parte de particulares, pero también de estados (Rusia y China), empresas e instituciones públicas y privadas, con finalidades económicas y políticas y, en definitiva, de control social. En este sentido, puede decirse que cuando se descubrió que la información era una eficaz arma de manipulación, una valiosa mercancía y un buen negocio, la verdad (algo a lo que parece que hoy solo podemos acercarnos comparando mentiras) dejó de ser importante. Irónicamente, el desprestigio y erosión de las instituciones y valores heredados de la modernidad y percibidos como caducos, incongruentes u opresivos por la sociedad posmoderna, han provocado solo una sensación de mayor libertad en los individuos, porque realmente estamos más controlados y manipulados que nunca por unos poderes fácticos reconvertidos en *grandes hermanos* invisibles y a la vez omnipresentes.

En relación con el control y la manipulación colectivos es necesario referirse al auge de las llamadas redes sociales (arma de doble filo que «interconecta» pero a la vez «atrapa» como una red de pesca) y a su papel en la «socialización» desintegrada propia de la posmodernidad. Sin caer en una simplista demonización o criminalización de las mismas, pues sus usos son variados —divulgación científica, búsqueda de empleo, intercambio de información, conocer parejas, *postureo*, etc.—, hay que señalar que dichos instrumentos de comunicación, siguiendo la tendencia a la atomización social y al individualismo propia de las sociedades neoliberales (y también secundando su propensión a la monetización de cualquier cosa), se han convertido en un marco de interacción parasocial, de generación de nuevos tipos de carisma, de creación de tendencias de consumo y modelos de comportamiento, así como de obtención de ingresos económicos según la ley del mínimo esfuerzo intelectual. Es decir, en dichos medios de comunicación, como, por ejemplo, *Twitch* (plataforma que permite realizar transmisiones en directo o en *streaming*), se ha sustituido la interacción personal por una falsa sensación de proximidad interpersonal virtual (pues en la red se está «en directo» pero no «en vivo») entre un nutrido y fiel público seguidor y determinadas personas carismáticas que aparecen de forma recurrente en las redes sociales para hablar de asuntos personales, triviales (aficiones, gustos, etc.) o no (problemas que han tenido, cuestiones públicas, temas de actualidad, etc.), determinando gustos y actitudes sin filtros críticos por parte de sus seguidores.

En este sentido, en lo tocante a la cuestión de la construcción virtual de la personalidad y a la capacidad de influencia de unos individuos sobre otros, las redes sociales han inaugurado una nueva forma de carisma o atracción irresistible que otros confieren a las características de una persona. Se trata de un carisma que no descansa, como antes, en el carácter extraordinario de una personalidad, sino en idiosincrasias accesibles y llanas, con individuos de origen humilde y con un nivel de estudios básico que, en chándal, emiten directos de varias horas desde su dormitorio, llegando a ser, para extrañeza de muchos, referentes sociales que enganchan a decenas de miles de personas y obtienen pingües beneficios a través de la publicidad por una actividad banal (*cf.* Ibai Llanos). Estos *streamers* proyectan la imagen de ser unos tipos sinceros, honestos y llanos, conscientes de que tienen influencia sobre una comunidad de *followers* con la que «interactúan», en su aparente intimidad, a cualquier hora del día y en emisiones en directo de hasta tres horas. Una comunidad de seguidores sobre la cual, teóricamente, ejercen dicho influjo con responsabilidad (algo que ponen en duda casos como el de Naim Darrechi, el *tiktoker* con más seguidores en España, que en julio de 2021 se jactaba de eyacular dentro de sus parejas mediante engaños) y cuya sensación de grupo cohesionado refuerzan mediante el uso de un vocabulario específico trufado de términos propios de *millennials* y de la *generación Z* (y también de la *Alfa*) y compartido por el líder de opinión creador de contenidos digitales y su público seguidor.

Ahondando en el tema del poder de la personalidad del *influencer* sobre su comunidad, un influjo a veces nocivo y siempre mediado por el beneficio económico, hay que señalar que a diferencia de lo que ocurría con el carisma tradicional, que hasta la aparición de los *mass media* en el siglo XX era algo connatural y restringido a un grupo exiguo de individuos, ahora, en un marco cultural de relativismo moral y de pérdida de los valores intelectuales y racionales de la modernidad y en un contexto de innovación tecnológica en la comunicación, se ha liberalizado y se ha impostado. Así, por una parte, el carisma se ha democratizado y cualquiera que cuente con una adecuada estrategia de comunicación, a pesar de ser alguien totalmente vulgar, sea un candidato político, el portavoz de un grupo marginal y extremista o, simplemente, un gris ciudadano de a pie con estudios básicos, puede pasar como persona carismática. Y, por otra parte, los nuevos medios de comunicación permiten que se pueda fabricar o manufacturar el carisma («avatarización» de la identidad), esto es, dar una espontaneidad controlada o fabricada (falsa proximidad) donde lo importante es fijar el personaje (su aspecto, sus ademanes, su lenguaje, etc.) y luego interpretarlo en contextos diferentes.

En definitiva, en una sociedad en que las nuevas tecnologías de la información y la comunicación (TIC) han multiplicado hasta el infinito los líderes de opinión y la propagación de opiniones banales preñadas de falsedades y simplificaciones (pero también de opiniones fundamentadas, libres y necesarias), plataformas como *Youtube, Instagram o Twitch* se «aprovechan» (el beneficio económico es mutuo) del carisma impostado del *influencer* y lo catapultan a lo más alto sin importarles ni la difusión generalizada entre los *followers* de valores banales y dañinos (y de posverdades), ni la destrucción de interacciones personales y comunitarias reales (incluso los deportes se han virtualizado con el fenómeno de los *e-sports*), sustituidas por vínculos parasociales y por pseudocomunidades económicamente rentables y políticamente útiles para las élites.

(4) *Irracionalismo.* A la sombra de la situación de crisis general de la *polis* en el periodo helenístico, en una sociedad fuertemente fragmentada y agobiada por sentimientos de ansiedad y angustia, y en detrimento de la religión tradicional griega, sumida en una crisis profunda causada por el desmoronamiento de las estructuras políticas en que se fundamentaba y, también, por las críticas filosóficas y racionalistas contra los viejos dioses, anidó en la mentalidad de los hombres una creciente superstición. Dicha superstición fue canalizada a través de nuevos y múltiples cultos y sectas, cada uno con sus credos místicos, sus fanatismos y sus promesas de redención, que sembraron en las mentes de la colectividad las ideas de culpa, castigo e inmortalidad en forma de salvación transmundana. El clima de irracionalidad propio de la época helenística, esto es, de ruptura del equilibrio emocional

del hombre (encaje entre nuestras emociones y nuestro razonamiento) por la decantación hacia su parte afectiva en detrimento de la parte racional, tendría su paralelo en la expansión posmoderna de todo un mosaico de teorías de la conspiración (illuminati, QAnon, terraplanismo, etc.) y de pseudociencias y creencias relacionadas con la muerte (espiritismo, poltergeist, etc.), la enfermedad (curanderismo, antivacunas, biodescodificación, medicina tradicional china, etc.), el Destino y la Fortuna (astrología, cartomancia, quiromancia y oniromancia) o los dioses (ufología, alienígenas ancestrales é hipótesis de paleocontacto).

Esta irracionalidad posmoderna se desarrolla en unas coordenadas de conocimiento relativistas, en un contexto de devaluación de la educación y de circulación excesiva de información y en un escenario político polarizado en el que ha irrumpido (de nuevo) el populismo. Concretamente, la generalizada insensatez posmoderna se debe, en gran parte, a la acción desbordante de un aparato (pseudo) informativo trufado de *fake news* y posverdades combinadas con la extensión entre los individuos del sesgo de confirmación frente a la reflexión crítica. Dicho aparato (des)informativo, instrumentalizado por estados, empresas, partidos políticos, grupos de presión y particulares, se vale de Internet y las redes sociales —*Whatsapp*, *Twitter*, etc.—, así como de una creciente ausencia de pensamiento crítico, para convertir bulos en verdades, transformar verdades en *fake news* e insertar consignas simplistas en forma de propaganda en las mentes de un ascendente número de individuos (segmentarización de la información), los cuales, ignorando o despreciando aquellos datos que no corroboran o ponen en duda los dogmas que desde fuera se les han implantado en sus cerebros, buscan solo datos que refuercen «sus» opiniones (sesgo de confirmación).

2. CONTEXTO FILOSÓFICO

LOS PRESOCRÁTICOS

Sin ningún género de dudas, la filosofía de la época helenística es claramente heredera de los grandes sistemas filosóficos que se habían desarrollado en los siglos anteriores, tanto en las *poleis* de la península balcánica como en las colonias establecidas en las costas de Asia Menor. Los filósofos anteriores a Sócrates y los sofistas, conocidos con el nombre de presocráticos, se habían centrado básicamente en la búsqueda del *arché*, el primer principio de la Naturaleza a partir del cual habrían surgido todas las demás cosas. Diferentes pensadores se plantearon esta cuestión y cada uno de ellos dio una respuesta distinta a este problema. Así, mientras Tales (639-547 a. C.) pensaba que el *arché* era el agua, otros como Pitágoras (582-507 a. C.) introducían conceptos más abstractos como el «Uno», inaugurando así toda una corriente de pensamiento consistente en intentar reducir la realidad a números y relaciones matemáticas. Pero de entre todos los presocráticos merecen especial mención, por su influencia directa en el epicureísmo, los atomistas Leucipo (480-420 a. C.) y Demócrito (460-370 a. C.). Estos filósofos pensaban que todos los cuerpos eran materiales y estaban compuestos por unas partículas mínimas e indivisibles: los átomos. Precisamente la palabra «átomo» quiere decir en griego «que no tiene partes» o «que no se puede dividir». Dichos átomos estaban continuamente en movimiento a través del espacio vacío y, únicamente debido al azar y la casualidad, en ocasiones acababan juntándose unos con otros, formándose así los diferentes cuerpos. En otras ocasiones se separaban, produciéndose así la destrucción o muerte de dichos cuerpos. Esta concepción materialista del universo llevó a los atomistas (en oposición a otros filósofos como los pitagóricos) a negar la existencia de una vida posterior a la muerte, pues, aunque creían en la existencia del alma, esta no dejaba de ser un órgano material más formado también por átomos, aunque de una mejor calidad. Por ello, la muerte del cuerpo suponía también la del alma —que no era sino parte del cuerpo— y, por lo tanto, la imposibilidad de inmortalidad de esta última.

SÓCRATES Y LOS SOFISTAS

Con la entrada en escena de Sócrates (470-399 a. C.) y de sus oponentes, los sofistas, representados por Protágoras (485-411 a. C.), el pensamiento filosófico sufrió un cambio de orientación. El núcleo de la reflexión ya no sería la búsqueda del *arché,* sino más bien el estudio del ser humano entendido como un ser moral y político. Desde ese momento se debatirán cuestiones tales como, por ejemplo, cuál es el papel del individuo en la *polis* y hasta qué punto puede contribuir al correcto funcionamiento de esta o cuáles son las normas morales que deben regir el comportamiento del hombre y si estas normas (y el conocimiento en general) son relativas y subjetivas (sofistas), esto es, dependientes de los hombres (existencia de tantas verdades acerca de las cosas como personas creen tener un conocimiento de ellas) o si, por el contrario, dichas normas deben tener (y también el conocimiento en general) un valor unívoco, absoluto y objetivo (Sócrates), independiente del ser humano (consideración de la verdad como una y la misma para todos los seres racionales, independientemente de las personas que la piensan).

PLATÓN

Es en esa coyuntura filosófica cuando aparece la figura de Platón (427-347 a. C.), quien, prosiguiendo la línea de pensamiento iniciada por su maestro Sócrates y oponiéndose al relativismo de los sofistas, justifica el valor objetivo de los principales conceptos morales (Bien, Justicia, etc.) y los convierte en entidades independientes que denomina «Ideas». Las ideas a las que se refiere Platón solo pueden ser conocidas mediante la razón (nunca mediante los engañadores sentidos) por unos pocos escogidos que habrán sido educados especialmente para ello. Estos privilegiados no son otros que los filósofos. Al ser los únicos poseedores de este conocimiento verdadero, los filósofos serán también los únicos competentes para aplicarlo en la práctica y, por lo tanto, los únicos capaces de gobernar de modo perfecto una *polis* o un Estado que solo así podrá alcanzar la perfección (*cf.* doctrina del «filósofo gobernante» expuesta en *La República*). El buen gobierno aristocrático defendido por Platón (aristocracia de la virtud y el saber, no de sangre) exige la anulación y disolución del hombre como sujeto particular en favor de los planes cósmicos divinamente diseñados, así como la disipación de su voz en la de su grupo correspondiente (*hombres de oro, plata* e *hierro*, según el pasaje de la *República* III, 415 a-c), sin posibilidad de trascender la clase social a la que se pertenece. En este sentido, para el platonismo el hombre que se precie de ser un buen ciudadano debe anularse como individuo y saber estar en su lugar sumisamente. Solo de esa manera, por pasiva, será actor político. Este tema platónico de la subordinación del individuo a la *polis* se repetirá, con matices, en Aristóteles.

Como presupuesto de la «teoría de las Ideas» que justifica, a través de la figura del rey filósofo, su propuesta política aristocrática, Platón establece toda una concepción filosófica de la realidad, de los objetos o entidades que existen (ontología) y del conocimiento de lo existente (epistemología). Respecto de la realidad existente, Platón postula un dualismo ontológico, distinguiendo entre dos tipos de realidad. Por una parte está lo auténticamente real, el mundo inteligible, compuesto por las Ideas y también por los objetos matemáticos. Por otra parte tenemos el mundo sensible, conformado por los objetos materiales, que no son más que apariencia de realidad, una copia de la auténtica realidad, de las Ideas. Por lo que se refiere al conocimiento de la realidad, Platón defiende un dualismo epistemológico, esto es, dos tipos de conocimiento que se corresponden con los dos tipos de realidad descritos por la ontología platónica (*cf.* mito de la caverna platónico). Por un lado, conocemos la realidad sensible o material mediante los sentidos, pero este es un conocimiento defectuoso que solo nos permite acceder a la apariencia de la realidad. Por otra parte, a través de la razón podemos conocer las realidades inteligibles, no sensibles, es decir, las Ideas o entidades a partir de las cuales Platón disputa con los sofistas y justifica su proyecto político. Este es el único conocimiento verdadero que nos permite aprehender la auténtica realidad.

LAS ESCUELAS DE PENSAMIENTO HELENÍSTICAS

La reflexión política, ontológica y epistemológica de Platón cobraba pleno sentido en un contexto histórico en el cual, como se ha mencionado, la *polis* era el centro de la vida pública. Para Platón, igual que para Aristóteles (discípulo de Platón que se alejará de su maestro y fundará su propia escuela), el hombre era un ser dependiente de la sociedad política, única vía para conseguir una vida digna y feliz. Por eso, el objetivo fundamental de la educación para estos dos filósofos era formar buenos ciudadanos, o sea, individuos que asimilasen un comportamiento tipo enmarcado en la *polis*. Esto equivalía a la autoinmolación del hombre a través de la institucionalización política. Sin embargo, en el periodo histórico en el que viven Epicuro y sus contemporáneos la situación ha sufrido un cambio radical y la decadencia de la *polis* ha traído consigo una importante conflictividad política. Dicha quiebra política se ve acompañada por una crisis paralela de los valores y de las normas que habían imperado hasta ese momento. Ante esta situación, las corrientes filosóficas que aparecerán en este periodo (cirenaicos, cínicos, escépticos, estoicos y epicúreos) se caracterizan por presentarse como «saberes de salvación». Su objetivo central será orientar y aconsejar al individuo para que logre alcanzar una felicidad personal y entre sus rasgos comunes destacan dos. El primero es su carácter de filosofías pragmáticas, y no meramente especulativas, orientadas a la acción. Es decir, no tratan solamente de reflexionar en un plano teórico y de enseñar a pensar, sino también de enseñar a vivir y, más concretamente, de instruir sobre el modo de conseguir ser feliz. En cuanto a la segunda característica compartida reseñable es que son filosofías sistemáticas que establecen una relación entre los principios y leyes que gobiernan el universo y la Naturaleza y los que rigen al ser humano. En otras palabras, postulan la existencia de una íntima relación entre la física y la ética. Por eso, antes de discernir qué es bueno y qué es malo y de establecer las normas necesarias para orientar correctamente la vida y la praxis del individuo (ética o filosofía moral), es necesario conocer cómo actúa el universo (física) para, de este modo, aplicar dicho conocimiento al ser humano. Solo así se garantiza que este pueda conseguir su objetivo final: la felicidad. Después de todo, el individuo no es otra cosa que un elemento más entre otros muchos que integran el universo. Por tanto, el hombre tiene que obedecer las mismas reglas que operan en el medio natural y el cosmos. Dicho de otra manera, el individuo tiene que entrar en armonía con el cosmos y la Naturaleza.

CÍNICOS, ESCÉPTICOS, ESTOICOS Y CIRENAICOS

Del mosaico de corrientes filosóficas que surgen paralelamente al epicureísmo y con las cuales este comparte ciertas características cabe mencionar varias escuelas. Una de ellas es la de los cínicos, fundada por Antístenes (444-365 a. C.), discípulo del sofista Gorgias (483-376 a. C.) y de Sócrates, y entre cuyos miembros destaca Diógenes de Sinope (412-323 a. C.), famoso por vivir, según la tradición, en un tonel. Los cínicos, desafiando las convenciones imperantes, propugnaban una vuelta a la «animalidad» entendida como una eliminación de todo lo superfluo y convencional para poder vivir tranquila y austeramente, al margen de la sociedad, en sintonía con la Naturaleza. Otra de dichas corrientes de pensamiento posclásicas es la de los escépticos, con personalidades como Pirrón (360-270 a. C.) y que, sin duda alguna, es la filosofía que mejor refleja esa situación de incertidumbre en la que vivían los seres humanos de la época helenística. Su doctrina se caracteriza, entre otras cosas, por ponerlo todo en duda y por propugnar la abstención de opiniones y juicios como la mejor alternativa posible, ya que en último término el escéptico afirma que no cabe conocimiento alguno (negación de toda posibilidad de conocer la verdad). Otras dos corrientes ideológicas helenísticas más merecen ser destacadas por su estrecha relación con el epicureísmo: el estoicismo, cuyo fundador fue Zenón de Citio (333-264 a. C.), y el hedonismo de la escuela cirenaica, cuyo ideólogo fue Aristipo de Cirene (435-350 a. C.), alumno de Sócrates que adoptó una perspectiva filosófica muy diferente a la de su maestro, enseñando que el objetivo de la vida era buscar el placer como bien supremo y mantener un control adecuado sobre la adversidad y la prosperidad.

ESTOICISMO

Por lo que respecta al estoicismo, hay que decir que la escuela estoica, fundada por Zenón hacia el año 301 a. C. en Atenas, fue una de las escuelas filosóficas helenísticas de mayor influencia. Su periodo de auge se registró entre el siglo III a. C. y el II d. C. y su debilitamiento coincidió con el auge del cristianismo. El estoicismo era una doctrina filosófica básicamente ética que tenía también, influida por los cínicos y por Heráclito, sus propias concepciones lógicas y físicas y que, fundamentada en la virtud y la razón («Sométete a la razón si quieres sometértelo todo», dice Séneca en *Las Cartas a Lucilio*), predicó el dominio del hombre sobre las pasiones que perturban su vida, llamando a conservar constantemente el control de uno mismo. En este sentido, el objetivo del sabio estoico era alcanzar la felicidad y la sabiduría prescindiendo de las comodidades, los bienes materiales y la fortuna, asumiendo que no son las cosas las que nos causan preocupación, sino los juicios que a partir de los estímulos sensoriales y por mediación de la mente hacemos sobre las cosas y los sucesos que nos rodean (representaciones mentales generadoras de opiniones). De ahí que el término estoicismo también designe cierta actitud moral relacionada con la fortaleza y la ecuanimidad en el carácter.

Concretamente, el ideal de los estoicos era lograr la imperturbabilidad y cierto grado de independencia mental y material frente el mundo exterior (conformado por lo que pensamos), aprendiendo a querer cada cosa como sucede o acomodando el comportamiento individual a la ley que, según ellos, rige el universo o la Naturaleza. Esto es, la razón universal, la voluntad de Dios o el Destino, así implique mutilación, enfermedad, dolor o pobreza, pues de lo que se trata es de seguir la regla recta del cosmos, encajando con sobriedad los avatares de la vida. A este respecto, el estoicismo apunta que el pensamiento de la muerte o del exilio nos ayuda a entender que no debemos encadenarnos a nada y que hay que vivir liberados de todo, siempre prestos a aceptar lo que disponga la Naturaleza universal. Asimismo, el sabio estoico aplica la «previsión de males» o representación de antemano de los acontecimientos que pueden acaecer, a fin de estar preparado para aceptarlos cuando ocurran. Desde este prisma existencial ascético la ética estoica defiende que la felicidad implica vivir conforme a nuestra naturaleza racional, que el único bien es la virtud racional y el único mal la conducta pasional e irracional y que los bienes materiales y aspectos de la vida como la salud y el placer son indiferentes para el sabio y de esa indiferencia proviene su fortaleza. Esta entereza del sabio estoico nace de su capacidad de discernir entre lo que depende de uno y lo que no, asumiendo que todo lo que no depende de uno mismo no es ni un bien ni un mal y teniendo en cuenta («cláusula de reserva») la llegada de eventos inciertos y ajenos a su voluntad que no deben perturbar su serenidad, porque lo que desea antes que nada no es llevar a cabo una determinada acción, sino poner su elección de vida en conformidad con la Naturaleza. De esta manera, la clave para ser libres es no desear ni despreciar nada que no dependa de nosotros, pues el deseo o aversión hacia lo que no depende de nosotros nos obliga, de un modo u otro, a convertirnos en esclavos de ello. Todos estos principios éticos estoicos, asentados en la creencia en una Providencia racional que ha determinado de modo sabio, justo e inevitable el destino del mundo u orden al que el hombre sensato debe someterse, tienen como objeto alcanzar la apatía (gr. *apatheia*), esto es, la insensibilidad emocional ante los avatares de nuestra existencia o la ausencia de pasiones (desapasionamiento); un estado de desinterés pleno y de distanciamiento y relativización frente a todo lo que resulte nocivo o perturbador para obtener la tranquilidad de espíritu o ánimo.

En cuanto a la relación entre estoicismo y epicureísmo, por lo que respecta a las coincidencias, ambas son doctrinas que consideran factible alcanzar la felicidad humana: el primero a través del dominio de las pasiones que perturban la vida y el segundo mediante el equilibrio de los placeres en función del bienestar del cuerpo y la mente. Ambas corrientes de pensamiento no se limitan a la teoría, sino que buscan que se plasme en la propia vida de los hombres, de manera práctica, un ideal de sabiduría basado en la razón; un ideal racional que facilite la mejor regulación de la conducta para hallar la felicidad. En este sentido, en los dos casos, la filosofía es concebida como instrumento de formación personal y herramienta de educación del carácter. Por último, ni el estoicismo ni el epicureísmo ofrecen un mensaje para cambiar las cosas, solo para cambiar individualmente y conseguir la tranquilidad como condición de la vida feliz. En lo que respecta a las diferencias entre ambas escuelas, hay que señalar que mientras que Epicuro amarra su filosofía a la tierra y propone como vía para la felicidad fijarse en la Naturaleza y centrarse en obtener, desde la independencia (autarquía) y mediante el concurso de la razón (prudencia) y el libre albedrío, unos pocos deseos alcanzables que eliminan el dolor y, por tanto, proporcionan placer, Zenón postula que hay un sentido trascendente (Providencia) más allá del estado de cosas presente y de la adversidad del mundo, un orden racional superior no siempre explícito en cuya comprensión y adecuación al mismo de los juicios, deseos y acciones humanos radica la vía que conduce al saber y, por ende, a la felicidad. Una última diferencia entre ambas ideologías es que la ataraxia epicúrea no equivale a la apatía estoica, pues para Epicuro la serenidad de la mente no se corresponde con la fría indiferencia emocional defendida por los estoicos, sino con el equilibrio emocional.

HEDONISMO CIRENAICO

Por lo que se refiere a los cirenaicos, estos desarrollaron una teoría propia del placer o de la *hedoné*. Este concepto es el origen de lo que se conoce como «doctrinas hedonistas», entre las que se cuenta la filosofía de Epicuro. Estas filosofías consideran el placer como la base natural que motiva la conducta humana a la vez que reivindican la importancia del goce para poder obtener la felicidad. Ahora bien, la teoría cirenaica del placer, a pesar de sus puntos de contacto con la teoría epicúrea sobre el mismo, no debe ser confundida con esta última. Así, si bien tanto cirenaicos como epicúreos consideraban que el placer era sinónimo de felicidad y el objetivo de una vida plena, no obstante, mientras que los primeros seguían la máxima de que «cuanto más, mejor», los epicúreos entendían, desde el principio de que «menos es más», que el placer debía ser calibrado, tasado y jerarquizado para un disfrute moderado e inteligente (voluptuosidad sosegada). Puede afirmarse, pues, que el hedonismo defendido por los cirenaicos constituye una concepción ética del hedonismo extrema y que, en cierto modo, comparte algunos rasgos con el hedonismo presente en nuestra contemporaneidad.

Las principales características del hedonismo cirenaico son las siguientes. El placer es entendido básicamente como corporal y material y los placeres somáticos son considerados siempre superiores a los del alma (mente), entre otras cosas porque su goce es más inmediato. Igualmente, los dolores corporales se consideran peores que los del alma, argumentándose que precisamente por ello en la Antigüedad se solía castigar a los delincuentes con los primeros. Además, los cirenaicos afirman que el fin u objetivo último (gr. *télos*) de todo comportamiento humano es la obtención de placer, sin importar cómo se consiga dicho placer. Es decir, el placer es considerado un bien en sí mismo, aunque proceda de actos que la mayoría calificaría de indecentes o dañinos. Por otra parte, se defiende que la cantidad de placer que podemos recibir es ilimitada, de manera que, a mayor placer, mayor felicidad. De esta manera, no hay control ni moderación de los placeres. Por último, desde la visión hedonista cirenaica se estima que la ausencia de dolor no es ningún placer, sino que es simplemente un estado intermedio y neutro entre el dolor y el placer. Así, según Aristipo de Cirene, podemos hallarnos en tres estados: dolor, estado neutro y placer. De estos tres estados el negativo es el de dolor y el positivo el de placer, mientras que el neutro o de ausencia de dolor y de placer es insensible e indiferente, similar al estado del durmiente en la fase de sueño profundo.

3. ESBOZO BIOGRÁFICO DE EPICURO

Nacido en la isla de Samos en el año 341 a. C., Epicuro era el segundo de los cuatro hijos de Queréstrata (adivina) y del ciudadano ateniense Neocles, uno de los colonos emigrantes que, acogiéndose a una ayuda estatal, se había establecido en el 352 a. C. en dicha isla del mar Egeo controlada por Atenas y había recibido un lote de tierras. Neocles completaba el trabajo de campesino con el de maestro en una pequeña escuela y es probable que Epicuro lo ayudara en ambas labores. El oficio de maestro de primeras letras no era una profesión de prestigio y el filósofo escéptico Timón se burlaba de ese trazo familiar de Epicuro, refiriéndose a él como «el hijo del maestro de escuela, el más ineducado de los filósofos». Al parecer, Epicuro comenzó pronto a estudiar filosofía y a los catorce años fue discípulo de Pánfilo, un platónico de Samos. A los dieciocho años se trasladó a Atenas para cumplir, como ciudadano ateniense, el servicio militar (gr. *efebeia*). En esos años de su primera estancia en Atenas, en los que murieron Alejandro Magno (356-323 a. C.), Demóstenes (384-322 a. C.), Aristóteles y Diógenes el Cínico, podemos pensar que este joven inteligente y preocupado ya por la filosofía recibió impresiones muy decisivas del ambiente ateniense, de la ciudad que era la capital cultural de la Hélade y la sede de las más importantes escuelas filosóficas. Epicuro regresará a ella quince años más tarde para establecerse definitivamente. Aunque no tengamos testimonios directos o indirectos de su primera estancia, no obstante, a modo de breve excurso, sí que podemos esbozar como era, en el aspecto político y filosófico, la Atenas que visitó por vez primera Epicuro en el año 323 a. C.

La victoria del rey Filipo de Macedonia (382-336 a. C.) en Queronea sobre los ejércitos de Atenas y Tebas en el año 338 a. C. dejó bien claro a aquellas ciudades, hasta entonces tan orgullosas de su libertad y su independencia, que en el futuro tendrían que someterse a la hegemonía macedonia. A la muerte de Filipo, Demóstenes y otros oradores incitaron al pueblo de Atenas y al de Tebas a levantarse contra su hijo, el joven Alejandro. De nuevo las tropas macedonias derrotaron a atenienses y tebanos. Tebas fue destruida y su población diezmada. Con Atenas, Alejandro fue más benigno: tan solo tendría que sufrir una tutela, con una guarnición y un gobernador macedonios. Desde el 335 a. C. así se estableció. Las demás *poleis* aprendieron la lección y se sometieron. En junio del 323 a. C., en el palacio de Nabucodonosor, a orillas del Éufrates, murió Alejandro Magno. La noticia de la muerte del gran conquistador del Oriente llegó a Atenas, provocando primero asombro y estupor y luego un nuevo levantamiento antimacedonio, otra vez en defensa de la libertad. De nuevo los atenienses fueron derrotados. El veterano general macedonio Antípatro se presentó victorioso en el Ática en el año 322 a. C. y los atenienses tuvieron que aceptar unas duras condiciones de paz. El partido popular fue abolido, la ciudadanía quedó restringida a quienes tenían rentas sólidas y, por ello, muchos ciudadanos tuvieron que exiliarse y otros, los pobres, quedaron privados de sus derechos. La distinción entre ricos y pobres se radicalizó. El espíritu cívico de la democracia griega quedó desgarrado.

Pero la crisis de la democracia ateniense, que recibió en los reseñados conflictos un terrible golpe, venía de mucho más atrás. Platón había compuesto gran parte de su obra en una perspectiva crítica, en réplica a los desastres de una democracia que había condenado a muerte, en el año 399 a. C., después de la amnistía que siguió a la guerra del Peloponeso (guerra civil griega), al hombre más justo de su tiempo, a su maestro Sócrates. La *Carta VII*, en la que Platón nos cuenta sus desilusiones y amarguras, es un documento autobiográfico de gran interés para advertir dicha crisis. También la *Historia de la guerra del Peloponeso* de Tucídides, con severos análisis sobre la demagogia y el deterioro del espíritu democrático, resulta reveladora. Desde otro ángulo más teórico y abstracto, los escritos de Aristóteles recogidos en lo que se ha llamado su *Política* ofrecen una sintomática exposición de las preocupaciones del filósofo ante esa realidad histórica. Aristóteles, contemporáneo de Demóstenes y de Alejandro (del que fue tutor pedagógico) y discípulo distanciado de Platón, tiene una perspectiva muy amplia. Advierte cómo la estabilidad política es un valor que por doquier está amenazado, pero que resulta esencial para la vida ciudadana. Como observador e ideólogo moderado recomienda, como el mejor sustento para mantener la democracia, una constitución mixta en donde el gobierno esté fundamentalmente en manos de una mayoría de clase media, que no ceda ante los abusos de la aristocracia ni ante los de la clase más baja, el *demos*, fácilmente presa de arrebatos y demagogias. A pesar de ser el iniciador de una concepción de la ética que sitúa como bien supremo y «fin último», como *télos* (objetivo) al que tienden los seres humanos, la *eudaimonía*, esto es, el bienestar personal (obtenido a través de una vida conforme a la razón y la sabiduría y guiada por la virtud), Aristóteles sigue pensando que, para realizarse plenamente y gozar de felicidad, el individuo necesita integrarse en la convivencia cívica y cumplir sus deberes comunitarios. Todavía piensa que la polis es la comunidad más perfecta y que el hombre se define como un *zoon politikon*, un «animal ciudadano o cívico». Ahora bien, frente al manifiesto utopismo de Platón presente en la *República* y en las *Leyes*, el planteamiento aristotélico está dotado de un fuerte realismo. Así, por una parte, no piensa que el reinado de los filósofos pueda constituir un remedio viable a los males del gobierno y, por otra parte, le importa, ante todo, la seguridad del ciudadano, con un margen para la cultura, el ocio y la libertad.

Regresando al relato biográfico de Epicuro hay que señalar que, después prestar el servicio militar en Atenas en los años 323-322 a. C., tan significativos para la historia del helenismo, al volver a la casa familiar en Samos el filósofo se encontró con la noticia de un cambio de residencia: desde Samos la familia se había trasladado a la ciudad minorasiática de Colofón. Esto ocurrió porque al entrar en vigor, en el año 323 a. C., el decreto por el que se proclamaba la amnistía política, los antiguos desterrados de Samos volvieron a recobrar sus tierras y los colonos atenienses como Neocles tuvieron que emigrar de nuevo. En Colofón residió Epicuro durante diez años, desde el año 321 al 311 a. C. Allí tuvo la oportunidad de estudiar bajo la dirección de Nausífanes, un filósofo atomista discípulo de Demócrito y del escéptico Pirrón. Aunque más tarde Epicuro dirigió duras críticas e insultos contra Nausífanes, todo indica que la relación con él fue decisiva en su formación intelectual. Luego, Epicuro se trasladó a Mitilene, en la isla de Lesbos, y allí estableció su primera escuela de filosofía, de breve duración. Por rivalidades profesionales con los aristotélicos de la ciudad tuvo que abandonarla. Se dirigió entonces a Lámpsaco, ciudad cercana al estrecho del Bósforo, donde, con el apoyo de amigos influyentes, logró abrir una escuela y filosofar con un círculo de adeptos y discípulos entre los que estaban sus hermanos y algunos de sus más fieles camaradas como Metrodoro.

En el año 306 a. C. volvió a Atenas, ahora ya definitivamente, para fundar allí la escuela epicúrea por excelencia: el Jardín. En Atenas vivirá, rodeado de un círculo de amigos íntimos y discípulos, hasta su muerte, treinta y seis años después. La ciudad seguía siendo, pese a las vicisitudes de la política, el centro de los movimientos intelectuales. La Academia (platónicos) y el Liceo (aristotélicos) eran las escuelas filosóficas de mayor prestigio, sobre todo como centros educativos donde se impartía una *paideía* (educación) del más alto nivel reservada a los más pudientes. Para enseñar su doctrina con independencia de toda imposición oficial, Epicuro compró una casa y, no lejos de ella, un pequeño terreno, «el Jardín». Dicho jardín (gr. *kepos*) era más bien un huerto donde, además de ofrecer un ameno ámbito para charlas y convivencias amistosas, se cultivaban hortalizas para caso de necesidad. En la escuela se elaboraban los escritos que luego se «publicarían» o enviarían a otros centros y a amigos. La biblioteca, como en todas las escuelas filosóficas, era una parte esencial. Pero es probable que el espíritu intelectual tuviera aquí un carácter distinto al de la Academia o el Liceo, más dedicados a la investigación científica y a la *paideía* cultural superior: el Jardín esencialmente proporcionaba un retiro para la vida intelectual a un grupo de amigos en torno a la figura venerable del maestro Epicuro. Era un lugar silencioso lejos del bullicio de la ciudad. Allí, en un ambiente de fraternidad y confianza y en una atmósfera de libertad, sus miembros cultivaban la generosidad y la amistad recíprocas y celebraban comidas en común, siempre dentro de una gran moderación. En esta escuela, cuyo fundamento filosófico descansaba en la necesidad de calmar la angustia del hombre corriente partiendo de la base de que la condición básica para disfrutar de la tranquilidad es aceptar los hechos naturales tal como son, se admitían personas de todas las clases sociales, incluso mujeres (cosa insólita en una escuela filosófica), tanto de vida respetable, como Temista, esposa de Leonteo, cuanto de vida supuestamente licenciosa, como Leoncion. Y había algo aún más sorprendente: se permitía la presencia y participación, además de niños, de esclavos. Todo esto fue motivo de escándalo y, sin embargo, nada había más lejos del escándalo que la vida de Epicuro, sencilla y tranquila hasta el día de su muerte, como así lo prueban los testimonios llegados a nosotros. De esta manera, según nos cuentan Apolodoro (siglo II a. C.) y Diógenes Laercio (siglo III), Epicuro solía alimentarse de pan y queso y solo bebía agua. En cuanto a su fallecimiento, este se produjo cuando el filósofo contaba setenta y dos años a causa de una afección de vesícula después de catorce días de sufrimiento que soportó de manera ejemplar y haciendo gala de la misma serenidad que había mostrado durante toda su vida. Así se pone de manifiesto en la conocida como *Carta a Idomeneo* o *Testamento de Epicuro*:

«En el día más feliz y al mismo tiempo el último de mi vida, te escribía yo esto: me acompañan tales dolores de vejiga y de intestinos como no puede haberlos, pero a todo ello se opone el gozo de mi alma al recordar nuestras conversaciones pasadas».

4. FILOSOFÍA EPICÚREA

LOS PRECEDENTES DEL EPICUREÍSMO

Toda filosofía tiene un carácter dialéctico, es decir, pretende ser antítesis de unos sistemas filosóficos precedentes y síntesis de otros para responder a sus perdurables problemas. Epicuro, como otros filósofos helenísticos, se encuentra con un rico pasado filosófico que, en parte, recoge, si bien con notables retoques. Así, el sistema filosófico epicúreo, que instrumentaliza todos sus componentes en una función ética, se aprovecha de la «bancarrota» de las dos grandes escuelas atenienses (platonismo y aristotelismo) y aúna, en una nueva síntesis, algunas teorías anunciadas por pensadores anteriores de la tradición filosófica griega: el atomismo físico de Leucipo y Demócrito, el hedonismo de Aristipo de Cirene, el empirismo de Aristóteles, la búsqueda de la ataraxia de los escépticos y el rechazo de las convenciones sociales y de la política de los cínicos, los escépticos y los primeros estoicos.

PLATONISMO Y EPICUREÍSMO

Respecto a las dos escuelas filosóficas más importantes de Atenas, en lo tocante a la Academia, Epicuro, siguiendo las duras críticas de Aristóteles a su maestro Platón, marca una clara oposición al pensamiento platónico, concretamente se opone al dualismo ontológico y epistemológico o desdoble de la realidad y del conocimiento en mundo inteligible o auténtico (captado mediante la razón) y mundo sensible o falso (aprehendido mediante los sentidos). También rechaza el dualismo antropológico propugnado por Platón (dualidad cuerpo-alma) y que defiende la existencia de un alma humana de carácter divino, inmortal y anhelante del mundo trascendente. Asimismo, Epicuro no acepta la concepción platónica de la divinidad como un ser omnímodo, bien supremo e idea generadora de todas las cosas ni tampoco comulga con la creencia de Platón en unos valores éticos y políticos absolutos ni con la exigencia de una utópica jerarquía social y de una subordinación total del individuo a la *polis* para establecer el reino de la justicia asentado sobre el gobierno de los filósofos. Frente a estos principios platónicos, Epicuro defiende unas tesis totalmente contrarias. Esto es, la existencia de un único mundo sensible y un único conocimiento auténtico, el de los sentidos (auxiliados por la razón); el carácter corporal del alma (elemento formado a base de partículas finísimas extendidas por el cuerpo entero) que perece con el cuerpo, en el cual está integrada, al disgregarse los átomos de aquel; la existencia de unos dioses apáticos y ociosos, ubicados en los espacios intercósmicos; el relativismo de la moral; la subjetividad e inmanencia del bien, referido siempre al placer, sobre todo al goce corporal o de la carne (placer entendido como fruto de un deseo natural y necesario); y la constitución de una sociedad basada en un pacto de no agresión con unas leyes relativas y con la amistad como refugio seguro del individuo para obtener la felicidad.

ARISTOTELISMO Y EPICUREÍSMO

En lo que concierne al aristotelismo, Epicuro toma de él, en lo referido a la teoría del ser y a la teoría del conocimiento, la negación de la existencia de dos dimensiones distintas de la realidad —el mundo sensible y el mundo inteligible o de las Ideas— y la apuesta por la concepción de que el mundo es solamente uno, sin compartimentos, y cognoscible mediante los sentidos. Esto es, para Epicuro, igual que para Aristóteles, la piedra angular del conocimiento del mundo, que está formado por una única dimensión material, es la experiencia y la información que nos llega por medio de los sentidos, una información que más tarde nuestra razón se encarga de abstraer y analizar. Por lo que respecta a la ética aristotélica, de ella recoge Epicuro su carácter teleológico, esto es, su identificación del bien con un fin. Concretamente, Aristóteles afirma que cuando los hombres actúan es porque buscan alcanzar un objetivo determinado, principalmente la felicidad en la vida. Aristóteles identificó la felicidad con las virtudes, las cuales le permiten dominar al hombre su parte irracional y ser dichoso, consiguiendo el bienestar mediante hábitos saludables y buscando siempre el término medio (punto equidistante entre dos extremos). Epicuro, por su parte, identifica el «fin de la Naturaleza» con la búsqueda racional del placer, considerado como el bien supremo y la fuente primordial de felicidad, siendo las virtudes (entre las que destaca la prudencia) no un fin, sino un medio en relación con la obtención del placer entendido como felicidad. Es decir, las virtudes no hallan su justificación ni deben ser buscadas por sí mismas (negación de la virtud gratuita), sino por el placer al que conducen. Si el placer es un bien, también lo es la virtud: aquel lo es en sí mismo, es el bien por excelencia, y esta es un bien en cuanto que es útil para acceder al placer. O lo que es lo mismo: la virtud sola no es suficiente para la vida feliz, sino que lo es en tanto que genera placer. En este sentido debe entenderse la afirmación de Epicuro de que las virtudes son connaturales a la vida feliz; una afirmación de la que se hacen eco los versos de *Proverbios y Cantares* de Antonio Machado (2014) que dicen que la «virtud es la alegría que alivia el corazón más grave y desarruga el ceño (...)».

Por último, respecto de la política aristotélica (derivada de su ética), Epicuro rechaza frontalmente la idea de Aristóteles de que el hombre, como ser racional que es, desarrolla sus fines dentro de la comunidad. De hecho, Epicuro repudia, *a priori*, la normativa social (también la cultura y la educación convencionales/oficiales) y la integración del individuo en la vida pública (política) por considerarlas factores desencadenantes de perturbaciones nocivas para la tranquilidad del ánimo. Se trata de una posición que podía resultar singularmente escandalosa y moralmente revolucionaria para un antiguo griego y que si bien es, en efecto, un nihilismo social tomado por el epicureísmo de los cínicos presenta, sin embargo, matices.

Así, por una parte, para Epicuro, enemigo de cualquier extremismo, el apartamiento de la sociedad o la disociación entre la felicidad del individuo y los fines de la colectividad (el sabio epicúreo no juega ningún papel en la *polis*: no se casa, no vota, rehúsa los favores, las magistraturas y vive solo para sí) no se asienta, como en el caso del cinismo, en la provocación y el escándalo (oposición abierta y «revolucionaria» o contracultural al sistema), sino que el retiro del epicúreo, plasmado en el verso horaciano que dice que «no vivió mal quien pasó desconocido al vivir y al morir» (*Epist.* I, 17, 10), es solo un recurso para lograr la tranquilidad y evitar caer en la trampa de la lucha competitiva (y salvaje) que encierra la vida pública («el que conoce los límites de la vida sabe que para nada necesita de asuntos que comportan competición», dice una máxima epicúrea). Porque para Epicuro la pretensión y la lucha por ascender en la escala social y obtener notoriedad pública implica, por un lado, que todo lo que hacemos se convierte en algo desagradable por el miedo constante a la pérdida del estatus o prestigio social alcanzado y, por otro lado, supone también una reducción evidente de la libertad personal porque la competitividad nos hace esclavos de los demás.

Por otra parte, Epicuro no deja de reconocer que la compañía causa goce y que el instinto gregario del animal humano se satisface en la reunión social, siendo la sociedad una fuente de placer, principalmente por generar garantías de seguridad a través de las leyes establecidas por medio de un contrato social. No obstante, al mismo tiempo señala que la participación en la colectividad supone la sumisión del individuo a una serie de reglas y represiones de su libertad personal que innegablemente determinan una oposición fundamental entre placer individual (fin de la Naturaleza) y cohesión de la estructura social. Según Epicuro, solo el hecho de que por medio de la paz colectiva se puede obtener el bienestar personal (seguridad generadora de ataraxia) justifica la existencia de la sociedad y una mínima implicación en ella, pero la verdadera relación social por la que se debe optar según el epicureísmo es la de la amistad entre pares. Esta amistad entre iguales debe ser el refugio último de aquel que busca la felicidad frente a la arbitrariedad de la justicia de las leyes de los hombres, sin dejar de reconocer la innegable utilidad de dichas normas para la seguridad interpersonal.

LA FILOSOFÍA COMO SABER PRÁCTICO

Ahondando en el pensamiento de Epicuro, al hablar del sistema filosófico epicúreo hay que señalar, en primer lugar, que para Epicuro la filosofía, término cuya significación etimológica es «amor a la sabiduría», debe comportar una reflexión y un conocimiento teórico orientados no a la mera especulación intelectual, sino a una praxis o puesta en práctica de la teoría en el día a día y, por tanto, debe ser un «saber para la vida». Concretamente ha de ser un saber para la consecución del fin según la Naturaleza, es decir, el placer, equivalente a la felicidad y cuya búsqueda racional se convierte en el factor fundamental y condicionante de la actividad del filósofo epicúreo. Partiendo de esta base, ante una crisis general como la que tiene lugar durante el periodo histórico en que le tocó vivir, Epicuro consideró que había que buscar la manera de no dejarse arrastrar por las circunstancias adversas e intentar ser feliz. Dicho objetivo debía alcanzarse mediante una filosofía que no podía concebirse como un mero pasatiempo teórico, sino que tenía que adquirir un carácter práctico crucial, convirtiéndose en medicina para el alma; una medicina suministradora de la fuerza necesaria para poder enfrentarse a los problemas cotidianos sin caer en el desaliento. Para conseguir este objetivo, según Epicuro, hay que desarrollar interiormente dos estados o disposiciones anímicas: la autarquía y la ataraxia, dos conceptos clave de la filosofía epicúrea afines a otras corrientes de pensamiento helenísticas como el estoicismo.

AUTARQUÍA

Por autarquía hay que entender la capacidad de ser autosuficiente, de ejercer interiormente un control sereno y una administración racional de las afecciones provocadas por todo lo externo y de no depender ni ser esclavo de nada ni de nadie y, por tanto, de ser libre, pues el más grande fruto de la autosuficiencia es la libertad. Para ello hay que ser capaz de prescindir de todas aquellas cosas innecesarias y superfluas que a la larga nos resultan perjudiciales al convertirnos en esclavos de ellas, aclarando que se debe buscar la autarquía no para servirnos siempre de lo sencillo y humilde, sino para sentirnos fuertes ante ello y enfrentarnos con garantías de éxito a las circunstancias difíciles que inevitablemente siempre aparecen en nuestra vida.

ATARAXIA

En cuanto a la ataraxia, esta es un estado mental de desprendimiento de todas las afecciones negativas o una serenidad de ánimo que se alcanza sobre una base somática, pues el espíritu necesita de la autonomía (autarquía) y el bienestar del cuerpo (aponia) para poder sosegarse y alcanzar el goce del placer reposado o tranquilidad total del alma. Ahora bien, la ataraxia o imperturbabilidad del epicureísmo no es un estado de completa ausencia de afecciones al modo de la *apatheia* estoica (insensibilidad o *apasionalidad*), sino un estado de posesión de afecciones estables y equilibradas conducente a la vida dichosa. En este sentido, el objetivo de la filosofía epicúrea de conseguir un estado continuado de ausencia de temor, dolor, pena y preocupación en el que nada de lo que habitualmente es relevante para el común de la gente importa en absoluto, no implica una insensibilización completa sino la supresión todos los obstáculos que se oponen a la felicidad y el cultivo de todo aquello que como, por ejemplo, la amistad, contribuye a aumentarla. En definitiva, según la doctrina epicúrea, la felicidad se obtiene cuando se conquista la autarquía y, a través de ella, no solo la libertad, sino también la ataraxia.

FILOSOFÍA Y CONOCIMIENTO: AUTOSUFICIENCIA Y SERENIDAD

Asimismo Epicuro considera, según su teoría del conocimiento expuesta en la obra *Canon* («Del criterio»), también conocida como *Canónica* y de la cual solo se conservan algunos fragmentos, que la filosofía nos proporciona una aprehensión auténtica de la realidad, condición indispensable para alcanzar la felicidad. Porque gracias al conocimiento empírico y racional que implica la verdadera filosofía podemos liberarnos de supersticiones y temores que nos angustian y nos impiden obtener la ataraxia y que, además, suelen ser utilizados por las clases dirigentes para mantener sometida a la plebe. En este sentido, para Epicuro la filosofía supone un rechazo de la moral y la cultura basadas en la esclavizadora competitividad (no se valora a una persona por «ser», sino por «ser mejor» que los demás y, sobre todo, por «tener» y «tener más») y en el predominio de las apariencias (se considera muy importante la opinión que los demás puedan tener de nosotros). A este tipo de valores Epicuro los considera nocivos, pues no nos proporcionan una felicidad auténtica. Ante la tiranía de las apariencias y los fingimientos y, por tanto, del *borreguismo*, Epicuro sitúa la autarquía, esto es, la capacidad de ser autosuficientes y, por tanto, libres, actuando racional y prudentemente, de manera que no nos importe la opinión que los demás tengan de nosotros en ninguna circunstancia, sea esta propicia o adversa, y de forma que no nos pleguemos a las estúpidas y opresivas modas. Y frente a la agresiva y estresante competitividad, el filósofo samio propone la ataraxia, es decir, la serenidad de ánimo que solo puede poseer aquel que conoce que lo necesario para ser feliz está bien delimitado y que sabe que no tiene por qué demostrar que es mejor que los demás ni tampoco que tiene más que los otros.

FILOSOFÍA Y UTILITARISMO: SOCIEDAD, POLÍTICA Y LEYES

Como consecuencia de lo anterior, según el epicureísmo, la filosofía debe llevarnos a rechazar el desempeño de cualquier tipo de cargo político, porque en caso contrario nos veremos inmersos en un mundo de intrigas y corrupciones que nos alejarán de la felicidad y nos impedirán desarrollar tanto la tranquilidad espiritual como la independencia de criterio. Esto no quiere decir que Epicuro proponga un desentendimiento de cualquier tipo de obligación social. Su propuesta sería, más bien, respetar, por conveniencia general, las normas sociales, intentando pasar lo más desapercibidos posible. Porque, para el filósofo samio, en perfecta concordancia con la perspectiva atomista de sus escritos sobre física (*Física*), lo primordial en la sociedad son los elementos individuales, no existiendo una subordinación previa del individuo a ningún plan transcendente. Esto es, el hombre no es un ser social por naturaleza, sino por conveniencia, por una debilidad inherente que le hace un ser necesitado de seguridad para medrar, y, además, no hay nada justo al margen de los intereses concretos y utilitarios de los elementos individuales. Ni la sociedad ni las leyes que la rigen son naturales, sino que tienen su origen en un pacto humano antes del cual los hombres vivían en un estado de salvajismo absoluto. El fundamento de ese pacto social es la mutua conveniencia, que está en la raíz de nuestra preconcepción o anticipación (gr. *prólepsis*) del concepto de justicia. Dicha prenoción de lo justo orienta, a su vez, el pacto social y el establecimiento de las leyes, así como su eventual variación. Considerando que la concepción de lo justo se obtiene a partir de la experiencia y que no es nada innato ni previo al trato comunitario, la justicia es social e históricamente, por tanto, convencional y relativa. Es decir, antes del pacto social no hay justicia en sentido estricto. Es la experiencia la que enseña la necesidad de buscar el provecho común y, cuando se repite múltiples veces el dato experiencial de la mutua conveniencia, da lugar a la preconcepción de la justicia, que, a su vez, se dirige al pacto. Y es entonces, una vez que hay pacto, cuando puede haber, *stricto sensu*, justicia.

Del planteamiento general epicúreo sobre el origen de la organización social humana y sus normas, que supone un rechazo de la teoría aristotélica del *zoon politikón* o consideración de que por naturaleza (de manera innata) todo hombre libre debe estar al servicio de la comunidad ciudadana y ha de contribuir a la felicidad de dicha comunidad para hallar la suya propia, se deriva la consecuencia de que el hombre no es social por naturaleza, sino por conveniencia. Por tanto, la *polis*, entendida como comunidad política o cuerpo de ciudadanos, leyes e instituciones de gobierno, es una realidad artificial y relativa: el sabio epicúreo no acata las leyes de su ciudad por deber o respeto, sino exclusivamente en función de la conveniencia general. Por todo ello, la filosofía, según Epicuro, debe estar orientada especialmente hacia la transformación del individuo, pues los asuntos políticos y sociales (colectivos) se escapan de nuestras manos y su mejora no depende de nosotros. Por tanto, debemos contentarnos con alcanzar individualmente nuestra felicidad.

Este utilitarista y desencantado planteamiento epicúreo sobre la sociedad tiene su raíz en la quiebra histórica de la *polis* democrática durante la época helenística, así como en la inestabilidad de las formas políticas que la sucedieron (tiranías, monarquías e imperios). Epicuro creyó encontrar en estos hechos (enfrentamientos entre caudillos sin otros afanes ideológicos que sus ambiciones personales) una comprobación empírica de la validez de las conclusiones individualistas y apolíticas que se derivaban necesariamente de su *Física* y de sus escritos sobre ética (*Ética*). El filósofo samio ve en la política de su época una enfermiza, contagiosa y dañina lucha por el poder, de un poder que se ejerce coercitivamente sobre los ciudadanos. Por ello aconseja el retiro y el aislamiento (retirarse espacialmente y también dentro de uno mismo, sobre todo cuando uno se vea obligado a estar entre la muchedumbre) a modo de medida profiláctica frente al contagio de la enfermedad del poder que aqueja a lo político. Y también como prevención frente a la infección por imágenes y opiniones insanas que emanan de ese poder, son expandidas a través de un lenguaje seductor y vacuo y dañan el organismo a nivel psíquico y físico si se les permite el acceso. Ahora bien, frente al aislamiento del individuo en un mundo extraño y hostil, Epicuro defiende en su *Ética* que la amistad debe ocupar el lugar vacante dejado por la justicia y la *polis*, procurando al hombre una ayuda y una seguridad esenciales para la vida feliz. Porque la sabiduría prudencial que según la ética epicúrea mide los placeres es también la que conduce al ser humano a la amistad como el máximo de entre todos ellos.

SECCIONES DE LA FILOSOFÍA EPICÚREA

Ahondando en los distintos apartados de la filosofía epicúrea hay que hacer notar que, en general, las corrientes filosóficas de la época helenística se caracterizan, entre otras cosas, por tratar diversas y variadas cuestiones y tener una visión de conjunto sistemática. Epicuro es un claro ejemplo de ello. Sus investigaciones filosóficas incluyen, en primer lugar, una indagación sobre cómo conoce el ser humano. A esta parte de su filosofía referida a la teoría del conocimiento se la conoce como *Canónica* y se encarga de estudiar los criterios que llevan a diferenciar lo verdadero de lo falso. En segundo lugar, en el pensamiento epicúreo está presente también la investigación sobre la constitución de la Naturaleza y las leyes a las que obedece. Este es el objeto de estudio de la *Física* de Epicuro, que nos explica las causas naturales de los fenómenos del universo y la estructura de nuestro cuerpo y de nuestra mente. Pero, en cualquier caso, todos esos temas quedan siempre subordinados al que, para Epicuro y las demás corrientes filosóficas de la época, debe ser sin duda el eje central de todo pensamiento: la *Ética*, es decir, la búsqueda de los medios para poder alcanzar la vida feliz.

CANÓNICA

La *Canónica* o teoría del conocimiento epicúrea se basa en la percepción sensorial (empirismo), la cual consiste en el establecimiento de una relación física con los objetos a partir de la interacción de los efluvios emitidos por las cosas con los órganos de los sentidos. Sin embargo, no todo se reduce a la sensación, pues en el proceso del conocimiento juega un papel muy importante la memoria (racionalismo), ya que en ella se forman los conceptos a partir de las imágenes de los objetos percibidos. Así, la memoria fundamenta la anticipación que nos permite reconocer y nombrar los objetos. Tanto las sensaciones como las anticipaciones son siempre verdaderas. El error puede aparecer cuando emitimos opiniones o realizamos juicios por medio de los cuales afirmamos que una imagen corresponde a un objeto exterior o pretendemos referirnos al futuro u a cosas ocultas. En estos casos la experiencia debe determinar la verdad de la proposición.

Profundizando más en la teoría del conocimiento epicúrea puede afirmarse que, según esta, son cuatro los medios a través de los cuales los seres humanos podemos aprehender la realidad:

(a) *Sensaciones* (gr. *aisthéseis*). Según Epicuro todos los cuerpos desprenden una serie de imágenes (*eidolas*), que no son más que átomos y que, al ser captadas por nuestros sentidos, producen las sensaciones. Este tipo de conocimiento es irracional en el sentido de que en él todavía no interviene la razón, pero aun así es la base de todo juicio racional que posteriormente podamos construir (preponderancia del empirismo sobre el racionalismo). Mientras las sensaciones sean claras nunca podrán ser erróneas. Por lo tanto, la claridad es el criterio de verdad de las sensaciones. El error solo aparecerá cuando, posteriormente, nos pongamos a interpretar y a valorar esas sensaciones. Esto es, los sentidos nos dan testimonio solamente de ciertas combinaciones o movimientos atómicos del objeto percibido y nuestro juicio puede engañarnos al tratar de sacar consecuencias de la información ofrecida por los sentidos; estas conclusiones serán verdaderas o falsas según si más tarde la experiencia las confirma o no. Así, por ejemplo, todos sabemos que una torre cuadrada vista de lejos parece redonda y que si introducimos un bastón en el agua parece que se haya roto. Para distinguir, pues, las sensaciones que corresponden a una realidad objetiva de aquellas que constituyen una ilusión, se debe utilizar el criterio de la evidencia clara. Por otra parte, el origen del lenguaje y del pensamiento, que son los elementos que permiten la sociabilidad, se hallan en las sensaciones.

(b) *Sentimientos o afecciones* (gr. *páthe*). Son las reacciones de placer y de dolor que tiene el hombre y el resto de los seres vivos frente a las sensaciones y, por lo tanto, son la causa de sus elecciones y aversiones y el motor natural que impulsa sus actos. Al estar tan estrechamente vinculados con estas dos reacciones (placer y dolor), los sentimientos juegan un papel muy importante en el pensamiento de Epicuro. De hecho, las afecciones son un criterio de verdad en cuanto que no puede ser verdadero aquello que produzca dolor. No se trata, sin embargo, de un criterio de verdad sino de conducta: lo que produce placer se debe hacer y lo que produce dolor debe evitarse, sabiendo de este modo a qué debemos ajustar nuestra conducta para alcanzar la felicidad. En este sentido, Epicuro inicia su posición antiplatónica afirmando la objetividad de lo que se venía considerando hasta entonces subjetivo y, por lo tanto, abominable: el placer. La experiencia del placer es lo que produce la felicidad y no el ejercicio de la virtud por sí misma, que si no va referida al fin de la vida del hombre es una palabra vacía. Así, el placer se convierte en el criterio moral básico (en criterio de verdad) por su referencia inmediata a la realidad (es el lenguaje propio del cuerpo).

Epicuro traspone al plano moral (de las normas que guían la conducta de las personas, dictaminando lo qué está bien y qué está mal) las consecuencias que se siguen de su crítica a la epistemología o teoría del conocimiento socrático-platónica: la Naturaleza (despojada de cualquier fundamento teológico) no prejuzga ni prefija las conductas concretas que son virtuosas y las virtudes no son nada por sí mismas si no son acordes al fin de la vida del hombre (obtención de la felicidad por medio del placer). La justicia, la bondad, la belleza son nombres vacíos sin correspondencia real ni en el plano ontológico ni en el plano moral, pues, si se acepta la experiencia como criterio evidente de verdad, no existen realidades absolutas ni universales más allá del marco de la actividad sensorial humana. La determinación de la virtud, que carece de referencias propias, depende de las experiencias placenteras individuales. Esto es, aquello que procura placer debe ser considerado virtud, de manera que las virtudes se deben buscar por los placeres y no por sí mismas. Ahora bien, el contenido de la virtud es inseparable del placer porque este no se produce sin la virtud, es decir, sin el cálculo sobrio y prudente que, mediante un control, contención y medida de los placeres basado en la racionalidad a través de la imposición de límites, investigue las causas de toda preferencia y rechazo, que permita aceptar lo conveniente y desestimar lo nocivo y disipe las falsas opiniones de las que nace la más grande turbación que se adueña del alma. En este sentido, la determinación correcta de los límites (por exceso y defecto) o «doctrina del límite» constituye un aspecto fundamental de la terapéutica epicúrea y de su hedonismo sereno. El conocimiento del límite es lo que otorga al hombre su espacio propio y lo que está en el origen del placer y la vida feliz. A este respecto puede afirmarse que, como dice Machado (2014) en uno de sus proverbios, «es el mejor de los buenos quien sabe que en esta vida todo es cuestión de medida: un poco más, algo menos…».

(c) *Conceptos, anticipaciones o prolepsis* (gr. *prólepsis*). Cuando las sensaciones que llegan a nuestros sentidos se repiten con frecuencia, se van grabando en la mente hasta que se forma un concepto que es verbalizado mediante un signo sonoro o palabra. Así, por ejemplo, a partir de las sensaciones producidas por muchas casas particulares formaríamos un concepto general al cual denominaríamos convencionalmente con la palabra «casa». De esta manera, si durante una conversación posterior alguien utiliza esa palabra, inmediatamente la asociaremos con el concepto general o universal que poseemos y sabremos a qué se refiere la otra persona sin necesidad de captarlo con nuestros sentidos. Dicho de otro modo, nos anticiparemos a nuestro interlocutor entendiendo lo que nos quiere decir sin necesidad de que nos lo muestre. De ahí que a los conceptos en el epicureísmo se les llame también anticipaciones. En este sentido, los conceptos o prolepsis son criterios de verdad establecidos de manera sólida y necesarios para poder avanzar en el razonamiento y pasar de lo particular a lo general sin tener que detenernos en el análisis del contenido y la validez de cada sensación particular.

Ahondando más puede decirse que el proceso mediante el cual se forman las prolepsis es doble: de una parte, la repetida visión de un objeto individual deja en nuestra mente una imagen estable de aquel objeto; de otra, la repetida visión de objetos de una misma especie deja en nosotros una imagen no individualizada, que representa tan solo lo que constituye la característica común de la especie. Los conceptos generales nos sirven para comprobar la validez de las proposiciones, algunas de las cuales no pueden recibir una comprobación directa a través de la evidencia de los sentidos. En este caso las prolepsis constituyen un criterio de verdad con un sentido distinto del que se aplica a las sensaciones. Estas nos sirven de guía para probar la existencia de un objeto y nos indican un contacto directo entre el objeto y el sujeto por medio de los sentidos. Los conceptos generales, en cambio, que por ser derivados (a través del procesamiento mental) de las sensaciones son considerados por Epicuro también como una evidencia, se usan básicamente para establecer la verdad de las proposiciones sobre las cosas existentes.

Conviene aludir aquí a la división epicúrea en tres fases del proceso de formación del lenguaje, así como a la relación que estableció el epicureísmo entre sensación, concepto y lenguaje. En lo tocante al proceso de configuración del lenguaje, en un primer momento, el hombre, impulsado por los sentimientos y las impresiones causadas por su entorno y mediante su procesamiento cerebral, emitió de manera instintiva unos primeros sonidos, siendo solo capaz de reaccionar ante acontecimientos concretos. Más adelante, cada pueblo, es decir, cada grupo humano que compartía el mismo medio, estableció por convención sus modos de expresión particulares y determinó el significado de las palabras (códigos lingüísticos) para facilitar sus relaciones, encontrando de esta manera el modo de anticiparse a los fenómenos naturales (incluidos los humanos) y defenderse y beneficiarse de ellos. La última fase de este proceso está representada por la adquisición de nuevas palabras que introducen asimismo nuevos conceptos (neologismos).

Por lo que respecta al vínculo entre sensación, concepto y lenguaje, este último tiene origen un natural, siendo resultado, a partir de la sensación, del mecanismo de la anticipación. En este sentido, para Epicuro las prolepsis constituyen el contenido de las palabras. De este modo, cuando, por ejemplo, pronunciamos la palabra «casa» nos aparece claramente la noción del objeto designado debido a las múltiples percepciones que tenemos de él. No podríamos nombrar/conceptualizar nada sin haber aprendido la imagen percibida mediante una prolepsis. Por otra parte, los conceptos son la base de cualquier juicio científico posterior y, por ello, al igual que a las sensaciones, se les debe exigir un requisito de veracidad. Concretamente, para aceptar como válido un concepto debemos someterlo a confirmación, comparando los distintos datos procedentes de sensaciones a las que hemos aplicado el mismo nombre. De esta manera nos aseguraremos de la ausencia de contradicción entre esos datos y podremos precisar la definición de los diferentes conceptos que utilizamos. Si cada uno utilizara esos conceptos de un modo diferente, por ejemplo, si alguien empleara el concepto «casa» para referirse a un vegetal de color verde que se utiliza en las ensaladas, no se podría construir sobre ellos ningún conocimiento científico riguroso y, lo que es mucho peor, ni siquiera podríamos comunicarnos unos con otros. En definitiva, pues, los conceptos son, dentro del lenguaje, grupos definidos de sensaciones que se repiten y se asocian (se «fosilizan», en palabras de Nietzsche) y que para que se los comprenda no basta que se empleen las mismas palabras, sino que es necesario que se utilicen las mismas palabras para la misma clase de experiencias y es preciso que se tengan estas experiencias en común.

d) *Proyecciones imaginativas del pensamiento o la mente* (gr. *phantastikás epibolás tes dianoías*). Constituye la fase más elevada del proceso de conocimiento. En ella, a partir de los datos de las sensaciones y de los conceptos construidos sobre estos datos, podemos suponer como hipótesis la existencia necesaria de entidades aun cuando estas no hayan sido nunca observadas (preponderancia del racionalismo sobre el empirismo). De este modo es como Epicuro llegó a afirmar, por ejemplo, la existencia de los dioses y de los átomos, aunque, como es evidente, jamás pudo tener sensaciones directas de los mismos. Para poder admitir como válida una proyección imaginativa del entendimiento deben cumplirse conjuntamente los dos criterios de verdad que se han indicado aisladamente para las sensaciones y los conceptos. Es decir, las proyecciones imaginativas del entendimiento tienen que ser a la vez claras y estar sujetas a confirmación.

La teoría del conocimiento de Epicuro (en línea con la aristotélica) implica una clara subversión respecto del platonismo, pues la objetividad de las realidades superiores de Platón ya no es tal y la subjetividad de las sensaciones tampoco lo es. Además, dicha teoría epicúrea supone la armonización anticipada entre racionalismo y empirismo que, hasta el siglo XVIII, serán teorías diametralmente opuestas sobre la fuente del origen del conocimiento humano. Así, por una parte, el racionalismo defendía que el conocimiento humano es fruto de la razón, desdeñando la experiencia. En cambio, por otra parte, el empirismo aseguraba que dicho conocimiento es fruto de la experiencia sensible, disminuyendo el peso de la razón. No obstante, ambas teorías buscaban explicar lo mismo: la facultad del ser humano y el método adecuado para lograr conocer la realidad. Fue Epicuro el primer filósofo anterior a Kant (1724-1804) que concilió racionalismo y empirismo, dándole una ligera superioridad a las sensaciones (fuente primera del conocimiento), una preeminencia que es compensada por la necesidad de la racionalidad mental para procesar y verificar dichas sensaciones e incluso para inferir conceptos situados más allá de lo sensorial y empírico (hipótesis sobre la existencia de entidades no observadas pero basadas en datos sensoriales y en los conceptos construidos sobre esos datos). Epicuro no consideraba que la razón pudiese alcanzar un conocimiento sin límites solo a través de ideas innatas y a la vez tampoco admitía que la percepción no nos pudiese engañar y que la experiencia que dan los sentidos fuese el único conocimiento verdadero por tener verificación empírica, de tal manera que lo que se denomina razón realmente no existiese y la mente del hombre se guiase únicamente por la experiencia. Para Epicuro el conocimiento es una combinación de la percepción (sensibilidad) y la razón (entendimiento), de manera que lo captado por la percepción es categorizado por la razón. Dicho de otra manera, los conceptos racionales sin percepciones sensoriales están vacíos y las percepciones sensoriales sin conceptos racionales están ciegas. De esta forma, un concepto es legítimo si es posible la percepción del objeto al que se refiere y una percepción es conocimiento si disponemos del concepto adecuado para pensarla y expresarla.

Es interesante hacer notar aquí la relevancia y actualidad de la consideración epicúrea de que la sensación como principio de todo conocimiento (empirismo) requiere, sin embargo, de una estructura más teórica desde la que confirmarse (racionalismo). Esto es, el mundo de las sensaciones necesita criterios racionales (y críticos) para organizarlas porque la mente se nutre de las experiencias que van ofreciendo esas sensaciones; unas experiencias sensoriales que crean conceptos e incluso proyecciones imaginativas de la mente y, por lo tanto, opiniones, que es lo mismo que decir que crean formas de ver las cosas que condicionan la aparente neutralidad de lo que percibimos, así como nuestro comportamiento y manera de vivir en general y, por ende, nuestra libertad. Para Epicuro, la claridad (criterio de verdad de las sensaciones y las proyecciones de la mente) y la confirmación por comparación de distintos datos procedentes de sensaciones a las que hemos aplicado una misma denominación (requisito de veracidad de los conceptos y las proyecciones de la mente) son las condiciones indispensables para separar la verdad de la mentira.

En el mundo posmoderno contemporáneo la forma de pensar y también la actuación práctica del ser humano están totalmente mediatizadas y dirigidas por elementos manipuladores de fuerte carga sensorial e irracional que crean en la capacidad humana de discernimiento y de pensamiento crítico coágulos ideológicos en los que se atasca lo que vemos del mundo y lo que somos capaces de entender. Dichos elementos distorsionadores del conocimiento auténtico son una educación descafeinada que genera analfabetos funcionales en serie fácilmente adoctrinables; una sobreinformación que satura, manipula e insensibiliza; y, sobre todo, una propaganda basada en la imagen y los mensajes simples e impactantes, nacida originalmente en el ámbito publicitario comercial de la era industrial. Dicha propaganda sensorial y escrita empapa profundamente la política, la educación y la información en forma de pseudoverdad y posverdad con el único objetivo de la conquista o seducción de las masas con una idea, de tal modo que la gente quede tan cautivada por ella que al final la propia idea se apodere de ellos y ya no puedan extraerla de su mente ni cuestionarla. La propaganda es, en este sentido, totalitaria, regresiva y nihilista, pues extrae toda la sustancia de cualquier concepto lleno de significado y utiliza su cáscara para desarrollar un discurso con apariencia atractiva. Como lo señaló Hannah Arendt en *Los orígenes del totalitarismo* (1974), la efectividad de la propaganda demuestra una de las principales características de las manipuladas e irracionales masas contemporáneas. Estas, respondiendo de manera absurda a la chocante pregunta *grouchiana* de «¿A quién va a creer usted, a mí o a sus propios ojos»?, no creen en nada visible, ni siquiera en la realidad de sus propias experiencias. No confían en sus ojos ni en sus oídos, tan solo en lo que se ha sembrado en su imaginación desde fuera. Lo que, en definitiva, convence a estas masas no son los hechos —ni tan siquiera los inventados—, sino solo la consistencia de una ilusión insertada en sus mentes desde el exterior a través de los *mass media* (segmentarización de la información o «adaptación» de la misma al «gusto» del consumidor individual o colectivo) y que dichas masas refuerzan consciente o inconscientemente en sus cerebros con la aplicación del sesgo de confirmación.

Como ejemplo de esta realidad no hay más que fijarse en el alucinante asalto al Capitolio estadounidense el 6 de enero de 2021 por parte de simpatizantes de Trump. Estos, guiados y totalmente autoconvencidos por la posverdad (y la teoría de la conspiración) sobre el fraude masivo en el proceso electoral presidencial vertida por su líder (y anunciada por este antes del proceso electoral en forma de persuasiva preverdad —corrupción del voto por correo—), irrumpieron violentamente en el Capitolio tras un discurso de Trump en el que animó a cientos de seguidores a marchar hacia la sede de la soberanía nacional. El asalto, que causó cinco muertos, tenía el objetivo de forzar que las dos cámaras del Congreso, que comenzaban en ese momento una sesión conjunta para certificar los votos emitidos por el Colegio Electoral el 14 de diciembre, no ratificaran la proclamación de Biden como legítimo presidente electo. Este caso es un paradigma de la manera en que, a través de los *mass media* (con especial relevancia de redes sociales como *Twitter*) y como arma de confusión masiva y control social, el sistema político y económico, así como individuos en una posición social relevante pero también grises personas marginales erigidas en portavoces de grupos radicales (instrumentalizados o no por grupos de interés pertenecientes al sistema), llevan a cabo, especialmente desde la época posmoderna, una interesada distorsión de la realidad, difuminando la distinción entre lo real y lo imaginario casi hasta el punto de borrarla completamente en las mentes de las masas.

El bloqueo mental derivado de la propaganda seductora y simplificadora de la posmodernidad, bajo la forma de ignorante y fanática ceguera, provoca sufrimiento personal y colectivo, echándose en falta un bien muy preciado por Epicuro: la libertad. Se trata de una libertad que nace de la autarquía personal y que no es solo la libertad de poder pensar por uno mismo y de decir lo que se piensa, sino también (y sobre todo) de pensar lo que se dice, no limitándonos a repetir, por pura inercia y pereza mental (*borreguismo* mental acrítico), lo que hemos aprendido a través de una formación e información sesgadas, censuradas y sectarias, dirigidas por la propaganda de una élite socioeconómica y política (véase el «ministerio de la Verdad» creado en 2019 por el gobierno español bajo el nombre de «Comisión Permanente contra la Desinformación» para decidir por sus ciudadanos qué es verdad y qué mentira). Una (des)educación y (des)información padecidas en las escuelas y a través de los medios de comunicación de masas y la publicidad, cuya misión no es formar seres humanos libres sino crear adeptos zombificados de una ideología determinada o fanáticos de nuevas religiones paganas como el consumismo salvaje.

En este sentido, hoy es más necesario que nunca un sano pensamiento crítico (capacidad para analizar racionalmente la información que recibimos) frente a la extensión de la plaga del sesgo de confirmación. Esto es, un sesgo cognitivo y un error sistemático del razonamiento inductivo que hace que los individuos no busquen la verdad, sino simplemente reafirmar sus propias opiniones. Algo que hacen favoreciendo, buscando, interpretando y recordando la información o los datos que confirman sus creencias o hipótesis y dando desproporcionadamente menos consideración a posibles alternativas totalmente verosímiles y más racionales que las suyas. Nos encontramos así ante individuos simplistas que no necesitan contrastar informaciones y que tachan de conspiración, manipulación o falsedad cualquier evidencia que pudiera negar o poner en duda aquello de lo que están convencidos y que alguien ha introducido en sus mentes de forma directa o subliminal. El interés de estos individuos se centra más en su percepción de la verdad que en la verdad misma, lo que los convierte en menores de edad intelectuales cuyo pensamiento atrofiado se caracteriza por la pereza, la cobardía y la soberbia.

Epicuro, que vivió en una época en que las tiranías demagógicas y populistas se sucedían en un breve lapso de tiempo y en que la superstición se expandía velozmente, contaminando y angustiando las atormentadas mentes de la gente, le concedió mucha importancia, como base de su filosofía, a una teoría del conocimiento que combinaba empirismo y racionalismo y que era, por ello mismo, sólida. Una teoría del conocimiento que era robusta y fiable porque consideraba que solo si dominamos y aplicamos los criterios que nos permiten distinguir con certidumbre entre conocimientos verdaderos y falsos (claridad y confirmación por comparación y contrastación) podremos llegar a un discernimiento satisfactorio de la Naturaleza/Realidad, tarea de la cual se ocupó la *Física* epicúrea.

FÍSICA

Explicar la *Física* de Epicuro no es otra cosa que desarrollar su teoría atomista, heredada directamente de Leucipo y Demócrito. Esto es, los sentidos nos muestran que existen cuerpos sensibles y que esos cuerpos se pueden dividir en sus elementos constituyentes, pero llega un momento en que dicha división no se puede llevar más allá y, de esta manera, obtenemos los componentes últimos de los cuerpos materiales, que no son otros que los átomos (inferencia alcanzada a través de una proyección mental). Ahora bien, en el universo epicúreo no solo existen los átomos, también existe el espacio vacío. Pues, si no fuera así, los átomos no podrían moverse para juntarse unos con otros formando, de esa manera, los diferentes cuerpos. Tanto los átomos como el vacío existen desde siempre, son eternos y, por tanto, nadie los ha creado. Por consiguiente, no es necesario postular la acción de ninguna divinidad ni para explicar su existencia ni para explicar el porqué se unen unos con otros para formar los cuerpos. Es únicamente el azar el que ha permitido que los átomos, moviéndose a través del vacío, se agrupen de unas determinadas formas constituyendo los distintos cuerpos. De este modo, según esta concepción del universo, ni la providencia divina ni la supuesta necesidad de las leyes de la Naturaleza tienen ya razón de ser: no hay ningún plan ni ninguna ley detrás del movimiento de los átomos, solo el azar.

Los átomos tienen una gran variedad de tamaños y formas, lo cual posibilita el que unos se puedan juntar más fácilmente con otros (como lo hacen las piezas de un puzle). Algunas combinaciones de átomos se han revelado como más estables que otras y, así, algunos organismos han perdurado e incluso se han reproducido. Además de tamaño y forma, los átomos tienen otra propiedad muy importante: el peso. El peso permite que los átomos se muevan, pues es precisamente el factor que les hace caer hacia abajo. Pero este movimiento «en caída libre» de los átomos no es exactamente en línea recta. Si así fuera los átomos nunca chocarían entre sí (cada uno seguiría su propia línea recta sin encontrarse ni cruzarse jamás) y no podrían unirse para formar los diferentes cuerpos. De este modo, el movimiento de los átomos «hacia abajo» sufre una ligera desviación que se conoce con el nombre de *clinamen* o *parénclisis*, posibilitando la unión de unos átomos con otros. El *clinamen* es una aportación personal de Epicuro a la teoría atomista y el papel que juega en su pensamiento es crucial. Además de lo ya dicho, el *clinamen* es lo que permite justificar la libertad humana, pues es un movimiento espontáneo e impredecible de esa materia última (átomos) que no obedece a ninguna ley ni regularidad y, por lo tanto, permite escapar a los átomos de un rígido determinismo en el que sí cayeron Leucipo y Demócrito. Así pues, el *clinamen* nos asegura la imposibilidad de predeterminar la conducta de los cuerpos y, sobre todo, de los seres humanos, poniendo así a salvo la voluntariedad y libertad de sus actos.

Dentro de su *Física*, Epicuro dedica también un importante apartado a explicar los distintos fenómenos celestes (rayos, eclipses, manchas solares, etc.). Su intención al hacerlo no es tanto científica como ética, pues estima que no podemos tener un ánimo tranquilo si seguimos aferrados a creencias supersticiosas acerca de estos y otros hechos naturales. Unas creencias nocivas que lo único que pueden causarnos es angustia ante aquello que, *a priori* y aparentemente, no podemos controlar ni explicar, siendo una muestra de ese pensar errado e irracional, por ejemplo, el considerar que el rayo se debe a la voluntad caprichosa de Zeus enojado por los motivos más peregrinos. En consecuencia, lejos de atribuir, como la astronomía platónica, los fenómenos celestes a la competencia de la divinidad y de deducir de su contemplación la visión de lo divino, la física epicúrea conduce, mediante el conocimiento de las leyes exactas por las que, al margen de la potencia divina, se rige el universo, a la visión científica y universal de los fenómenos del cosmos de la que resulta la serenidad del espíritu. Consecuente con el convencimiento de que «el único fruto del conocimiento de los fenómenos celestes es la paz del alma y una firme seguridad» (*cf. Carta a Pitocles*, 85), Epicuro recomienda «una continua dedicación a la ciencia de la Naturaleza, porque de ella resulta principalmente la serenidad en la vida» (*cf. Carta a Herodoto*, 37).

En este sentido, Friedrich Nietzsche, en el segundo volumen de *Humano demasiado humano* (1879), elogia a Epicuro (*cf. en op. cit. 7. Dos medios de consolación*) por haber inventado y haber aplicado a la existencia con una finalidad utilitarista vitalista, esto es, para obtener el apaciguamiento del ánimo y la felicidad, dos artificios calmantes que pueden usarse frente a muchos problemas y que, en su forma más sencilla, se expresarían en estos términos: primeramente, «suponiendo que sea así, esto no importa» (por ejemplo, frente a la inquietud ante de lo divino —ante el castigo y el favor de los dioses— asumir que, si hay dioses, estos no se ocupan de nosotros); en segundo lugar, «puede ser así, pero puede también ser de otro modo» (por ejemplo, en el estudio de los fenómenos naturales celestes podemos llamar a la gravedad «fuerza», aunque sea solo de manera simbólica, o considerar que los movimientos de los cuerpos celestes se producen de una determinada forma, aunque sepamos que muchas otras son posibles y que pueden variar, sin que esto nos cause intranquilidad ni angustia, pues lo que sí que ha quedado descartado, gracias a la ciencia de la Naturaleza, es toda arbitraria influencia sobrenatural en dichos fenómenos, perfectamente explicables de manera racional).

Y es que Epicuro, a la vez que considera que hay que mostrar desconfianza frente a los encantos y engaños de la conciencia que subyacen a toda creencia firme, a cada sí y a cada no incondicionales y metafísicos, estima también que no es en absoluto necesaria la solución de cuestiones teóricas últimas con una hipótesis definitiva, aunque esta sea pretendidamente científica. Es decir, Epicuro rechaza el dogmatismo o creencia en que se posee la única y sola verdad y que hay un deber de imponerla intolerantemente, pues considera que solo quien ama la verdad puede buscarla de continuo y que solo cuando se cree efectivamente en la verdad se sabe que el único modo de mantenerla siempre viva es ponerla continuamente en duda. Esta visión posibilita, por ejemplo, la postulación en la filosofía epicúrea, con fines utilitarios y por medio de las «proyecciones imaginativas de la mente», de la existencia de entes no percibidos por los sentidos como las divinidades o los átomos. Es decir, Epicuro, en aras de la ataraxia, se muestra cauteloso y pragmático en el campo epistemológico (perspectivismo utilitarista), admitiendo varias explicaciones como posibles y válidas para fenómenos y entes del mundo exterior, cuidándose de sustituir un dogma metafísico, considerado como un error irracional nocivo, por otro dogma científico, lo que supone admitir la versatilidad y falibilidad de la ciencia, pero sin olvidar la utilidad de esta, a pesar de sus errores, para la vida y sin caer en un escepticismo que pudiera ser causa de inquietud y confusión.

De este modo, Epicuro se sitúa entre los dogmáticos (que creen poseer la verdad absoluta) y los nihilistas (que niegan la existencia de cualquier verdad). A este respecto, si bien la teoría empírica del conocimiento que defiende Epicuro supone por sí misma una crítica radical al idealismo platónico y a toda la corriente racionalista griega que empieza en Parménides (515-440 a. C.), no obstante, con su empirismo equilibrado el filósofo samio se opone tanto al idealismo como a la teoría escéptica de que el conocimiento real es imposible (el empirismo radical lleva, respecto al conocimiento de la realidad exterior, al fenomenismo —no es posible el conocimiento de algo distinto a nuestras propias percepciones— y al escepticismo —la verdad no existe o, si existe, el ser humano es incapaz de conocerla—). De esta manera, si, por una parte, el empirismo sensato resulta un freno a las ilusiones un tanto ingenuas de la razón absoluta (racionalismo) de fundar en sí la realidad, por otra parte, es, a su vez, la base para defenderse de otro de los grandes peligros de la filosofía, es decir, el escepticismo derivado de un empirismo exacerbado y representado por el agnosticismo radical de Pirrón, contemporáneo de Epicuro y cuya teoría era para este una tentación atractiva en un mundo intelectual hastiado de controversias dogmáticas. Entre esos dos polos, idealismo y escepticismo, y también frente al determinismo supersticioso (religión tradicional) y al científico (atomismo de Leucipo y Demócrito), intenta Epicuro, de modo más radical que Aristóteles, tender un puente entre el sujeto cognoscente y la «realidad» objeto del conocer. Puede decirse que el empirismo templado empieza con la desconfianza en el conocimiento, pero, a diferencia del escepticismo, pretende no concluir en ella, sino utilizarla solo como un punto de partida para una toma de contacto posible con la realidad.

Ahora bien, por encima de todo, Epicuro rechaza de manera inequívoca el dogmatismo teleológico platónico-aristotélico que, mediante el método de la explicación única, obliga a determinar una causa última de todos los acontecimientos (lo divino como causa suprema y causa final de la acción). Frente al dogmatismo, Epicuro defiende una teoría explicativa racional y científica de los fenómenos basada en el método de las múltiples explicaciones a partir de la observación y de experiencias diversas directamente perceptibles por nuestros sentidos, admitiendo como válidas las que guarden verosimilitud. La explicación científica deja, así, de ser exclusivamente especulativa (vana) para pasar a ser posible o razonable, convirtiéndose en una explicación satisfactoria (aunque también provisional y orientada a proporcionar tranquilidad de ánimo) que contempla no solo el hecho en sí, sino también el conjunto de acontecimientos que rodean a ese hecho y que permiten comprender cómo se ha producido este. Epicuro propone, pues, que se tenga en cuenta el método de las diferentes interpretaciones posibles y se planteen hipótesis y principios causales de acuerdo con los hechos, en lugar de caer de un modo u otro en el método de la explicación única, pues esta contradice la experiencia y, en su error, no contempla la explicación posible.

En fin, para Epicuro las explicaciones racionales de base empírica remiten única y exclusivamente a nuestro encuentro directo con el objeto exterior; son relatos de nuestras experiencias, por lo que el hombre no puede ni debe esperar nada más allá de lo físico-sensible. Según Epicuro, al comprender, por la vía de la experiencia, los fenómenos celestes, pero también todo tipo de fenómenos naturales, obtenemos la tranquilidad (ataraxia) indispensable para ser felices. En este sentido, el epicureísmo se ubica dentro del espíritu racionalista que alcanzará su cénit en el siglo XVIII con la Ilustración, corriente ideológica que confió ciegamente en la razón cristalizada en la ciencia empírica para eliminar los males del mundo y hacer progresar al género humano hacia una libertad y una felicidad plenas.

Tanto Epicuro como los ilustrados obviaran que la razón humana y la elección que esta realiza no son buenas *per se* (en sí mismas), sino que pueden llegar a ser buenas o malas. Es decir, si bien la razón en su versión teórica, objetiva y humanística, esto es, referida a fines razonables en sí mismos, éticos y colectivos, es eficaz eliminando demonios atávicos e impulsando al hombre hacia la libertad y hacia un futuro, *a priori*, mejor y más feliz, no obstante, el uso perverso a través de su conversión en una razón puramente instrumental y pragmática (razón formal y subjetiva), propia de la ciencia y la técnica occidentales modernas (también de su economía y su derecho) y que arbitra los medios más adecuados para la obtención de fines dados al margen de la ética y del interés colectivo, excluyendo de la racionalidad lo que no sirve (lo que no es eficaz como medio para conseguir un fin cualquiera que este sea), también puede engendrar monstruos modernos como lo demostró ampliamente la galería de horrores del siglo XX. Y es que según esta determinación que la razón pragmática hace de sí misma y que considera que es racionalmente incorrecto, desechable y malo lo que no sirve para nada práctico (lo inútil), mientras que estima que algo es correcto, bueno y verdadero si funciona bien y es un medio eficaz para el fin propuesto (lo útil) como, por ejemplo, una pistola que mata certeramente, no se ve cómo podríamos calificar de «malos» los hornos crematorios de Auschwitz, cuyo «buen funcionamiento» y «eficacia» (utilidad) quedaron sobradamente probados.

Ahora bien, dicha perversión contemporánea de la razón no debe suponer el rechazo por parte del hombre del camino de la racionalidad. De hecho, para llegar a absolver a la razón del mal que causa a la humanidad es necesario imaginar qué sería del hombre sin aquélla, algo que la convierte en un mal necesario. Es decir, la razón no puede olvidarse y abandonarse, aunque sus errores y aberraciones bajo su versión instrumental hayan sido gravísimos en la historia reciente, pues como sostiene Horkheimer (1986) y Epicuro antes que él, la racionalidad es la única arma del hombre frente a lo absurdo, lo caótico y lo brutal del mundo; frente a una jungla irracional que acaba siendo un escenario fértil para que los pocos dominen a los muchos.

Por otra parte, hay que señalar que la teoría física de Epicuro tiene una implicación muy importante para su *Ética* que se deriva de la concepción epicúrea del alma. En el universo de Epicuro todo es material, corpóreo y compuesto de átomos, lo que implica que también el alma, integrada por *animus* (parte racional) y *anima* (parte irracional) y principio tanto del pensamiento como de la vida emocional, es material y está conformada por átomos, aunque estos sean de mejor calidad. El papel del alma (mente) es muy importante, pues cumple varias funciones. En primer lugar, es la encargada de coordinar las variadas sensaciones que nos llegan a través de los diferentes órganos sensoriales. Además, en ella reside la capacidad de pensar. Por último, también es la responsable de nuestros actos voluntarios, permitiendo así la capacidad de decidir libremente nuestra propia conducta. En definitiva, el alma viene a desempeñar las mismas funciones que hoy en día atribuimos al cerebro. Dicha alma, a pesar de la calidad superior de sus átomos constituyentes, está unida de un modo indisoluble al cuerpo (al fin y al cabo es corporal y material) y ambos se necesitan mutuamente: el alma necesita los datos que le aporta el cuerpo a través de los sentidos, y el cuerpo sin el alma sería un simple caparazón sin vida, incapaz de percibir nada y de interactuar con el medio. Esta necesidad mutua hace que la una no pueda sobrevivir sin el otro y, por tanto, cuando muere el cuerpo también lo hace su alma, desintegrándose los átomos constituyentes de ambos. Así pues, en frontal oposición a otras teorías filosóficas como la platónica, para Epicuro el alma es mortal.

ÉTICA

Con relación a la *Ética* epicúrea hay que recordar que la filosofía se había convertido en la época helenística en un remedio contra una crisis general. Este remedio se debía encontrar preferentemente en el ámbito personal, en concreto en el comportamiento moral (objeto de estudio de la disciplina de la Ética), y consistía básicamente en la búsqueda de los medios que permitieran la consecución de una vida tranquila y feliz. Por eso, aunque la filosofía de Epicuro se ocupa, como se ha visto, de temas relativos a la teoría del conocimiento (*Canónica*) o a la física (atomismo), hay que entender dichos estudios como un instrumento necesario para alcanzar la felicidad. Constituyen, por consiguiente, una preparación hacia aquella parte de la filosofía que Epicuro consideraba prioritaria y que no es otra que la ética. Para entender la ética epicúrea resulta imprescindible explicar su teoría del placer que es bastante diferente a la de los cirenaicos.

Epicuro señala que los animales y los niños son los seres más cercanos a la Naturaleza y los menos contaminados por la cultura y la educación. Si observamos sus comportamientos nos daremos cuenta de que buscan siempre aproximarse a todo aquello que a través de sus sentidos les puede producir placer e, igualmente, se alejan de todo aquello que consideran que les puede causar dolor. De ello se deduce que la búsqueda del placer es algo connatural a todos los seres vivos, incluido el ser humano, y que, dado que la ausencia de placer (equivalente a un dolor o sufrimiento) reclama ser colmada y provoca naturalmente una apetencia, un deseo, solo satisfaciendo esa necesidad conseguiremos ser felices. Por eso, el placer, es decir, la ausencia de pena en el cuerpo y de aflicción en la mente, debe convertirse en la base de la actividad filosófica, pues la filosofía tiene como objetivo la consecución de la felicidad para el ser humano y esta solo se puede lograr mediante la obtención de placer.

Ahora bien, no todos los placeres son iguales. Para empezar, Epicuro distingue entre placeres catastemáticos y placeres cinéticos. El placer catastemático o estático (placer positivo estabilizante o calmante) es aquel que consiste en la ausencia de dolor tanto en el cuerpo (en cuyo caso recibe el nombre de aponia del gr. *aponía*) como en el alma (recibiendo entonces el nombre ya conocido de ataraxia). Los placeres catastemáticos son los más fáciles de conseguir, pues basta con eliminar el dolor para obtenerlos (por ejemplo, beber agua cuando se tiene sed) y, con ellos, alcanzar la felicidad. De hecho, para Epicuro son el mayor placer posible, lo cual hay que entender desde las circunstancias personales del filósofo samio, aquejado de una enfermedad crónica del estómago. Los escasos momentos en que se veía libre de los tremendos dolores provocados por esa dolencia debieron ser para él los de máxima dicha. Por otra parte, los placeres cinéticos o dinámicos (placeres excitantes) son aquellos que se satisfacen mediante los sentidos y merecen para Epicuro una atención menor. Son placeres siempre posteriores a los catastemáticos, que son más básicos y han de satisfacerse antes si queremos obtener aquellos otros. Así, por ejemplo, cuando hemos pasado un largo rato sin comer, nuestro estómago empieza a lanzarnos preocupantes señales de malestar que solo cesan cuando, ya saciada el hambre, esa molestia desaparece. De este modo hemos alcanzado un placer catastemático. Pero si, tras comer, nos vamos a dar una vuelta y pasamos por delante del escaparate de una pastelería donde observamos un apetitoso pastel y entramos y lo compramos por puro gusto y no por mera hambre, entonces estamos obteniendo un placer cinético, en este caso una variación del placer fundamental de la necesidad de comer. Para Epicuro los placeres cinéticos, denominados en griego *chará* (goce) y *euphrosýne* (regocijo), pueden ser una de las causas de infelicidad, pues su abuso produce efectos perjudiciales en nuestra salud. Así, por ejemplo, los médicos nos informan de que tomar una copa de vino en la comida puede tener efectos beneficiosos en nuestro organismo, pero nunca nos aconsejarán beber una botella entera cada día. Por eso, la filosofía del placer que nos propone Epicuro es una filosofía de la moderación. Los placeres deben tener un límite y, puesto que el cuerpo es incapaz de poner ese límite (si por el cuerpo fuera cuanto más placer mejor), es la mente (el alma) la que debe ocuparse de ello. Y lo hará cuando se dé cuenta de que abusar de dichos placeres solo puede acarrear, a la larga, consecuencias negativas.

Epicuro considera también necesario distinguir entre placeres corporales y placeres del alma. Los placeres corporales son más básicos y necesarios que los del alma, pero esto no significa que sean superiores (más bien es al contrario), sino que mientras dichos placeres del cuerpo no sean satisfechos no se podrá acceder a ningún tipo de placer superior del alma. Así, por ejemplo, es obviamente muy difícil que alguien pueda disfrutar del placer que puede comportar estar en una agradable reunión con unos amigos o la lectura de un libro interesante si no tiene un trozo de pan que llevarse a la boca. Al igual que los placeres del alma son superiores a los del cuerpo, también los dolores del alma son mayores que los del cuerpo. Por lo general, estos últimos son más fáciles de superar. Decía Epicuro que la sed se sacia con un trago de agua y el hambre con un pedazo de pan, pero los dolores que afectan al alma permanecen en nosotros durante mucho tiempo (pensemos en el dolor intenso y duradero que nos produce la muerte de un ser querido o una simple ruptura sentimental). Además del padecimiento por el recuerdo de aquello perdido, uno de los sufrimientos típicos del alma proviene de pensar en lo que aún no ha ocurrido pero podría ocurrir (¿Se estrellará el avión en el que me voy de vacaciones? ¿Me echarán del trabajo?), lo cual no deja de ser una manera adicional de provocarnos dolor o de añadir estúpidamente sufrimiento al dolor que pueda darse en el momento presente.

A partir de la concepción epicúrea de la *hedoné* se puede establecer una comparación entre la teoría del placer de Epicuro y la de los cirenaicos y extraer algunas conclusiones, concretamente que el epicureísmo defiende una ética hedonista más moderada que la de los cirenaicos, colocando en primer término la importancia de saber elegir bien los placeres y, por tanto, los deseos que los generan, al mismo tiempo que aprender a limitarlos.

En primer lugar, para Epicuro, a diferencia de lo que sostiene el hedonismo cirenaico, no todos los deseos (resortes del placer) ni todos los placeres (objetivo final del deseo) son igual de buenos, sino que son catalogables por sus consecuencias positivas o negativas y, por lo tanto, hay deseos y placeres que se deben elegir antes que otros (jerarquización de los deseos y los placeres y preponderancia de la calidad sobre la cantidad). En general, buscando aquello menos dañino para nuestro cuerpo y nuestra mente, elegiremos los deseos naturales y necesarios antes que los deseos naturales y no necesarios y que los deseos vanos, que ni son naturales ni necesarios. De la misma manera, optaremos por los placeres que traigan consigo consecuencias físicas y mentales positivas, razón por la cual preferiremos los placeres catastemáticos frente a los cinéticos. Igualmente, siempre que esto sea posible, habrá que elegir antes los placeres del alma que los del cuerpo, pues los primeros son superiores a los segundos, ya que estos solo pertenecen al presente.

En segundo lugar, según el epicureísmo, los placeres no son ilimitados como pensaban los cirenaicos. Por el contrario, debe existir un límite en los placeres, pues su abuso, lejos de ser beneficioso, se convierte en dañino. Ese límite lo ha de poner la mente a través de la prudencia. Esto es, la disposición racional verdadera y práctica en relación con los bienes humanos, propia de los hombres que tienen en cuenta lo que les es útil y bueno para sí mismos en relación con el bien vivir. Ahora bien, la prudencia que defiende Epicuro no es no es una prudencia pacata y mortificadora de topo, sino equilibrada y vitalista de águila. Es decir, una prudencia que si bien, por medio de la experiencia y de la razón, conoce y modula el carácter del individuo, no obstante, no lo violenta, sino que, tras persuadirlo de acuerdo con lo natural y racional, lo sigue con valentía, aceptando las ventajas y desventajas que pueda producir (fidelidad a uno mismo dentro de la prudencia). En este sentido, la prudencia tampoco es entendida por Epicuro como un racionalismo dogmático, pues para él la razón aplicada de forma extrema nos puede hacer tan infelices como dar rienda suelta a nuestras pasiones más bajas, pudiéndose decir del hombre cuando se encuentra en una situación de dominio tiránico de la razón en su conciencia que es un paciente envenenado por su propio médico (cf. con el argumento de la novela de Unamuno *Amor y pedagogía*). Además, la prudencia epicúrea no es una mera ciencia del cálculo egoísta e individualista porque, partiendo de la premisa del sólido y equilibrado amor e interés por uno mismo, atiende paralelamente (y utilitariamente) al postulado de amar al prójimo como a uno mismo, ya que la realización práctica de dicho sentimiento afectivo hacia el «otro» (principalmente hacia los amigos) proporciona una seguridad vital para la felicidad personal, una seguridad que depende mucho de la paz colectiva. Por último, la prudencia epicúrea es una virtud que encierra en ella las virtudes de la justicia y la templanza y que suple la ausencia en muchos hombres de la virtud de la fuerza, ahorrando a aquel que tiene la desgracia de no poseerla de un gran número de ocasiones en que resulta necesaria.

En tercer lugar y en frontal oposición a las tesis cirenaicas, para Epicuro los dolores del alma son peores que los del cuerpo, porque la mente tarda más en recuperarse que la carne. Los dolores sufridos en el cuerpo son fáciles de eliminar, al mismo tiempo que la mente tiene un poder mayor para contrarrestar el dolor físico que para atenuar el dolor del alma.

En cuarto y último lugar, para el epicureísmo la ausencia de dolor o estado en el que no hay dolor se corresponde con el máximo placer o deleite supremo, es decir, es el principal placer y no un mero estado intermedio o neutro entre placer y dolor como habían defendido los cirenaicos.

TETRAFÁRMACO

Dentro de la ética epicúrea el conocido como tetrafármaco (gr. τετραφάρμακον) o «remedio en cuatro partes» tiene un papel central. Este término alude a una antigua medicina griega, usada también más tarde por los romanos, formada por cuatro ingredientes (cera, resina de pino, brea y sebo de carnero) que se mezclaban creando un ungüento que se aplicaba sobre las heridas abiertas con el fin de facilitar la supuración de sustancias dañinas para el cuerpo. Basándose en esta cura, Epicuro, para el cual la filosofía se concibe como una medicina, diseñó en su *Ética* un remedio en cuatro partes para conseguir una vida lo más feliz posible, lejos de todos los miedos. Dicha medicina la resumió en cuatro versos, cada uno de los cuales se correspondía con un consejo para lograr la ansiada felicidad. Conviene reseñar a este respecto y como curiosidad que Epicuro parecía estar «predestinado» a ser un filósofo promotor de soluciones para el alma humana, pues su propio nombre en griego significa «el que socorre» o «el que ayuda». Los cuatro ingredientes del tretrafármaco epicúreo son los siguientes:

(1) *No hay que temer a los dioses.* En su *Física* Epicuro intenta liberar a los seres humanos de creencias supersticiosas que no ocasionan más que angustias que impiden alcanzar la felicidad. Algunas de dichas creencias más firmemente arraigadas en la mente humana hacen referencia a nuestro modo de entender a la divinidad. Esto no quiere decir que Epicuro niegue la existencia de los dioses, sino que busca purificar la idea de divinidad de las opiniones vanas con que el vulgo la ha contaminado para llegar a la certeza de que los dioses, de naturaleza feliz e inmortal, no experimentan trastorno alguno, ni lo causan a nadie, y que no les conmueven ni la ira ni la benevolencia, porque tales sentimientos solo son propios de naturalezas débiles. Es decir, los dioses son indiferentes a los hombres. En virtud del goce de la eterna beatitud que les caracteriza de acuerdo con su suma perfección y careciendo de estímulos para la manifestación de una voluntad creadora del universo, no toman parte en la creación del mundo ni tampoco se ocupan de su gobierno, control y ordenamiento. De manera que, en ningún caso, el mundo comporta la imagen excelente de lo divino. Esto implica que no existe un reino espiritual fuera del hombre o trascendente a él y que influya sobre él y su cosmos, sino que el siempre utópico «reino del amor, la razón y la justicia», defendido por los sistemas teístas e incluso por los místicos y no-teológicos, puede existir únicamente como una realidad terrena porque el hombre ha podido desarrollar esos poderes en sí mismo y en la tierra a través del proceso de su evolución y solo en esta medida. En tal concepción de la divinidad, la vida no tiene otro sentido que el que el hombre le da desde su realidad física y psíquica (emulando o no modelos trascendentes), estando completamente solo, salvo en la medida en que ayuda a otro o es auxiliado por otro.

Para Epicuro la existencia de los dioses es evidente, puesto que si no fuera así no se explicaría el hecho de que todos los seres humanos (incluidos los ateos) tengan un concepto o anticipación (prolepsis) de ellos. Ahora bien: ¿cómo nos hemos formado ese concepto de divinidad? Según Epicuro, no poseemos ideas generales con anterioridad a la experiencia sensorial, sino que dichas ideas resultan de la repetición de sensaciones, aun cuando esas ideas precedan a otras sensaciones y a toda observación sistemática con base científica. Sin embargo, la prolepsis de los dioses no se adquiere por los sentidos, sino por la mente, aunque el procedimiento para su obtención es similar al que se sigue con la sensación. Concretamente hemos adquirido la prenoción de divinidad porque captamos las *eidolas* o aflujo de imágenes desprendidas de los dioses como objeto intangible mentalmente percibido, unas imágenes que nos llegan durante el sueño y la vigilia y nos indican, mediante su perfecta similitud, la identidad específica de aquellos. Porque los dioses, como cualquier otro cuerpo, desprenden imágenes, ya que también ellos, como el resto de los seres, están formados por átomos, aunque con una diferencia crucial: los átomos que componen a los dioses se van renovando continuamente, siendo sustituidos por otros nuevos que toman su lugar. De este modo, los dioses se ven libres de la corrupción que afecta a los demás cuerpos y son, por tanto, inmortales.

No obstante, aunque los dioses existan ello no quiere decir que tengamos que temerlos, tal y como nos han intentado inculcar las distintas religiones y ciertas élites sociales que se han valido de nuestros temores (muerte, destino, castigo, culpa, pecado, etc.) para mantenernos sujetos a sus propios intereses personales y terrenales a través de dogmas y códigos morales. No hay que temerlos porque los dioses no se preocupan por nuestros asuntos y, por consiguiente, ni nos van a premiar ni nos van a castigar por las acciones que realicemos. Ahora bien, el hecho de que los dioses ni hayan creado el mundo ni al hombre ni se preocupen por nosotros no quiere decir que nosotros nos tengamos que olvidar de ellos, sino que, más bien al contrario, tenemos que aspirar a asemejarnos a ellos (*isoteísmo*), pero no en el sentido de una imposible identidad esencial (identidad por el ser), sino en el de una identificación práctica (identidad por el hacer), esto es, en el sentido de obtener la ataraxia propia de la divinidad.

Epicuro considera que es necesario que practiquemos el culto a los dioses, pero no porque a cambio de ello esperemos recibir algo sino por otros motivos. En primer lugar, porque los dioses tienen que ser el modelo a seguir en nuestra vida. En este sentido, y asumiendo que los felices dioses ociosos no atienden plegaria humana alguna, se recomienda la oración entendida como reflexión, pues, mientras reza, el sabio se reconforta en la contemplación de los dioses (admiración alegre y desinteresada) y esto aumenta su propia felicidad, porque los dioses son como un espejo y el sabio goza en esta contemplación que, al fin, es la de su propia imagen. Desde luego que los dioses en los que Epicuro está pensando (serenos, indiferentes, felices, etc.) son la antítesis de aquellos del Olimpo de los que nos hablaba Hesíodo (borrachos, lujuriosos, coléricos, antropófagos, mentirosos, etc.), de todo menos modélicos. Al mismo tiempo también son antitéticos de las divinidades todopoderosas y celosas vigilantes del cumplimiento de una moralidad inasequible para el ser humano propias de las religiones monoteístas (judaísmo, cristianismo e islamismo). En segundo lugar, es positivo dar culto a los dioses porque no hacerlo puede acarreamos consecuencias negativas en nuestra vida social: podemos ser mal considerados por el resto de nuestros conciudadanos y ser marginados (esto ocurría en la época de Epicuro, no así en el secularizado Occidente del siglo XXI). O, lo que sería aún peor, podemos padecer persecución y, por tanto, perder la seguridad, algo difícilmente compatible con la vida tranquila y feliz que estamos buscando (este hecho aún se produce en países con regímenes políticos teocráticos dominados por el integrismo islámico). De esta manera, practicando el culto a los dioses lograremos pasar desapercibidos, una de las condiciones básicas para lograr la ataraxia según el epicureísmo.

Ahondando más, puede aseverarse que la afirmación epicúrea de la existencia de los dioses, así como la conveniencia de cumplir con las obligaciones religiosas, responde a dos principios. Por una parte, a un pietismo natural basado en la contemplación reverente y agradecida de una divinidad alejada de todo contagio humano; un pietismo radicalmente opuesto a la piedad popular que siempre intenta extraer beneficios de su comercio con la providencia divina. Y, por otra parte, a la voluntad de evitar conflictos con la tradición que amenacen la seguridad, tan necesaria para guarecer la serenidad de ánimo que requiere la *eudaimonía*. De esta manera, con su inteligente defensa de sus especiales dioses y de la participación en la vida religiosa, Epicuro obtiene todas las ventajas que se derivan de la negación implícita de la divinidad tradicional (generadora de terrores y vanas esperanzas) y a la vez elude peligrosos enfrentamientos que pueden malograr la felicidad en el caso de manifestar dicha negación explícitamente. En este sentido, partiendo de la convicción epicúrea de que la vía de la felicidad es individual, no debe resultar traumática la oposición entre algunas convicciones íntimas y la conveniencia de mantener ciertos posicionamientos públicos y determinadas prácticas externas (*cf.* esta visión epicúrea de la divinidad y la religión con la actuación del personaje central de la novela de Unamuno *San Manuel Bueno, mártir*). El mismo afán de seguridad que subyace en las indicaciones de moderación de Epicuro en los placeres le convierte en conservador de determinadas tradiciones como las relacionadas con la religión.

En definitiva, con su visión de los dioses, Epicuro trata de liberar la existencia humana de la arbitrariedad y del intervencionismo divino que, designado con el eufemismo Providencia, determina de antemano la vida de los hombres y la sujeta a sus caprichos imprevisibles. Al afirmar la existencia de una divinidad extraña a los asuntos mundanos, que no garantiza la norma moral, ni condiciona los actos del individuo, ni es fiel vigilante y depositaria del castigo y la recompensa, el epicureísmo busca excluir a los dioses de la Naturaleza y recuperar para el hombre la libertad de saberse dueño, al menos parcialmente, del propio destino, así como la capacidad de enfrentarse en sus decisiones solo con su propia conciencia y no con el capricho de unos dioses cuya perfección no puede estar ligada al origen de este mundo deficiente y cuya beatitud les sitúa al margen de los acontecimientos físicos y morales terrenales.

(2) *No hay que temer a la muerte.* Esta afirmación es una consecuencia directa de su teoría física. Como ya vimos, para Epicuro el alma es mortal debido a que es material y está com-

puesta de átomos, por lo que la muerte del cuerpo supone también la muerte del alma, que no puede sobrevivir al cuerpo. De esta manera, Epicuro concluye que no existe una vida más allá de la muerte para el ser humano: la muerte es el fin de todo. Y este hecho, que para muchos podría ser el principal motivo de angustia (¿Entonces, esto era todo? ¿Me muero y ya está?), para Epicuro se convierte en la base de su rechazo al miedo a la muerte. Cuando muramos ya no existiremos y no podremos sentir nada, ni placeres, ni dolores. Por lo tanto, es de tontos temer a la muerte porque mientras lo hacemos estamos perdiendo un tiempo precioso que deberíamos emplear en vivir la única vida que tenemos. Más aún, Epicuro afirma que las personas que sí creen en una vida más allá de la muerte son las que nunca lograrán ser felices. No lo serán porque vivirán siempre atormentadas por aquello que les pueda esperar más allá y por si serán castigadas eternamente por cualquier acto que hayan realizado en su vida. Porque la promesa de inmortalidad permite a la religión chantajear a los hombres, ofreciéndoles primero la esperanza de trascender su condición finita y atrapándolos después mediante el temor a la condenación sempiterna. La inmortalidad es, en definitiva, una idea generadora de terror, puesto que ningún mal es irremediable cuando tiene fin, y poco temerían los hombres si vislumbrasen cierto término a sus desdichas. Epicuro, desdeñando la superficial verosimilitud de ciertas creencias religiosas, enseña que la inexistencia del más allá ayuda a vivir y a morir sin hipotecas. De esta manera, juiciosamente, podemos considerar la naturaleza corporal y finita del alma como una buenaventura.

(3) *El bien o lo bueno y, por tanto, la felicidad, es fácil de conseguir.* Este principio es una consecuencia de la teoría del placer epicúrea. Así, el placer, que equivale al bien y lleva a la felicidad, es fácil de obtener porque para ello basta con eliminar el dolor (en esto consiste el placer supremo para Epicuro) satisfaciendo los deseos naturales necesarios y accediendo así a los placeres catastemáticos (ausencia de dolor tanto en el cuerpo como en el alma). De esta manera, por ejemplo, el sustento y el cobijo es algo que se puede adquirir fácilmente por cualquier persona con un mínimo esfuerzo, independientemente de su riqueza, pero

cuando alguien quiere más de lo que necesita está limitando y perjudicando sus posibilidades de satisfacción y felicidad.

(4) *El mal y el dolor son fáciles de soportar.* Esta afirmación también es consecuencia de la teoría del placer epicúrea. El mal y el dolor son fáciles de sobrellevar pues, o bien son fácilmente superables (por ejemplo el hambre) y, por tanto, debemos eliminarlos y no perder el tiempo con lamentaciones, o bien son imposibles de evitar, en cuyo caso debemos aceptarlos con resignación porque o nos matan (y en ese caso obviamente dejamos de sufrir) o, si no lo hacen, es porque en realidad son soportables.

En definitiva, frente al sufrimiento humano que se deriva del temor a la divinidad, de la angustia ante la finitud psicofísica del hombre, de los deseos vanos que oprimen y decepcionan y de la presencia del mal, Epicuro nos dice que los dioses no son de temer, la muerte nos es insensible, el bien no es difícil conseguir y el dolor es fácil de sobrellevar. Porque los dioses son rientes, ociosos y pacíficos, independientes de los hombres; la muerte, una naturalísima consecuencia y el final necesario para un paréntesis milagroso y único que quiere en el presente; el placer, un instinto racional-vital que, modulado prudentemente, se obtiene sin la menor penuria; y el dolor, un hecho probado de la vida humana que se debe resistir y erradicar en la medida de lo posible si nace del cuerpo y que, gracias a la filosofía, se puede extirpar de la mente, de una mente que, bien dispuesta, puede ayudar a hacer llevadera e incluso enriquecedora la dolencia somática.

5. EL DESTINO DEL LEGADO EPICÚREO

CONDENA Y SUPERVIVENCIA DE UN TESORO FILOSÓFICO

Como se ha indicado en la introducción, si hubo un sabio de la Antigüedad que sufrió una brutal *damnatio memoriae* por parte de la ortodoxia ideológica a lo largo de siglos, ese fue Epicuro de

Samos, cuya filosofía fue maltratada y trivializada como ninguna otra en la historia del pensamiento por una tradición exegética o interpretativa totalmente hostil y basada en razonamientos superficiales y maliciosos. Este anatema lanzado sobre Epicuro afectó profundamente a la preservación de su legado literario. Así, del aproximadamente medio centenar de obras que escribió, apenas nos han quedado breves fragmentos, algunos de ellos en mil ochocientos papiros carbonizados rescatados desde mediados del siglo XVIII de una biblioteca de la llamada *Villa de los Papiros* de Herculano, sepultada por la erupción del Vesubio en el año 79 d. C., que perteneció al suegro de Julio César, Calpurnio Pisón, y que pudo ser reunida y seleccionada por el amigo de la familia y cliente de Pisón, el epicúreo Filodemo de Gadara (110-35 a. C.). Concretamente, de toda la vasta literatura epicúrea la tradición nos ha transmitido tan solo cuatro cartas (*Carta a Heródoto, Carta a Meneceo, Carta a Pítocles* y *Carta-testamento* a *Idomeneo*), con carácter de parciales breviarios, y un puñado de sentencias escogidas (*Máximas Capitales* y *Sentencias Vaticanas*). El resto de sus textos desapareció, probablemente antes del siglo IV d. C. Si hoy conocemos la filosofía de Epicuro es gracias al estudio y la ardua reconstrucción de su pensamiento a partir de los exiguos testimonios directos y de las noticias, más o menos extensas, de otros escritores. Entre los transmisores del corpus epicúreo, al margen de los citados deterioradísimos papiros de Herculano, ocupan un lugar destacado Diógenes Laercio (180-240) —historiador de la filosofía que en el libro X de su *Vidas y opiniones de los filósofos antiguos* conservó las tres cartas fundamentales de Epicuro, así como las *Máximas Capitales*, además de algunas anécdotas biográficas muy interesantes—, Cicerón, Plutarco, Séneca, Sexto Empírico, Lucrecio, Filodemo de Gadara y Diógenes de Enoanda.

La inmediata y casi total desaparición de los escritos de Epicuro —ya a fines de la Antigüedad— resulta significativa, sobre todo si se compara con la amplia conservación de los diálogos platónicos y de los tratados aristotélicos. Es evidente, pues, que la pérdida de las obras epicúreas, lejos de ser el resultado de una negligencia o una casualidad, se debió a la censura implacable que ejercieron sobre la literatura de Epicuro rivales filosóficos y enemigos ideológicos. Platónicos y estoicos primero y los cristianos después condenaron las, para ellos, sacrílegas y escandalosas tesis de Epicuro, considerado de manera simplista como materialista, abogado del placer y del individualismo y negador de la providencia divina y del orden social basado en la obediencia a la religión y al Estado. Los cristianos, que pudieron utilizar algunos textos y argumentos epicúreos en su polémica contra otros filósofos paganos y que compartían en un principio con el epicureísmo elementos ideológicos como la renuncia a la vida política, a servir al Estado y a buscar las glorias mundanas, así como la crítica de las formas tradicionales de piedad como supersticiones escandalosas, cuando llegaron a la esfera del poder en el Imperio romano, es decir, desde el siglo IV, vieron en el pensamiento de Epicuro a su más peligroso y pertinaz enemigo. En ese contexto, el dogmatismo de una fe (cristianismo paulino) asentada en una revelación divina asociada a la promesa de una salvación trascendente —el miedo a la razón de las masas, en definitiva— sustituyó a las ideas de filosofías como el epicureísmo (empirismo, racionalismo, materialismo, lucidez crítica y librepensamiento) en círculos cada vez más amplios y que se afianzaron en el poder en tiempos de los emperadores Constantino y Teodosio. Desde entonces la doctrina epicúrea quedó condenada.

DEL OLVIDO A LA RESURRECCIÓN

Durante la Antigüedad tardía y a lo largo de toda la Edad Media la filosofía de Epicuro estuvo proscrita y fue estigmatizada con la aplicación de las más duras etiquetas difamatorias. Marginado, condenado al olvido y conservado de manera fragmentaria y precaria (pero esencial) a través del libro X de las *Vidas y opiniones de los filósofos antiguos* del historiador griego Diógenes Laercio y del poema didáctico del poeta romano Lucrecio *De rerum natura*, el pensamiento de Epicuro no resurgiría tímidamente hasta el Renacimiento, cuando el humanista romano Lorenzo Valla (1405-1457) intentó conciliarlo con el cristianismo. Dos siglos más tarde, el sacerdote y filósofo francés Pierre Gassendi (1592-1655), igual que el literato español Francisco de Quevedo (1580-1645), volvió a ensayar ese maridaje entre paganismo clásico y fe cristiana, siendo los materialistas franceses del siglo XVIII (La Mettrie, Holbach y Helvecio) quienes recuperaron definitivamente el interés por la física atomista y el hedonismo epicúreos desvinculados de todo dogmatismo religioso cristiano. De esta manera, y gracias a los revalorizados breves restos de su obra, de modo paulatino la doctrina de Epicuro volvió a ser conocida y considerada por encima de los viejos anatemas, poniéndose en boga entre las corrientes ilustradas conceptos epicúreos como hedonismo, materialismo, atomismo, teoría del contrato social, negación de la providencia divina, etc. Así, por ejemplo, en la Inglaterra de los siglos XVIII y XIX, las enseñanzas éticas de Epicuro, recogidas por Jeremy Bentham (1748-1832) y John Stuart Mill (1806-1873), resultaron una influencia fundamental en el surgimiento de un movimiento muy significativo en la historia de la filosofía ética y la teoría política: el utilitarismo.

NIETZSCHE Y EPICURO

Por otra parte, en Alemania, Nietzsche, el último gran filósofo de la modernidad (o el primero de la posmodernidad) y el más grande analista *avant la lettre* del mal nihilista posmoderno, encomió la filosofía epicúrea (también lo hizo Karl Marx respecto la física atomista), con cuyo fundador compartía una mala salud que no solo determinó que el genio alemán llevase una vida frugal y anónima, con pocos amigos auténticos y en contacto permanente con la Naturaleza (aislado de la sociedad), como prescribió Epicuro, sino que además configuró, como en el caso del sabio griego, a partir de su experiencia personal con el dolor (el dolor como maestro de la vida), uno de los ejes fundamentales de su filosofía, concretamente la afirmación nietzscheana de la vida frente a cualquier adversidad. Una afirmación que podría sintetizarse en la expresión de que «todo lo que existe es justo e injusto, bueno y malo, bello y feo, alegre y triste, placentero y doloroso a la vez y, en ambos casos, igualmente justificado; a eso se llama mundo y eso es la vida». Asimismo, Nietzsche se dejó influir por Epicuro en la concepción fisiológica, inmanente y utilitarista del origen del conocimiento, el lenguaje, las leyes y la moral, algo que se pone de manifiesto en la propuesta nietzscheana de una nueva moral como *Umwertung aller Werte* o «transvaloración de todos los valores». Este término fue acuñado por el filósofo germano para referirse a la necesidad de cambiar o transvalorar, mediante el método genealógico, los falsos valores morales que habían dominado toda la cultura occidental desde el momento en que la filosofía socrática, continuada por el platonismo y el cristianismo (responsable de la inversión de los valores) puso la vida, lo terrenal, lo inmanente y el devenir en función de la muerte, lo suprasensible, lo trascendente y el ser eterno, engendrando una moral de resentimiento contra todo lo vital; una moral de renuncia de esclavos y débiles reforzada por el igualitarismo y el universalismo racionalista teórico-práctico y moral rousseaniano y kantiano y modeladora de toda la vida humana en función de un falso trasmundo divino o de un terrenal pero ideal «contrato social» o «deber ser». Y es que la hermenéutica nietzscheana, igual que la epicúrea, se rige según el hilo conductor del cuerpo, esto es, hay que partir del cuerpo y no de constructos abstractos si se quiere llegar al origen del hecho que se quiere interpretar (fuerzas e impulsos vitales corporales como fuente de las valoraciones humanas). En suma, respecto de la relación entre el pensamiento epicúreo y nietzscheano, si bien parece que Nietzsche en su afirmación vitalista e inmanente de la (trágica) existencia (afirmación formulada desde un nihilismo activo) pretendió contraponer al modesto heroísmo idílico o apolíneo de Epicuro un exuberante heroísmo terrible o dionisiaco, no obstante, el vínculo entre ambas filosofías y los hombres que las fundaron, a pesar de la distancia temporal y cultural que los separa, es muy estrecha como se pone de manifiesto en la coincidencia en cuestiones clave como, por ejemplo, la crítica al valor metafísico de la moral y a su carácter opresivo sobre la corporeidad y libertad humanas, la consideración del valor del conocimiento científico desde una óptica pragmática puesta al servicio de la vida, la defensa de un equilibrado hedonismo vitalista individualista y la afirmación de la vida desde el sufrimiento y el pesimismo.

Habiendo examinado las líneas básicas del pensamiento epicúreo y su avatar histórico, puede concluirse que es hacer honor
a la verdad reconocer que la filosofía de Epicuro, coloreada por
una amable tonalidad espiritual terrena que pone en primer término, desde la paciencia, la prudencia, la moderación y la serenidad, el papel central del cuerpo y del placer en la obtención de
una felicidad plena, no fue en ningún momento la grosera versión ideológica que una buena parte de la tradición nos ha entregado (el propio poeta Horacio se describió como un «cerdo de la
piara de Epicuro», mostrándose orgulloso y provocativo respecto
de lo que, en un principio, era una calumnia propalada por el político, filósofo y orador Cicerón). Por contra, se trata de una filosofía terapéutica intemporalmente válida que ofrece a los hombres
de la contemporaneidad posmoderna, frente a la mística y la hipo-
cresía de las palabras vacías, de los consuelos materiales superficiales, de la mezquina y brutal lucha por el poder, de los deseos y
placeres vacuos, del cultivo y la imposición del miedo, la división,
la ignorancia y la falsedad, el disfrute de la vida con sus alegrías y
tristezas, placeres y dolores, generosidades y crueldades.

6. EPICUREÍSMO Y POSMODERNIDAD

La época posmoderna, que se analizará a continuación y cuya
naturaleza se acomoda bien a la frase de Marx que dice «todo
lo sólido se desvanece en el aire, todo lo sagrado es profanado»
(*Manifiesto Comunista*, 1848), es un escenario donde se manifiestan a todos los niveles síntomas de una enfermedad histórica
como la que afligió, salvando las distancias temporales y culturales, al mundo helenístico. Es por ello por lo que dicha dolencia y
sus manifestaciones clínicas son susceptibles de ser tratadas con la
terapia que la filosofía epicúrea ofreció a los atormentados y desorientados griegos de los siglos IV y III a. C.

Entre los síntomas del mal de la posmodernidad nos encontramos con una ascendente desafección política y un fuerte rechazo a cualquier tipo de compromiso social en un marco de auge de populismos y extremismos políticos (nacionalismo, neofascismo, neocomunismo, etc.); una crisis económica permanente paralela a la degradación generalizada de los derechos laborales, la depauperización de amplias capas de la población y la destrucción a gran escala del medioambiente; unos desplazamientos de población masivos desde la periferia hacia el centro económico mundial impulsados por interminables conflictos bélicos y por la miseria material endémica de múltiples Estados fallidos; una pérdida de la soberanía política y económica por parte de los estados democráticos en beneficio de instituciones supranacionales y de acuerdos comerciales favorables a una reducida élite; y, de manera muy destacada, una creciente atomización social con individuos narcisistas, relativistas y nihilistas, pero a la vez radicales y dogmáticos, cada vez más adoctrinados y menos críticos y más desorientados y desequilibrados. Dichos individuos, anhelantes de emociones fuertes, de estímulos euforizantes y de verdades sin filtro, pero a la vez necesitados de narcóticos y posverdades tranquilizantes, están subyugados por soluciones hiperpersonalizadas y vacuas (objetos, servicios, terapias, etc.); unas supuestas soluciones que, desde el altar de un consumismo que renueva continuamente sus objetos de culto por medio de la publicidad, los medios de comunicación de masas y los *gadgets* tecnológicos, le prometen a un manipulable hombre unidimensional la «salvación» del aburrimiento cotidiano que lo oprime, pero que, de hecho, lejos de otorgarle algún beneficio, lo condenan a la más absoluta infelicidad.

Partiendo de la premisa de la validez del pensamiento epicúreo, sintetizado en su tetrafármaco, como remedio terapéutico efectivo para las dolencias del hombre posmoderno, concretamente como auxilio para salir triunfantes del reto de ser felices en un entorno hostil y nihilista, en las páginas que siguen, tras analizar el concepto de posmodernidad y la búsqueda de la felicidad por el género humano a lo largo de la historia, se hace una lectura de los males que atenazan a hombres y mujeres en el tercer milenio y se proponen soluciones a los mismos en clave epicúrea.

II
La posmodernidad

1. NEOLIBERALISMO O PERVERSIÓN DEL LIBERALISMO

LA ADULTERACIÓN DEL LIBERALISMO ECONÓMICO

Tomando como referencia la teoría marxista según la cual la infraestructura o base material de la sociedad, esto es, la organización y funcionamiento del sistema económico, determina la superestructura o conjunto de elementos de la vida social, es decir, las ideas jurídicas, políticas, artísticas, filosóficas y religiosas de un momento histórico concreto, para entender la ideología posmoderna debemos analizar antes el neoliberalismo como fundamento económico del mundo posmoderno. En este sentido, sin ningún género de dudas, una de las bases más importantes del mundo actual es, con sus luces y sus sombras, el sistema económico capitalista. Fue en el siglo XV, en la transición entre la Edad Media y la Edad Moderna, a partir de la decadencia del sistema feudal y del nacimiento de una nueva clase social, la burguesía, cuando se sentaron las bases del liberalismo económico, un sistema económico inédito basado en la propiedad privada y en la acumulación de capital. En 1776 dicha forma de organización económica, que reclamaba eliminar las barreras a la producción y al comercio y que en gran medida suponía una reacción tanto frente a los residuos de las ineficientes instituciones medievales (tierras amortizadas y comunales, gremios artesanales, etc.) como frente a la intervención en la economía por parte de las monarquías absolutas de la modernidad (mercantilismo y manufacturas reales), fue elevada a la categoría de doctrina y difundida ampliamente por el economista escocés Adam Smith (1723-1790) en su obra *La riqueza de las naciones*.

Puede afirmarse que el liberalismo económico es una ideología compañera del liberalismo político, nacida del fértil y cándido humus del pensamiento ilustrado del siglo XVIII que pretendía hacer más libre y feliz al hombre. Dicha ideología económica sufrió ya desde finales del siglo XIX, en el marco de la Segunda Revolución industrial, un embate fatídico por parte de una minoría con un fuerte poder económico y una gran influencia política. Así, el capitalismo decimonónico finisecular de la concentración industrial socavó los aspectos más positivos del liberalismo económico original (libre iniciativa económica, progreso material abierto al mérito y esfuerzo personal, etc.), el cual, tras el breve lapso arcádico del keynesianismo y sus proyectos consecuentes como el estado del bienestar, las políticas económicas socialdemócratas y el desarrollismo (1945-1973), fue malignizado de manera irreversible por dicha élite, especialmente desde finales del siglo XX y principios del XXI, siendo aniquilada cualquier posibilidad de que se cumpliera la prevista función original del capitalismo de liberar y proporcionar una dicha material ilimitada a la especie humana.

El proceso de degeneración del sistema económico liberal y su transmutación en el neoliberalismo actual tiene un hito alrededor del año 1973 (crisis del petróleo) y un fuerte vínculo con la Escuela de Chicago y el economista antikeynesiano Milton Friedman (1912-2006). Concretamente, el liberalismo económico de la segunda posguerra —que alcanzó altas tasas de crecimiento en las economías industriales avanzadas— entró en una fase de depresión a finales de los 60 y principios de los 70 del siglo XX. En ese contexto se manifestaron síntomas de una recesión de gran envergadura: crisis energética, contracción industrial, desequilibrios fiscales en las economías occidentales, eliminación del patrón oro como base universal de las unidades monetarias, aumento meteórico de las tasas de inflación y desempleo, colapso del valor de los activos y, en general, hundimiento de las tasas de crecimiento y acumulación. La pregunta en ese marco de escaso o nulo crecimiento y agotamiento o crisis terminal de un modelo de acumulación antaño exitoso (patrón fordista, pacto corporativo o alianza capital-trabajo) era cómo reanudar el proceso de acumulación de capital activado después de la Gran Depresión gracias a políticas económicas keynesianas (la gran crisis demostró que lo óptimo es que el Estado intervenga en la economía), pues dicho proceso no es un capricho de una clase o grupo social, sino que es un imperativo categórico del capitalismo, ya que sin acumulación de capital los fundamentos del modo de producción capitalista se deterioran irremediablemente.

La solución que se alzó victoriosa —contenida en la obra de F. Hayek *The road to Serfdom* (1944) y en las tesis de la Sociedad de Mont Pelérin (1947) y de la Escuela de Economía de Chicago (1950)— fue el neoliberalismo, esto es, la respuesta antikeynesiana a la crisis en exclusivo beneficio de ciertas élites económicas antiguas y otras nuevas en ascenso. Concretamente, Klein (2007) ha calificado la implantación del libre mercado a nivel internacional a partir de la década de 1970 como la manifestación de un programa neoconservador de ingeniería social y económica identificado como «capitalismo del desastre» y basado en el ataque frontal contra instituciones y bienes públicos después de acontecimientos de carácter catastrófico (crisis económicas globales como la de 1973 y 2008, golpes de estado como el de Pinochet en Chile, disolución de regímenes como la URSS, guerras como la de las Malvinas o las dos de Irak, etc.). El objetivo clave del neoliberalismo, detrás del cual Klein coloca a ideólogos como Friedman, es aprovechar el *shock* de un desastre y crear atractivas oportunidades de mercado que, con ciertos cambios económicos (medidas impopulares pero aceptadas por la situación de conmoción general), beneficien a unos pocos. Es pues, una receta represiva basada en la maximización del beneficio global para una pequeña élite a costa del empobrecimiento de la masa social.

Si bien las políticas neoliberales (reconversión industrial, innovación tecnológica, reforma laboral, liquidación o venta de empresas y bienes públicos, desregulación comercial, reducción del gasto social, etc.) solucionaron parcialmente el problema de la acumulación, pues nunca consiguieron evitar las crisis económicas constantes, en materia de crecimiento estas políticas sufrieron un revés absoluto: incluso allí donde las potencias económicas registraron un crecimiento relativamente alto la característica dominante de esos casos extraordinarios fue el empobrecimiento. Se trata de un fenómeno económico que se conoce como «crecimiento empobrecedor» y que se refiere a procesos de crecimiento-acumulación marcados por el signo de la centralización de la renta en claro detrimento de la redistribución, con una privatización de los beneficios y una socialización de las pérdidas. En este sentido, el neoliberalismo se distingue de otras formas específicas de acumulación de capital por una estratégica disposición estructural consistente en la transferencia de los costos de la crisis al trabajo y a los segmentos poblacionales mayoritarios. Así, si el patrón de acumulación fordista se asentó en un acuerdo entre la clase obrera organizada (sindicatos) y el capital (patronos) a través de la producción en masa, la estandarización, la contratación colectiva, la regulación estatal y la socialización del bienestar, el patrón neoliberal de acumulación se basa, por el contrario, en una radical fractura de esa alianza, en una estrategia en provecho irrestricto de la gran industria, del comercio oligopólico y, especialmente, de las altas finanzas. Esto último supone el triunfo del capitalismo financiero que, antes que la inversión para la producción de bienes y servicios y la creación de empleo (de peor o mejor calidad), persigue el puro beneficio mediante la especulación, moviendo el capital atendiendo a las tasas de interés, los tipos de cambio, las variaciones de precios y la adquisición y venta de numerosos productos financieros (fondos de inversión). De esta manera, las ganancias del «inversor» no son la consecuencia de haber producido con eficiencia, sino de la mera y amoral especulación con consecuencias terribles para la mayoría de la sociedad (Crisis Financiera Global de 2008).

La naturaleza de las políticas correspondientes al reseñado patrón neoliberal revela palmariamente el divorcio entre el capital y la clase obrera. La flexibilización laboral apunta en esta dirección de ruptura, al igual que el desmantelamiento del estado del bienestar y todo el recetario de políticas macroeconómicas consustanciales al ideario neoliberal: políticas monetarias restrictivas, disposiciones fiscales orientadas a gravar el consumo básico, desregulación de los capitales, liberalización de las economías nacionales, privatización de las empresas estatales, etc. Conviene señalar también que el fenómeno de la globalización económica o mercado mundial —con sus secuelas de deslocalización industrial y crecimiento económico desequilibrado a costa de contaminación y explotación laboral en los países emergentes y de incremento del paro en las naciones desarrolladas y desindustrializadas—, lejos de ser un fenómeno espontáneo, es una más de las políticas del neoliberalismo y, en este sentido, una creación política —como lo había sido el mercado nacional— o el producto de una política concertada elaborada por un conjunto reducido y selecto de agentes e instituciones. Es, asimismo, el resultado de la aplicación de reglas deliberadamente creadas para determinados fines, a saber, la liberalización del comercio, es decir, la eliminación de todas las regulaciones nacionales que frenan a las grandes empresas (multinacionales) y sus inversiones especulativas. En este sentido, es necesario subrayar que la sustitución del fordismo o producción en serie tradicional por un sistema productivo caracterizado por una organización que responde de manera expedita y eficiente a demandas de segmentos del mercado específicos mediante producciones en cadenas altamente fraccionadas repartidas por todo el globo terráqueo («nueva» división internacional del trabajo en un mundo hiperinterconectado), es un hecho que alimenta en la sociedad la idea de un mundo descentralizado, pero realmente, en esos encadenamientos descentralizados, los núcleos productores de conocimiento, de programas y de dirección, así como los puntos neurálgicos de decisión y acumulación de capital se ubican en economías del mundo llamado central, quedando en la periferia aquellos eslabones con menores cargas de innovación. Es decir, en la época neoliberal de la mundialización, globalización, interconexión y descentralización de la economía, ha perdurado y se ha consolidado la férrea centralización del poder político y económico nacida en la Edad Moderna en beneficio de los países del Norte, si bien se han añadido a ese distinguido club nuevos actores muy potentes como el gigante asiático chino.

NEOLIBERALISMO, DESENGAÑO POSMODERNO Y CORRUPCIÓN DE LA RAZÓN ILUSTRADA

Por otra parte, y en relación con la génesis del concepto de posmodernidad (*vid. infra* «La posmodernidad o la época del desencanto»), no es un asunto irrelevante ni pura casualidad el hecho de que los tiempos de inicio del proyecto neoliberal de reestructuración de la economía y de la política a nivel mundial de la mano del gran capital internacional (globalización), periodo que contempla el progresivo deterioro del socialismo hasta su derrumbe final, coincidan con el florecimiento y auge inicial del posmodernismo en Europa, que puede ubicarse en los años setenta del siglo XX (en 1979 J.F. Lyotard ofició el bautizo de la época «recién nacida» tomando prestado el vocablo de la jerga arquitectónica). Así, el desencanto de una amplia generación de intelectuales ubicados en un vasto espectro de posiciones de izquierda tras el fracaso de la Revolución Cultural china (1966-1976), de la invasión soviética que puso fin a la Primavera de Praga (1968) y de las revueltas del mayo francés de 1968, tuvo consecuencias teóricas y políticas que acentuaron el desengaño de esa generación con el socialismo en la Unión Soviética y Europa del Este, así como su escepticismo frente a la idea de la revolución (pérdida de toda esperanza en el triunfo de una revolución socialista y de la fe en que una revolución semejante fuese deseable), propiciando posiciones que afluirán en la gestación del planteamiento de los llamados «nuevos filósofos» y del posmodernismo. En este sentido, la ideología de la posmodernidad se conforma a partir de reflexiones que emergen bajo el peso y el clima que propicia la derrota y, por ello, manifiestan escepticismo no solo frente a toda formulación teórica de una explicación totalizante de la historia, de la modernidad y del capitalismo, sino también frente a los planteamientos que postulan el cambio y la transformación social, esto es, frente a grandes relatos que han perdido su credibilidad. Así, como lo señala Horkheimer (1986), se constata que el «poder del progreso» se ha convertido en el «progreso del poder» y la pretendida emancipación del ser humano a través de la constitución, desde la razón, de una sociedad basada en la justicia y la libertad, se muestra como imposible, pues justicia y libertad constituyen cosas opuestas, ya que, a mayor justicia, menos libertad. Esto es, para que las cosas se efectúen con justicia se les deben prohibir a las personas muchas cosas, sobre todo el no imponerse a los demás, pero cuanta más libertad hay tanto más aquel que desarrolla sus fuerzas y es más astuto que el otro podrá al final someter al otro y, por consiguiente, habrá menos justicia.

Se da, en definitiva, al calor del deterioro acelerado de los ideales revolucionarios marxistas (el último gran relato de la modernidad tardía) y del paralelo avance del capitalismo salvaje, una crítica a las ilusiones de progreso asociadas con el despotismo de la razón instrumental (ciencia y técnica). Es decir, una razón pragmática y vaciada de contenido ético que es indiferente a los valores y fines de la vida humana, que se convierte en un puro instrumento de cálculo puesto al servicio del éxito de fines establecidos desde el exterior de la razón y que, por tanto, es susceptible de convertirse en un poder de explotación y de destrucción bajo la servidumbre de lo inhumano y de los intereses egoístas de una minoría (*cf.* con el concepto de «mundo administrado» de Horkheimer). Esa razón pragmática mediatiza el mundo como instrumento para el incremento potencialmente infinito del poder del hombre sobre la Naturaleza (incluido en ella el ser humano), siendo el dominio absoluto sobre un mundo mediatizado el límite tendencial de la razón ilustrada. Dicho fenómeno, según su propia dinámica, no tiene otro fin que la catástrofe en la que esa razón pragmática, fundada sobre la contradicción de declarar los medios como fines (los objetivos, una vez conseguidos, inmediatamente se convierten en medios), se niega a sí misma y se hace instrumento de su propia degeneración.

Como lo señala metafóricamente Hernández Pacheco (1996), el sujeto de esa razón pragmática, la cual se convierte en absoluto que relativiza todo lo distinto a ella transformándolo en medio, parece que es el hombre moderno satisfecho de su poder «civilizador» que, al final de la larga jornada del progreso de la razón y la ciencia iniciado en la Grecia clásica y culminado en la Ilustración, quiere sentarse, pagado de sí mismo, en el porche de su vanguardista casa a contemplar su obra lograda. Un hombre que, inicialmente, en medio de la Naturaleza, busca un albergue contra el frío y la intemperie y usa la Naturaleza para guarecerse de ella misma. Hasta que la roca se hace cimiento y metal, el árbol viga y mesa, y la guarida casa y corral, y el corral se transforma en huerto y este en campo labrado donde el agua no inunda, sino que riega. Y la casa se convierte en poblado primero y en ciudad después, la vereda en pista y luego en camino real, el torrente en molino y en turbina que ilumina el hogar más tarde. Y la mesa se transforma en quirófano donde se cura lo que hubiese sido muerte. Hasta que ese hombre vanidoso, a la caída de la tarde, se sienta cansado y satisfecho en el porche de su «casa» cuya vista se extiende hasta el horizonte y, en un paisaje que se ha hecho confortable, mira lo que es «suyo» como fruto logrado del propio esfuerzo. El suyo es el reposo satisfecho del guerrero (guerra y conquista como elementos «civilizadores») y del dueño y señor que ha cumplido el mandato bíblico de establecer la soberanía de la especie humana sobre la tierra domeñando a la Naturaleza (*cf.* Gén 1,28) y al propio hombre (al «otro», al diferente, al extranjero). Sin embargo, ese hombre concreto forma, también él, parte de la Naturaleza que ha de ser mediatizada y, como elemento de esa Naturaleza, terminará él mismo siendo devorado por el monstruo que ha desencadenado para dominarla. Esto ocurre cuando el camino real se hace autopista que desfigura el paisaje en un nudo de atascados niveles por los que se lanzan coches que llegan tarde a todos sitios, mientras sus desesperados ocupantes, tocando el claxon, rugen desesperados al borde del infarto; cuando la ciudad se ha transformado en fábrica de humos, sus huertos en vertederos malolientes, y sus barrios en jungla de asfalto donde los hombres roban, violan y matan con una malicia que es extraña a las fieras; y, sobre todo, cuando esa energía y técnica moderna sirve para electrocutar a otros seres humanos, para fabricar armas de destrucción masiva o para quemar los cadáveres gaseados de hombres cuyo único delito fue pertenecer al pueblo judío. A este respecto, la crítica a la razón instrumental encuentra una plena y perturbadora justificación en hechos terribles acaecidos en el seno de sociedades alfabetizadas e industrializadas como los campos de exterminio nazis y los gulags estalinistas o en las prácticas, no por más blanqueadas menos dañinas, del capitalismo sobre el entorno natural y sobre las condiciones de vida de los trabajadores. Es comprensible que, en este marco de descrédito de una Razón ensalzada desde el siglo XVIII y de paralelo derrumbe de los proyectos revolucionarios derivados de ella (perversión y fracaso del marxismo), se produzca en la ideología posmoderna un abandono de los utopismos racionalistas de la modernidad, sustituidos por un culto a lo inmediato y efímero en el que no tienen cabida proyectos emancipatorios de contenido social.

2. NEOLIBERALISMO Y HEDONISMO

UNA JAUJA ENVENENADA

La irrupción del capitalismo contemporáneo trajo consigo la elaboración masiva de productos que estuvieran al alcance de la mano de los usuarios y que fueran consumidos de manera compulsiva. Para ello se puso en marcha la maquinaria propagandística del producto mediante la proliferación de distintas técnicas de comercialización que buscaron, desembarazando al hombre de cualquier reflexión ética y fomentando su derecho a la individualidad, desencadenar el deseo de posesión de objetos innecesarios. Estas falsas necesidades de los consumidores potenciales se fueron modificando e incrementando de forma continua mediante la mercadotecnia, de manera que la publicidad de los bienes de consumo y posteriormente el deseo de adueñarse de ellos por parte de los sujetos, los llevase una y otra vez, en una dinámica en bucle, a hacer un gasto excesivo y muy rentable para las compañías comerciales. En realidad, el sistema capitalista contemporáneo no entregó los productos a la gente, sino que más bien entregó la gente a los productos. Es decir, el carácter y la sensibilidad de las personas se remodelaron de tal manera que quedaron acomodados a los productos, experiencias y sensaciones cuya adquisición y disfrute fue lo único que acabó dando significado a las vidas de los consumidores. Las grandes compañías publicitarias pasaron de vender productos con significación práctica y cultural, a vender emociones, sentimientos y sensibilidades asociadas al bienestar propio, encargándose de generar un deseo constante de consumir que fue identificado con la obtención de una felicidad instantánea, aunque efímera, y, por lo tanto, necesitada de continuas recargas e innovaciones. De esta manera, en la posmodernidad se ha generado entre las personas una «bulimia emocional» (Ruiz, 2021) o ansía por consumir el mayor número de experiencias posibles para, sin procesarlas y gozarlas verdaderamente (tomamos fotos de un lugar que visitamos sin disfrutar el momento conscientemente —somos «turistas» y no «viajeros»—), agotarlas y vomitarlas rápidamente en las redes sociales con la finalidad de su exhibición y juicio superficial (en forma de *likes* y *dislikes*) por extraños y poder así, sin memoria de lo vivido ni, por tanto, un goce perdurable sobre ello, pasar a la siguiente novedad en un estresante e insatisfactorio proceso circular que no tiene fin.

Es evidente, pues, que el neocapitalismo no tiene nada que ver con las promesas del liberalismo económico de Adam Smith de mejorar la condición humana desde el punto de vista material y conducir al hombre hacia una libertad y felicidad auténticas partiendo de un sistema económico basado en la propiedad privada de los medios de producción y en la libertad de mercado. En realidad, solo a primera vista dicho sistema económico parece tener por objeto la mejora del nivel de vida y de libertad, pero se trata de una perspectiva engañosa. De hecho, la producción industrial moderna, a costa de destruir el planeta, eleva el nivel medio solo aparentemente (retroceso generalizado de la clase media) y sin atenuar la desigualdad entre las clases sociales y, en definitiva, solo por casualidad y coyunturalmente palia el malestar social y proporciona un sucedáneo de libertad y felicidad.

CIENCIA, TECNOLOGÍA Y CONTROL SOCIAL

Con la excusa de que el desarrollo de la ciencia y la técnica son unas herramientas que ayudan a la superación de los males que agobian al hombre y le proporcionan un placer instantáneo, se han generado en el sistema neocapitalista formas de control y represión que se valen del fortalecimiento del lazo entre el progreso tecnológico y la acumulación de bienes (necesidades falsas). Es decir, la tecnología, si bien en un principio trajo consigo utensilios confortables para la vida diaria del sujeto, no obstante, terminó por alienar y degradar a dicho sujeto, ya que el problema primordial de la enajenación contemporánea se debe a la ausencia de libertad real, efecto de la extrañeza que siente el hombre de sí mismo y que no le permite llegar a ser lo que es realmente. La enajenación constriñe al sujeto haciéndole ver la importancia de cubrir falsas necesidades, las cuales solo generan en él males como el consumismo irreflexivo, la agresividad, la dependencia, el desanimo, la miseria o la indiferencia. La satisfacción de dichas falsas necesidades es placentera pero breve, puesto que por parte del sistema no se busca la plena y duradera felicidad del sujeto, sino solo la euforia temporal dentro de una infelicidad crónica que incite a un mayor consumo. Por tanto, esas falsas necesidades tienen una función de sumisión de un individuo teóricamente autónomo y libre para elegir según sus preferencias particulares a un poder de carácter externo, pues dicho sujeto carece de control sobre tales necesidades falaces y estas arraigan en él como consecuencia de su ignorancia y desmoralización.

ESTÍMULOS, MERCANCÍAS, EXPERIENCIAS Y EGOÍSMO A HIPERVELOCIDAD

El mecanismo que une al individuo a la sociedad ha cambiado y el control social se ha incrustado en las nuevas necesidades que ha producido el sistema económico neoliberal. La gente ya no se reconoce en la realización práctica de elevados ideales morales, políticos, etc. colectivos, sino en las mercancías que posee o en las experiencias que vive individualmente (aunque este acompañado), encontrando su alma, por ejemplo, en su coche, en su teléfono móvil o en la visita a un restaurante de un chef innovador. Por consiguiente, el proyecto de una vida feliz mediante el cultivo intelectual y el pleno ejercicio de los valores que deberían unificar como sociedad se visualiza cada vez de manera más distante, ahogándose dicha pretensión de carácter utópico en un mar sin fondo en donde las olas del presente son bebidas de forma inmediata, incesante y extenuante por unos individuos hiperestimulados.

Así, en la época avasalladora del hedonismo neoliberal, bien representado en el lema *sex, drugs and rock and roll* (título de una canción de Ian Dury de 1977), nos encontramos bajo la tiranía de la vivencia acelerada y superficial de los placeres del momento, no existiendo espacio ni racionalidad para preservar el cuidado de uno mismo y los demás y nutrir el espíritu (mente) paladeando y compartiendo con reposo las experiencias vividas. Lo que domina es la propagación y pluralización de placeres consumidos a hipervelocidad (envenenados por la prisa) y elegidos teóricamente en función de los gustos y aspiraciones de cada cual, sean estos viajes a lugares previamente *cibervisitados* vía *Google* o a través de un videojuego (pérdida del factor asombro), la práctica de variados deportes más por la obsesión con el cuerpo y la juventud que por el bienestar físico, el consumo compulsivo de series televisivas *cool* o las salidas con amistades o parejas donde la comunicación directa brilla por su ausencia a causa de la dependencia respecto de los *smartphones* y las redes sociales; una dependencia evidenciada cuando se produce una caída de los servicios de mensajería instantánea a escala mundial y se genera una histeria y un desasosiego colectivos acompañados del «asombroso» descubrimiento por parte de muchos de que apenas usan la funcionalidad primordial para la que se inventó el teléfono, esto es, la de hacer llamadas. Es, en fin, el triunfo de una lógica del tiempo individualista y acelerada, centrada en un consumo dirigido a conquistar y «optimizar» los tiempos del ocio (profesionalización del ocio, limitando su capacidad de deleite, pues se enfoca a sacar rédito cuantitativo más que a gozar consciente y cualitativamente) y que considera que comprar ya no es un mal necesario o una tarea doméstica, sino una actividad de ocio. Una lógica consumista y social que pone en auge el egoísmo (disolución de la conciencia social), la vuelta del sujeto sobre sí mismo demandando más tiempo para el disfrute, para hacer lo que le apetezca, para afirmar sus pretendidos gustos subjetivos y genuinos que realmente han sido creados por el sistema con el fin de alienar al individuo, atomizarlo socialmente y someterlo a la lógica consumista por la vía de la hiperpersonalización.

EL FRACASO DE LA ILUSTRACIÓN

La pretensión de la Ilustración era la liberación del hombre mediante la razón y el dominio técnico del mundo. Sin embargo, según avanzó la contemporaneidad, con el progreso del capitalismo, los *mass media*, la cultura de masas y el hiperhedonismo, la razón objetiva ilustrada que conciliaba el conocimiento y la ética y que remitía originalmente a fines razonables en sí mismos y referidos a la comunidad en su conjunto y no a intereses parciales, se transmutó en razón instrumental, oponiéndose conocimiento y ética y ensalzándose la utilidad de la acción, así como la consideración de unos objetos y sujetos (seres humanos) cosificados como meros medios para alcanzar un fin determinado en beneficio particular y no colectivo. Es decir, por una parte, la historia de los esfuerzos del hombre por dominar la Naturaleza se convirtió también en la historia del dominio del hombre por el hombre y, por otra parte, se produjo una instrumentalización de la razón como un factor para obtener una rentabilización particular, perdiendo su potencial emancipador en el sentido de creador de una sociedad basada en los principios de justicia y libertad como expresiones máximas de la razón. Sin grupos de referencia, al repensarse las instituciones y los ideales de la modernidad desde una lógica capitalista, la realización de la vida individual quedó a la deriva. Así, el propósito del hombre no era ya su ejercicio y realización como ser racional y libre, sino que se determinó solo como cosa, como elemento estadístico, como éxito o fracaso. Su norma a partir de ese momento es la autoconservación, la acomodación lograda o no a la objetividad de su función y a los modelos que le son fijados por el sistema y sus normas, tendencias y modas.

En definitiva, el neoliberalismo, con su lógica de control y alienación, ha echado profundas raíces en un marco cultural y social hedonista posmoderno. En dicho contexto, relativizados y olvidados los valores de la modernidad y valiéndose de la estrategia de la seducción a través de los medios de comunicación de masas, la publicidad y las nuevas tecnologías de la información y la comunicación, el capitalismo 2.0 ha asentado sólidamente su modelo de explotación sobre una población atomizada, *estupidizada*, hedonista, narcisista y cegada por la tecnología. Una población desquiciada que, por la cenagosa senda del consumismo, corre infructuosamente a la caza de una felicidad esquiva. ¿Pero qué es realmente ese mar azaroso posmoderno en el que naufraga el alma del hombre del tercer milenio?

3. LA POSMODERNIDAD O LA ÉPOCA DEL DESENCANTO

ORÍGENES DE LA POSMODERNIDAD

Los años 70, 80 y 90 fueron las décadas del triunfo absoluto del capitalismo occidental y de la mercantilización de la información y de todos los órdenes de la vida, es decir, del triunfo de la cultura del consumo y de la cultura de masas en las sociedades posindustriales. Fue en ese contexto de aparente éxito y finiquitación de la historia donde, reflexionando sobre el reguero de crisis económicas, políticas, sociales y bélicas que se manifestaron desde finales del siglo XIX y especialmente en el XX, se puso de manifiesto de forma palmaria el incumplimiento de la promesa de progreso ilimitado y positivo para la humanidad que la modernidad había hecho al hombre. De esta manera, en el tránsito del segundo al tercer milenio, el ser humano se vio afectado por los que pueden considerarse como rasgos definitorios de la condición posmoderna: la disgregación de los valores de la modernidad, la pérdida de la fe en la trascendencia de los grandes relatos históricos y el desasosiego generado por el hastío derivado de una cultura absolutamente mercantilizada y tecnificada. Es en ese marco histórico donde se origina el término posmodernidad.

Ahora bien, hay que remarcar que filosofía contemporánea ya considera posmodernos a aquellos pensadores (principalmente a Nietzsche) que, a partir de mediados del siglo XIX (partiendo del romanticismo, pero superándolo), emprendieron la crítica del humanismo moderno y, más concretamente, de la filosofía ilustrada. Así, igual que esta última había roto con la cosmovisión medieval y había iniciado una fuerte crítica a la religión, los intelectuales posmodernos cuestionarán o pondrán en tela de juicio los dos postulados más sagrados de los pensadores modernos de los siglos XVII y XVIII. De este modo, discutirán, por una parte, el humanismo o convicción según la cual el ser humano es el centro del mundo y el principio informador de todos los valores morales y políticos, y pondrán en duda, por otra parte, el racionalismo o ideología que considera que la razón es una formidable fuerza emancipadora capaz de hacer al ser humano auténtica y universalmente libre y feliz.

Los motivos que hicieron pensar a los intelectuales posmodernos que tanto el humanismo como la Ilustración habían sido insuficientes y, en muchos aspectos, ilusorios y que había que «ir más allá» de ellos fueron dos.

El primero de ellos fue que la demolición ilustrada de la cosmovisión medieval teocrática y de la autoridad dogmática religiosa para reemplazarla por la razón y la libertad humanas, es decir, por un ideal democrático y humanista de valores morales construidos sobre la naturaleza única del hombre, constituyó una voladura que se hizo sobre la base de una duda radical (duda cartesiana). Esto es, el núcleo constitutivo y ariete del pensamiento racionalista ilustrado fue una sacralización del espíritu crítico, de una libertad de pensamiento en cuyo nombre se justificó hacer tabula rasa con toda herencia del pasado, con toda tradición. De esta manera, desde ese momento la ciencia misma reposó enteramente sobre este principio, de manera que, en adelante, nada la detuvo en su búsqueda de la verdad. Pero fue precisamente esto lo que los pensadores modernos no calibraron bien, siendo incapaces de controlar las fuerzas destructivas que desencadenó la liberación del espíritu crítico radical, el cual, una vez puesto en marcha, no pudo ser parado por nada, siendo cuestionadas la propia razón y los ideales humanistas asociados a ella hasta el punto de acabar siendo víctimas del racionalismo crítico o principio intelectual motriz sobre el que reposaban.

El segundo motivo de cuestionamiento posmoderno de la Ilustración es la constatación de que el humanismo no destruyó la estructura religiosa fundamental, esto es, no acabó con la distinción platónica y judeocristiana entre lo ideal y lo real. Por esto, aunque los ilustrados y sus herederos se proclamaron ateos y materialistas, en realidad seguían siendo creyentes. No, evidentemente, en el sentido de que continuaran teniendo fe en Dios, sino en el sentido de que allí donde soñaron quimeras nuevas (fe en el progreso, convicción de que la difusión de las ciencias y de la tecnología alumbraría días mejores, de que la política y la historia debían guiarse por un ideal, por una utopía que convirtiera a la humanidad en algo más respetuosa consigo misma, etc.) siguieron teniendo fe en la existencia de ciertos valores situados por encima de la vida según los cuales lo real había de ser juzgado en nombre de lo ideal; unos valores que hacían necesario transformar las cosas para adecuarlas a esos ideales superiores, esto es, los derechos del hombre, la ciencia, la razón, la democracia, el socialismo, la igualdad de oportunidades, etc. Porque esa forma de ver el mundo (cosmovisión moderna) siguió siendo fundamentalmente heredera de la teología y la teleología premodernas, incluso aunque no se fuese consciente de ello y se la tuviese por revolucionaria o no religiosa. En otras palabras, el humanismo ilustrado, a pesar de haber «asesinado a Dios», siguió atrapado en las estructuras esenciales de una religión a la que dio continuidad, inconscientemente, en el mismo momento en el que pretendía haberla superado. Este es el motivo por cual la mentalidad moderna tuvo que encajar, de la mano de filósofos posmodernos pioneros como Nietzsche y en calidad de una religiosidad y moralidad sin Dios (ideologías revolucionarias y utopías laicas de raíz religiosa) o de una religiosidad de «ídolos modernos» (cientificismo y progreso tecnológico), las mismas críticas que ella había esgrimido antes contra el pensamiento anticientífico.

Hecha esta aclaración, podemos volver sobre el significado de la palabra posmodernidad en el marco del siglo XX señalando que dicho término se refiere tanto al proceso de transformación cultural de la modernidad a partir de la década de 1970 —y especialmente 1980—, como a los diferentes movimientos culturales, filosóficos y artísticos de ese período que cuestionaron los paradigmas de la modernidad y su vigencia universal y atemporal; un cuestionamiento de la herencia moderna que tuvo su motor, no en una reacción externa a la filosofía ilustrada y racionalista, sino en el marco y la dinámica interna de esa filosofía una vez que ella misma había llegado al límite de sus contradicciones. Concretamente, con la posmodernidad, entendida esta como una época crepuscular en la historia de Occidente, como una especie de epílogo de su cultura que habría tornado líquido el pretendido carácter sólido de la modernidad clásica, se produjo un cuestionamiento del carácter absoluto de ciertos valores modernos como la noción de «Verdad» y «Razón» o la preeminencia de lo social-colectivo sobre lo individual-personal. De esta manera, de la moral puritana se pasó al *ethos* (comportamiento) individualista y hedonista radical; del auge de los ídolos a su solo aparente crepúsculo; de la sucesión de estilos puros a su promiscuidad; de las utopías que buscaban la consumación del futuro al culto a la consumición del ahora; y de la reverencia a la verdad una y mayúscula a la coexistencia de mil y una verdades relativas, minúsculas y plurales.

LA SUPERACIÓN DE LA MODERNIDAD

Comprender la posmodernidad pasa necesariamente por tener claro su punto de referencia: la modernidad. Esta representa una era y una forma de pensamiento cuyos antecedentes pueden rastrearse en el antropocentrismo del Renacimiento, si bien no cobraría plenamente forma hasta el siglo XVIII. Una corriente intelectual, la Ilustración, y dos hechos históricos en el siglo XVIII, la Revolución francesa y la Revolución industrial, fueron fundamentales en este giro de la historia que significó la modernidad. A grandes rasgos, la modernidad se propuso el paso de la tradición al cambio, lo que recibió el nombre de progreso. Esto implicaba secularizar la sociedad, es decir, separar la Iglesia del poder político; promover el conocimiento (razón y ciencia) como arma contra el fanatismo y herramienta de progreso; consolidar el Estado nacional (nacionalismo) y crear un nuevo modelo político basado en la separación de poderes y la libertad de los ciudadanos (liberalismo); y desarrollar todas las potencialidades económicas de la industrialización (capitalismo internacional). Pero la historia de los siglos siguientes mostraría las debilidades de este modelo de progreso a través de hechos como la destructiva expansión del imperialismo, el crac bursátil del 29 y la subsiguiente y demoledora Gran Depresión económica o la aparición de un nacionalismo violento y exacerbado y de las ideologías totalitarias (fascismo y comunismo) que produjeron dos guerras mundiales y aberraciones como los campos de exterminio nazis.

La modernidad se constituyó, en fin, como un movimiento cultural caracterizado por el auge de la racionalidad y la confianza en la razón absoluta, así como por la elevación de la libertad y la felicidad a ideales supremos y la consolidación de la moral como ciencia de la felicidad que imagina un mundo distinto. Concretamente, la época de la modernidad fue una etapa histórica definida, sobre todo, por la confianza en el poder de la ciencia y de la tecnología para acceder a una sociedad renovada y en la que se adoptó una visión optimista del futuro, pues gracias a las aplicaciones técnicas se consideraba que se podían eliminar las desdichas del hombre. En esa visión determinista del progreso

116

siempre estuvo presente la idea del providencialismo judeocristiano entendido como vigilancia divina del proceso de la historia para que esta avance hacia un objetivo concreto y como negación del movimiento cíclico en la historia. Asimilada por la Ilustración en una versión secularizada, bajo la forma de un providencialismo laico concebido como progreso, dicha idea despertaba esperanza y optimismo en el futuro y confianza en que la historia avanzaba hacia algo mejor, de forma que el pasado era un tiempo que debía superarse rotundamente. Se creía, en definitiva, en una trayectoria progresiva e imparable del hombre hacia la felicidad completa, hacia una felicidad vinculada cada vez más al progreso técnico y a la acumulación de bienes, sobre todo después de la instauración del capitalismo del consumo masivo.

Ahora bien, la fe del pensamiento ilustrado en el movimiento hacia adelante de la historia, una fe vinculada a la convicción de que las cosas en general tendían a mejorar bajo la anulación de la intervención divina y su sustitución por la razón, puso las semillas del nihilismo propio de la posmodernidad. Así, si bien el proyecto de la modernidad quería eliminar la incertidumbre y la ambivalencia, no obstante, la razón autónoma siempre tendría sus dudas. Esto era obligado si quería evitar volver a caer en el «dogma» propio de la certeza de las antiguas leyes divinas, sustituido ahora por la certidumbre de la evidencia que le proporcionaban al hombre sus sentidos y que preparó el camino a las modernas concepciones científicas del mundo. De esta manera, y aunque bajo una versión secularizada del pensamiento divino se siguiesen buscando «leyes» universales naturales, la relatividad del conocimiento quedó incorporada al pensamiento moderno y fue la raíz del nihilismo anunciado por Nietzsche. Dicho nihilismo, sucesor de la Providencia (Dios) y de la Razón (progreso) como principio rector de la humanidad, fue el resultado de la aplicación profunda de la permanente actitud de duda de la razón moderna a la propia Razón. Recuérdese también, por otra parte y en este sentido, que fue del seno de la Ilustración de donde surgió el Romanticismo como una actitud crítica frente al triunfalismo racionalista y como una forma de ver la realidad desde dimensiones no racionales.

LA CULTURA POSMODERNA

Una vez esbozadas las características de la modernidad podemos analizar con más profundidad el movimiento cultural de la posmodernidad que nació como expresión de la crisis nihilista de la modernidad, como indignación moral ante los excesos y desastres provocados por el programa de la modernidad y los problemas acarreados por la perversión de los ideales de esta. De esta forma, la posmodernidad criticó corrosivamente los fundamentos de la modernidad, o sea, la confianza en la ciencia o positivismo empirista como medio para conocer y organizar la vida social, la historia como proceso que tiende al progreso material y social, y el sujeto como encarnación de metas trascendentales. La ideología posmoderna consideró esos principios de la modernidad como agotados, rompiendo, de esa manera, con la confianza moderna en los grandes relatos o discursos ideológicos con pretensiones justificatorias y explicativas de ciertas instituciones o creencias compartidas y reclamando a la vez la centralidad de un nuevo metarrelato disgregado y plural que declara al pequeño relato como la forma que adoptan por excelencia la invención imaginativa y la ciencia. A este respecto, la posmodernidad deslegitima las grandes narrativas de la modernidad, esto es, las ideologías emancipadoras que habían sustentado e inspirado el edificio moderno desde, cuando menos, la Ilustración de Kant y Voltaire (1694-1778) hasta la década de 1960. Dichos metarrelatos, erigidos como principios civilizadores universales tal como antes lo había sido la religión, eran la ciencia y la educación, la razón y la verdad, el orden y el progreso, el Estado y la nación, la modernización y la tecnología.

La deslegitimación de los grandes (y monolíticos) relatos modernos señalada, entre otros intelectuales, por los miembros de la Escuela de Fráncfort, queda ejemplificada en la caída del relato ilustrado de la emancipación respecto de la ignorancia y la servidumbre mediante la universalización de la educación y la razón; una narrativa optimista y utópica que sufrió una doble erosión, debida, por un lado, a los totalitarismos generados en la culta Europa y, por otro lado, al creciente dominio de una razón crudamente instrumental que, más allá de la esfera económica, engulle múltiples vertientes de la vida pública y privada. Otro ejemplo del deterioro de los mitos de la modernidad es el fracaso del relato liberal-burgués que prometía la liberación de la pobreza gracias al mercado libre y al crecimiento económico y el consumo ilimitados y que fue cuestionado por la flagrante desigualdad en la distribución de la riqueza dentro de los estados y entre ellos, así como por un expolio medioambiental (contaminación, cambio climático, etc.) que puso en evidencia los límites del crecimiento del capitalismo. No menos destacado es el hundimiento del gran relato marxista de la emancipación de clase proletaria mediante la socialización de los recursos (estalinismo, gran hambruna en la China de Mao, genocidio camboyano del régimen maoísta de los Jemeres Rojo, etc.). En líneas generales puede afirmarse que la pérdida de legitimidad de los grandes relatos modernos fue consecuencia de varias fisuras en los mismos como, por ejemplo, pretender dar sentido a la vida social en función de principios abstractos (progreso, razón, conocimiento); someter, a veces violentamente, a los individuos a ese proyecto social negando las subjetividades y las diversidades (uniformización marxista); y permanecer de espaldas a los modos en que la aparición de la técnica y la tecnología han dinamitado aquellas abstracciones y las han pervertido. Es todo esto lo que crea, justamente, la crisis social y cultural de las sociedades urbanas posindustriales que refleja la posmodernidad.

Puede decirse que la posmodernidad expresa la crisis del pensamiento «metafísico» racionalista y empirista moderno desde el momento en que la filosofía y la ciencia descubren que no son infalibles ni universales, al tiempo que toman conciencia de su incapacidad para hallar una «verdad» única, lo que lleva a la deslegitimación de los grandes metarrelatos modernos. Esto es, la ciencia y filosofía modernas se centraron en enarbolar la razón como principio fundamental de la historia humana, así como en buscar y defender una verdad única. No obstante, las formas en que la historia del mundo ha evolucionado han puesto dicha pretensión en tela de juicio, porque la ciencia y la filosofía modernas se han estancado en la reflexión sobre el sentido de la vida y el propósito del conocimiento a partir de principios absolutos y no en base a la realidad, haciendo prevalecer la «idea» sobre la realidad y el contexto, lo que es causa de contradicción y malestar, así como origen de la generalización del relativismo y del subjetivismo en todos los ámbitos vitales.

Con la posmodernidad, en fin, se puso en cuestión la razón en cuanto a su capacidad de buscar explicaciones sólidas y válidas del mundo. En este sentido, se recordó que los propios datos sensoriales y las verificaciones empíricas de las ciencias naturales dependen de una teoría de raíz subjetiva, al igual que el concepto mismo de que son datos y, por tanto, es un imposible una ciencia objetiva e imparcial y una separación absoluta, tanto para la ciencia como para los individuos, entre los juicios de hecho (objetivos y referidos a estados y propiedades reales de las cosas) y los juicios de valor (subjetivos y referidos a apreciaciones y actitudes humanas sobre las cosas). También se puso de manifiesto con la posmodernidad el abismo lingüístico que separa descripción y realidad, así como la interacción entre poder y discurso, elementos que según esta perspectiva crítica implican que la ciencia bien es mera superficie o bien simplemente poder.

Con dicho cuestionamiento de la razón tomó forma una nueva versión del irracionalismo epistemológico. La llamada al abandono de pretensiones teóricas generales, de toda perspectiva holística, dejó a las ciencias como el receptáculo de reflexiones fragmentarias y contingentes. Lo singular y lo diverso pasaron a constituir el criterio de demarcación de los objetos de investigación. Con ello se propició una suerte de reificación de una sociedad fragmentada, caracterizada por el consumo, el individualismo y el progreso tecnológico, con horizontes más cortos y una temporalidad dominada por lo precario y lo efímero. Una sociedad donde la idea propia de la modernidad de un progreso lineal, real y global (científico y técnico pero también humanístico) en el devenir de la historia se limitó al ámbito material y a los intereses del sistema económico bajo la forma de una racionalidad meramente instrumental. En tal sentido, en la posmodernidad las ideas de libertad y felicidad dejaron de proyectarse hacia la ensoñación de un futuro mejor y saltaron de los discursos utópicos al momento presente, al instante inmediato.

Y es que la dinámica consumista propia del sistema económico capitalista vigente en la posmodernidad promete y permite disfrutar libremente de los placeres al momento, dejando a un lado el tiempo de la espera. De esta manera, la posmodernidad rechaza la linealidad histórica y relativiza el progreso. Por ello, mientras que uno de los grandes metarrelatos de la modernidad era la fe en el progreso según una visión lineal y evolutiva del tiempo cuya meta (obtener la libertad y la felicidad), entendida como horizonte al que toda sociedad debía aspirar, sería posible alcanzar en función del dominio de la razón (conocimiento), del desarrollo tecnológico e industrial y de la consolidación del Estado nacional moderno (repúblicas), en cambio el pensamiento posmoderno considera que si bien muchas de las aspiraciones del ideal de progreso moderno fueron logradas (mejora del bienestar material y del nivel educativo), también es cierto que las contradicciones no tardaron en aparecer de la mano de fenómenos como los totalitarismos, los cuales, a pesar de su irracionalismo, no dudaron en utilizar la razón instrumental para conseguir sus perversos fines. En este sentido, la posmodernidad acepta que la historia está conformada por rupturas, regresiones, divagaciones y saltos inesperados. Es decir, que no está orientada hacia un fin último (negación de toda teleología histórica según la línea hegeliana defendida por Fukuyama), sino que es compleja y está desprovista de una sólida metanarrativa que la oriente.

Por otra parte, la posmodernidad, al relativizar la razón y la verdad absolutas propias de la modernidad y reivindicar una concepción del conocimiento en la que existen diferentes modos de saber y variadas formas de «decir» o «significar» (gran importancia de los símbolos, el lenguaje, los iconos, etc.), promueve la diferenciación subjetiva y la diversidad. La diferenciación de subjetividades en la posmodernidad se ve favorecida por la atomización de los individuos, la caída de los grandes relatos (humanismo, liberalismo, comunismo, etc.) y la pérdida de la orientación histórica. En este escenario, los miembros de la sociedad no buscan ya homogeneizarse con el gran conjunto, sino distinguirse y manifestar su supuesta libertad por la vía del consumo, con la satisfacción de unos incesantes deseos generados por el sistema y que desembocan en placeres efímeros y frustrantes. Estamos ante una sociedad donde el sentido no viene conferido por un discurso común vertebrador tal como la pertenencia a la nación, a un partido o a una religión (con la excepción del mundo musulmán), sino por las búsquedas del individuo, bien en soledad, bien en grupos reducidos (tribus urbanas, comunidades, etc.) dentro de un marco consumista y teledirigido por la publicidad. Este hecho determina que, dentro de la supuesta individualidad de las elecciones, haya tendencias generales homogeneizadoras de tipo comercial y relacionadas con la tiranía de la actualización y la dependencia de lo nuevo que unifican los gustos de distintos segmentos de edad o extracción social (desegmentación o difuminación de las modas en favor de las tendencias) por el miedo de los consumidores a quedarse fuera de lo que se lleva (uso de relojes inteligentes, de redes sociales, patinetes eléctricos o práctica de algunos deportes por personas de distintas generaciones y clases sociales).

Ahora bien, todas estas búsquedas individuales o grupales propias del mundo posmoderno no son capaces de articular un nuevo gran relato colectivo y aglutinador para las sociedades posindustriales (véase la difuminación del movimiento antigloblalización o del ecologismo) más allá de los manidos valores y derechos universales promovidos por los intereses electoralistas de una clase política sin principios ni escrúpulos que quiere colgarse medallas solidarias o de otro tipo (defensa interesada del movimiento LGTB, del feminismo o de los migrantes menores no acompañados), por campañas publicitarias guiadas por intereses comerciales (conversión del valor ético en un mero y huero atractivo mercantil) o por el *merchandising* generado por superhéroes de ficción que saltaron de cómic a la gran pantalla y que conviven con la entronización en series televisivas del modo de vida y los antivalores de delincuentes como Pablo Escobar. Huérfanos de una narrativa colectiva sólida, los individuos resisten aislada y pasivamente (atiborrados de drogas reales y virtuales) a un retroceso general de derechos (sobre todo laborales) y libertades (como la de acceso a una información no manipulada ni sesgada).

Y es que la deslegitimación de las grandes narrativas de la modernidad no ha dejado en su lugar un discurso nuevo y esperanzador, sino que ha producido una sociedad de consumo hiperindividualizada (al menos aparentemente) e hipermercantilizada (todo se vende y compra y tiene un precio); una sociedad hedonista fragmentada y desmovilizada que es la expresión de una crisis histórica y, en definitiva, uno de los grandes fracasos de la posmodernidad. Porque esta etapa histórica ha puesto en evidencia que el capitalismo, aunado a las nuevas tecnologías, ha propiciado, por una parte, la individualización de los sujetos, y, por otra, ha modificado la valoración del saber, cuyo fin ya no es la reivindicación del espíritu, sino su mercantilización. En este sentido, en un marco en que todo es comercializable y todo desemboca en el consumo, se ha perdido la trascendencia humana al haber sido desprovista de su significado (alcanzar una felicidad madura y auténtica en un marco de libertad real). Estamos, así, ante sociedades posindustriales que, tras poner en práctica el modelo industrial y capitalista, «disfrutan» aparentemente de la «riqueza» y «estabilidad» generada por la industrialización, pero la fragmentación del orden social da cuenta de que algo no ha dado el resultado esperado. De este modo, en esta sociedad posmoderna el hombre no puede definirse ya como ser social, sino como consumidor global, como persona desarraigada y desnacionalizada que ya no se explica con referencias a una colectividad con una identidad singular y aglutinadora más allá de las falsas y pasajeras tendencias del consumo, pues la política, el credo, la clase, la nación, la educación, etc. se vuelven ahora totalmente secundarias menos en comunidades con fuertes vínculos religiosos como la islámica.

La cultura de la descrita sociedad posmoderna está caracterizada por una entrega a los placeres sensoriales y la promoción de un deseo cada vez mayor de gozar del consumo, de la moda y del tiempo libre como una esfera única que propicia una felicidad simbólica. Dicha felicidad es promovida por una publicidad que despierta el deseo y lo convierte en necesidad, que nos hace soñar con todos aquellos artículos que nunca tendremos y con aquellas experiencias que no viviremos y que representan la odisea de la felicidad. Una publicidad que, paralelamente a la creación de falsas necesidades, fomenta el ansia por la novedad permanente (*neofilia*), de forma que, con la ayuda de la obsolescencia programada, los artículos quedan anticuados y relegados al cajón del olvido en un tiempo récord, despertándose en nosotros nuevamente los deseos de consumo ante lo novedoso (lo mismo ocurre con unas experiencias «consumidas» sin gozarlas conscientemente y que generan el ansía de otras nuevas). Se produce, así, una satisfacción apremiante del deseo (facilitada por empresas de comercio electrónico como *Amazon* con compras a golpe de clic y entregas de pedidos casi instantáneas) que otorga un placer efímero, porque nada más conseguido algo se impone la necesidad de obtener otra cosa supuestamente mejor, más nueva. En estas circunstancias siempre se produce la frustración de un deseo constante y nunca satisfecho (conversión de los fines en medios y amarga esclavitud consumista), algo que beneficia al sistema productivo. El continuo deseo de poseer cada vez más cosas y más nuevas, así como de alcanzar un nivel de vida cada vez más alto, con la obsesión que esto implica, imprime en muchos rostros rasgos de ansiedad y hasta de depresión, aunque sea habitual ocultar o disimular estos sentimientos. Así, aunque la mayoría de la población se declare feliz —sobre todo pensando que los otros no lo son—, la melancolía y el estrés, así como la depresión y la ansiedad (y el creciente número de suicidios), forman un torrente de malestar que aumenta de manera inquietante en el mundo posmoderno y que lo hace no solo en periodos de profunda crisis económica o de otro tipo (pandemia de COVID-19), sino también en cualquier coyuntura.

UN TÉRMINO LÍQUIDO

Volviendo sobre el concepto de posmodernidad, hay que reconocer que determinar de manera rotunda el significado de un término estrechamente vinculado al reverdecimiento del irracionalismo, el individualismo narcisista, el nihilismo pasivo y el hedonismo hiperconsumista, no es una empresa fácil, pues se trata de un vocablo líquido o difuso, una especie de cajón de sastre utilizado originalmente por los sociólogos para referirse a un amplio número de movimientos artísticos, culturales, literarios y filosóficos propios del siglo XX, pero que se extienden al siglo XXI, y que son definidos en diversos grados y maneras por su oposición a la modernidad, entendida esta, desde un punto de vista histórico, como el periodo cronológico comprendido entre el humanismo renacentista inaugurado en el siglo XV y clausurado abruptamente, tras la revolución científica del siglo XVII, la Ilustración del siglo XVIII y las revoluciones políticas liberales y económicas industriales de los siglos XVIII y XIX, por las dos Guerras Mundiales de 1914-1918 y 1939-1945.

Para intentar precisar un poco más el significado del concepto desde una perspectiva antropológica y social, pero también filosófica, se puede afirmar que la posmodernidad es un proceso cultural observado en muchos países occidentales desde los años cincuenta del siglo XX, aunque identificado y teorizado en la década de los 1970, y cuya visión del mundo se caracteriza, entre otros elementos, por el nominalismo, para el cual todo lo que existe es particular y concreto y nada es universal y abstracto. También está presente el agnosticismo, que considera que los valores de verdad de afirmaciones referidas a la existencia de Dios y a otras cuestiones metafísicas son por naturaleza imposibles de demostrar por no ser comprobables empíricamente. Otro rasgo de la cosmovisión posmoderna es el relativismo utilitarista (cognitivo, moral, social, cultural y científico), vinculado a una racionalidad instrumental/subjetiva que defiende que los puntos de vista (perspectivas) que permiten conocer el mundo no tienen verdad ni validez universal, sino que solo poseen un valor subjetivo encuadrado en los diferentes marcos de referencia y supeditado siempre a la utilidad. Esto es, no hay conocimiento puro, sino que todo conocimiento es siempre una fuerza activa e interpretativa, hijo del impulso vital concreto que lo desencadena, y la utilidad no deriva de la verdad, sino la verdad de la utilidad, sea esta del tipo que sea. No menos destacado es el atributo posmoderno del desinterés por la verdad objetiva y racional y el acomodo a la posverdad o mentira emotiva que distorsiona de manera deliberada la realidad, ajustándola a emociones y creencias personales y no a los hechos objetivos (construcción de «relatos» que sustituyen a la verdad). En cierto sentido puede decirse que la posverdad surge en la posmodernidad como el resultado aberrante del ejercicio extremo de la actitud de duda radical racionalista característica de la modernidad aplicada a la propia razón. Por último, está presente también el cientificismo, el cual, en cohabitación contradictoria y paradójica con la defensa del nominalismo, el relativismo utilitarista y la posverdad y en sintonía con el agnosticismo, confía ciegamente en la ciencia empírica como la parte más valiosa del conocimiento humano, con la exclusión de otros puntos de vista, y reduce todo el conocimiento a lo que es medible.

A estas notas centrales o características de la posmodernidad hay que añadir otras como el hedonismo simplón o búsqueda a toda costa del placer sensorial como fundamento, finalidad y bien máximo de la existencia; el amor al presente y a lo efímero; la atomización social o el individualismo exacerbado; y el narcisismo extremo o excesiva complacencia en la consideración de las propias facultades u obras que realmente oculta una permanente necesidad de aprobación social externa, virtual o real. Todo ello en un marco económico neoliberal depredador de derechos laborales y generador de crisis depauperadoras y precarizadoras que favorece, mediante la táctica de la seducción o embaucamiento y de la creación de necesidades accesorias por medio de la publicidad, los *mass media*, la tecnología punta y el diseño innovador, un consumismo compulsivo que crece por la vía de la hiperpersonalización. Esto es, el sistema productivo-comercial se acomoda a todas las preferencias, tendencias y necesidades de los consumidores —todas artificialmente creadas por la organización capitalista—, siempre y cuando estos tengan «poder» de compra, aunque sea a crédito.

Las consecuencias que se derivan de estas características nucleares de la posmodernidad son variadas. Una de ellas es el eclecticismo ideológico o el pastiche cultural e intelectual, que delata una profunda ausencia de originalidad creadora y un visible empobrecimiento mental (véase el auge de los *remakes* cinematográficos o de las modas *revival*, *retro* o *vintage*) y que va acompañado de predominio de lo formal o estético (aunque sea *kitsch*) sobre el contenido en todos los ámbitos vitales. De hecho, Lyotard (1984), quien acuñó en el ámbito del pensamiento el término posmoderno, tomó dicha palabra del campo del arte, concretamente de la arquitectura. Dicha elección no fue casual, sino que se hizo por el contraste que suponía el estilo arquitectónico posmoderno, totalmente estetizante, incoherente y jovial, ecléctico y sincrético, mucho menos atento a la función que a la forma y su embrujo, con la seriedad y la coherencia, la conciencia social y la subordinación de la forma a la función propias de la arquitectura moderna (1920-1970) o estilo arquitectónico racionalista que había precedido cronológicamente al posmoderno. Otra consecuencia de la posmodernidad es la ausencia de compromiso de cualquier tipo por parte unos individuos que creen en su libertad y en los beneficios de potenciar al máximo su personalidad única —aunque de hecho sigan, como borregos unidimensionales, las directrices del sistema económico y político— y que se desligan de las instituciones sociales antaño cohesionadoras y ahora desprestigiadas.

Igualmente relevante como impacto de la posmodernidad sobre la realidad es la instauración vertical de un ideal (des)educativo que ha sustituido el modelo humanista propio de la modernidad por un ideal tecnológico y economicista falsamente democrático que atenta contra la libertad y la capacidad de razonamiento y crítica del ciudadano, tanto a título individual como colectivo. En este sentido, no hay nada más negativo y nocivo para la autonomía y la madurez intelectual de las futuras generaciones que las nuevas leyes educativas del tipo de la LOMLOE (2020) española, basadas en la no-evaluación y promoción automática del alumnado, la desconsideración del trabajo del profesorado y en la imposición de propuestas y metodologías de enseñanza-aprendizaje vacías de sentido que favorecen una clara minusvaloración del conocimiento que solo beneficia a la élite socioeconómica, la cual es la única que finalmente tiene la oportunidad de estar auténticamente formada (Quílez, 2022). Se trata de una legislación que neutraliza el fracaso escolar por la vía de la promoción de todo el alumnado independientemente de su esfuerzo y resultados y que otorga centralidad a las competencias clave en detrimento de los contenidos; unas competencias que se plantean como unas habilidades con un valor intrínseco propio, independiente a cualquier contenido, con la pretensión de hacerlas transferibles a cualquier situación, algo que no tiene ningún sentido. Así, por ejemplo, el pensamiento crítico o la resolución de problemas tienen muchas dimensiones, por lo que estas capacidades no se desarrollan de forma autónoma, sino asociadas de forma concreta a los conceptos específicos perfectamente organizados y jerarquizados de las distintas disciplinas. Si no se dispone de esa base sólida de conocimiento, ese tipo de pensamiento crítico queda muy limitado. Se puede ser crítico en un campo del saber porque se dominan sus ideas esenciales y poco o nada en otro simplemente por falta de elementos de juicio. Lo mismo ocurre con la capacidad de resolución de problemas. Por si todo esto fuera poco, varias de las competencias clave están extraídas del ámbito de la economía de mercado y de la empresa, habiéndose introducido y normalizado en el contexto educativo conceptos que corresponden al terreno empresarial como emprendimiento, capital humano o buenas prácticas, fruto todo ello de una visión neoliberal que devalúa y restringe el papel generador de ciudadanos libres, críticos, independientes y a la vez solidarios por parte de la escuela y de las arrumbadas materias humanísticas. Porque, de hecho, el énfasis que pone la legislación educativa posmoderna sobre las competencias de *hacer* se materializa en muchos casos en la mera construcción (producción) acrítica y banal de distintos artefactos, infravalorando la capacidad de pensar, criticar razonadamente o de idear en un mundo en el que acechan peligros ciertos como los relacionados con el medioambiente, la salud, el bienestar social o la igualdad de oportunidades.

También es llamativo el desprecio por parte de la educación posmoderna del concepto tradicional de conocimiento. Así, los pedagogos posmodernos, financiados con capital público y privado, afirman que no es necesario trasmitir ni aprender el conocimiento porque este está siempre accesible en Internet, sin tenerse en cuenta que la información y los datos deben seleccionarse y organizarse con unos ciertos criterios. Porque esta relevante tarea, relacionada con la libertad y madurez intelectual personal, no resulta fácil si no se dispone de elementos teóricos para la selección y organización de una información multiforme (afectada por la intoxicación, la posverdad y las *fake news*), lo que además está en estrecha relación con su interpretación. Por ello, si no se posee una estructura mental basada en contenidos que posibilite articular ideas y establecer relaciones entre conceptos, difícilmente esa información obtenida de Internet generará conocimiento auténtico, y mucho menos pensamiento crítico. El peligro que se corre si se fomenta que el alumno intente generar conocimiento por sí mismo mediante la simple consulta (sin filtros críticos) de información de Internet queda puesto de manifiesto en el hecho de que muchos estudiantes, incluso de nivel universitario, no sepan distinguir una noticia de un anuncio de Internet. En relación con esta cuestión, hay que señalar que la decantación posmoderna del proceso de enseñanza-aprendizaje hacia que el alumno, de forma autónoma e inductiva (el profesorado pasa a tener un papel secundario auxiliar), se interese y descubra por sí mismo la realidad que le rodea, esto es, hacia un aprendizaje centrado en el alumno, democrático, no impuesto, ya que responde a lo que verdaderamente puede atraer al alumnado, es una forma de trabajo que conlleva que los problemas a estudiar estén poco acotados. En este marco, la cantidad y diversidad de información desestructurada y descontextualizada que tiene que manejar al mismo tiempo un estudiante sobrecarga enorme y estérilmente su memoria operativa o de trabajo, lo que dificulta el aprendizaje. Si bien en este ambiente el alumno se siente cómodo porque está poco presionado y estudia lo que le interesa, normalmente de una forma lúdica, no obstante, la mínima labor de orientación a la que queda reducida la función del profesorado hace que se aproveche escasamente el tiempo escolar, lo que va en detrimento de lo que sería un ambiente académico eficaz. El alumnado puede pensar que está aprendiendo y que su aprendizaje resulta fácil de conseguir con un poco de esfuerzo y mucha motivación (diversión), lo que de hecho supone un tremendo engaño para ellos mismos y para sus familias, estafando la confianza que deposita la sociedad en la escuela como fuente de inspiración de una cultura del esfuerzo y del mérito bien entendidos. De esta manera, se ha comprobado un continuo descenso en el nivel de aprendizaje del alumnado en los países que ya llevan durante algún tiempo promoviendo que el profesorado no transmita conocimiento.

Por otra parte, dentro de la nueva pedagogía posmoderna, que ya se ha demostrado como fracasada en muchos países avanzados, se aboga por la integración de materias en ámbitos de conocimiento, perdiéndose con ello el principio de especialización docente y produciéndose una merma en la calidad de enseñanza. Y es que un profesor no especialista puede, sin pretenderlo, causar un auténtico destrozo, tanto conceptual (generación y/o transmisión de errores conceptuales) como metodológico, que luego puede ser muy costoso o imposible de revertir en los siguientes cursos. Claramente, las distintas disciplinas poseen unos principios tanto ontológicos como epistemológicos que normalmente hacen inviable en la práctica el objetivo de fusionar varias asignaturas en un ámbito. Además, esta agrupación interdisciplinar, derivada del ámbito técnico-empresarial y fomentada por este a través del STEM (*Science, Technology, Engineering and Mathematics*), produce importantes lagunas de conocimiento con aprendizajes dispersos y desestructurados. No menos grave es la cuestión de metodologías como la clase invertida, la gamificación o el aprendizaje por proyectos, todas ellas asociadas a la nueva pedagogía y consideradas como herramientas que se pueden aplicar de forma universal a cualquier situación de aprendizaje. Se olvida el hecho de que contenidos y metodología están siempre asociados y que dicha vinculación es la que determina que sea el profesor, con su experiencia y conocimientos, el que decida la mejor forma de introducir, problematizar, modelizar, desarrollar y evaluar formativamente los contenidos y procedimientos específicos de cada situación de aprendizaje en un proceso continuo de (auto)evaluación. Desafortunadamente en la actualidad la libertad de cátedra metodológica esta perseguida y los cursos de (de)formación que se ofrecen (o imponen) al profesorado se basan exclusivamente en este tipo de metodologías innovadoras, habiéndose casi descartado por completo la oferta de cursos institucionales basados en las distintas didácticas específicas tradicionales. Estamos, en este sentido, ante una dictadura pedagógica empobrecedora donde todo profesor que se quiera considerar innovador debe conocer y emplear estos métodos vanguardistas en sus clases. Haciendo una matización a la crítica general hacia las nuevas metodologías pedagógicas posmodernas hay que reconocer que dentro de ellas el desarrollo de las TIC y su aplicación en las aulas ha permitido un gran avance al disponer de nuevas posibilidades de enseñanza, de (auto)aprendizaje o de comunicación, entre otros, pero al mismo tiempo no debe perderse de vista que dichas herramientas tecnológicas no son en sí mismas la solución de los actuales problemas educativos y que, en algunos casos, pueden incluso agravarlos como de hecho ha sucedido (efectos negativos del uso masivo del ordenador en el aula sobre el aprendizaje del alumnado).

También es un efecto de la mentalidad posmoderna una subjetividad exacerbada que rechaza concepciones unívocas y modelos cerrados, así como grandes verdades, fundamentos consistentes y la propia historia como huella unitaria del acontecer, situación que queda ejemplificada por una creciente ignorancia en materia de historia que facilita la manipulación de la sociedad por la casta política y que se da de forma paralela al consumo masivo de fantasiosas recreaciones del pasado a través de la mal llamada «novela histórica» o de series televisivas de historia-ficción como *Juego de tronos*. En este marco de devaluación posmoderna del conocimiento histórico debe situarse el cambio de método y objetivos en la enseñanza de Historia en ESO y Bachillerato que imponen normas educativas como la LOMLOE española, la cual se basa en la eliminación de la cronología como hilo conductor de la materia. No se trata de un mero error pedagógico, sino de una decisión que oculta una agenda política. En este sentido, se busca borrar del estudio de la Historia el análisis crítico y sembrar ideología, sectarismo y dogmatismo (construcción de neosiervos analfabetos funcionales y no de ciudadanos formados y libres). Esta decisión metodológica, que impide el conocimiento crítico y lo sustituye por una amalgama informe de datos inconexos y descontextualizados, pretende que el alumnado caiga en el presentismo y juzgue el pasado con criterios actuales dictados por el sistema, lo que supone fertilizar el terreno para la cultura de la cancelación o la impugnación de todo hecho, obra cultural o personaje histórico considerados como contrarios a determinados valores actuales e imponer una doctrina de la corrección política por encima del conocimiento auténtico. La reseñada subjetividad radical propia de la mentalidad posmoderna, facilitada por elementos como la devaluación de un estudio serio de la historia, está desprovista de espíritu crítico alguno y lleva a los individuos a abrazar estúpidamente, sin ningún tipo de reflexión, un esquema de pseudovalores culturales volátiles (considerados como una moda más) y elásticos (adaptables a los intereses de cada cual), así como unas relaciones sociales virtuales (meras conexiones superficiales o comunicación «sin vivencias» por no hacerse en vivo) y unas informaciones trufadas de *fake news*. Todos estos elementos subjetivistas distorsionadores de la libertad personal son potenciados interesadamente por las nuevas tecnologías de la información y la comunicación, generadoras, en palabras de Vattimo (1990), de una «babel informativa», de una sociedad superinformada pero intoxicada y manipulada en la que las mentiras viajan a la velocidad de la luz mientras que la verdad avanza con mucha más lentitud (necesidad de un periodismo lento y crítico para tiempos acelerados y dogmáticos); una sociedad, en fin, arrastrada y *estupidizada* por el hechizo de la tecnología y sus infinitos *gadgets* o dispositivos electrónicos de última generación en un marco de dominio absoluto del mundo audiovisual.

Por último, cabe señalar como sangrante consecuencia espiritual de las coordenadas de la posmodernidad la propagación entre los individuos de un nihilismo pasivo que considera que el mundo, tal como es, no debería ser, y que, tal como debería ser, no es posible que sea. Un nihilismo débil encallado en la inacción y la renuncia al deseo de vivir auténticamente una vida que aparece como insostenible, vacía y sin sentido si no se la riega continuamente con estimulantes y narcóticos variados entre los que se incluye el consumismo. Un nihilismo pasivo posmoderno que, ante la crisis y destrucción de los valores tradicionales que dotaban de sentido a la existencia y a diferencia del nihilismo activo que preconizaba Nietzsche y que defendía, al estilo de la autarquía epicúrea, una salida al pesimismo y al servilismo desde una posición de independencia y libertad creadoras de valores personales, no es capaz de plantear una propuesta para sustituir los viejos valores por otros inéditos que inauguren un nuevo momento en la historia, una nueva moral y un nuevo hombre. Se trata, en definitiva, de un nihilismo pusilánime que desde la incredulidad y la indiferencia, desde una actitud de transitar despreocupados por el mundo y, por consiguiente, alejados de cualquier acritud o angustia existencial, no propone un sistema alternativo al vigente, sino que defiende la actuación limitada, interesada e inducida por el torrente cambiante de información que pone el foco hoy aquí y mañana allí, para, a pesar del entorno de globalización —el nuevo «gran relato» del mundo actual inmerso en un mar de miles de pequeños relatos individualistas, vacíos y cortoplacistas—, producir únicamente cambios concretos y fugaces en lugares y momentos precisos (ausencia de un modelo o proyecto de cambio general).

En definitiva, la posmodernidad, uno de cuyos precedentes en el ámbito estético fueron las vanguardias artísticas de principios del siglo XX que manifestaron, por medio de una subjetividad y libertad creativas radicales, una voluntad de romper con el mundo de la modernidad y abrir nuevos horizontes de progreso, pero que fueron laminadas pronto por el horror de las dos Guerras Mundiales y por el sistema plutocrático liberal —aunque también se imbricaron en la lógica mercantilista de dicho sistema de forma voluntaria—, se caracteriza culturalmente por la estandarización, el sincretismo (pastiche y *collage*) y la devaluación de la razón (convertida en pura razón instrumental) en un entorno económico capitalista oligopolístico y neoliberal que ejerce su poder en forma de tecnocracia sobre una sociedad atomizada, consumista, narcisista, hedonista y nihilista a la que controla por medio de la publicidad (rendimiento económico inmediato), la propaganda (rendimiento político a medio plazo) y los medios de comunicación de masas (intoxicación informativa).

POSMODERNIDAD Y TECNOLOGÍA

En este mundo posmoderno, donde la élite económica y social con la ayuda de unas desvalorizadas democracias parlamentarias impone, por la vía del consumismo y la precarización laboral, la filosofía del aumento de la producción con el menor coste y los máximos beneficios posibles para unos pocos, incrementando críticamente las desigualdades sociales, nos hallamos con una población *estupidizada* y escéptica, privada de ideales y convicciones firmes, sin confianza en las certezas históricas y científicas que le han sido trasmitidas y que, en pos de una falsa felicidad prometida por el sistema («happycracia») y que por ello nunca llega a alcanzar, aparece dispuesta a consumir compulsivamente, a no oponerse a los recortes de sus derechos y a aceptar pequeñas verdades, cambiables de mes en mes, bajo la oleada frenética de las artificiales modas culturales, la renovación tecnológica continua y la hechizadora tiranía de las TIC. Quizás este sea uno de los aspectos más peligrosos y desalentadores de la era posmoderna y el mayor obstáculo para la consecución de la felicidad humana: la vida en la sociedad tecnológica posmoderna aparece como una especie de banal desenfreno continuo que amenaza con imponer su dominio no solo sobre la Naturaleza, sino también sobre el hombre. Así, de la misma manera que de forma ostensible la existencia de una sociedad opulenta no elimina más la pobreza y la miseria, tampoco el dominio sobre la Naturaleza física y la consiguiente liberación y control del hombre respecto de la misma por la vía de la ciencia y su aplicación práctica, la técnica, constituye por sí solo una bendición (véase el desarrollo científico ligado a la industria armamentística y las guerras) y, de hecho, aunque la tecnología tiene la potencialidad de emancipar la vida humana de casi cualquier limitación física y psíquica, parece más bien que lo que ha engendrado es una sociedad vampirizada mentalmente, altamente manipulable e ignorante, simplista, hiperhedonista, nihilista, deshumanizada y embrutecida.

Concretamente, la élite que controla el sistema económico y político e impone sus directrices a la población a través de los *mass media*, la publicidad y las TIC, ha promovido un uso de lo tecnológico en el que prevalece, por encima de una técnica promotora de la libertad consciente, una tecnología que provoca una atrofia del pensamiento en un hombre-máquina. Un ser humano abrumado por un torrente inacabable e inabarcable de información («babel informativa») e imágenes (iconocentrismo) y cegado por un mundo audiovisual, digital y táctil (útil mecanismo para una «política de distracción» en favor de los intereses del sistema económico y político), que es hijo y a la vez víctima de la cultura científico-técnica. Un individuo que ni puede ni necesita ya comprender las cosas, sino que le basta con percibirlas epidérmicamente y solo por un instante, y manejarlas o simplemente jugar con ellas como los niños hacen con los videojuegos, sin razonamiento crítico alguno, perdiendo totalmente su independencia intelectual.

En este sentido, dada su aparente inutilidad en medio del cómodo goce de los variados productos y servicios que nos ofrece la tecnología en forma de atractiva píldora narcótica, estamos asistiendo al final de las humanidades y del pensamiento libre. Este se está convirtiendo en patrimonio exclusivo de la élite que diseña y controla el sistema, pues el desvanecimiento para la generalidad de la población —hipnotizada y sumida como está en un falso mundo tecnológico paralelo al auténtico— de la posibilidad de configurar en el mundo real su manera de pensar de forma autónoma y crítica conduce a la atrofia de dicha libertad de pensamiento. Por ello, en nuestra sociedad tecnológica, donde no hay tiempo ni ganas para la reflexión y el pensamiento serenos, es necesario un momento de lucidez para poder preguntarse qué va a ser del hombre tecnológico posmoderno y de su libertad, estrechamente vinculada a su felicidad.

Debemos ser conscientes de que la tecnología, en todos los campos de su aplicación, es algo formidable, pero por ello mismo algo maravilloso y peligroso al mismo tiempo (véanse, por ejemplo, los crecientes ciberataques a instituciones públicas y privadas y la ciberdelincuencia en general —*phishing*, troyanos, etc.—), y que al hombre que tiene en sus manos ese poder de vida, pero también de aniquilación, se le pueden aplicar, con mucha mayor razón que en el pasado, aquellas palabras de Sófocles en *Antígona* de que «el mundo está lleno de peligros, pero no hay ninguno que sea tan formidable como el hombre». Porque a medida que el ser humano adquiere mayor inteligencia y dominio tecnológico sobre la Naturaleza se convierte en víctima, no de las fuerzas externas a él, sino de su propia locura, ambición y malas pasiones, como así lo señala Shakespeare en su *Julio César* cuando afirma que «la culpa no está en nuestras estrellas, sino en nosotros mismos».

Es un grave error considerar los avances técnicos (meros medios) como un fin en sí mismos, olvidando que si, por una parte, correctamente utilizados contribuyen al bienestar, no obstante, por otra parte, mal empleados convierten a los hombres en esclavos de la tecnología, atrapándolos en una espiral de deseo permanente, frustración continua y recorte creciente de su autonomía. No hay que perder de vista que las máquinas y la tecnología que las produce son obras del hombre y de su ciencia. La tecnología es una relación entre hombre y máquina y si el hombre es capaz de crear y desarrollar máquinas también está a su alcance corregir y sustituir una tecnología que sea perjudicial por otra mejor. Lo que no se debería hacer, siguiendo criterios mercantilistas, consumistas y de control social, es crear nuevas máquinas (*hardware*) y programas (*software)* sin evaluar previamente las consecuencias de todo tipo que se derivarán de las mismas más allá de su rentabilidad económica.

A este respecto, es innegable que desde los inicios del tercer milenio, lejos de ponderarse los resultados negativos de ciertas tecnologías (ya profetizados a fines del siglo XX por películas como *La red*, 1995), se han potenciado por parte de las grandes empresas, con la connivencia de los Estados, elementos que aparentemente proporcionan una mejor calidad de vida, pero que realmente limitan la libertad de los consumidores y ciudadanos y aumentan el control económico, político y social sobre ellos. Se trata, por ejemplo, del internet de las cosas (IdC) o sistemas de dispositivos físicos u objetos cotidianos (*smartphones*, etc.) que reciben y transfieren datos a través de Internet mediante distintos programas informáticos. Los datos del IdC son gestionados y analizados masivamente por el Big Data (macrodatos) o inteligencia de datos mediante herramientas especiales (*software*) que almacenan y ordenan la información recogida, le dan sentido y hacen que sea útil, esto es, la convierten en valiosa a nivel comercial, económico, político, de control social, etc. (véase, en este sentido y aplicada a la «gratuidad» de *Google, Facebook* o *Twitter,* la máxima que dice que si un producto o servicio es «gratuito» es porque realmente el producto eres tú). Para procesar los datos del Big Data es fundamental la inteligencia artificial (IA) o tecnología que hace posible que las máquinas aprendan de su propia experiencia emulando la inteligencia humana. Concretamente la IA consiste en un conjunto de programas que aprovechan los datos de salida (*output*) del Big Data para crear series de algoritmos (instrucciones para solucionar un problema, realizar un cómputo, procesar datos y otras tareas) que permiten que los programas informáticos puedan mostrar comportamientos inteligentes y razonar como lo hacen los humanos, dando lugar a múltiples ventajas para las empresas (y también para los Estados).

Por otra parte, en relación con la conexión entre tecnología e información hay que señalar que, aunque nuestra forma de consumir «información» se ha incrementado exponencialmente, no obstante, estamos cada día más desinformados. Una de las maneras en las que la tecnología ha propiciado este fenómeno (desde 2006) es a través del *scroll* (desplazamiento) infinito. Esto es, el modo peculiar que tienen, sobre todo las redes sociales, de presentar su contenido cada vez que las visitamos, de forma que nos vamos desplazando por ellas con un gesto, de arriba abajo, que nunca tiene fin. Todo (fotos, vídeos, tuits, etc.) está preparado para que no nos detengamos en ningún punto. Dentro de un flujo interminable de publicaciones trufadas de banalidad, publicidad y *fake news*, las redes nos ofrecen más y más contenidos (actualización permanente), creándose en nosotros una adicción similar a la de la cocaína. Así, la sensación de que nos estamos perdiendo lo que pasa o de que nos vamos a perder lo que va a ocurrir con inminencia, funciona como una adicción. Los contenidos se preparan de tal manera que el bucle es infinito y solo está limitado por una cosa: nuestro propio aburrimiento. De esta manera, estamos atrapados en una rueda continua como un hámster que corre sin cesar para no llegar a ninguna parte. A este respecto, a diferencia de lo que ocurre con la cada vez más minorizada «navegación manual» (presente en libros, periódicos, revistas o álbumes de fotos físicos), que nos obligaba a elegir poniendo atención sobre lo que íbamos a consumir, siendo nosotros nuestro propio filtro (íbamos a una página, leíamos, podíamos avanzar o retroceder, saltar), actualmente lo único en lo que estamos centrados cada vez que abrimos en nuestro *smartphone* la *app* de nuestra red social favorita es el «ahora», dando igual todo lo demás. El hecho de consumir información de este modo produce para los usuarios de las redes el efecto de que lo que se les presenta como realmente importante (aunque no les diga nada) sea «la actualidad» o «lo último», no existiendo el pasado ni un análisis de por qué ha sucedido tal o cual cosa. Refrescamos o actualizamos nuestras redes una y otra vez para ver qué pasa. Lo demás da igual. Hemos destruido la reflexión y el análisis, primando contenidos rápidos, sencillos y sin profundidad. No queremos saber. Todo es ocio dentro de un viaje que siempre empieza en el mismo punto, arriba, y va en la misma dirección, hacia abajo, hasta que nos aburrimos.

A pesar de que tengamos la falsa sensación de ejercer nuestra libertad en la elección de lo que consumimos en las redes sociales, la verdad es que el *scroll* virtual infinito y la segmentarización de la información anulan nuestro poder de decisión frente al consumo de un contenido preparado para darnos la sensación de que todo lo que necesitamos y queremos saber está en una sola página, reforzando nuestro sesgo de confirmación (perfil de gustos trazado mediante *algoritmos* y *cookies* o paquetes de datos que un navegador Web almacena de forma automática en el ordenador de un usuario cuando este visita un sitio web). Y es que las plataformas sociales de Internet y las grandes empresas que las utilizan no solo se hacen con nuestros rentables datos por medio de ellas, sino que también vigilan y orientan nuestros gustos y opiniones, dándonos, como a un animal amaestrado, aquello que nos vuelve débiles, manipulables y dóciles a sus intereses. De hecho, nos capturan y encierran en una jaula de oro virtual, intentando que no vayamos a otro lado y que consumamos y pensemos lo que decide el departamento comercial de una gran multinacional o un determinado grupo de presión (político, económico, etc.). En este sentido, el control ejercido por ciertos individuos y grupos sobre la información y los bienes y servicios que consume la masa social es brutal, ofreciéndosenos cada vez más cantidad, pero no más calidad.

También debe mencionarse en relación con la conexión entre (des)información y realidad virtual, la tecnología del «deepfake» (ultrafalso), la cual usa la inteligencia artificial para generar, por ejemplo, vídeos que funden la cara de una persona con el cuerpo de otra, audios con una voz clonada que dice palabras que nunca se pronunciaron por la persona en cuya boca se ponen, etc. Actualmente el impacto negativo más destacado de esta tecnología es el acoso a las mujeres, con la inserción no consentida de su cara en vídeos pornográficos. No obstante, el mayor peligro de los «deepfakes» y su consecuencia más grave es la duda que siembran sobre los documentos auténticos y sobre la propia realidad de los hechos, de manera que videos, fotos y audios ya no son pruebas incontrovertibles. En este sentido, se genera una atmósfera en la cual conviven dos tendencias antagónicas, pero igual de nocivas y que están relacionadas con el sesgo de confirmación y la intoxicación y la manipulación informativa. Así, por una parte, no se cree (o se finge no creer) en lo que se ve, calificándose de «deepfake» algo que es totalmente real y, por otra parte, se da credibilidad, sin critica alguna, a «deepfakes» cuya falsedad es evidente si se someten a un mínimo análisis crítico y libre de prejuicios.

En vista de fenómenos como el del *scroll* virtual o el de los «deepfakes», debemos reconocer sin ambages ni excusas que hemos creado una tecnología cuyo funcionamiento se nos ha escapado de las manos y que en el siglo XXI no es solo el masivo poder destructivo de la energía atómica, como ocurrió durante la segunda mitad del siglo XX, la amenaza más relevante para el futuro de la especie humana (aunque siga ahí y a ella se haya sumado la del cambio climático), sino que ahora lo que peligra es su libertad. Así, la tremenda velocidad a la que todo se desarrolla, la presión de la novedad y la capacidad de seducción y omnipresencia del soporte de la imagen-pantalla no solo nos coacciona para que estemos más tiempo conectados (realmente «enganchados» como drogadictos) a una realidad virtual que nos controla y modela nuestra identidad («avatarización» de la personalidad real), hábitos (hibridación de virtualidad y realidad) e incluso nuestra vida laboral (tiranía de la hiperconexión disfrazada de teletrabajo), manteniendo nuestra mirada fijada en un presente inmediato (sin pasado ni futuro) que se nos escurre de las manos, sino que además no permite que nuestra memoria se asiente y se cohesione ni tampoco que funcione el vital pensamiento crítico. Por si esto fuera poco, cuando salimos de la red-Matrix, el agotamiento nos pasa factura y se debilita gravemente nuestra capacidad de interactuar con lo real (pérdida del necesario hábito filosófico de pensar caminando sin rumbo), con una realidad que va perdiendo sutilmente su capacidad de afectarnos y en la que actuamos como simples autómatas frente a fenómenos como, por ejemplo, el recorte de los derechos laborales, la depauperación y abandono de crecientes capas de la población mundial o la ascendente ola de violencia gratuita e intolerancia que recorre el mundo. En este sentido, unos avances tecnológicos que en un principio se presentaban como un estímulo positivo no solo para el bienestar y el goce individual y colectivo, sino también para la diversidad, la pluralidad y la libertad, han degenerado, de la mano de una razón instrumental astutamente utilizada por el sistema, en una pérdida de la identidad y la autonomía individuales, implantándose un gris imperio de la homogeneidad donde, igual que en el *Tetris*, cuando la pieza individual se adapta a la masa desaparece; un gris imperio de la uniformidad en el que muchos, sin embargo, creen ilusamente poder expresar una singularidad o personalidad que de hecho es imposible más allá de los parámetros determinados desde la cúspide del sistema.

No deberíamos olvidar aquí la concepción epicúrea del conocimiento científico como un medio para alejar las sombras, como vía para alcanzar la serenidad y la felicidad (*cf. Carta a Pitocles*, 85 y *Carta a Herodoto*, 37), todo lo contrario de lo que ocurre hoy en día en que la ciencia y la tecnología se utilizan en muchos casos como una fuente de inquietud, es decir, no solo como base para pronósticos apocalípticos, sino sobre todo como generadoras de elementos catastróficos para la especie humana y el planeta tierra. En definitiva, deberíamos tener presente, pensando en preservar la libertad humana, que ante las nuevas tecnologías siempre existen varias alternativas y el hecho de que optemos por una o por otra ya no es un problema solamente técnico, sino que también y sobre todo es un problema moral. Son nuestras decisiones las que pueden orientar el futuro, pues como decía Ortega y Gasset en su curso *Meditación de la Técnica* (1965) «la técnica, de puro llena de posibilidades, es mera forma hueca, incapaz de determinar el contenido de la vida». De cómo llenemos de contenido nuestras vidas es algo que depende de nuestras decisiones presentes, decisiones entre las que necesariamente deben ocupar un lugar crucial las que tomemos para lograr que la innovación tecnológica esté al servicio de las necesidades sociales colectivas e individuales y propicie, frente a una venenosa política asentada en la distracción, el consumo y el entretenimiento banal, un pensamiento crítico y una libertad plena reales que allanen el camino conducente a una felicidad auténtica.

LUCES Y SOMBRAS POSMODERNAS

Una vez realizado un análisis en profundidad de la posmodernidad, sin negar la predominante carga negativa de esta etapa cultural en la que nos hallamos inmersos y siendo justos con ella desde un punto de vista histórico, hay que reconocer que, como cualquier época de la historia, la era posmoderna presenta un saldo plural de virtudes y defectos. Entre las virtudes se cuenta la secularización y la extensión de las libertades, garantías y derechos, así como el progreso de las clases medias y el acceso al confort y al consumo de una porción notable de las inferiores, si bien dicho avance se ha detenido bruscamente desde los inicios del siglo XXI por una crisis económica casi crónica que beneficia a una reducida élite, lamina a la clase media y coloca en el umbral de la pobreza a un contingente de población cada vez mayor. Otras virtudes de la posmodernidad son el reemplazo de las rígidas ortodoxias por la heterodoxia y el relativismo, la relajación de los tabúes y los dogmas, así como la atmósfera de tolerancia y pluralidad asociada a la vida urbana (a pesar del reciente rebrote de violencias e intransigencias que se creían definitivamente superadas).

Por otra parte, entre las carencias y defectos de la posmodernidad debe incluirse la desactivación del talante y del talento críticos, muy patente en los ámbitos pedagógico y político; la tendencia a eludir la problemática del mal en aras de un narcisismo que atrofia los vínculos solidarios más allá del buenismo casual, fomenta la desafiliación e induce el declive del «hombre público»; el relevo de la ética del «ser» por la del «tener», espoleada por un consumismo basado en la creación de necesidades y deseos super-fluos; la sustitución de las ideologías homogéneas por un mosaico de islotes ideológicos (feministas, ecologistas, poscolonialistas, etc.), tan dispersos que se muestran incapaces de enfrentar la tecnoburocracia globalizada; la anemia de un pensamiento de izquierdas confinado al reducto erudito y, por lo tanto, inofensivo e inane, o entregado al populismo y, en consecuencia, falsamente progresista; la rampante mercantilización de la práctica totalidad de los ámbitos sociales, incluidos los de carácter espiritual y artís-tico; la proclividad, alentada por la sociedad del espectáculo, a la trivial estetización de la economía y la política, de la ética y la ciu-dad, del cuerpo y los sentimientos, de la Naturaleza y la guerra; la irresponsabilidad política de buena parte de los ciudadanos, convertidos bien en súbditos de una democracia carcomida por la demagogia, la corrupción y el decisionismo (caudillismo demo-crático), bien en borregos de falsos mesías autoritarios y de popu-lismos «antisistema» (realmente sistémicos) como el *putinismo*, el *trumpismo* o el *chavismo*; y la miopía de unas generaciones que no saben ni quieren pensarse históricamente y que se han creído pro-pietarias de un presente pletórico y eterno, pero realmente preca-rio y efímero, viviendo en una falsa utopía del ahora y el aquí que hipoteca su propio porvenir y el de las futuras generaciones así como el sostenimiento de las viejas.

Es indiscutible que desde los albores del tercer milenio la ambi-valente posmodernidad da muestras de una agonía patente. La sociedad posmoderna ha sido arrancada de su quimera jovial por una cadena de seísmos (crisis económicas crónicas, destrucción de la clase media, aumento del nivel general de pobreza, desafec-ción y corrupción política, rebrote de ideologías extremistas, pan-demias, catástrofes naturales, terrorismo internacional, conflictos bélicos, deterioro irreversible del medio natural, agotamiento de los recursos, etc.) en los que el Occidente del capitalismo desregu-lado, ensoberbecido y sumido en un delirio de falsa opulencia y de progreso técnico ilimitado y a la vez desarmado ideológica, polí-tica y éticamente, se juega el prestigio y el bienestar material que le queda. Un precario y aparente bienestar amenazado doblemente. Por un lado, por una globalización que está desplazando los tradicionales centros de control y riqueza mundiales desde el Norte hacia el Este y que ha inclinado la balanza demográfica en favor del Sur. Y, por otro lado, por emergencias planetarias relacionadas con los movimientos migratorios, el medio ambiente, los recursos naturales y el clima; emergencias todas ellas que muestran la fragilidad del pretendido progreso humano.

Posiblemente este momento histórico crítico para el ser humano y el planeta sea el más idóneo y apremiante para despertar de la mascarada posmoderna y rehabilitar y aplicar el espíritu original del humanismo y la Ilustración. Ello supone reconducir, con tiento, conciencia y temple, al hombre del siglo XXI por el camino de la lucidez, la sobriedad y la solidaridad. Implica llevar a ese desorientado ser humano, siguiendo la inspiración de la antigua sabiduría humanista representada por filosofías como la del epicureísmo, desde el hedonismo salvaje y el nihilismo pasivo en el que se halla sumido hacia una felicidad auténtica y en equilibrio consigo mismo y con el medio físico. Pero ¿qué podemos decir sobre la felicidad a la que debe aspirar ese hombre posmoderno para salvarse a sí mismo y al planeta que usufructúa y cómo podemos definirla?

III
La felicidad

1. UNA BÚSQUEDA PERENNE

UNA AGUJA EN MIL PAJARES

Es innegable que todos buscamos la felicidad y que la ingente cantidad de libros y cursos de autoayuda que proliferan en nuestra contemporaneidad, sin entrar a valorar su imbricación en la denominada «industria de la felicidad» (Davies, 2016) y la «happycracia», parece indicar que tenemos problemas para conseguirla (de hecho, por hartazgo, ya se está extendiendo el lema «está bien no estar bien»). Ahora bien, tanto esa búsqueda de la felicidad, de algo que —aunque la psicología positiva y la economía de la felicidad defiendan que es un concepto objetivo, universal y susceptible de medirse de forma imparcial y exacta— es indudablemente muy subjetivo (una ficción no consensuada), así como las dificultades para hallar dicha felicidad, no son un fenómeno nuevo. Así, desde la más remota Antigüedad el ser humano se ha interrogado acerca de qué es la felicidad, dónde reside y cómo alcanzarla. Al cabo de tantos siglos, el único acuerdo firme al respecto, más allá del triple anhelo universal de «salud, dinero y amor» (recogido en el título de un vals argentino popularizado en forma de canción por el grupo español Los Stop en 1967), es que ser feliz es una aspiración general irrenunciable.

Multitud de escuelas filosóficas, religiones y pensadores han intentado definir a lo largo del tiempo las claves de la dicha humana, ofreciendo un amplio espectro de teorías que oscilan entre la beatitud mística y la razón más fría. Partiendo de la común convicción de que no puede ser completa ni permanente, muchos identifican destellos de felicidad en la autorrealización, la satisfacción de deseos expendedores de placer (hedonismo), la posesión de bienes (materialismo) o la consecución de éxitos profesionales y fama, mientras que muchos menos ven la felicidad plena en saber renunciar a los deseos y a los bienes innecesarios y en conformarse y adaptarse a la vida asumiendo la propia condición y eliminando de la mente toda ansiedad dañina y estéril. Son generalmente muy pocos los que a la hora de configurar su ideal de felicidad escapan de las redes del hedonismo nihilista imperante y se «conforman» con la ausencia de dolor físico y psíquico en esta existencia terrena —la única de la que se tiene constancia empírica—, buscando, a través de la armonía interior y la paz con un mundo imperfecto, el virtuoso término medio predicado por Aristóteles (*Ética a Nicómaco*) y alejado tanto de excesos materialistas como de defectos ascéticos. Un término medio o *aurea mediocritas* (medianía dorada), que se echa de menos en un líquido mundo posmoderno arrastrado y envenenado por los excesos y los extremos; un mundo que, igual que en el caso de la palabra idiota (gr. *idiotes*), ha cargado el vocablo mediocridad (lat. *mediocritas*) de un significado negativo o peyorativo utilizándolo para designar a alguien o algo «de calidad media o de poco mérito, tirando a malo» (aunque nos choque, en la Antigüedad, para algunos sabios griegos como Epicuro, ser «idiota» y «mediocre» en el sentido original de esas palabras era una ventaja para alcanzar la felicidad).

HACIA UN CONSENSO MÍNIMO SOBRE LA FELICIDAD

Ahora bien, a pesar de la diversidad de concepciones que sobre la felicidad se han dado a lo largo de la historia y entre los distintos autores que se han preocupado por la *eudaimonía* humana, destacando entre ellos irónicamente pesimistas como Schopenhauer (2000), puede adivinarse, no obstante, cierto consenso en que las claves para obtener la dicha en cualquier espacio, tiempo y circunstancia son pocas, están interrelacionadas entre ellas y son normalmente asequibles para el ser humano, a pesar de los elementos externos y sin menoscabar la influencia de estos en el camino hacia la felicidad. Otra cosa distinta es que, en ausencia de relevantes interferencias ajenas a la voluntad personal que dificulten fuertemente la consecución de la *eudaimonía*, sean bien pocos aquellos capaces de aplicar dichas claves para la felicidad en su día a día, utilizando su autonomía y sentido común crítico-racional para evitar ser seducidos (cuando no directamente engullidos) por los engaños del sistema de control social imperante en cada momento histórico.

En líneas generales parece que es indudable, como así lo indicaban los estoicos, que el fundamento de la felicidad y de todo arte de vivir depende en gran medida del correcto discernimiento de lo que depende de nosotros (el juicio y las representaciones derivadas de él, el deseo y el impulso a la acción) o nos es propio (está en nuestras manos) y lo que no depende de nosotros (las cosas del mundo como la riqueza, la salud, la muerte, la fama, la opinión de los demás sobre nosotros, etc.) o nos es ajeno (está fuera de nuestro control). Solemos pensar que nuestras preocupaciones y problemas proceden de las cosas que nos ocurren, como, por ejemplo, la enfermedad o la pobreza. Pero si admitimos este correcto discernimiento propuesto por los estoicos nos daremos cuenta de que, en realidad, somos nosotros los responsables de nuestras desdichas. Descubriremos que nuestros juicios dependen de nosotros, y que son las representaciones que nos hacemos de las cosas las que nos sumergen en un estado de incertidumbre, inquietud y confusión, porque creemos que las cosas que no dependen de nosotros pueden acarrearnos males, pese a que solo cabe hablar de bien y mal en relación con lo que depende de nosotros (pensamientos, deseos y aversiones, acciones y omisiones). Esta forma de discernimiento, si se convierte en regla de todos los juicios que motivan nuestros deseos e inspiran nuestras acciones, nos hace libres y a la vez felices.

Partiendo de la base del correcto discernimiento puede decirse que un primer elemento para ser dichoso en la vida y que determina no solo la capacidad para el gozo sino también para el sufrimiento es, sin duda alguna, la alegría de ánimo. Esto es, conseguir un temperamento predispuesto a la alegría o, lo que es lo mismo, una actitud vital positiva pero no cándidamente optimista, sino consciente de los claroscuros presentes en la existencia. Una actitud que, indudablemente, depende estrechamente de nuestra salud mental, la cual deriva de la genética heredada, pero que también está relacionada con nuestro entrenamiento diario en el entorno en que nos ha tocado vivir, dándole un sentido a nuestras circunstancias y contextos, esto es, nuestro sentido personal. De la magnitud y extensión temporal en nosotros de dicho ánimo gozoso dependerá estrechamente nuestra capacidad de capear el sufrimiento y el dolor inherentes a muchos momentos de nuestras vidas. Porque hay que ser conscientes de que nada tiene en este mundo un beneficio más seguro que la alegría, porque en ella el acto y el resultado son lo mismo. Así, el hombre que está alegre de manera habitual siempre tendrá un motivo para estarlo, es decir, justamente el motivo de estar contento. La alegría, en fin, es, sin duda, aquel bien que sustituye a todos los demás, pero al que no puede sustituir ningún otro, por lo cual deberíamos preferir la adquisición de dicho bien a cualquier otra aspiración intangible o material.

Un segundo elemento para una existencia feliz —no menos importante que el anterior y estrechamente vinculado a él desde un punto de vista psicosomático— presenta una doble faceta y se refiere a la salud del cuerpo y a la tranquilidad de ánimo o estabilidad mental —esta última relacionada íntimamente con el contento de espíritu. Porque con salud todo puede ser una fuente de placer y alegría, siendo más feliz un mendigo sano que un rey enfermo. De ello se sigue que la mayor de las necedades consiste en sacrificar la salud a lo que sea: adquisiciones, fama, competitividad, satisfacciones carnales, placeres fugaces, etc. Al contrario, siempre hay que posponer a ella, a la salud, todas y cada una de las otras cosas.

Puede decirse que la flor o el fruto de la salud perfecta (física y mental) es la alegría de ánimo, vital para la felicidad. Porque una alegría de ánimo plena es casi imposible si nuestro cuerpo está afectado por alguna enfermedad o problema físico grave. De la misma manera tampoco es posible dicho ánimo gozoso si nuestra mente está sumida en un estado permanente de depresión y pesimismo o en uno de agitación y de irracional descontrol e inconsciencia respecto de la conveniencia, necesidad o idoneidad de nuestros juicios, deseos y actos. Ahora bien, si trabajamos nuestra mente sin obsesiones ni presiones extremas, pero sin descuidos negligentes, podremos no solo lograr un equilibrio emocional a través del control y racionamiento nuestros pensamientos e impulsos más dañinos, evitando así, en la medida de lo posible, el conflicto y el dolor, sino que también conseguiremos forjar un ánimo alegre. Un ánimo contento que, en mayor o menor grado, dependiendo de las circunstancias (como dijo Ortega: «Yo soy yo y mi circunstancia y si no la salvo a ella, no me salvo yo») y de la suerte, nos ayudará siempre a tolerar e incluso a superar el dolor y el sufrimiento físico y a reforzar en nosotros sanos hábitos mentales. Estos buenos hábitos de espíritu retroalimentarán, a su vez, la actitud de alegría general que debe caracterizar al hombre que busca una sana y sencilla felicidad.

Esto es así, es decir, la fortaleza mental reporta gozo general, porque lo verdaderamente principal, la auténtica existencia del ser humano y lo esencial para combatir el dolor y obtener el placer es, a todas luces, lo que propiamente sucede en su interior, en su mente, su bienestar interno, que es el resultado de su sentir, querer y pensar y de dar un sentido a su vida. No se trata de buscarle un sentido a la vida en general, sino de darle sentido a la propia existencia personal con sus circunstancias cambiantes (el hombre necesita comprender, sobre todo, el sentido de sus derrotas). Es decir, consiste, en palabras de Nietzsche (*cf. El crepúsculo de los ídolos, afor. 12)* en encontrar un propio *porqué* de la vida a nivel individual que permita avenirse a casi todo *cómo* de esa vida concreta. Así lo hicieron algunos supervivientes de los campos de concentración y exterminio nazis como el neurólogo, psiquiatra y filósofo austriaco Viktor Frankl, quien narró su experiencia en la obra de 1946 *El hombre en busca de sentido.*

Y es que, teniendo presente la afirmación del lúcido y escéptico moralista y revolucionario francés Nicolás Chamfort (1714-1794) de que «la felicidad no es cosa fácil, siendo difícil hallarla dentro de nosotros mismos e imposible fuera» (Chamfort, 1999), para bien y para mal y con todos los matices materialistas marxistas que se quiera, es menos importante lo que le sucede a uno en la vida que la manera en que lo experimenta, o sea, menos importante que el tipo y el grado de receptividad ante lo que le acontece. En este sentido, lo que uno *es* en sí mismo (lo interno), esto es, su personalidad y valor, es lo único *inmediato* para su felicidad y bienestar (y para su desgracia), mientras que todo lo demás (lo externo), o sea, lo que uno *tiene* y lo que uno *representa* es *mediato* y, por eso, su efecto puede atenuarse e incluso anularse, pero el de lo primero (lo interno) no.

En un mismo entorno cada uno vive en un mundo diferente o microcosmos. Es decir, los mismos procesos, hechos y personas exteriores afectan a cada uno de manera diversa, y la diferencia que determina la capacidad de acompañarlos sin ser arrollado por ellos, dándole un sentido a todo lo que nos envuelve, incluido el sufrimiento o dándole especialmente un sentido al sufrimiento, depende únicamente de la constitución interior de cada uno y no de las circunstancias exteriores, fortuitas, arbitrarias y pasajeras, referidas principalmente a bienes materiales y a relaciones y valoraciones sociales. En este sentido, hay que tener en cuenta que puesto que todo lo que existe y sucede para el ser humano solo existe inmediatamente en su conciencia y acontece en ésta, lo más importante para la estabilidad emocional y la salud física del individuo es la consistencia o capacidad de control de su conciencia sobre lo percibido, pues dicha consistencia mental es crucial para transformar en favorables para uno mismo las configuraciones o representaciones que se producen en su mente y para aplicarlas de manera práctica y positiva a las variables circunstancias y contextos de su vida, utilizando (dentro de una continuidad racional-prudencial de su identidad) la «máscara» (forma de ser y estar) más adecuada en cada caso.

Dicho de otra manera, si de manera inmediata cada uno se enfrenta solo a sus representaciones y sentimientos (generados y modelados por su voluntad y su conciencia) y las cosas externas (lo que consideramos como realidad exterior y a lo que accedemos de manera mediata) solo tienen una influencia en la medida en que son originadas por dichas representaciones y sentimientos, al vivir realmente la persona solo en ellos, son estos sentimientos y representaciones los que hacen su vida feliz o infeliz y, por tanto, deben ser dirigidos y gestionados racionalmente. Porque «lo esencial para la felicidad consiste en nuestra disposición interior, de la cual somos dueños» (Diógenes de Enoanda) y «no son las cosas las que tranquilizan o perturban a los hombres, sino las opiniones —juicios— de los hombres sobre las cosas» (Epicteto).

Finalmente, como tercer elemento para obtener la felicidad debe tenerse en cuenta el acceso a bienes externos a nosotros, siendo capaces de discernir que hay tres tipos de los mismos, de los cuales solo el anhelo y la posesión de uno de ellos es imprescindible para la felicidad. En primer lugar están los bienes naturales y necesarios como, por ejemplo, la comida y la bebida más básicas (pan y agua), necesarias para saciar el hambre y la sed, o la ropa y la vivienda, imprescindibles para protegerse de las inclemencias atmosféricas. Se trata, por tanto, de unos bienes indispensables para una existencia digna y sencilla y, por lo tanto, feliz. En segundo lugar, aparecen los bienes naturales y no necesarios como, por ejemplo, las comidas y bebidas exquisitas, bienes que es recomendable disfrutar, pero cuya ausencia no implica ningún problema para la vida dichosa. Finalmente están los bienes que ni son naturales ni necesarios como, por ejemplo, la riqueza material, y que, a pesar de su innegable atractivo y utilidad, solo nos aportan a corto, medio o largo plazo, problemas físicos y mentales y, en definitiva, infelicidad.

En síntesis, se puede afirmar que, asentándose los juicios que hagamos en el discernimiento de lo que depende de nosotros y lo que no, aquello que desde la subjetividad y la intimidad, guiadas siempre por la racionalidad, pensamos y sentimos respecto de nosotros mismos, del resto de seres que nos rodean y del mundo en general (con nuestras circunstancias cambiantes que nos afectan diariamente), aquello que nos acompaña en nuestra soledad sin que nadie nos lo pueda rebatir, cuestionar, dar o quitar, es decir, lo que, en definitiva, somos, es mucho más importante que todo lo que podamos poseer a efectos materiales o que aquello que representemos ante los ojos de otros. En este sentido, lo subjetivo (filtrado por la racionalidad y dependiente de nosotros) es mucho más esencial que lo pretendidamente objetivo y que no está en nuestras manos. No obstante, respecto de las cosas que no dependen de nosotros, hay que admitir que cierto nivel de bienestar material es siempre deseable para garantizar una vida digna y también que hay casos en que el valor indirecto de la buena o mala opinión ajena puede llegar a ser muy grande, ya que a menudo nuestras posesiones, nuestra vida laboral y nuestra seguridad personal dependen de dicha opinión o fama que nos crean los otros o que nos granjeamos nosotros ante ellos con nuestra manera de ser.

Si más allá de esta visión general se quiere ahondar en aquello que puede significar ser feliz a escala personal, en el sentido íntimo y particular que concede significación a la vida propia, pero también ser feliz en sociedad, a nivel global, debe tenerse en cuenta que esa es una pregunta de respuesta variable en función del entorno histórico y sociocultural desde el cual se plantee. Se trata de una interrogación que reedita, silenciosamente, el cuestionamiento por el sentido de la vida y por el propio posicionamiento en ella y que demanda respuestas a los estereotipos culturales vigentes o que incluso los critica, cuestiona y destruye. Es, indudablemente, una de las preguntas más relevantes, útiles y orientadoras que cualquier persona puede hacerse para transitar con alegría y serenidad por esta vida. No obstante, al mismo tiempo es una de las cuestiones más manipuladas y devaluadas por las instituciones políticas y económicas y por el consenso cultural que estas imponen. Ello es así porque ciertas propuestas para la felicidad, como es el caso de la epicúrea, pueden resultar contraproducentes para el *establishment* por sus efectos críticos, revolucionarios o vanguardistas y, en suma, corrosivos, renovadores y reinventores del orden social y del sistema político y económico en vigor en cada momento histórico. Tal vez la manera más acertada de acercarnos a lo que significa la felicidad sea echar una mirada a las concepciones que ha habido sobre la misma desde la Antigüedad hasta nuestros días.

2. LA FELICIDAD HASTA LA REVOLUCIÓN INDUSTRIAL

LA FELICIDAD TRÁGICA

En la Antigüedad, en la civilización occidental, cuyo modelo era la cultura griega, tributaria, en parte, del pensamiento oriental (Persia, Mesopotamia e India), la filosofía, sobre todo la de la época helenística, no era fundamentalmente una exposición de sistemas teóricos, sino sobre todo de técnicas conducentes a la adquisición de una manera acertada de existir y transitar por el mundo. En este sentido, la felicidad, una cuestión muy abordada por la filosofía, era concebida como un modo de vivir y no como una mera doctrina teórica. No consistía, como ocurre en la contemporaneidad y se expresa bien en toda la literatura de autoayuda surgida en torno a la llamada «happycracia», en hacer algo determinado o en seguir (y consumir), sin cuestionarlo, un modelo de vida específico impuesto al individuo desde el exterior, sino que era un proceso personal y natural de interiorización de unos principios teóricos y de su puesta en práctica observando una sólida coherencia entre el pensar, el sentir y el actuar, los tres elementos que articulan la existencia del ser humano. Además, la visión clásica de la felicidad, a diferencia de la contemporánea, no esclavizaba a los hombres, porque, a partir de unas premisas orientadoras muy básicas (de unos pocos principios y preguntas), demandaba del individuo el despliegue de una capacidad crítica para llegar a su propia conclusión (mayéutica socrática) en torno a la *eudaimonía*. En este sentido, y al contrario de lo que ocurre con la noción de felicidad generada en torno al modelo de hiperhedonismo e hiperconsumismo contemporáneo, el concepto de felicidad clásico no era uniforme, sino que presentaba variadas aristas. Porque hoy en día, por mucho que intentemos marcar nuestra originalidad e independencia, todos repetimos lo mismo, hacemos lo mismo, consumimos lo mismo y pensamos que la felicidad está en el mismo sitio. Todo el mundo quiere ser auténtico y diferente a los demás y para conseguirlo estamos comparándonos todo el rato con los otros. Pero es precisamente esta comparación la que nos hace a todos iguales, de manera que la obligación de ser auténticos conduce al «infierno de lo igual» (Ruiz, 2021). Pensando y actuando así, uniformemente, en un mundo globalizado y homogeneizador como el posmoderno, estamos olvidando algo que los griegos de la época helenística como Epicuro tenían muy presente, esto es, la identidad del sujeto. Y es que cuando uno deja de ser consciente de que es un sujeto con una identidad concreta que acarrea una herencia muy personal que nadie más tiene y que está modelada, además de por la biología, por las circunstancias en las que uno se ha criado y los contextos en los que se ha desarrollado su vida, al final acaba «comprando» o adhiriéndose a modelos de felicidad que son genéricos y que, por ello mismo, es difícil que encajen con uno mismo por no tener nada que ver con él.

Concretando más puede señalarse que la felicidad en el mundo griego clásico se definía como la consecución del equilibrio entre mente y cuerpo mediante la aplicación práctica, ajustada a las circunstancias y a la identidad de cada cual, de dos preceptos éticos atribuidos a los Siete Sabios de la Antigüedad e inscritos en el frontón del templo de Apolo en el santuario de Delfos, esto es, «conócete a ti mismo» y «nada en exceso». Dicha concepción del camino idóneo hacia la felicidad, condensada en la expresión de Juvenal (60-128 d.C.) *mens sana in corpore sano* y que toma en cuenta la mutua influencia que mente y cuerpo ejercen entre sí según el griego Hipócrates de Cos (460-370 a. C.), se puede ilustrar con la narración platónica del carro alado, mito de raíces indostánicas (*cf. Katha Upanishad* I.3,3-9) que aparece en el diálogo de Platón titulado *Fedro*. En ese relato nos encontramos con un carro tirado por dos caballos alados que forman una unidad en su cometido, pero que tienen naturalezas distintas: un caballo blanco de casta noble, que representa la razón, y otro negro, de carácter innoble, que simboliza los deseos carnales. El carro es dirigido por un auriga o conductor humano que, desde la prudencia y el equilibrio, encuentra la manera, conociéndose a sí mismo y a sus corceles y siendo consciente de sus debilidades y fortalezas, de que ninguno de los dos caballos tire hacia su lado, sino que los dirige con aplomo y corrección hacia donde él mismo decide. En la aludida metáfora platónica se plantea la cuestión de que el exceso o el defecto del empuje de alguno de los dos corceles (representantes de la dualidad humana razón-pasión) por falta de atención del conductor redundan inevitablemente en un peligro que puede resultar fatal para el auriga.

Esta narración ilustra lo que significaba la felicidad en la Edad Antigua en general y en el contexto grecorromano en concreto, ámbito cultural donde, sobre todo en la época helenística (tras la crisis de la *polis* clásica y el fin de la asociación entre *zoon politikon* y *eudaimonía*), se mostraba como una propuesta (sujeta a la libre elección) de un modo de vida acorde con la Naturaleza para obtener el bien vivir individual. Una proposición que, en forma de brújula existencial práctica, si bien iba dirigida, *a priori,* a una selecta minoría, esto es, a los sabios/filósofos, no obstante, estaba abierta (menos en el caso de la sabiduría de las religiones mistéricas, reservada a un grupo escogido de iniciados) a todo aquel que libremente quisiera acercarse a ella. Constituía, de esta manera, una propuesta ética basada en la «optatividad» voluntaria y no, como la moral moderna, en la frustrante «obligación» pura.

Concretando más puede afirmarse que en el mundo antiguo la felicidad equivalía a una teoría, pero sobre todo a una praxis orientada a facilitar el bien vivir personal mediante la selección prudente y el equilibrio adecuado de los pensamientos, deseos y acciones que posibilitan una vida enriquecida, plena de *salus* (salud) físico-corporal y espiritual-mental, evitando que la existencia humana sea víctima del arrastre por una sola de las múltiples facetas del existir, sintetizadas en dos tendencias principales, esto es, la emocionalidad y racionalidad, en el marco de un mundo trágico. Dicho mundo trágico era visto como bello gracias a la máscara apolínea de la armonía y la razón o mecanismo vitalista ideado por los griegos, un pueblo pesimista por naturaleza (pesimista teórico, pero a la vez optimista práctico), para soportar la realidad y decir siempre sí a la vida, a pesar de ser conscientes de la oscura raíz dionisiaca de la misma, es decir, del caos, la sordidez, el dolor, la lucha incesante y brutal y la irracionalidad y absurdidad inherentes a la existencia. Recuérdese, en este sentido, la frase atribuida a Sileno, padre adoptivo, preceptor y leal compañero de Dionisos: «De todas las cosas la mejor es no haber nacido / ni ver como humano los rayos fugaces del sol, / y, una vez nacido, / cruzar cuanto antes las puertas del Hades, / y yacer bajo una espesa capa de tierra tumbado» (vv. 425-428 de las *Elegías* de Teognis de Mégara).

En el siglo XIX Nietzsche recuperará la sabiduría trágica de los griegos. Una sabiduría basada en haber descubierto un acceso a la afirmación de la vida y a la felicidad desde el amor al propio cuerpo y sus necesidades y que pasa ineludiblemente por la lucidez extrema ante el horror. Porque el pueblo griego conoció y sintió, como ningún otro, los horrores y espantos de una existencia de la que vio la caducidad, la vicisitud dolorosa y la muerte, experimentándolos de un modo muy profundo a causa de su exacerbada sensibilidad y teniendo que colocar delante de ese sufrimiento de raíz dionisíaca, para poder vivir, la resplandeciente criatura onírica de los dioses del Olimpo cuyo mundo, producido por el impulso apolíneo, se convirtió en un eficaz medio para hacer soportable la dolorosa existencia. De esta manera, la desconfianza frente a los poderes titánicos de la Naturaleza fue superada constantemente, una y otra vez, o, en todo caso, fue encubierta y sustraída a la mirada, mediante el «mundo intermedio» artístico o la «máscara» de los dioses olímpicos, los cuales, viviendo y gozando a fondo esa existencia dolorosa ellos mismos, justificaban la vida humana, porque la vivían en una luz sin sombras y fuera de la angustiosa amenaza de la muerte.

En su obra *El nacimiento de la tragedia* (1872) Nietzsche utilizará a los dioses Apolo y Dionisos para simbolizar y poner de manifiesto la condición humana en su sentido más estricto, así como para desvelar la complementariedad y a la vez la lucha u oposición de fuerzas que se oculta en el seno de la Naturaleza. De esta manera, Apolo simboliza la «representación» e «individuación» schopenhaueriana (individualidad/personalidad), el velo, las formas bellas, las creaciones artísticas que adornan la vida y la justifican, mientras que Dionisos encarna la furiosa, ciega, instintiva y amorfa «voluntad» schopenhaueriana (totalidad/impersonalidad), el sufrimiento, la muerte y, en definitiva, la aceptación de la tragedia del nacimiento y la venida al mundo (amarga verdad de Sileno) sin contrarrestarla con el resentimiento. Para Nietzsche la conciliación de ambos impulsos (apolíneo y dionisíaco) se encuentra en la tragedia ática o género teatral de la Antigua Grecia inspirado en los mitos y representaciones sagradas que se hacían en la península balcánica y Anatolia, que alcanzó su apogeo en la Atenas del siglo V a. C. y que combinó las formas bellas (las imágenes oníricas proyectadas por los actores encima del escenario) con la sabiduría trágica (la conciencia terrible de la existencia sufriente y de la finitud del hombre puesta de relieve por medio del canto y la música del coro). Nietzsche, como Platón (filósofo al que tanto denostó el pensador germánico) en su mito del carro alado, plantea que la hipertrofia o desarrollo excesivo de alguno de los dos elementos que conforman la dualidad de la Naturaleza y del ser humano podría resultar nociva para el hombre: un exceso de velo apolíneo podría conducirlo al optimismo cándido y al racionalismo dogmático, mientras que un exceso de verdad apolínea podría llevarlo al ascetismo, la locura o el suicidio. De modo que, siguiendo la máxima de los Siete Sabios de la Antigüedad que reza «nada en exceso», ambos elementos apolíneo y dionisíaco son necesarios para que la vida pueda mantenerse en equilibrio y, por tanto, para que el hombre, aplicando la otra máxima délfica de «conocerse a sí mismo» corporal y mentalmente (accediendo a una identidad determinada por su fisiología y sus circunstancias y manejándola con lucidez), pueda llegar a ser feliz. Esta era la clave de la felicidad para los antiguos en el marco cultural occidental.

LA FELICIDAD CELESTIAL

En la Edad Media, cuyo modelo estuvo dominado y determinado por la religiosidad cristiana (teocentrismo) y, por tanto, por la meta fundamental de vivir según los principios de Dios y hacer de la «salvación» la preocupación suprema, subordinándose a esta todas las demás actividades, la concepción de la felicidad pergeñada por las élites eclesiásticas y militares para justificar su estatus social y su dominación política y económica sobre una masa campesina analfabeta —aprovechando dichas élites la perversión paulina que transformó el reino de Dios terreno, político y al servicio de los pobres predicado por Jesús en un fantasmagórico reino espiritual de ultratumba al servicio de los poderosos de la tierra— se tradujo en una identificación de la felicidad con una recompensa después de la muerte. Dicho premio se conseguía por haberse sometido a voluntad divina, haber sido «virtuosos» y haber sufrido, como lo hizo Jesús, en esta vida. El acceso al paraíso garantizaba un estado de felicidad perpetua, mientras que perder la oportunidad de entrar en él colocaba a las almas en una situación de indefinición en el purgatorio o bien ante el castigo y el sufrimiento eternos del infierno. Frente a dicho panorama, acceder al paraíso no parecía una elección accesoria o secundaria de esta vida, sino que precisamente constituía su objetivo fundamental y orientaba el conjunto de acciones y pensamientos que daban sentido a la existencia diaria y a la acción social y que justificaban la vigencia persistente del privilegio de una minoría y la explotación brutal por parte de esa reducida élite de una mayoría sojuzgada.

LA FELICIDAD DEL HOMBRE LIBRE Y LA MATERIA

En la Edad Moderna, enraizada en el humanismo renacentista, el protestantismo reformista y la Ilustración, y en el inicio de la Edad Contemporánea, que arrancó con las revoluciones políticas burguesas liberales y con la revolución industrial capitalista, se expandió e impuso una visión del ser humano antropocéntrica según la cual, en un marco de libertad e igualdad jurídica, el hombre que valía (no por nacimiento sino por méritos personales) ascendía y triunfaba en la vida por sus propios medios y por su actuación competitiva frente a sus semejantes, siendo su éxito material también, en el caso de la cosmovisión protestante, un signo de bendición divina. En dicho proceso —muchas veces violento— de emancipación y progreso del individuo —a título personal pero también colectivo— y de ebullición de la conciencia de clase que buscaba la igualdad de oportunidades y derechos (movimiento obrero), la comprensión de la felicidad aparecía como algo inmanente que se construía y se disfrutaba en esta vida y que era el resultado de elecciones individuales. Ahora bien, se trataba de una felicidad definida no solo por las aspiraciones y el disfrute personal individualista, sino también por la posibilidad de su progresiva generalización social, esto es, por la posibilidad y necesidad de compartir y construir el bienestar en colectivo.

Puede decirse que desde la modernidad, que identificó la historia con un progreso continuo e ilimitado hacia la justicia, la libertad y el bienestar material general, apareció un prototipo de *homo felix* (hombre feliz) para el que la felicidad dejó de ser, como en la Antigüedad, una promesa dirigida en primer término a un reducido número de mortales para convertirse en horizonte y obligación (imperativo) moral de toda la humanidad (véase el «derecho a la felicidad» en el preámbulo a la Declaración de Independencia de los Estados Unidos de 1776). Se creó, así, una cultura materialista de la felicidad basada en la consagración del hedonismo, esto es, en la satisfacción de los deseos y el disfrute de los placeres de la vida, aunque originalmente dentro de una moderación o austeridad burguesa que contrastaba tanto con el tren de vida aristocrático anterior como con el futuro hiperhedonismo del siglo XX.

La cultura hedonista y el ideal del *homo felix* forjados por la modernidad se revelarán, avanzada la Edad Contemporánea y en un contexto de individualismo y hedonismo radicales, así como de nihilismo y relativismo moral extremos, como unos valiosos y útiles instrumentos de dominio político y social y como fuentes inagotables de beneficio económico para la élite dirigente del sistema capitalista neoliberal. Por ello mismo, dicha cosmovisión de la felicidad será, a su vez, origen de una gran desdicha para la mayor parte del género humano, el cual jamás en su breve historia sobre la tierra ha amado tanto su servidumbre como lo hace, más o menos inconscientemente, en la posmodernidad.

3. LA (IN)FELICIDAD EN LA CONTEMPORANEIDAD POSMODERNA

FELICIDAD MATERIALISTA, INDIVIDUALIDAD Y UNIFORMIDAD

En plena Edad Contemporánea el ideal de felicidad materialista alumbrado durante la anterior etapa de la modernidad se asienta como fundamento de las democracias capitalistas occidentales, defendiéndose —desde una óptica burguesa modificada por el apego a un hedonismo extremo— la actuación vital en el presente como realizadora de esfuerzos (en mayor o menor grado) que redundan en recompensas placenteras en forma de propiedad, poder, prestigio o reconocimiento social. De esta manera, no solo la vida adquiere un carácter de presente inmediato, sino que también lo hace el incierto futuro que se construye desde el quehacer cotidiano. En tal contexto, el concepto de felicidad se unifica en torno a un estereotipo cultural centrado no en el modelo típico de la burguesía decimonónica basado en el ahorro del fruto del trabajo y en el gasto moderado o racional del dinero (invención del crédito en la década de 1930 como instrumento de destrucción de la ética protestante), sino en el consumo, posesión y exhibición inmediatos y compulsivos de objetos, servicios y experiencias que manifiesten el poder adquisitivo y el éxito social de cada persona que trabaja (de una manera u otra —véanse los *influencers* y los *youtubers*—) y obtiene un salario; unos bienes tangibles e intangibles que sean el fundamento de una pretendida construcción libre del yo o de la identidad propia mediante la adquisición de lo distintivo y diferente, pero realmente diseñado globalmente por el sistema. A partir de dichos elementos materialistas y de valores sociales basados en la exaltación del yo, de la supuesta autenticidad y originalidad personal, del placer, la inmediatez, lo irracional, lo anecdótico y lo subjetivo, el hombre posmoderno tiene, desde su individualidad narcisista y su aislamiento, la falsa impresión de forjarse y elegir un modo de vida y un tipo de felicidad particulares y personalizados. No obstante, realmente sigue un modelo o patrón general en una época de homogenización cultural y, por tanto, de consolidación del gregarismo social señalado por Nietzsche a finales del siglo XIX para referirse a la nociva «moral del rebaño»; una moral y conducta perjudiciales que, desde una óptica de defensa de la autarquía y de la actuación racional, también criticó Epicuro antes que el filósofo alemán.

En este sentido, siguiendo a Fromm (2004), hay que señalar que en el mundo occidental contemporáneo la unión del individuo con la sociedad es una unión en la que el ser individual, a pesar de vivir inmerso en el «imperio de la personalidad», se desdibuja o sacrifica para sentirse parte del rebaño. Se sigue así la lógica del razonamiento de que si soy como todos los demás, si no tengo sentimientos o pensamientos que me hagan diferente, si me adapto en las costumbres, la ropa, los objetos y las ideas al patrón del grupo, estoy salvado; salvado de la temible experiencia de la soledad, del miedo a ser diferente, a estar alejado del rebaño protector (en realidad tiranizador). Los sistemas dictatoriales utilizan las amenazas y el terror para inducir esta conformidad, mientras que los estados democráticos consiguen dicha conformidad (que muestran en un grado abrumador) por la vía de la sugestión, la seducción, la publicidad y la intoxicación informativa. A veces el temor a la no conformidad se racionaliza como miedo a los peligros prácticos que podrían amenazar al rebelde, pero en realidad la gente quiere someterse en un grado mucho más alto de lo que está obligada a hacerlo, por lo menos en las democracias occidentales. La mayoría de las personas ni siquiera tienen conciencia de su necesidad de conformismo. Viven con la ilusión de que son individualistas, de que han llegado a determinadas conclusiones como resultado de sus propios pensamientos y que simplemente ocurre que sus ideas, en gran parte absorbidas a través de los *mass media*, la publicidad y las redes sociales, son iguales que las de la mayoría o que las del grupo de opinión con el que se identifican. El consenso de todos sirve como prueba de la corrección de «sus» ideas, las cuales son «reforzadas» mediante la aplicación de la segmentarización informativa y del sesgo de confirmación. Ahora bien, puesto que la gente aún tiene la necesidad de sentir alguna individualidad (un señuelo publicitario rentable para las empresas y los políticos), dicha necesidad se satisface en lo relativo a diferencias menores dentro de tendencias generales al alcance de todos y perseguidas por todos. Así, comprar una marca concreta de telefóno móvil, vestir una prenda de ropa determinada, calzar unas zapatillas o llevar un complemento específico o escuchar cierto tipo de música se convierten en la expresión de las diferencias individuales. El lema publicitario «es distinto» nos demuestra esa necesidad de diferencia, cuando, en realidad, casi no existe ninguna entre unos productos, ideas, etc. y otros, pues el sistema prevé y diseña cada una de las supuestas desemejanzas (meramente superficiales en muchos casos) dentro de una producción estandarizada.

La tendencia a eliminar las diferencias en la sociedad contemporánea se relaciona estrechamente con el concepto y la experiencia de «igualdad» desde la era industrial. En un contexto religioso premoderno, igualdad significaba que todos somos hijos de Dios, que todos compartimos la misma sustancia humano-divina, que todos somos uno. Significaba también que deben respetarse las diferencias entre los individuos y que, si bien es cierto que todos somos uno, también lo es que cada uno de nosotros constituye una entidad única, un cosmos en sí mismo. Tal convicción acerca de la unicidad del individuo se expresa, por ejemplo, en la sentencia talmúdica: «Quien salva una sola vida es como si hubiera salvado a todo el mundo; quien destruye una sola vida es como si hubiera destruido a todo el mundo.» La igualdad como una condición para el desarrollo de la individualidad fue, asimismo, el significado que tuvo este concepto en la filosofía ilustrada occidental. Denotaba en ese marco, como lo formuló muy claramente Kant, que ningún hombre debe ser un medio para que otro hombre realice sus fines; que todos los hombres son iguales en la medida en que son finalidades, y solo finalidades, y nunca medios los unos para los otros. Desarrollando las ideas de la Ilustración (del pensamiento de Rosseau, padre de las ideas de igualdad y justicia propias de la modernidad), los pensadores socialistas de diversas escuelas definieron la igualdad como la abolición de la explotación, del uso del hombre por el hombre, si bien Nietzsche consideró que, con su defensa del igualitarismo, el marxismo consolidaba, desde un punto de vista laico, la moral del rebaño expandida por el cristianismo.

Pero fue en la sociedad capitalista contemporánea y posmoderna donde, bajo el paraguas de la universalización de los derechos, el significado del término igualdad se transformó radicalmente, de manera que pasó a significar «identidad» antes que «unidad». Se trata de la identidad de las abstracciones, de los hombres que trabajan en los mismos empleos, que tienen idénticas diversiones, que leen los mismos periódicos, que tienen similares pensamientos e ideas. De esta manera, la sociedad contemporánea predica el ideal de la igualdad no individualizada (aunque el consumismo crezca por la vía de una aparente hiperpersonalización) porque necesita átomos humanos, todos idénticos, para hacerlos funcionar en masa, suavemente, sin fricción. En este modelo de sociedad igualitaria todos sus miembros obedecen las mismas órdenes y, no obstante, todos están convencidos de que siguen sus propios deseos y convicciones. Así como la producción en masa requiere la estandarización de los productos, de la misma manera el proceso de control social demanda la estandarización del hombre, y esa estandarización es llamada «igualdad». Desde el nacimiento hasta la muerte, de lunes a domingo y de la mañana hasta la noche todas las actividades laborales y de ocio están rutinizadas y determinadas según un patrón general asimilado, principalmente, desde los medios de comunicación de masas, la publicidad y la propaganda. Es muy difícil, por no decir que es imposible, que un hombre preso en esa red de actividades rutinarias pueda recordar que es un ser humano único al que solamente le ha sido otorgada una sola oportunidad de vivir, con esperanzas y desilusiones, con dolor, temor y miedo a la nada, con el anhelo de amar y de ser feliz.

EL *AMERICAN WAY OF HAPPINESS*

Retomando el hilo de la cuestión del paradigma de felicidad en la contemporaneidad posmoderna, hay que señalar que si bien en la Edad Moderna y en los inicios de la Contemporánea se dio el primer ensayo exitoso en el proceso de configuración de un nuevo modelo de felicidad ligado a un tipo de individuo y de sociedad inéditos fue, no obstante, la aparición del consumo de masas en los EE.UU. desde los años veinte del siglo XX, y sobre todo desde los años cincuenta de dicha centuria, lo que convirtió el hedonismo —hasta entonces patrimonio de una minoría— en el comportamiento social general (conversión de la economía de mercado en la sociedad de mercado). Ello explica que desde la segunda mitad del siglo XX nos encontremos viviendo bajo el yugo del imperio del hiperconsumismo hedonista que, aprovechando los medios de comunicación de masas, la publicidad, el diseño, las modas y la tecnología como medios de persuasión, ofrece, como exorcismo de infelicidades provocadas por la enfermiza dinámica del sistema, una falsa y breve felicidad. Una *eudaimonía* basada en la obtención de variados e intensos placeres sin límite mediante la satisfacción inmediata y continua de deseos prescindibles y creados de manera artificial y mercantilista, siendo pocos quienes toman conciencia de que en el compulsivo consumo de objetos, servicios y experiencias hay contenida una dosis mínima de felicidad y que el aparente placer que proporcionan tiene, como la propia existencia, un rápida y dolorosa fecha de caducidad.

El afán por obtener lo deseado al instante y de manera intensa adopta la forma de una obsesión por un malentendido aquí y ahora o *presentismo* exacerbado —un remozado *carpe diem* pasado, en algunos casos, por el tamiz orientalizante de teorías como el *mindfulness* o «atención consciente»— y determina la inauguración de un tipo de consumo que, más allá de los bienes materiales —los cuales lo siguen nutriendo—, se centra también en las emociones, las experiencias de vida —véase la moda de los regalos de «cajas de experiencias o sensaciones»— y en colocarse en riesgo con el afán de revalorizar la propia existencia y acrecentar el ego (exhibición y difusión en las redes sociales de las vivencias extremas). Se trata de dinámicas derivadas de una vida sin valores éticos firmes y asediada por un constante hastío generado por un consumo insatisfactorio que crea una dependencia infinita y aporta un doloroso placer efímero. Dicho aburrimiento y decepción permanentes explican el rebasamiento, aunque no la extinción, de la felicidad material, ante la cual el mercado se actualiza y ofrece felicidades aparentemente personales —a la carta o hiperpersonalizadas—, relacionadas no solo con el culto al cuerpo sino también con la interioridad anímica y, más concretamente, con la sanación de la psique a través de la psicología tradicional (psicoterapia) y las terapias alternativas (*new age*).

El mecanismo que subyace al entramado del insatisfactorio consumismo posmoderno, incapaz de proporcionar una felicidad sólida, es una lógica tecno-económica centrada en la seducción y donde todo se somete a los criterios de rentabilidad y eficacia económica y no a la finalidad de proporcionar una satisfacción auténtica al consumidor, al que se le quiere adicto y no complacido. La publicidad y el *marketing* se encargan de promocionar un cúmulo de falsas necesidades atendiendo a dichos criterios. Además, el consumidor no solo es seducido por los objetos que se ponen ante sus ojos de forma física o virtual, sino que también es cautivado por los espacios de consumo (edificios, tiendas o páginas web), lugares donde dispone de sus recursos y de un tiempo libre que debe llenar con compras y experiencias continuas («optimización» del ocio) y que atienden a una lógica de la seducción en la que prima lo estético y superficial (imagen, diseño, etc.), así como la (psedo)personalización. Es evidente que detrás de la «ética» del ocio y del placer, de la igualdad, la expresividad y la personalización hay miles y miles de horas de estudio intentando averiguar la clave de la eficacia y de la rentabilidad para que la élite que dirige el sistema obtenga pingües beneficios a costa de unos hipnotizados y nunca saciados consumidores.

¿Pero cómo ha llegado el ser humano a caer bajo las redes seductoras de una falsa felicidad nihilista y pendular que demuestra la amarga verdad de la frase de G. Bernard Shaw (1856-1950) que dice que «hay dos tragedias en la vida de las cuales la primera consiste en no obtener lo que se desea mientras que la segunda consiste en obtenerlo»? ¿Cómo se ha dejado dominar por una felicidad asentada en un consumismo compulsivo que lleva en breve tiempo y de manera repetida desde la ilusión y el deseo a la decepción y el hastío una vez alcanzado un placer efímero y doloroso y que convierte la trayectoria vital del hombre en una angustia permanente, a pesar del aceptable nivel general de bienestar material y de desarrollo intelectual alcanzados en el siglo XXI, al menos por las sociedades occidentales?

NEOLIBERALISMO Y PERVERSIÓN DE LA FELICIDAD

Como respuesta a esta cuestión puede afirmarse que el capitalismo posterior a la Segunda Guerra Mundial, bajo el paraguas de las democracias parlamentarias liberales, controladas, *de facto*, oligopolísticamente por unas reducidas élites políticas, económicas y sociales, supo generar de manera interesada, desde 1945 hasta la caída del comunismo en 1991, a través del estado del bienestar (keynesianismo), una aparente mejora en el nivel de vida de las clases medias y los obreros occidentales, de manera que, contradiciendo la tesis de Marx, la situación social de los trabajadores lejos de deteriorarse «mejoró» sin intervención de la revolución y el interés común del proletariado no fue el cambio radical de la sociedad, sino una nueva configuración material de la vida. Dicha mejora relativa de las condiciones de vida de la clase obrera fue, de hecho, insignificante a nivel real, pero contundente en sus efectos para asegurar el predominio de ciertas élites y la imposición de un modelo de felicidad único amoldado a sus intereses. Así, el movimiento proletario y la conciencia de clase se fueron disolviendo desde finales del siglo XX y aún los movimientos antisistema no violentos más emblemáticos han sido asimilados por la sociedad del inicio del siglo XXI en una versión *light* y orientada a operar, consciente o inconscientemente, para los fines que el aparato coactivo de la minoría de la élite política, económica y social reconoce como idóneos para sus intereses dentro de un modelo de felicidad monolítica —a pesar de sus falsas personalizaciones con un afán mercantilista.

En este sentido, en el proceso de desactivación de la conciencia social colectiva y de pérdida de confianza general en los grandes valores que antaño defendían y promovían el progreso de la sociedad, hay que tener en cuenta el papel del relativismo ético posmoderno nacido a partir de la consideración de la antropología sobre la validez de las costumbres y leyes de otras sociedades no occidentales. Esto es, la visión metaética de la naturaleza de los juicios morales, los cuales solo pueden considerarse verdaderos o falsos, correctos o equivocados, aceptables o inadecuados en relación con cada tipo de sociedad donde se dan espacial y temporalmente y donde se justifican por su utilidad (Epicuro defendía esta misma tesis, igual que Nietzsche). Dicho relativismo ético propio de la posmodernidad se muestra contrario a los valores o normas absolutas y afirma que cualquier persona, en su individualidad, tiene el derecho de realizarse como crea conveniente. Esta posición moral, si bien supone, *a priori*, una resistencia a cualquier discurso rector, no obstante, oculta la presencia de un parámetro de lo que es aceptable y de lo que no lo es. Dicho parámetro es impuesto por el sistema con la ayuda de la publicidad y los medios de comunicación de masas a través de las modas y también por medio de la dictadura de lo políticamente correcto, esto es, de una visión mezquina de la tolerancia expandida por los políticos y «líderes de opinión» e «intelectuales» a su servicio que amenaza con llegar a un punto en que, como decía Dostoyevski, las personas inteligentes tendrán prohibido pensar para no ofender a los imbéciles (perversión, dogmatización y globalización de la original «deconstrucción» subversiva, marginal, contracultural y crítica propia de las vanguardias estéticas e ideológicas del siglo XX, la cual atacó los valores «burgueses» de la estética y del racionalismo clásicos y que en el siglo XXI se ha reconvertido en una vacua y absurda ideología tiránica, censora, artificial e hipócrita, al servicio del sistema político y económico imperantes y opuesta a la libertad de pensamiento individual). De esta manera, aunque *a priori* y a nivel general todo sea aparentemente relativo y los límites morales sobre lo bueno y lo malo en relación con el placer se determinen teóricamente por el individuo de acuerdo con sus circunstancias, estableciéndose una ética provisional personal modelada según el contexto espacio-temporal, no obstante, de hecho, dicha ética provisional deriva de la aprehensión individual de las modas y códigos socioculturales determinados por el sistema y es, por lo tanto, una aprehensión totalmente mediada y dirigida y, consecuentemente, interpretada erróneamente como afirmación individual plena y autónoma.

Véase, como ejemplo de este relativismo moral controlado e hipócrita (distinto al de Epicuro y Nietzsche, que eran relativistas morales y legales coherentes y consecuentes) la no asunción en el entorno cultural occidental del hecho de que, puesto que la esclavitud y la segregación racial eran aceptables para los antiguos europeos y americanos, dicho sistema esclavista y racista era bueno o correcto para ellos y es malo o deleznable para nosotros. Por contra, en vez de aceptarse las premisas y consecuencias del relativismo moral (y cultural) teóricamente imperante, en la cuestión concreta de la esclavitud y el racismo de otros tiempos (pero también en otros asuntos como la homofobia o la tolerancia religiosa) nos encontramos con que en la historia reciente se ha producido y produce una censura sobre los libros y películas que recrean aquella época de manera fiel o que pertenecen a ella (también sobre personajes históricos a los que se les aplica una *damnatio memoriae*), reescribiéndose ahora esa época de manera idealmente ridícula en aras de lo «políticamente correcto» (reconstrucción ideal de la historia o ucronía con negros convertidos en duques y blancos degradados a la servidumbre —*cf.* serie televisiva *Los Bridgerton* ambientada en el Reino Unido de principios del siglo XIX—). Y es que, en verdad, la individualización e hiperpersonalización relativista posmoderna propia del hedonismo consumista no consiste en conceder una libertad ilimitada al individuo, sino en anular el pensamiento crítico y transformar continuamente una supuesta identidad genuina y autónoma del sujeto, que realmente es establecida desde arriba por el sistema dentro de los parámetros culturales predominantes, en una tarea que abarca la vida entera y que aboca al consumo compulsivo y a una insatisfacción permanente. El individuo posmoderno es, en este sentido, como náufrago que, desesperadamente sediento, bebe agua del mar y que, cuanto más bebe, más crece su sed, hasta que el agua acaba con él.

Regresando al análisis del proceso que condujo a la imposición de un modelo de felicidad y libertad controlados por el sistema, hay que señalar que las democracias capitalistas occidentales —concretamente las élites económicas dirigentes en connivencia con las políticas, conformando auténticas plutocracias partitocráticas—, para neutralizar o desactivar la amenaza ideológica comunista y las críticas y movilizaciones populares que se produjeron desde los años sesenta del siglo XX como reivindicación y propuesta de un modelo de sociedad y felicidad alternativo al consumismo imperante y como lógica y sana reacción a las cuestionables políticas nacionales (segregación racial, discriminación de género, deterioro del medio ambiente, reconversión industrial, etc.) e internacionales (carrera armamentística nuclear, neocolonialismo, guerras en escenarios periféricos, dictaduras, etc.), utilizaron, además del estado del bienestar, la publicidad, los *mass media*, el sistema educativo, la familia y los avances científicos y tecnológicos y también, encubiertamente, las drogas (experimentos con LSD de la CIA dirigidos por Sidney Gottlieb en la Operación MK-Ultra) como instrumentos para reforzar y generalizar la difusión de una construcción cultural del concepto de felicidad basada en el *American way of life* originado en la década de 1920 en EE. UU. Esto es, un modelo de felicidad asentado en promesas de movilidad social vertical y de enriquecimiento material ilimitado para toda la población sin importar su origen. Unas promesas ejemplificadas en el siglo XXI, además de por empresarios de éxito hechos a sí mismos (realmente especuladores y corruptos sin escrúpulos como Trump) y por estrellas de Hollywood de fulgurante carrera, por las biografías de chicos pobres que de la favela pasan a ser multimillonarios jugando al fútbol (Ronaldinho) o de gente anónima que a través de un canal de *Youtube*, de un blog, de *Instagram*, de *tiktoks,* de un concurso de talentos o de un *reality show* alcanza la fama y la riqueza sin esfuerzo y se convierte en *influencer* o «líder de opinión» y «creador» de tendencias al que le llueven los patrocinadores comerciales explícitos o encubiertos.

Los efectos de la estrategia eudaimónica de las democracias plutocráticas (difusión del *American way of life*) fueron pronto visibles: se produjo una progresiva amortiguación y difuminación del malestar y del desencanto de la población con el sistema; un descontento que había sido puesto de manifiesto a través de la emergencia de movilizaciones de protesta pacíficas (Movimiento por los derechos civiles y movimiento hippie en EE. UU, Mayo del 68 francés) y armadas (Panteras Negras en EE. UU, guerrillas y grupos terroristas en América Latina, África y Sudeste de Asia) contra el orden político, económico y social vigente. Esta anulación por parte del sistema de la capacidad de protesta y de proposición por la población de un modelo de felicidad alternativo al oficial explica la facilidad del progresivo desmantelamiento del estado del bienestar ya desde 1979-1981, momento fundacional del neoliberalismo en Reino Unido (Tatcher) y EE. UU. (Reagan) en el marco de los efectos de la crisis del petróleo de 1973. Dicho proceso de desmontaje del estado social se convierte en irreversible a partir de 1991 (disolución de la URSS), época en que se generaliza por toda Europa. De esta manera, desaparecida la amenaza comunista, el sistema capitalista neoliberal se quitó la careta e inició de manera acelerada —en un marco de libre comercio mundial, con la excusa de la liberalización, flexibilización y desregularización de los mercados, aprovechando la deslocalización industrial en el marco de la globalización y una permanente crisis económica mundial creada artificialmente para aplicar políticas de austeridad— la voladura controlada del estado del bienestar (pérdida de derechos sociales, precarización laboral, privatización de servicios públicos, etc.) en beneficio propio (de la élite económica del sistema) y a pesar de que con esa acción favorecía un adelgazamiento mortal de una clase media vital para el sostenimiento del consumismo característico del capitalismo contemporáneo.

LA «HAPPYCRACIA»

No es casual el hecho de que en el contexto finisecular de consolidación del neoliberalismo nacido a principios de los años 80 del siglo XX apareciese, impulsada desde la cúspide del sistema como una estrategia de distracción y amortiguación del descontento frente al empeoramiento general de las condiciones económicas, laborales y sociales, la denominada «happycracia». Esto es, una tendencia social general impuesta desde arriba y asociada con la «ciencia de la felicidad» o psicología positiva (Seligman, 1999 y 2000) nacida en EE. UU. a finales del siglo XX a partir de planteamientos anteriores como la logoterapia y el análisis existencial de Viktor Frankl (1905-1997); una tendencia global que «impone», según sus críticos, la obligación de ser feliz (tiranía de la felicidad y servilismo optimista) y demoniza a los pesimistas (críticos potenciales de la *eudaimonía* vendida por el sistema, la cual considera que a mayor felicidad mayor productividad —lógica de las salas de juegos en las oficinas de *Google*—). Esta «nueva ciencia» psicológica, bien financiada por fundaciones y empresas, ha introducido, en pocos años, la felicidad en lo más alto de las agendas educativas, políticas y económicas de muchos países.

Bajo el imperio de la «happycracia» no es suficiente con no estar mal o estar bien, sino que hay que estar lo mejor posible. Por eso, no solo aquel que lo pasa mal necesita un experto (*coach*, psicólogo, etc.), un libro de autoayuda o una terapia, sino que lo requiere cualquiera para sacarse el máximo rendimiento, aprender nuevas técnicas de gestión de sí mismo y para conocerse mejor, ser más productivo y tener más éxito. La felicidad se convierte así en una meta en constante movimiento que nos hace correr en pos de ella de forma obsesiva e interminable, apelando a nuestra autonomía de decisión pero, a la vez limitándola claramente. En cierto modo se nos propone ser atletas de alto rendimiento de nuestras emociones («vigorexia emocional») y esto aumenta la ansiedad y la depresión, creándose hipocondríacos emocionales o «happycondríacos».

Es evidente, en fin, que en la posmodernidad la felicidad, de la mano de corrientes psicológicas vinculadas a la llamada «happycracia», se ha convertido en la píldora azul de *Matrix* que «funciona» porque vende narcóticas y agradables soluciones inmediatas para una sociedad que bebe de la inmediatez y solo quiere remedios fáciles, pero es una solución que realmente solo ofrece parches para ir tirando que lo único que hacen es encubrir problemas y en absoluto solucionarlos. Y es que dicha resolución de los conflictos personales únicamente se puede conseguir desde dentro hacia afuera, realizando por nosotros mismos un ejercicio racional de introspección, humildad y honestidad, comprendiendo la fuente del sufrimiento que yace en cada uno y, en este sentido, haciendo de la vulnerabilidad una fortaleza emocional (dignificación de la tristeza y transmutación del dolor en un elemento purificador).

Es incuestionable que bajo la sombra de la «happycracia» la felicidad se ha transmutado en una ciencia y una industria que venden una noción de *eudaimonía* en forma de obsesión y regalo envenenado al servicio del sistema económico y de los valores impuestos por la revolución cultural neoliberal. Así, parece que se defienda que no hay problemas sociales estructurales, sino deficiencias psicológicas individuales (propugnación de soluciones «individuales» —realmente al servicio del sistema neoliberal— para problemas estructurales). En este sentido, por ejemplo, las empresas, obviando que los trabajadores que viven en un estrés constante no lo sufren porque no gestionen bien sus emociones (aunque este factor no debe desdeñarse sin más), sino porque la situación laboral es precaria, insegura y muy competitiva, obligan a sus empleados a realizar cursos de resiliencia (capacidad de la persona para superar circunstancias traumáticas) y *mindfulness* (atención plena) para que aprendan que es uno mismo el que ha de encontrar la forma de estar mejor en el trabajo, situación de la cual depende la productividad que es lo que realmente le interesa al empresario. Asimismo, en la educación, donde la psicología positiva también se ha infiltrado con fuerza, igual que en la política («medición» de la felicidad para decidir sobre temas políticos y económicos de primer orden de forma aparentemente no ideológica), se defiende que el objetivo es hacer que los alumnos sean felices, dejando de lado la formación de un estudiante-ciudadano crítico y centrado en el conocimiento del mundo «en favor» de un alumno emocional centrado en el conocimiento de sí mismo (realmente puesto al servicio del control y la manipulación del sistema).

Es, pues, innegable que el capitalismo neoliberal es el compañero inseparable y determinador del modelo de felicidad hedonista posmoderno, estableciendo las condiciones materiales del mismo y modelando la mente de los trabajadores-consumidores en su favor. Así, por una parte, el sistema productivo dirigido por la élite exige que el individuo trabaje intensamente y en unas condiciones de creciente precariedad (a pesar de lo cual debe sentirse feliz para aumentar su productividad), recibiendo a cambio un capital mínimo mediante el cual pueda obtener recompensas y satisfacciones a través del consumo en su tiempo de descanso. Paralelamente, por otra parte, el mismo sistema productivo-comercial anima al placer, al relajamiento y a la despreocupación de sus trabajadores-consumidores en su tiempo de ocio, de manera que se debe ser responsable de día y juerguista y despreocupado de noche. Con ello el sistema neoliberal fomenta un individuo unidimensional en cuanto a mentalidad —dócil con el sistema y la realidad que este proyecta—, pero dual en su actuación, que es la idónea para mantener engrasado y en pleno funcionamiento el engranaje del neocapitalismo. Este obtiene, así, individuos que durante el día producen de forma rápida y eficiente y que durante sus periodos fuera del trabajo consumen grandes cantidades de productos y servicios, con lo que el círculo es un círculo (vicioso) perfecto para mantener el sistema y someter y controlar a la población.

Ahora bien, dicho esto y sin dejar de reconocer la endeblez de la «ciencia de la felicidad» asociada al neoliberalismo e instrumentalizada por él y también sin negar el hecho, como así lo defienden los formuladores del concepto de «happycracia» (Cabanas, 2019) desde un prisma marxista, de que las circunstancias (clase social, nivel de ingresos o educativo, género, cultura, país de nacimiento, etc.) tienen una evidente relevancia en la consecución de la felicidad del individuo (y a veces la hacen casi imposible), no obstante, dicha tesis falla al despreciar, sin argumentos sólidos y con un claro sesgo ideológico, dos realidades incontrovertibles. Una de ellas es la evidencia de que la infelicidad no está siempre ligada a factores socioeconómicos, pues mientras que una mayoría de individuos de naciones desarrolladas que viven rodeados de todo tipo de comodidades se declaran infelices y en muchos casos se suicidan en un elevado número (países nórdicos europeos), hay habitantes de países subdesarrollados que, a pesar de la dureza de sus vidas, se consideran felices (Costa Rica). La otra realidad que menoscaban los teóricos y críticos de la «happycracia» es que el estado de ánimo, considerado desde siempre como un factor muy relevante para la felicidad, radica de manera innegable (sin menoscabar sus componentes biológicos —neurofisiológicos y bioquímicos—) en nuestros pensamientos y emociones (en el conocido como «discurso interno») y en la gestión que hacemos de ellos. Esta realidad, que parte de una consideración de raigambre filosófica clásica (epicúrea y estoica) y que es recogida por la psicología positiva, sostiene que un elevado porcentaje del grado de felicidad del ser humano se debe a factores personales internos relacionados con el pensamiento y, por tanto, de naturaleza psicológica (*cf.* Frankl, 2020). Unos factores psíquicos que modelan aspectos mentales determinantes para la *eudaimonía* como el positivismo (buen ánimo prudente, no cándido ni fanático), el cual no puede ni debe calificarse, como hace Cabanas (2019) de manera simplista y errónea, como tóxico. De hecho, en algunas ocasiones el pensamiento positivo atrae y propicia la consecución de logros considerados como difíciles —superación de una enfermedad, venta de una casa, obtención de un trabajo, etc. Otra cosa distinta es que la mente del individuo, la cual le puede y le debe permitir arrostrar sus circunstancias adversas, sea una mente equilibrada, fuerte y autónoma y, por tanto, capaz de rasgar el velo con el que el sistema la ciega y le hace seguir un modelo falso, interesado y doloroso de felicidad. Es decir, que la mente sea capaz de asumir que la felicidad auténtica es la ausencia de malestar (dolor) y no la presencia continua de un falso bienestar relacionado con el consumo permanente, acelerado e insatisfactorio de productos, servicios y emociones.

LA UNIDIMENSIONALIDAD DEL HOMBRE POSMODERNO

Ante los hechos descritos parece evidente que las sociedades industriales avanzadas del mundo occidental, lejos de ser liberales y buscar la felicidad de sus ciudadanos, esconden rasgos totalitarios (aunque sea un totalitarismo «suave», descentralizado y multipolar) bajo su apariencia democrática porque, mediante un arma de control y manipulación atractiva, esto es, la seducción, crean falsas necesidades, expectativas e ilusiones de una felicidad fraudulenta (conversión de los sueños de largo recorrido en deseos apremiantes); unas expectativas desmesuradas que integran al individuo en el sistema de producción y consumo existente, el cual es amplificado y promocionado a través de los medios de comunicación masiva, la publicidad y el sistema industrial-comercial. Este sistema da lugar a un universo unidimensional, con sujetos con «encefalograma plano» (Marcuse, 1984), donde no existe la posibilidad de crítica u oposición social (pensamiento crítico) a lo establecido desde arriba. La eficacia del sistema impide que los individuos reconozcan que dicho sistema manifiesta un claro poder represivo, de tal manera que tiene la fuerza suficiente como para neutralizar inadvertidamente la imaginación y la capacidad crítica de las personas, creando una dimensión única del pensamiento. Tal poder permite al sistema absorber cuanta oposición se le presenta y, a través de los *mass media* y la aplicación de la razón instrumental en sus mensajes, generar una única dimensión de la realidad. Así, en esta era tecnológica, los medios de comunicación de masas uniformizan y banalizan el arte, la política y la educación con los anuncios comerciales, convirtiendo a la cultura en mera mercancía y entretenimiento excitante a la par que narcotizante. Una cultura posmoderna descafeinada que es despojada de los poderes de embellecimiento, negación, cuestionamiento y subversión de la realidad cotidiana que el mundo artístico y científico le concedía al hombre humanista de la era pretecnológica; una cultura gris que genera un ser humano que es víctima de una clonación mental, convirtiéndose la pretendida singularidad de cada individuo en una mera copia idéntica de otras presuntas peculiaridades según un patrón establecido por el sistema.

El hombre unidimensional, según lo señaló Marcuse (1984), cree hallar su felicidad no en ideales y aspiraciones que han hecho progresar al ser humano a lo largo de la historia, sino en la satisfacción de unas necesidades condicionadas o inducidas por los intereses de la élite dominante, la cual aplica a la sociedad, junto con los principios de seducción y simplificación, una atomización radical poniendo en práctica la máxima «divide y vencerás». El resultado es un hombre del tercer milenio que consume compulsivamente y deambula apáticamente, cual zombi, seducido por la publicidad y la tecnología. Un hombre cegado por una visión limitada y acrítica de la realidad y encerrado en sí mismo, víctima de la atractiva y suave atomización programada que rige el funcionamiento de nuestras sociedades y presa de una etiquetación o tipificación según los cánones de lo políticamente correcto (y de las tendencias de consumo) que aísla, censura y descalifica, desde un supuesto altar de superioridad ideológica y moral, a aquellos individuos o grupos de contestación «heréticos» que quieren cuestionar el sistema o el dogma imperantes y que son tachados de manera simplificadora como radicales, ultraconservadores o marginales.

La sociedad en su conjunto está atrapada en el cepo del control a través de la estrategia de la separación, desarrollada hasta el extremo con el progreso telemático. Y es que si bien la realidad tecnológica innegablemente extiende la libertad, no obstante, al mismo tiempo, al atomizar a la sociedad en individuos narcisistas aislados —a pesar de su supuesta hiperconexión mediante redes sociales virtuales—, intensifica la dominación del sistema sobre ellos (véase, por ejemplo, la imposible desconexión del trabajo propiciada por los *smartphones*). En un sistema organizado según este principio de aislamiento suave y también de etiquetación simplista, los ideales y valores públicos, así como los movimientos sociales críticos, reivindicativos y de cambio, solo pueden declinar en su sólida versión colectiva tradicional o proliferar hasta el infinito, pero muy debilitados por ser casi unipersonales (cada individuo reivindica su diferencia y crea su asociación o su *podcast* para defender su peculiaridad personal). En este marco de olvido de lo colectivo únicamente queda la búsqueda del ego y del propio interés, el éxtasis de la liberación personal, la obsesión narcisista por el cuerpo y el sexo. En este sentido, la supuesta mayor libertad de elección ofrecida por las democracias capitalistas envuelve una contracción antes que una extensión, de manera que, por ejemplo, refiriéndonos al placer y al poder creativo que el individuo podía obtener del ámbito erótico (energía erótica del hombre como fuente de la actividad artística y cultural), se pone de manifiesto que las opciones han sido reducidas, con la ayuda de las nuevas tecnologías —infestación pornográfica de Internet—, a la expresión más básica, limitándose lo erótico a la mera experiencia sexual o identificándose directamente con ella.

El infeliz hombre unidimensional —a pesar de su falsa conciencia de felicidad— corre tras unas necesidades ficticias, producidas por la sociedad industrial moderna y orientadas a los fines del modelo, siendo incapaz de distinguir entre las necesidades reales (las que provienen de la naturaleza misma del hombre como la libertad y la dignidad) y las necesidades ficticias (aquellas que provienen de la conciencia alienada o enajenada y son producidas por la sociedad industrial, desembocando en un consumo desaforado). La distinción entre ambos tipos de necesidades solo puede ser juzgada por el mismo hombre, puesto que sus necesidades reales únicamente las conoce él en su fuero más íntimo, pero como su misma conciencia está alienada, el hombre ya no puede realizar esa distinción. A este hombre ya no le queda energía erótica para cambiar las estructuras opresoras —que, además, ni siquiera son percibidas como tales o no, al menos, seriamente—, ya no le quedan fuerzas ni cohesión social para reclamar mejores condiciones laborales, formas de vida más enaltecedoras o instituciones políticas menos corruptas. Ello es así porque toda esa energía erótica —cuyos impulsos instintivos estaban en la era pretecnológica sublimados en un sentido creativo positivo para la libertad, independencia y progreso del ser humano, siendo claro ejemplo de ello la época del Renacimiento— se ha encauzado en la contemporaneidad posmoderna hacia una aparente liberación de la sexualidad. Esa supuesta liberación sexual debe realmente ser vista como una desublimación institucionalizada y represiva del aspecto creativo de dicha energía libidinosa (capaz de alumbrar antaño obras de arte grandiosas o revoluciones de gran calado), una energía que ha sido canalizada hacia una cruda sexualidad que lo impregna todo y que nos tiene estúpidamente satisfechos en sus diversas variantes (pornografía a la carta *online*, sexualización de los niños, fomento exagerado —desde la propia escuela— de la diversidad sexual o de la sexualidad polimorfa —homosexualidad, transexualidad, transgénero, poliamor—, etc.). Dicha desublimación del instinto libidinal y su encasillamiento banal en la mera genitalidad permite a las élites del sistema neoliberal no solo desactivar el pensamiento crítico (la sexualidad como *Panem et circenses*), sino también disponer del resto del cuerpo humano (pero también de los propios órganos sexuales a través del consumo de porno en la modalidad *pay per view*) y de su energía para la producción, el consumo y la apropiación capitalista. El hombre unidimensional manifiesta, en definitiva, la alienación del individuo —más que como trabajador como ser privado de libertad, independencia y capacidad crítica— como factor nuclear de un sistema capitalista fundado en el consumo de masas y generador de una creciente insatisfacción y deshumanización en un ser humano víctima de una sociedad opulenta empobrecida mentalmente pero también materialmente de manera creciente en algunos estratos sociales.

En el mundo capitalista en el que se mueve este hombre unidimensional marcusiano se da una búsqueda de la felicidad —imitada por las desesperadas y depauperadas masas del antes llamado tercer mundo que emigran en tromba hacia el Norte— que se basa en la insatisfacción continua (como bien lo refleja el estribillo de la canción de 1965 de los Rolling *I can't get no satisfaction*) y la redefinición constante del objeto generador de dicha. Es decir, hay una paradoja inherente a toda propuesta de felicidad: al alcanzarla se pierde el interés por ella, cualquier fin siempre se acaba convirtiendo en un medio para otro fin, y así hasta el infinito. Ante este horizonte de falta de certezas y satisfacciones auténticas, la felicidad adquiere un matiz camaleónico y fragmentado que se multiplica hasta el infinito, tanto como las propias oportunidades de actuación. Así, la felicidad abandona también los parámetros culturales de valoración fijos, para acceder a la eventualidad de su fascinación y descarte tanto por grupos como por individuos, sin llegar a constituirse claramente en prototipo cultural, sino más bien multiplicándose en correspondencia con las modas de felicidades objetuales o vivenciales vigentes —modas o tendencias poco originales porque frente a la innovación y el espíritu de ruptura de la modernidad ahora no se busca la creación de un nuevo estilo, sino la integración de todos, su coexistencia pacífica en forma de pastiche.

En este contexto se produce el efecto ilusorio de que el hombre de hoy —a pesar de las restricciones impuestas globalmente por los Estados desde el 11-S en beneficio de la seguridad colectiva en un marco de terrorismo global y de magnificación interesada de los sucesos violentos cotidianos— se considere en posesión de mayor libertad que nunca, algo que es fruto de su percepción de la realidad como posibilidad casi ilimitada de elección. Sin embargo, no intuye que una entidad casi invisible, una nueva forma de control social le está moldeando. Se trata de la forma de control menos beligerante que se ha dado en la historia y que, sin embargo, es posiblemente la más eficiente: la seducción. Esta no ejerce coacción alguna para modelar al hombre sino que, haciéndole perseguidor continúo e infatigable de determinados anhelos, lo va configurando individual y socialmente y a la vez le determina los modelos de felicidad —aparentemente personalizados pero realmente uniformes— que debe buscar. Este proceso de seducción no es, por tanto, inocente, es decir, no nace por generación espontánea ni por azar (igual que las periódicas, ya cronificadas, crisis económicas que deterioran los derechos laborales conseguidos tras siglos de lucha), sino que es un proceso cuyo fundamento se basa en el control social.

LA EPIDEMIA POSMODERNA DE LA INDIFERENCIA

La realidad, presentada como inabarcable campo de posibilidades de elección ligado a la seducción y a la hiperpersonalización, genera, junto con el creciente control social por parte una reducida élite, una paralela desintegración del individuo por medio de la indiferencia pura. La educación, el trabajo, el ejército, la familia, la iglesia, los partidos, los sindicatos, etc. han dejado globalmente de funcionar como principios absolutos e intangibles y en distintos grados nadie cree ya en ellos ni invierte nada en ellos. Toda esta indiferencia o deserción de normas e instituciones que antes regulaban nuestras vidas, conduce ahora, en la *era del vacío*, descrita magistral y visionariamente por Lipovetsky (1986), al vacío existencial. Pero se trata de una vacuidad indolora, sin consecuencias, sin reacción alguna, pues lleva a la indiferencia, pero no a la angustia metafísica. Desconectando los deseos individuales de los dispositivos sociales colectivos —antaño aglutinadores y reivindicativos—, el sistema invita al descanso, al descompromiso emocional. Se vive la vida sin un sentido que vaya más allá del individualismo narcisista puro, de la autosatisfacción personal. Fuera de este minúsculo sistema de valores personalistas, la indolencia crece ante una realidad plagada de mentiras, corruptelas, violencias e injusticias.

Esta apatía de los individuos posmodernos ante cuestiones vitales que en la modernidad eran de la incumbencia del general de la sociedad se debe, en otras causas, a un exceso de información que produce desinformación y alimenta una espiral de vertiginoso cambio que determina la incapacidad de sentar la mirada en algo, de pararse, reflexionar, emitir juicios críticos y actuar en consecuencia. Todo es mostrado en grandes cantidades y de forma acelerada, en un orden secuencial donde todo se mezcla y se nivela. La vida se ha convertido, por tanto, en puro entretenimiento, pura sucesión de noticias, pura sensación para los sentidos y puro tránsito de espectacularidades. En contraste con la alienación de la que hablaban los marxistas, la indiferencia del hombre posmoderno no se caracteriza únicamente por la conversión del sujeto en objeto (reificación o cosificación), sino por el aburrimiento y la monotonía. Se ha cruzado y se ha volado el puente de los valores del modernismo renacentista e ilustrado. Se han dejado atrás el anhelo de progreso, el cosmopolitismo o la revolución, relatos propios de la modernidad que aglutinaban a la gente en pos de empresas colectivas. Las causas de la ruina de los ideales modernos han sido el horror y el fracaso del ideal ilustrado que significaron las dos guerras mundiales, los campos de exterminio nazis (que, tal vez, lejos de ser una aberración de la civilización racional, la expresaron con exquisita crueldad a través la fría razón instrumental) y los gulags soviéticos, sin olvidar todo lo que vino después como el uso de armas atómicas (Hiroshima y Nagasaki) o las guerras en el tercer mundo (Vietnam, Afganistán,

Irak y Siria) y en el propio corazón de Europa (antigua Yugoslavia y Ucrania) a finales del siglo XX y principios del XXI. Se ha dinamitado, en definitiva, ese puente de valores de la modernidad y no se ha sustituido por otro, sino que para transitar sobre la vida se ha edificado una precaria pasarela con materiales atractivos, pero etéreos y fugaces, que hacen que el «nuevo» y endeble viaducto se mantenga sobre el vacío sin pilares sólidos y puesto únicamente al servicio del consumo sin límites como base de una felicidad que nunca se colma del todo y que, por tanto, es evasiva y efímera.

Aparentemente, el triunfo a nivel global del modelo de felicidad capitalista, un modelo basado en el consumismo y el hedonismo extremos propiciados por el canto de sirena de la seducción artificial ejercida por el sistema, es incontestable, ya que, por una parte, ha desparecido la cosmovisión socialista que se presentaba —a pesar de su negación de cualquier tipo de libertad— como alternativa al capitalismo occidental y, por otra parte, el hombre combativo y crítico de antaño, que podía cuestionar y derribar el engañoso y dañino sistema de felicidad neoliberal, se ha reducido a la unidimensionalidad y al narcisismo radical. No obstante, el propio modelo de felicidad propuesto por el capitalismo manifiesta su impostura mediante el doloroso hecho de la serie recurrente (¿y diseñada?) de crisis económicas que benefician descaradamente a una exigua minoría y afectan y transforman negativamente a escala global aspectos clave del mercado laboral o del gasto social (Klein, 2007), evidenciando la falsedad del mito del pleno empleo y la agonía del estado del bienestar y dejando a los individuos arrojados a la supervivencia y la incertidumbre más absolutas en materia de trabajo, salud, cultura, vivienda —desahucios, ocupación, pobreza energética—, etc. Es decir, se produce, de manera paradójica y paralela, un consumo masivo y descuidado de objetos y servicios, algunos de lujo, en un contexto de desempleo y pauperización crecientes, así como de agotamiento y destrucción de los recursos naturales y de avance de un cambio climático irreversible y catastrófico.

La radiografía antropológica que muestra esta situación es la de un hombre del siglo XXI narcisista y apático, que busca infructuosamente la felicidad. Un individuo hedonista en extremo, hiperconsumidor a crédito y con los derechos laborales y sociales recortados que, víctima de una clara estrategia política para distraer de lo importante, está sobreinformado e intoxicado por las *fake news* y globos sonda informativos de unos medios de comunicación (incluidas las omnipresentes redes sociales) que, muchas veces, siguiendo directrices e intereses de organismos públicos y privados (que controlan directamente o que subvencionan a distintos *mass media*), fabrican noticias a medida, califican como bulos informaciones que perjudican a ciertos patronos, tachan de conspiranoicas hipótesis que con el tiempo muestran tener visos de veracidad (*cf.* origen de la COVID-19 en un laboratorio de Wuhan) y son generadores de posverdades o distorsiones deliberadas de la realidad para moldear la opinión pública en cierto sentido, anteponiendo las apelaciones a los afectos y a las convicciones personales (reforzadas por el sesgo de confirmación) a los acontecimientos reales. Un sujeto, en fin, que, convertido en marioneta por la publicidad y los cambios continuos de ambiente que se introducen en las costumbres y modas, instalado permanentemente en lo efímero e insensibilizado más allá de la fina epidermis respecto al marco de empobrecimiento humano y destrucción del medio natural que acompaña al neoliberalismo y sus políticas, intenta gozar del instante al máximo mediante el consumo exacerbado de objetos. Un consumo desaforado que es compaginando con la búsqueda de emociones, situaciones y experiencias límite de vida mediante los diversos medios que el sistema, de manera directa o indirecta, pone a disposición del individuo (deportes extremos, viajes a lugares peligrosos, retos mortales retransmitidos por *Youtube*, drogas legales y prohibidas, sexualidad desenfrenada y patológica, ludopatía, violencia de intensidad diversa, etc.). En este contexto, para terminar de derrotar la resistencia de las escasas mentes libres y críticas que rechazan como falso, nihilista y destructivo ese modelo de felicidad capitalista establecido por una élite sin escrúpulos, para limpiar la conciencia egocéntrica del manipulado consumidor en general, reafirmar su conducta compulsiva, ofrendarle la sensación de que elige libre y correctamente y para, en definitiva, consagrar el valor ético del consumismo, el sistema le ofrece al consumidor medio, junto con productos y servicios superfluos mostrados como vitales, el consumo de acciones humanitarias emocionales tales como megaespectáculos de la bondad, testimonios desgarradores, rock caritativo o grandes estrellas al servicio de la solidaridad.

LA FALSA SOCIALIZACIÓN POSMODERNA

El consumo de las reseñadas acciones humanitarias, diseñadas por el sistema para eliminar el sentimiento de culpa del consumidor y reforzar la validez universal de la falsa felicidad hedonista posmoderna, pone de manifiesto que la indiferencia o apatía característica de la personalidad narcisista del hombre posmoderno y unidimensional no es, sin embargo, una falta de socialización absoluta, sino una nueva socialización dócil, flexible y económica, moldeada según los intereses del sistema y dirigida a personalizar-psicologizar al individuo. Así, la indolencia del hombre unidimensional, por sus características de ductilidad y no sujeción a nada, permite el mantenimiento del sistema capitalista como un sistema que se alimenta de ciudadanos volátiles y doblegables, pero también ávidos y dependientes de una experimentación y de un cambio continuos —de la experimentación por la experimentación, no como ruptura, sino sin sentido ni propósito alguno, únicamente como pose o *postureo*—; unos ciudadanos convertidos en neosiervos de la era de la tecnología que, por ejemplo, compran un *smartphone* hoy y dentro de un mes lo sustituyen por un dispositivo más actualizado y más caro (aunque les cueste llegar a fin de mes) porque tiene una cámara ligeramente superior a la del anterior modelo —véase aquí la estrategia de la obsolescencia programada y la fiebre de lo nuevo o *neofilia*.

Esta volatilidad y volubilidad consumidora y socializadora del hombre actual, que no se aferra a nada en un mundo de transformaciones continuas donde no hay rangos ni sistemas de virtudes superiores y estables, además de beneficiar al sistema capitalista tiene entre sus consecuencias más nefastas la generalización del pensamiento de que cualquier cambio o novedad puede valer si cumple únicamente el requisito de la autosatisfacción personal. De esta manera, las cosas y los hechos, tal y como son presentados al individuo por la publicidad y los *mass media*, no son sometidos a escrutinio o duda, ya que apenas hay filtros que depuren lo bueno de lo malo o lo válido de lo no válido (en todo caso se sigue un sesgo de confirmación para aceptar sin problemas lo que el sistema ofrece a los individuos). Hay, por lo tanto, una pérdida total de sentido crítico y un creciente relativismo moral en un marco de culto al individualismo, exaltación del ego y exposición narcisista.

Las nuevas tecnologías de la información y la comunicación son elementos clave en este proceso de expansión del relativismo moral y de la exhibición egocéntrica de los sujetos en beneficio de los intereses del neoliberalismo, destacando Internet, paradójico mundo virtual donde la libertad de expresión convive con la intoxicación informativa y la pornografía masiva y que es capaz de generar elevados ingresos económicos para grandes empresas e individuos. Un mundo paralelo que cuenta con inteligencias artificiales, basadas en códigos binarios (códigos de programación en ceros y unos), algoritmos y *cookies* capaces de rastrear gustos y trazar perfiles de personalidad de los consumidores para incitarles, a partir de sus «búsquedas», a adquirir incesantemente bienes y servicios. Un atractivo e inabarcable mercado persa virtual, en fin, atiborrado de una omnipresente publicidad que llena las arcas de la élite del sistema y los bolsillos de «líderes de opinión» y «creadores» de tendencias populares que dominan las llamadas redes sociales y que actúa como cebo que le permite a las grandes corporaciones acceder a los datos personales de millones de consumidores; unos datos que son inocentemente confiados por los cibernautas a la etérea nube virtual y a las *apps* que les solicitan su «permiso» para espiarlos.

Dentro de Internet, las redes sociales —*Facebook*, *Twitter*, *Instagram*, etc.— son un componente esencial de la difusión del narcisismo relativista propio de la posmodernidad. En este sentido, dichas redes ofrecen una histriónica, continua y pública exposición de vidas y hechos de diversa índole donde todo se puede decir y todo se puede contar y mostrar. Este fenómeno, que en principio no es en sí mismo algo negativo y que supone libertad de expresión y de acceso a la información, no obstante, está viciado por los males de la banalización, la manipulación, la mercantilización y la falsa socialización que se da en dichas redes. De esta manera, si en el entorno virtual, más aún que en el real, no hay jerarquías ni límites establecidos, ¿por qué no poner un video de una pelea a machetazos y acto seguido ofrecer el propio cuerpo semidesnudo retocado con un filtro o compartir un chiste de humor negro de pésimo gusto? Porque, de hecho, todo vale y está permitido en una realidad alternativa donde todo se mezcla y tiene igual relevancia. Una realidad virtual donde lo único que se busca son sensaciones intensas, cambios continuos y experiencias novedosas, así como obtener el aplauso virtual de individuos a los que no se conoce en profundidad o no se les conoce de ninguna manera, pero cuya aprobación social en forma de un *like* o de un nuevo *follower* son vitales no solo ya para obtener, en algunos casos, ingresos económicos fáciles y rápidos, sino sobre todo para la autoestima aparentemente sólida pero efectivamente frágil del hombre del siglo XXI. Véase, como ejemplo, el suicidio de la joven *influencer* Celia Fuentes en 2017, el cual, igual que en otros casos similares, manifiesta que, más allá de la impostada proyección de una imagen virtual de felicidad y éxito, en la soledad de nuestra intimidad sufrimos la náusea y el vértigo del vacío así como el peso de la decepción y del desánimo porque intuimos lo artificial del proceso de exhibición en la «aldea virtual». En este sentido, al activar el desarrollo de ambiciones desmesuradas y al hacer imposible su realización, la sociedad narcisista favorece la denigración y el desprecio de uno mismo y engendra la tolerancia y la indulgencia solo a nivel superficial, pues, en realidad, jamás la ansiedad, la incertidumbre y la frustración alcanzaron los niveles actuales. Por ello, en verdad, el narcisismo se nutre antes del odio del yo que de su admiración. De hecho, la exaltación individualista posmoderna hace ridículamente vulnerable al hombre actual, que encuentra miles de situaciones banales y ordinarias, propias de la vida común (cambiarse de peinado, estrenar un bikini, irse de vacaciones, tener manoseadas y simplistas opiniones políticas, etc.), como dignas de exponerse dramáticamente de forma pública, deseando y temiendo a la vez las reacciones positivas y negativas que desata su exhibición en las redes sociales.

Además, esta «nueva» vida posmoderna, entendida como gran bufé de posibilidades, como lugar de libertad y radicalización del individualismo, sin normas fijas ni categorías, como drama impostado transmitido por y en dependencia de las falsas redes sociales virtuales, está produciendo también otros efectos secundarios no deseados como es el hecho innegable de la ola de soledad y autoaislamiento que afecta a tantas personas (no solo a los ancianos). Una soledad que, sin embargo, no produce desasosiego, sino que se acepta como un hecho más, como una banalidad ejemplificada en elocuentes gestos cotidianos normalizados. Así, ¿quién no ha visto a una chica o a un chico con la mirada ausente e ignorando a todos y a todo lo que le rodea (incluso el peligroso tráfico urbano), andando, corriendo o montando en bici, «lobotomizado» por sus auriculares inalámbricos? ¿Y quién no ha observado a una pareja de cualquier edad cenando y mirando cada uno a sus *smartphones* (un instrumento de control y sustracción de nuestro tiempo) sin dirigirse casi la palabra durante casi toda la velada ni cruzar sus miradas durante más de un segundo?

Por otra parte, de igual manera que, como lo ponen de manifiesto a modo de ejemplo los contenidos exhibidos en las redes sociales (violencia, bromas estúpidas, sexo crudo, etc.), los valores sociales y humanísticos que hicieron progresar al ser humano desde el Renacimiento han sido olvidados y relativizados por el modelo de felicidad neocapitalista que ata al hombre posmoderno al consumismo salvaje, asimismo el indiferente hombre actual también ha perdido el sentido histórico o el sentido de la continuidad entre el pasado y el futuro como proyecto común. Este individuo del siglo XXI vive en y para el presente, no lo hace para nada en función de tiempos pretéritos y de tiempos por venir, sino desligado de cualquier lazo que pueda vincularle con algo que vaya más allá de su propia y personalizada vida. La explicación de esta deserción social e histórica del hombre posmoderno, además de en la sobreinformación, en el creciente analfabetismo funcional (incapacidad de un individuo para utilizar su capacidad de lectura, escritura y cálculo de forma eficiente en las situaciones habituales de la vida) y en la pérdida de capacidad de crítica por parte de la población (ausencia de pensamiento crítico), tal vez haya que buscarla en el amargo desencanto generado por los efectos de la política internacional y económica de potencias occidentales como EE. UU. desde 1960 hasta hoy (devastadoras guerras desde Vietnam hasta Irak, Afganistán y Siria, terrorismo internacional, corrupción de la clase política, desprestigio de las instituciones públicas, recurrentes crisis económicas globales, deterioro del estado del bienestar, recorte de los derechos laborales y sociales, escasez y encarecimiento de las materias primas, destrucción del medio ambiente y desastres naturales, etc.). Estos hechos y situaciones han provocado una crisis de confianza hacia las instituciones y los líderes políticos y un clima de pesimismo *light* y de catástrofe inminente pero aplazada que explican el desarrollo de estrategias narcisistas y hedonistas de supervivencia entre los ciudadanos-consumidores, así como su ciega confianza en las promesas de salud física y mental ofrecidas por el sistema neocapitalista que, paradójicamente, apoya la devastación que asedia y atormenta (al menos superficialmente) a los hombres y a su entorno natural y humano.

Los acontecimientos apocalípticos que le retransmiten los *mass media* clásicos (televisión) y modernos (Internet) hacen al individuo del tercer milenio desconfiar de todo el entramado histórico, desvincularse de él más allá de su recreación ficticia (series de televisión, documentales, novela histórica) y refugiarse en un aquí y ahora pedestre. Cuando el pasado es algo caduco que debe olvidarse y el futuro se presenta amenazador e incierto solo queda, siguiendo el consejo horaciano que dice «aprovecha el día de hoy; confía lo menos posible en el mañana» (*Odas*, I, 11), la retirada sobre el presente. Un tiempo presente al que no se cesa de proteger, arreglar y reciclar, forjándose paralelamente una obsesión por alcanzar un estado juventud permanente y generándose así, de forma grotesca, niños que son adultos prematuros (sexualización) y adultos que son niños eternos («adultescentes» estéticamente pero también en actitudes mentales pueriles o inmaduras) con el fin de aprovechar al máximo el presente, aunque realmente tampoco en el momento presente el hombre posmoderno se sienta ligado a nada debido a la dinámica de caducidad de los objetos expendedores de felicidad que le rodean (obsolescencia programada).

A la vez que pone entre paréntesis un futuro apocalíptico y distópico en el que no ya hay cabida para las utopías imaginadas por la modernidad, el individuo posmoderno, arrastrado por el sistema consumista, procede a la devaluación de un pasado considerado de manera simplista como «rancio», manifestando su avidez por abandonar las tradiciones, identidades y territorialidades arcaicas, a pesar de fenómenos como el rebrote del nacionalismo decimonónico o el impulso del neorruralismo. Además, dicho individuo, si bien como elemento de ruptura con el pasado manifiesta su voluntad de instituir una sociedad abierta, sin opacidades ni inercias nocivas propias de tiempos pretéritos (machismo, racismo, homofobia, etc.), no obstante, genera nuevas formas de discriminación (inclusividad educativa niveladora a la baja, feminismo radical, discriminación positiva, etc.) y es incapaz de romper con la dinámica de la corrupción política y económica, de la cual, en todo caso, aunque la critique, trata de beneficiarse. Con esa indiferencia hacia el tiempo histórico, una indiferencia nacida en un individuo sin conciencia histórica y promocionada en beneficio propio por la élite que controla el sistema económico, emerge el narcisismo colectivo, síntoma social de la crisis nihilista-hedonista generalizada de las sociedades burguesas, desconocedoras de un pasado que influye de manera determinante en la actualidad e incapaces de afrontar el futuro si no es en forma de una desesperación que conduce a apurar al máximo el momento presente.

EL NIHILISMO *LIGHT* POSMODERNO

Ahora bien, el narcisismo del tercer milenio, a pesar del marco apocalíptico que lo envuelve, se extiende por las conciencias con una sorprendente ausencia de nihilismo trágico. Esto es, se trata de un narcisismo aparejado a un nihilismo pasivo que adopta la forma de una apatía frívola, a pesar de las sangrantes realidades catastróficas ampliamente exhibidas y amplificadas por los medios de comunicación de masas y de la necesidad imperiosa de un cambio de modelo general para garantizar la continuidad de la especie humana y del propio planeta. Así, por ejemplo, las guerras, los desplazamientos masivos de población con miles de muertos en trayectos marítimos suicidas y los efectos del cambio climático se multiplican sin engendrarse por ello —con la excepción de los grupos ecologistas— un sentimiento trágico milenarista o de fin del mundo inminente que lleve a acciones para conjurar esa amenaza. La población se acostumbra, sin desgarramiento —ironizando y haciendo burlas muchas veces sobre ello y otras dramatizando lo acontecido de forma sensiblera, histriónica y también politizada—, a los peores hechos y situaciones, los cuales son consumidos fríamente, como si fueran una serie de ficción de *Netflix* o *HBO* o una mera realidad virtual propia de un metaverso, a través de las noticias televisivas o de los periódicos digitales (distanciamiento e indiferencia propios de la «cultura de la pantalla»). De esta manera, el hombre unidimensional y narcisista de hoy está instalado en una crisis permanente que, no obstante, no modifica ni un ápice sus deseos de bienestar y de distracción y, por ende, de acceso inmediato a la supuesta felicidad que le ofrece el sistema.

Las amenazas económicas (crisis crónica), sociales (depauperación), políticas (degradación de la democracia y corrupción), bélicas (guerras en escenarios periféricos) y ecológicas (contaminación, cambio climático, epidemias, etc.) no han conseguido penetrar en profundidad en la conciencia del hombre unidimensional, totalmente indiferente respecto del sentido histórico de la actualidad y, en la medida que lo han hecho, ha sido solo para reforzar en él un simplón *carpe diem*. Debemos admitir, en este sentido, que este narcisismo nihilista, hijo del neoliberalismo, no es en absoluto el último repliegue de un yo desencantado por la decadencia occidental al modo del pesimismo trágico propio de Schopenhauer o Nietzsche, sino un narcisismo que ha abolido lo terrible de la existencia y aparece como una forma inédita de apatía hecha, a partes iguales, de sensibilización epidérmica y pasajera respecto del mundo a la vez que de honda indiferencia hacia él, paradoja que se explica parcialmente por la plétora de informaciones que nos abruman y la rapidez con la que los acontecimientos *mass-mediatizados* se suceden, impidiendo cualquier emoción duradera y, en consecuencia, cualquier reflexión serena y crítica sobre la realidad. Así, por ejemplo, mientras estamos comiendo nos cuentan que treinta inmigrantes se han ahogado frente a las costas españolas, que se ha un producido un nuevo atentado con centenares de víctimas civiles en Oriente Próximo o que las tropas de Putin han reducido a escombros un hospital maternoinfantil lleno de madres y niños en Ucrania, y diez segundos después nos dicen que un torero ha dejado a su mujer por una chica veinte años más joven que él o que la noche anterior el Barça ganó 3-1 al Real Madrid.

Este nihilismo propio del hombre del siglo XXI, esto es, un nihilismo débil, narcisista y anhelante de placeres inmediatos y anestesiantes respecto de la realidad, manifiesta un cambio profundo en la percepción de los valores y principios que fueron considerados como vitales para el ser humano a lo largo de la historia. En la actualidad, desaparecidas las jerarquías y los valores superiores de la modernidad, los principios rectores de la vida del hombre, guiados por la seducción, el hedonismo, el egocentrismo y el amor al instante, no aspiran a ser dirigidos por una trascendencia existencial propia de la época medieval, ni por un sentimiento vivencialmente apasionado como en el Renacimiento y el Romanticismo, ni por la razón y la confianza plena en la ciencia y el progreso como en la Ilustración y la época del positivismo, ni siquiera por una aceptación vitalista del carácter trágico de la existencia según cánones nietzscheanos. No, frente a cualquier sentimiento profundo que busque dotar de significado la vida se impone un nihilismo pasivo y materialista. Ante lo trágico predomina la ausencia de emociones conflictivas y la búsqueda psicótica y contradictoria de lo estimulante y lo narcótico. Frente a la razón triunfa el deseo irracional. Y ante al recuerdo crítico del pasado y la apuesta por el futuro se impone el vivir en un presente continuo como si el ayer no hubiera ocurrido y como si no hubiese un mañana.

El individuo posmoderno, buscando una felicidad que se le escurre de entre los dedos, se retira hacia sí mismo y su narcisismo lleva a su yo a convertirse en una pregunta sin respuesta a fuerza de interpretaciones y análisis; en una estructura abierta e indeterminada que reclama, a la vez, más estimulantes y, paradójicamente, más terapia, narcóticos y amnesia, así como productos, servicios y experiencias hiperpersonalizados y en continua renovación que el astuto sistema le ofrece con presteza. Estamos, en fin, ante una desubstancialización del yo cuyo origen está en el proceso de personalización extrema causante de la deserción narcisista generalizada respecto de los valores y finalidades sociales que determinaron el progreso moral y material de la humanidad desde el siglo XV. El abandono de los grandes sistemas de sentido de la modernidad y la hiperinversión en el yo han discurrido paralelamente en el marco del materialismo exacerbado de las sociedades de la abundancia. Este hecho nos hace ver que ha sido el sistema económico neoliberal el que ha facilitado la eclosión de una cultura centrada en la expansión subjetiva y que esta no ha surgido, por tanto, como reacción y contestación espontánea al consumismo del *American way of life* o como suplemento espiritual necesario para el alma humana en un frío y amoral entorno materialista, sino que el sistema y su élite han promovido interesadamente dicha cultura individualista para potenciar un aislamiento del sujeto a la carta que reporta beneficios comerciales a la vez que desactiva cualquier forma de organización social colectiva y de contestación que pueda amenazar la estabilidad del modelo económico y político imperantes.

NUEVOS CULTOS POSMODERNOS

Dentro de la hiperpersonalización como vía de acceso a la felicidad propuesta por el sistema en un marco de narcisismo creciente y junto con el culto personalizado a las necesidades de la psique y por encima de dicho culto, el individuo posmoderno, impulsado por el sistema, ha encontrado en su cuerpo el tesoro más preciado de su personalidad y lo ha convertido en un objeto de veneración y a la vez en una fuente generadora de ingresos como lo atestigua, por ejemplo, el caso de la ex surfista profesional Ellie-Jean Coffey, la cual, vendiendo la imagen de su cuerpo por Internet, ganó tres millones de dólares en tres meses en 2020. De esta manera, en una sociedad esteticista dominada por la imagen, dicho individuo posmoderno ha llegado a confundir su aspecto físico con la esencia de su propio ser, con su identidad profunda. Este interés febril por el cuerpo que a veces deriva, a causa de la influencia de cánones aberrantes impuestos por las modas, no solo en dislates estéticos como la obsesión por los tatuajes o por los glúteos o los pechos de grandes dimensiones, sino también en patologías como la bulimia, la anorexia o la vigorexia, y que se da de forma paralela a la promoción de una juventud que se pretende eterna, no es absoluto un interés espontáneo y libre. Por el contrario, se trata de un interés que obedece a imperativos sociales dictados no solo por el apego a lo estético y falsamente perfecto y joven, sino sobre todo por la presión del sistema económico capitalista siguiendo la lógica de ofrecer productos hiperpersonalizados para tener un mercado más amplio. De esta manera, dichos imperativos, que se convierten en dictatoriales modas sociales, que se ponen en relación con la obtención de la felicidad personal y que se refieren a la línea, la salud, la sexualidad e incluso el éxito laboral, están vinculados todos ellos con la venta de productos y la oferta de servicios *ad hoc* y *ad hominem*.

Lo mismo que sucede con el auge artificioso del culto al cuerpo ocurre con el caso del *boom* artificial de las terapias psicológicas tradicionales (todos debemos tener un psicólogo), de las terapias alternativas propias del *new age* (biodescodificación, constelaciones familiares, etc.) y de las de tipo deportivo-empresarial (*coaching*), estas últimas importadas desde EE. UU. e imbricadas en la conocida como «psicología positiva»; una psicología «popular» que es el fundamento de la tiranía de la «happycracia» (todos debemos ser felices obligatoriamente) y de la literatura de autoayuda, que fue pensada por y para el mercado y diseñada desde arriba y en la cual la felicidad se construye sobre una ambivalencia narrativa que combina, por un lado, la promesa de convertirse, mediante sencillas técnicas de motivación, en la mejor versión de uno mismo con, por otro lado, la asunción de que ese uno mismo o «yo» está en un estado de permanente incompletitud.

Hay que hacer notar aquí, sin dejar de reconocer que la actividad física bien entendida es fundamental para una buena salud corporal y emocional, que el desmesurado culto al cuerpo de nuestros tiempos representa una adaptación interesada, deformada y nociva por parte del sistema consumista del concepto de *salus* (salud) de la Antigüedad. Dicho concepto englobaba dos aspectos, el físico y el mental. En su vertiente espiritual (*salus* mental) dicha noción de salud ha sido reducida en la actualidad, bajo la tiranía de la «happycracia» y la «farmacracia», a la sustitución del sacerdote, el ritual y la plegaria, elementos que antaño colaboraban (aunque también manipulaban) en el objetivo de tener una mente inmunizada ante las angustias existenciales, por el libro de autoayuda, el *coach*, el psicoterapeuta y la receta farmacológica de un ansiolítico cuando no por terapias milagro *new age*. De hecho, este concepto de *salus* espiritual no solo se ha desvirtuado, sino que también se ha marginado en la época posmoderna en beneficio de la otra vertiente de la *salus*, esto es, la salud física.

Concretamente la salud mental ha quedado relegada en favor de una noción deformada de la salud del cuerpo. Y es que, si bien en la Antigüedad (cultura griega) se reivindicaba en el arte y el deporte, y también en la filosofía y la literatura, un amor necesario y equilibrado hacia el cuerpo, no obstante, dicha estima por la corporeidad se daba siempre en armonía con la hoy en día devaluada y desnaturalizada *salus* mental (*cf. mens sana in corpore sano* de Juvenal). La hipertrofia del culto al cuerpo propia de la posmodernidad determina que la salud corporal se conciba como desgajada de la salud emocional y que sea entendida más que como ausencia de enfermedad como una cuestión meramente estética, hecho por el cual el amor exacerbado a la corporeidad es causante de variados trastornos psicológicos. Además, a nivel popular, la salud corporal es gestionada crecientemente por entrenadores personales, dietistas y cirujanos plásticos que actúan como modernos oficiantes. De esta manera, el adiestramiento del maestro espiritual o la penitencia del sacerdote han sido reemplazados en el siglo XXI por el acalorado entrenamiento del monitor de *body combat* o la dieta severa (científica o no) que hay que cumplir escrupulosamente para ser salvado y formar parte del selecto grupo de quienes lucen un cuerpo apolíneo, más que en la realidad, en *Instagram* sin necesidad de filtros. Además, el elixir de la eterna juventud ya no se encuentra en un bosque o en un templo abandonado, sino en asépticas clínicas (limpias de malos espíritus, es decir, de bacterias y virus) y en gimnasios tecnificados en los que, en vez de inmolar animales, los que se inician en el culto a su cuerpo sacrifican su propia grasa o se someten a mutilaciones y postizos aditamentos mediante operaciones quirúrgicas con fines estéticos y con la esperanza de derrotar los efectos del transcurso del tiempo sobre su carne.

Dentro de las nuevas formas de culto-consumo y de distracción propias del hedonismo y fomentadas hábilmente por los medios de comunicación de masas y la publicidad, junto con las referidas a la mente y al cuerpo destaca también la promoción y obsesión por el arte y la ciencia culinarios, totalmente desvinculados de la preocupación por la nutrición y centrados en el beneficio económico (con contadas excepciones como la del chef José Andrés). En este culto posmoderno, vinculado con el hedonismo de los sentidos (sabores, colores, aromas y texturas) y el *postureo* (fotos y tiques de visitas a restaurantes con estrellas Michelin como trofeos indicadores de cierto estatus social), los gurús-chef, a modo de oficiantes, con un lenguaje rimbombante que se pretende técnico y preciso, seducen y deslumbran con sus fórmulas mágicas y recetas físico-químicas a discípulos y comensales, a los cuales ofrecen en realidad, bajo una pátina de innovación y a través de una presentación impactante (al modo de los vendedores de crecepelo de los wésterns del cine clásico), productos banales, en cantidades nimias y a precios astronómicos.

Todo este conjunto de modas y cultos 2.0 ilustra cómo, a pesar de estar inmerso en un marasmo de escepticismo nihilista y de pérdida de toda tradición, el ansia de trascendencia (aunque sea inmanente) y la necesidad del hombre posmoderno de una experimentación continua que le arranque del hastío que le invade ha permitido al sistema económico y productivo generar una amplia oferta de maravillas y prodigios —milagros efímeros del siglo XXI— que es amplificada a través de los *mass media* y en la cual la espiritualidad y la carnalidad de la época premoderna se han reconvertido, por la vía de la mercadotecnia y bajo la forma de un culto exagerado y superficial al cuerpo y a los sentidos (pero también a la mente) que promete una falsa felicidad, en puros instrumentos de control social y de generación de ingresos al servicio del sistema neoliberal.

Por otra parte, es chocante el hecho de que en el mundo actual, aquejado del mal de la superficialidad y con individuos interconectados por relaciones meramente virtuales y seducidos por cultos basados en lo puramente estético, al yo de cada cual se le pida, constantemente y de forma paradójica, autenticidad como un elemento indispensable para la personalización del ego. En este sentido, el sistema promueve el poder elegir y cambiar constantemente como signo de originalidad y a la vez como reclamo para la autenticidad, hecho que sin embargo produce más desasosiego y falta de identidad y que sigue una lógica totalmente mercantilista que no es otra que la de vender más. Además, en el proceso de búsqueda de la autenticidad, el tipo de originalidad y libertad permitidas al individuo por el sistema están contenidas bajo las invisibles formas de las normas imperantes que exigen la correspondencia de aquello teóricamente individual y genuino con lo establecido como socialmente válido y comercialmente rentable. Porque realmente la exigencia de autenticidad no implica otra cosa más que convertirse en prosélito de una marca y en un número o estadística útil y rentable.

En fin, puede decirse que la ola de promoción y ensalzamiento del potencial humano psíquico y corporal y de la libertad de elección, de cambio y de personalización de la posmodernidad no es más que el estadio definitivo de una sociedad que se aparta, en cierto grado por desencanto nihilista, relativista y hedonista y en gran parte inducida de manera interesada por el sistema, del orden disciplinario tradicional y lleva a sus últimas consecuencias la privatización sistemática ya operada por el neoliberalismo sobre las antiguas instituciones públicas. De esta manera, el individualismo narcisista y los neocultos posmodernos, lejos de derivarse de una concienciación desengañada y crítica con el sistema socioeconómico y político vigentes y de constituirse en un regreso autónomo al centro de la persona, resultan de la fusión de una lógica social egoísta hedonista impulsada por el universo de los objetos y los signos comerciales del capitalismo con una lógica terapéutica y psicológica elaborada desde el siglo XX y puesta al servicio de la élite dominante para dirigir a la adicta y dócil grey consumidora («happycracia»). Como resultado de todo ello tenemos un modelo de hombre sin anclajes morales fijos, indeterminado pero ansioso por determinarse no en la búsqueda profunda de su ser o de las circunstancias sociales óptimas para el progreso general, sino en la vaguedad e insustancialidad de su cuerpo, de su psicologismo y de su culto a un yo solo aparentemente sólido.

DESVALORIZACIÓN Y DESHUMANIZACIÓN POSMODERNAS

Tal vez una de las consecuencias más dramáticas de este periodo histórico narcisista-hedonista en el que estamos inmersos y del hombre unidimensional que lo encarna sea la crisis espiritual y de valores que azota a las sociedades occidentales; una crisis que además de privar del disfrute de una felicidad genuina puede desembocar en un hundimiento de las instituciones liberales. Si bien, y a pesar de la indiferencia pura y del abandono de los grandes referentes ideológicos, la sociedad posmoderna sigue otorgando una especial consideración a las democracias (cuyas imperfecciones son criticadas), no obstante, dicha sociedad concibe, de manera creciente, al sistema liberal democrático como algo que le ha venido dado desde siempre y, por tanto, como un logro por el que no tendrá que luchar para defenderlo de crecientes amenazas internas y externas (véase el deterioro de la democracia de EE.UU. con Trump).

La pérdida del sentido de responsabilidad social junto con el egocentrismo y la indiferencia hacia el bien común, así como la falta de confianza en el futuro y el declive de la legitimidad de las instituciones —manchadas por la corrupción de sus representantes o por sistemas de representación que no se basan en el principio de un hombre, un voto— como consecuencias inevitables del hedonismo de individuos centrados únicamente en su propia autosatisfacción, están determinando que en las tres primeras décadas del siglo XXI valores como el civismo, el altruismo, el sacrificio en beneficio general, la conciencia crítica o el espíritu de lucha por las libertades y derechos fundamentales universales —y no meramente particulares— no formen parte del sistema de principios capitales de una creciente mayoría de la población. Además, si a este hedonismo miope se le añade la situación de perenne recesión económica y de retroceso de los derechos laborales y sociales, se crea como resultado una frustración ante la no consecución de la felicidad prometida por el sistema «hapyycrático» que este apenas es capaz de contener con su parafernalia publicitaria y que puede desembocar en la implantación de «soluciones» políticas y parapolíticas extremistas, demagógicas, populistas y nacionalistas y llevar al deterioro de las democracias occidentales como ocurrió, con catastróficas consecuencias, en la década de los años treinta del siglo XX.

No es fácil de explicar la contradicción de una sociedad que, por un lado, comprende y respeta al «otro» como concepto global, pero que, por otra parte, siente indiferencia hacia él en cuanto sujeto particular. Lo mismo ocurre con las instituciones democráticas, estimadas en general como garantes de derechos y libertades irrenunciables y al mismo tiempo denostadas de manera simple por los actos de algunos representantes políticos o por alguna legislación o sentencia emanada de manera constitucional de los poderes públicos que algún grupúsculo de interés considera como inaceptable por lesionar, según dicho grupo concreto, la legitimidad de la causa particular que defiende. Es decir, el individuo posmoderno es capaz de afirmar que ama a la Humanidad y al mismo tiempo decir que lo que le pone enfermo del mundo es la gente si el «otro» no se pliega a sus intereses particulares. En la sociedad del siglo XXI esta identificación del «otro» como sujeto indiferente, pero a la vez digno del máximo respeto y valoración se extiende a todo aquello que esté vivo, bien sea hombre, animal o planta. Además, cualquier dolor, aunque sea un animal quien lo sufra —véase el movimiento animalista—, se vuelve insoportable para un individuo constitutivamente frágil, conmovido y horrorizado por la sola idea del sufrimiento, a pesar de que, paradójicamente, solo le afecten epidérmicamente los desastres humanos y naturales con que le bombardean diariamente los *mass media*.

Es interesante hacer aquí una reflexión sobre la fragilidad inherente al individualismo del siglo XXI y su relación con el horror que siente el sujeto posmoderno hacia las ideas de sufrimiento, dolor y muerte, algo sorprendente si se tiene en cuenta que dicho individuo consume sin ningún filtro un variado contenido audiovisual nutrido de violencia gratuita y se lanza a un disfrute de su tiempo libre que está centrado muchas veces en el riesgo extremo (síntoma de una sociedad desquiciada y afectada por una bipolaridad físico-psíquica y ética). Ese sentimiento de angustia ante el dolor que genera en el hombre posmoderno una necesidad apremiante de sentir la seguridad en su precaria vida, se debe en gran parte a la amplificación de los aspectos desagradables de la realidad (muchas veces en una versión banalizada y otras en una melodramática) que realizan los medios de comunicación de masas (saturación de noticias de crónica negra). También influyen en dicho azoramiento del hombre actual unas manifestaciones artísticas que ofrecen una representación trivial y a la vez extrema de la violencia, por ejemplo, en el cine o en los videojuegos (financiados, en el caso de España, por el Estado a través de «bonos culturales» al considerarlos como «cultura» —popular, se supone—), y cuyo objetivo no es otro que producir nuevas y mayores sensaciones dentro de la espiral posmoderna del sentir y experimentar en ausencia de códigos morales que transgredir.

Como es lógico, frente a dicha sensación de angustia y chocantemente de manera paralela al deseo de hacer de la vida una aventura de riesgo, el sujeto posmoderno busca acceder, por vías diversas, a un sentimiento de seguridad pleno y conformar, así, un modelo de felicidad sin disrupciones dolorosas. En este sentido hay que señalar que a pesar de la «pacificación» generalizada (*Pax americana* hasta la invasión rusa de Ucrania) que, con la excepción de los sobresaltos del terrorismo islamista, se ha impuesto en el mundo occidental, donde la seguridad está monitorizada las veinticuatro horas del día a través de la geolocalización y de cámaras sembradas por doquier, de manera paradójica, el individuo no se siente más seguro que nunca. Más bien se podría afirmar lo contrario: el hombre posmoderno está embargado por un sentimiento de vulnerabilidad y fragilidad que le empuja irresistiblemente a incrementar su sensación de peligro (así como su obediencia a las soluciones ofrecidas por el sistema para obtener más seguridad) y que le incita, como acto de defensa frente a las ficticias o reales amenazas externas, no a una mayor unión con sus semejantes sino a una fuerte individuación, lo que realmente debilita aún más al sujeto frente al sistema en una sociedad atomizada, egoísta y débil.

A este respecto, y profundizando más en la cuestión del individualismo y la violencia social en la posmodernidad, no debería perderse aquí de vista que las ideologías terapéuticas, el culto al consumo, las transformaciones de la familia y la educación permisiva han engendrado una estructura de la personalidad egocéntrica y unas relaciones humanas cada vez más crudas y conflictivas. Esta realidad psicológica, antropológica y sociológica determina que solo aparentemente los individuos se hayan vuelto más sociables y cooperativos. La realidad es que, en muchos casos, detrás de la máscara del hedonismo democrático y de la amable tolerancia progresista cada uno explota cínicamente los sentimientos de los otros y busca su propio interés sin la menor preocupación por las generaciones futuras. Estamos, de esta manera, ante un narcisismo atrapado en las redes del amor propio y del deseo de reconocimiento, de hegemonía social y de poder material, unas pulsiones congénitas al hombre y ya percibidas por Hobbes (1588-1679) y por Spinoza (1632-1677) como responsables de una situación de «guerra de todos contra todos» propia del estado de naturaleza anterior a las leyes del derecho positivo y a las instituciones represoras o domesticadoras del hombre —ya se sabe: *Homo homini lupus.*

Además, aunque *a priori* parece que en general, estadísticamente hablando aunque no mediáticamente, la violencia ha disminuido en las sociedades occidentales (pero con repuntes de algunos tipos de crímenes como los de género) y es concebida como un elemento rechazable en todas sus formas menos en las ficcionales relacionadas con el ocio (cine, series, videojuegos, etc.), no obstante, es innegable que en ciertos estratos de la sociedad la violencia no solo no se ha reducido sino que se ha incrementado en cantidad y radicalidad. Eso ha sucedido —aparte de entre los seres psiquiátricamente perturbados y entre aquellos no diagnosticados como tales pero de imposible reinserción como los pederastas o los violadores— entre los individuos que no pueden acceder plenamente al sueño de la personalización consumista hedonista o que han sido decepcionados por la falsa y vacua felicidad que promete el sistema neoliberal, es decir, que se han frustrado por la no consecución de una identidad exitosa. Se trata, a priori, de los depauperados y marginados económica y socialmente, originarios de países occidentales y, sobre todo, procedentes de la inmigración desde el tercer mundo, recién llegados pero también nacidos y criados en el primer mundo, en general mal integrados o automarginados en las sociedades de acogida (incluso las segundas y terceras generaciones), que ven en la violencia (palizas arbitrarias, ataques a turistas, robos en casas, etc.), aderezada con drogas y alimentada, más allá del cine y los videojuegos, por modelos como el del integrismo radical islamista o el del brutal pandillerismo centroamericano (nacidos ambos como «fruto» de la criminal política exterior de EE. UU.), una forma de expresar su frustración por la distancia insalvable que separa su querer, el que les impone el sistema, de su poder, limitado por dicho sistema.

No obstante, dentro del segmento de población frustrada con el sistema y abonada a la violencia, a parte de los sujetos de estratos sociales inferiores nativos o inmigrantes, también se halla un creciente número de individuos procedentes de una deteriorada clase media urbana (nivel educativo cada vez más mediocre, precarización laboral, consumo de drogas, etc.). Estos individuos de extracción social media, bajo el paraguas de los movimientos de ultraizquierda nutridos por miembros de la clase trabajadora opuestos al neonazismo y al neoliberalismo, pero también por delincuentes comunes disfrazados de anarquistas, conforman grupos que, usando la etiqueta «anti» e intoxicados desde las aulas y las redes sociales y jaleados por el populismo o por el nacionalismo, boicotean actos políticos de grupos a los que califican de fascistas, queman mobiliario urbano y vehículos, revientan escaparates, saquean comercios y van a la caza del policía con la excusa de la legítima defensa de la libertad de expresión o del derecho de autodeterminación de los pueblos. A estos grupos violentos de ultraizquierda conformados por individuos de clase trabajadora y media se le oponen, con la misma composición social, grupúsculos de significación neofascista (ultranacionalistas, xenófobos y homófobos) muy activos en zonas como los EE. UU. pero también en la Europa del Este y mucho menos en los países mediterráneos con la excepción de Grecia.

Asimismo, paralelamente a la globalización de la delincuencia profesional dedicada al tráfico de drogas, armas y seres humanos y a nuevas actividades ilegales (ciberdelitos) y de manera simultánea al ensalzamiento de algunos criminales a través de series televisivas (biografías de narcotraficantes), en un marco de crisis económica endémica y de egocentrismo, relativismo moral y nihilismo extremos, la criminalidad y la violencia se han desprofesionalizado y banalizado en gran medida (ludificación de la violencia). De esta manera, han proliferado bandas de *amateurs* que cometen unos actos delictivos y criminales de variada intensidad que, en muchas ocasiones, más que a razones económicas (obtención rápida y fácil de dinero mediante asaltos a bancos, comercios, casas, atracos a turistas y narcomenudeo) o a razones de odio (homofobia, transfobia, etc.), responden, por su ejecución aleatoria, su violencia gratuita y brutalidad extrema (violaciones grupales y agresiones físicas con un desenlace fatal al estilo de la *Naranja mecánica* de Kubrick), a una falta absoluta de valores y al elevado consumo de drogas y también de violencia audiovisual cruda (pornografía extremada, videos de torturas y asesinatos antes limitados a los oscuros y marginales circuitos de las *snuff movies*) que se da en las sociedades occidentales.

El origen de dichos comportamientos se halla, además de en una desesperación existencial asociada a la no consecución de una identidad exitosa, en unas vidas y mentes sin consistencia y sin proyectos de futuro, con individuos que valoran únicamente un presente en el que se quiere obtener lo que se desea de forma inmediata —como así lo incentiva el sistema consumista— y llenar el vacío vital de una manera que se considera emocionante en una especie de huida hacia adelante que anula temporalmente el hastío de vivir. Como consecuencia de ese deseo de experimentación sin reglas que lejos de atenuar el vacío existencial lo agrava, un proceso de radicalización destructiva se extiende a prácticamente todas las esferas de las sociedades posmodernas, de manera que el sexo, la violencia, las drogas, las modas, la música o el deporte son llevados al límite de lo sensato y lo moralmente aceptable.

En este sentido, debe indicarse que la extensión de la radicalidad no es una moda sino un proceso correlativo a un orden social relajado, a la desestabilización y la desubstancialización narcisista, así como a la extensión de un código humorístico cínico y relativista que se mofa de todo. A este respecto, el hombre posmoderno, aquejado por un nihilismo pasivo y una angustia despojada de todo sentido trágico, pese a la desesperanza general y siguiendo la promesa de la posmodernidad de acceso al éxtasis y al entusiasmo instantáneos en medio de un mar de despreocupación, juego, azar, caos, máscaras, pastiche y consumismo, también manifiesta un talante de goce y celebración por la liberación de las cadenas de los supuestos y las expectativas de la modernidad. De algún modo, el humor se convierte en un refugio cotidiano frente al sinsentido de la vida. De esta manera, el hombre del tercer milenio, chapoteando en las corrientes caóticas y fragmentarias del cambio como si eso fuera todo lo que hay, se relaja en un ambiente de ironía y pastiche irreverente. Un ambiente donde el pluralismo y la diferencia contrastan con el viejo «dogmatismo» de los discursos totalizadores ilustrados de la modernidad.

Además, dicho hombre posmoderno realiza una aproximación a lo real a la manera de un ejercicio estético (estetización del mundo). De hecho, la emancipación por medio del arte defendida por el romanticismo fue recuperada, a través del arte de vanguardia y en una versión renovada y radical, por la intelectualidad posmoderna, volviéndose pronto en su contra, anestesiando artísticamente a la sociedad y desensibilizándola. Esto es, inicialmente, los gestos irónicos que este procedimiento esteticista suponía para el arte de posguerra remitían a una postura de rebelión juvenil con miras a una liberación mental de acuerdo con un distanciamiento crítico que descansa en los mecanismos retóricos de la ironía. Ahora bien, si la negatividad de la ironía tiene una función destructiva que sirve, de algún modo, para limpiar un terreno anquilosado en una sociedad y un momento histórico concretos, no obstante, la persistencia temporal en ella puede derivar, además de en un sentimiento de fatiga, vacío y opresión, en una actitud general de desinterés, frialdad e insensibilidad. De esta manera, la ética posmoderna, determinada por el modelo irónico, la sentimentalidad fría de la mirada distante y la media sonrisa desconfiada, ha supuesto la erección de una torre de marfil desde la cual cualquier atisbo de valor moral, emoción o vulnerabilidad es visto como un imperdonable crimen de ingenuidad. El problema es que la persistencia en la actitud irónica ha derivado en la consolidación de una razón cínica y este fenómeno está en la base de la erosión posmoderna de los vínculos humanos, siempre necesitados de un mínimo margen para el despliegue de la fragilidad que implica toda comunicación de la propia intimidad.

Todos los procesos posmodernos de «extremización» del vivir y de relativización e insensibilización respecto de los aspectos morales de la existencia, unos procesos que son amplificados por la crónica negra de los medios de comunicación de masas y retratados con fruición en muchas series televisivas, el cine o los videojuegos, apuntan a una lógica posmoralista como tendencia dominante en nuestra maltrecha cultura ética, dominada como está por las coordenadas de la felicidad individualista, del yo, de la seducción y de lo efímero. Queremos el respeto de la ética sin mutilación de nosotros mismos y sin obligaciones difíciles. Buscamos el espíritu de responsabilidad, pero no el deber incondicional. Los valores caritativos y humanitarios pueden despertar una fuerte simpatía puntualmente, pero quedan muy atrás en relación con el espacio que ocupan frente a ellos el permanente himno al ego y los estímulos al consumo sin escrúpulos. La humanidad ha pasado, así, de una «civilización del deber» a una cultura de la felicidad subjetiva, de los placeres y del sexo. De esta manera, la cultura del autoamor (a veces disfrazado bajo el eufemismo del «poliamor») nos gobierna, esto es, las normas de satisfacción personal y el deseo de realización íntima se colocan por encima de todo. Esta puede considerarse como la ruptura más espectacular del ciclo posmoralista. En la sociedad del siglo XXI, debido a esa ruptura, la liturgia del deber ya no tiene lugar en el terreno social, y el confort y los placeres están magnificados hasta el punto de que el bienestar individual pasa a estar por encima del bien común. No obstante, de manera sorprendente y paradójica, la sociedad civil está deseosa de orden y moderación, los enemigos más temidos por el egocentrismo extremo que domina socialmente en la posmodernidad.

Como síntoma y ejemplo evidente de que nos hallamos en una sociedad posmoralista basta observar el extendido hábito de no aceptar como respetable absolutamente nada que pueda contener connotaciones de solemnidad, honorabilidad o grandeza no impostadas. Todo lo serio, todo lo grave o todo lo que parezca demasiado importante puede y debe rebajarse desde el prisma de un código humorístico relativista y nihilista. En este sentido, lo frívolo y lo grave se entremezclan y todo queda embalsamado y dispuesto para la risa. Porque este humor posmoderno —con escasas excepciones—, a diferencia de otros periodos de la historia, no es un humor irónico con alguna finalidad, ni un humor satírico o agudo contra algo o alguien, tampoco es un humor con algún objetivo social, sino que es un humor banal que invita a la relajación, a no tomarse nada en serio. Un humor, por tanto, que encaja perfectamente con el tipo de sociedad imperante, relajada y flexible, y cuya hoja de ruta nos guía hacia el no conflicto y la relativización. Se trata de un humor que refleja una manera de ser y de estar en el mundo en la cual se aspira al placer y la expansión y se huye como de la peste de toda solemnidad de sentido. Si nos fijamos en ciertas series cómicas podemos ver esto claramente reflejado. En ellas, cualquier aspecto de la realidad, por trágico o dramático que sea, es perfectamente apto para impregnarlo de humor. Bien sea un drogadicto, una prostituta, un joven delincuente en potencia, un machista, un parapléjico, todo encaja perfectamente dentro del código humorístico posmoderno según una lógica aplastante: si nada es serio ni grave, entonces ¿por qué no reírnos de ello? Incluso la violencia extrema se ha convertido en materia cómica como así lo testimonian películas como las de Tarantino, ejemplos característicos de un humor duro donde se conjuga, sin rubor alguno, la brutalidad con lo gracioso.

Por otra parte, como aspecto paradójico del código humorístico posmoderno debe señalarse que, paralelamente a su crudeza, tolerada por el sistema neoliberal democrático y la libertad de expresión que reconoce, dentro de dicho sistema se fomenta e impone a nivel social en el campo del lenguaje (entre instituciones y particulares), debido al influjo del mecanismo de la seducción que estimula el consumismo y que acompaña a la propaganda política, el conocido como lenguaje políticamente correcto o corrección política del que también es víctima el mundo del humor. Se trata de un neolenguaje que actúa como herramienta de manipulación, censura y neutralización del pensamiento crítico y que está conformada por un lenguaje eufemístico, lleno de circunloquios, artificioso y oropelado que oculta una ausencia de contenido y empatía reales. Dentro de esta neolengua orwelliana destaca el llamado lenguaje «inclusivo» o «no sexista», prohibido desde mayo de 2021 en las escuelas Francia por «constituir un obstáculo para la lectura y la comprensión de la escritura» (Conruyt, 2021). Consiste en un lenguaje que va contra el criterio científico de los lingüistas para designar a grupos de hombres y mujeres y que antepone la vacua artificiosidad y etereidad de las palabras a la necesaria acción para dotar efectivamente de igualdad plena a los dos géneros.

El cínico lenguaje políticamente correcto también se manifiesta en el uso de eufemismos para referirse a ciertos grupos de personas, unos términos que lejos de tener una justificación ética tienen una base meramente económico-comercial. Así, por ejemplo, aunque no mejoren las condiciones de vida reales de los colectivos afectados por la actualización de su denominación (persistencia de barreras arquitectónicas para la movilidad en silla de ruedas, abandono y soledad de los mayores, etc.), desaparecen los «minusválidos» y los «ancianos» y surgen, embellecidas por el lenguaje, las personas con «diversidad funcional» y de la «tercera edad». Esta aseptización, ornamentación y eufemización del vocabulario común, desplegada hipócrita e inmoralmente de forma paralela a la tolerancia y difusión del humor duro posmoderno sobre los grupos humanos y los hechos a los que se refieren las palabras blanqueadas (chistes sobre minusválidos, ancianos, mujeres, negros, gays, etc.), se debe a la lógica de la personalización propia del sistema consumista que, en connivencia con la clase política (captación de votos de colectivos concretos), para ser más seductor a la hora de vender sus productos y servicios y llegar a más público por la vía de la hiperespecialización, limpia y maquilla el vocabulario anticomercial. Lo hace siguiendo una estrategia idéntica a la llevada a cabo por el urbanismo contemporáneo con los antes degradados y ahora embellecidos y revalorizados inmobiliariamente centros históricos de las ciudades, los cuales esconden los desahucios por ruina de los edificios habitados por inquilinos con contratos de rentas bajas, o con los centros comerciales hipermodernos, surgidos sobre antiguas y deprimidas zonas portuarias o fabriles y llenos de atractivos escaparates que encubren el paro de los antiguos marineros y obreros así como la ruina del pequeño comercio.

Según esta lógica, todo lo que presenta una connotación real o imaginada de diferencia, desigualdad, inferioridad, fealdad, limitación, declive o dolor, desaparece en favor de un lenguaje inclusivo, diáfano, neutro y supuestamente objetivo, sin que ello implique que se produzcan cambios objetivos y de calado en la realidad a la que se refiere dicho lenguaje. Un lenguaje mágico que hace que aquello «rebautizado» se sienta o se muestre atractivo ante los ojos (y en las mentes) de los potenciales consumidores (y votantes) de una sociedad cuyos miembros solo quieren el reconocimiento de sus egos e individualidades, así como la obtención de placer y narcóticos a raudales que les abstraigan del hastío que envuelve sus existencias. Poco importa si ese mismo sistema consumista y los representantes políticos a su servicio, que en muchos casos reconocen y embellecen la diversidad social por puro interés político-comercial revestido de un manto de buenismo y de defensa a ultranza de derechos humanos (igualdad, tolerancia, inclusividad, empoderamiento femenino, etc.) son, contradictoria y paralelamente, a través de medios como *Twitter*, consentidores cuando no gustosos altavoces de un humor de mal gusto sobre los colectivos cuya dignidad y derechos teóricamente defienden a capa y espada (véanse, como sangrante ejemplo, los tuits-chiste de «humor negro» sobre Irene Villa, víctima de ETA, o sobre el genocidio judío escritos en 2011 por un futuro concejal madrileño de Cultura).

LA (DES)EDUCACIÓN POSMODERNA

Dentro de la cultura posmoderna es necesario referirse como un elemento socioeconómico clave de la misma, diseñado y orientado desde la cúspide del sistema, a la educación que reciben los futuros ciudadanos. Una educación que, *a priori*, es un instrumento esencial para alcanzar la libertad y el bienestar personales y cuyo funcionamiento en la época helenística, tan semejante a la nuestra también en este aspecto, fue criticado por Epicuro. El filósofo samio consideraba como vana toda cultura que no contribuyese a la tranquilidad del alma y, por tanto, al placer auténtico. Para él, la cultura y la educación no pueden reducirse a devaluados ideales transformados en fórmulas amaneradas y vacuos clichés retóricos al servicio del sistema, sino que deben de basarse en un estudio concienzudo de la Naturaleza y en una filosofía vitalista equilibrada que ayuden al ser humano a vencer los temores que le atenazan y le proporcionen alegría y placer desde un sano pensamiento libre y crítico basado en conocimientos sólidos y no en eslóganes hueros.

Según Epicuro, que más que negar la cultura en sí misma considerada atacó el uso que de ella se hacía en el programa educativo de su época, dicha educación (gr. *paideía*), así como la cultura convencional que fomentaba, estaba dominada por la razón instrumental y, por ello, demasiado especializada en aquellas disciplinas y habilidades necesarias para triunfar en la vida pública, existiendo una total subordinación del saber a la causa de un individualismo mal entendido y del éxito sin escrúpulos. A la vez, en dicha educación, que actuaba como distracción frente al saber de salvación para la vida, no se fomentaba un espíritu crítico ni se enseñaba a pensar, sino que imponía la asimilación incuestionada de una conducta prefijada exteriormente al individuo, con la consecuente carencia de compromiso y responsabilidad moral que por inconsciencia la acompañan. En este sentido, la filosofía era entendida como una disciplina académica teórica y dogmática orientada a los fines políticos personales de una minoría y no como un instrumento práctico y crítico al servicio de la libertad y la buena vida (consecución del placer) de la mayoría social.

El resultado de esa educación fue la conformación de unas élites amorales guiadas por sus intereses personales en el ejercicio del poder y de unos ciudadanos abonados a supersticiones de todo tipo y que aceptaban dogmas y tiranías con docilidad. Frente a esa realidad y a una manera de enseñar mediocre y cínica, venenosa y destructiva por tener metas meramente utilitarias y de domesticación, manipulación y aborregamiento e impedir el crecimiento intelectual y la autonomía del hombre, Epicuro impartió, desde el librepensamiento racional humanista, una sencilla doctrina sobre la Naturaleza y el ser humano destinada a la consecución de la autarquía y el sosiego espiritual, llaves de la felicidad, y defendió que toda cultura que no contribuye a la libertad y a la tranquilidad del alma ni procura un gozo auténtico es estéril y nociva.

En la posmodernidad, la educación, que bajo la influencia del pensamiento ilustrado se llegó a considerar un factor esencial para el progreso y desenvolvimiento de la libertad, ha quedado reducida a proporcionar rendimiento en beneficio del sistema económico, de manera que la razón emancipadora epicúrea e ilustrada, basada en la adquisición de conocimientos humanistas elevados por encima del mero celo utilitarista, ha sido sustituida por la racionalización tecnocrática en un mundo que camina hacia una «sociedad administrada». Esto es, hoy no se busca el conocimiento por sí mismo, sino que este viene legitimado por su eficacia para realizar los objetivos económicos y políticos del sistema y está totalmente mediatizado y mercantilizado. Se trata, en definitiva, de una educación que se basa fundamentalmente en la transmisión de un cierto tipo de conocimiento utilitario y no de valores humanos, un hecho que supone una amenaza de derrumbe para una tradición cultural humanista de varios milenios y que demuestra que, aunque en una civilización avanzada se transmita supuestamente «conocimiento» de una generación a otra y aparentemente se siga progresando, en realidad se puede estar aniquilando un legado cultural imprescindible para la libertad y la felicidad humanas.

Teniendo en cuenta esta observación debemos referirnos al gravísimo problema global de la degradación de la educación en la época posmoderna, centrándonos en el caso español. Para ello hemos de ponernos en el lugar de un número creciente de docentes deprimidos y desesperanzados, reconvertidos (degradados) por la administración de maestros intelectuales a guardias jurados de guardería y burócratas que rellenan papeles y firman actas de aprobados como meros muñecos mecánicos ejecutores de una normativa absurda creada por personas que no saben de educación. Unos profesores cuya autoridad, absolutamente imprescindible para poder enseñar, ha sido destruida por la administración educativa y los padres, y que sienten que tienen que pedir perdón por intentar formar en el librepensamiento a los jóvenes, ayudándoles a realizar por su propia cuenta análisis racionales y matizados de la realidad. Unos maestros que ven fracasar cotidianamente, por motivos sociales, pedagógicos y de diseño del sistema educativo, el noble objetivo de transmitir unos conocimientos que puedan proporcionar a los alumnos la energía y la confianza necesarias para dar un salto mental y social que les haga progresar humana y profesionalmente en la vida y les convierta en personas y ciudadanos más felices y capaces de mejorar el mundo y no en un mero neoproletariado posmoderno o en siervos 2.0. El problema educativo no es solo determinante para el futuro económico de cualquier país, sino que, además, sin duda alguna, una educación deficiente o viciada es uno de los obstáculos más importantes para alcanzar una felicidad verdadera.

El origen del mal en el ámbito educativo (sin negar que hay entre los docentes, como en todos los oficios, individuos poco profesionales) hay que buscarlo, a nivel global, en un sistema de educación puesto al servicio de la democracia neoliberal, pero en el caso español también colocado bajo la servidumbre de aquellos grupos populistas y nacionalistas que, actuando desde dentro de dicho régimen que aparentemente cuestionan, consideran la educación como una pieza vital para un adoctrinamiento ideológico facilitador del control social; como un instrumento de la élite para dominar a las masas (aborregamiento), utilizando para ello, por ejemplo, perversa y discriminatoriamente, elementos culturales identitarios como la lengua propia de determinados territorios (*cf.* «Programa 2000» u hoja de ruta del nacionalismo catalán de 1990), unos elementos que, por otra parte, y sin duda, deben cuidarse.

Actualmente la educación, antes autoritaria y academicista, siguiendo predominante una tendencia social hacia la laxitud y la personalización, se ha vuelto en el ámbito público y en el privado enormemente permisiva, flexible y simplista, atenta de manera exclusiva a los deseos de los niños y adolescentes, a que se lo pasen bien y aprendan jugando (gamificación) —otra vez aparece en escena la seducción, instrumento fundamental para el buen funcionamiento de la lógica consumista—, sin hincar los codos y sin cultura del esfuerzo. Esto equivale a otorgar una primacía total, según las premisas de la «happycracia», a la educación emocional frente a la intelectual. Asimismo, supone imponer la consideración de que ser feliz (según los parámetros del sistema) es más importante que aprender, esforzarse, entender y tener un espíritu crítico.

Tal como hemos podido comprobar en nuestra experiencia docente y así lo han puesto también de manifiesto obras como la del profesor Andréu Navarra titulada *Devaluación continua* (2019), la escuela posmoderna, y dentro de ella el llamado modelo pedagógico comprensivo o inclusivo (que, por ejemplo, abandona cruelmente a su suerte a los niños de educación especial en la jungla de los centros ordinarios en aras de la «inclusividad»), fomenta, desde el infantilismo y el buenismo, un sistema educativo vacuo e injusto donde, en aras de la atención a la «diversidad» —otra vez aparece aquí la hiperpersonalización posmoderna en forma de educación a la carta—, los profesores, cada vez más quemados (síndrome de *burnout*), obligados a generar y maquillar falsas estadísticas de éxito (100% de aprobados o maquillaje de la ignorancia y el fracaso escolar) y a seguir una política de igualitarismo-inclusivismo o nivelación a la baja, tienen la función de trabajadores sociales o vigilantes de un aparcamiento de niños y adolescentes durante las horas en que los progenitores trabajan. Un sistema donde al peor alumno, que no hace nada y que tiene que permanecer en clase de forma obligatoria hasta los dieciséis años, se le dedica la mayor cantidad de tiempo y atención —se pone a los profesores a entretener a todos, igualando el nivel por abajo— y al mejor estudiante se le ofrecen contenidos pobres basados en fichas, cuadros explicativos esquemáticos e ilustraciones que parecen propios de una formación orientada a la etapa preescolar. Esta realidad es una muestra evidente de que estamos ante una pedagogía indecente que, teniendo entre el capital humano del sistema educativo a personas inteligentes y queriendo teóricamente una sociedad inteligente, rebaja a conciencia el nivel cultural del alumnado.

Los jóvenes, que han perdido junto con el valor del esfuerzo la virtud más necesaria para aprender que no es otra que la curiosidad, son víctimas de una pedagogía fracasada y ensalzadora del fracaso, la mediocridad y la pasividad, que presiona para que no se exija mucho a los alumnos, para que se desdeñen las notas y para que se facilite la promoción automática (fórmula «café para todos») de unos estudiantes que se limitan a vegetar sobre su pupitre cuando no están incordiando a los que quieren aprender y amargando al profesor hacia el cual, igual que sus padres, no muestran respeto alguno. Desde la cúspide del sistema (paradójicamente por parte de partidos políticos supuestamente opuestos al neoliberalismo) se presiona para que la escuela sea, siguiendo la promesa del hedonismo capitalista («happycracia»), un lugar para la felicidad inmediata donde el docente, cuyo prestigio ha sido eliminado por completo institucional y socialmente, ha de actuar, sino como un mero vigilante, como un monitor y animador de tiempo libre en unos centros académicos transformados en espacios de ocio.

Con la inestimable colaboración de unos políticos y unos pedagogos que viven en un olimpo alejado de la dura realidad de las aulas y que son totalmente ineptos e incapaces de ponerse de acuerdo sobre una ley educativa sólida y duradera, el objetivo que busca el sistema neoliberal en el ámbito educativo, donde hay una clara evolución curricular hacia contenidos más reducidos y devaluados (educación por «proyectos» y por «ámbitos») y, por ende, hacia la creación de alumnos más ignorantes y manipulables, es un objetivo claro. No quiere la formación de ciudadanos maduros, autónomos y críticos y, por tanto, libres, sino de un ciberproletariado zombi y analfabeto funcional, que no lee nada o lee poco (si se recomienda alguna lectura, para no tener que leer, se busca si hay un resumen en Internet o una versión cinematográfica), que no entiende ni recuerda lo poco que lee, que no es capaz de redactar un texto (sea este sencillo o académico) coherente y sin faltas gramaticales y ortográficas (problema agravado en los territorios con dos lenguas oficiales —contaminación lingüística—), que tiene un vocabulario limitado y utiliza un lenguaje pobre que da relevancia a las palabras malsonantes o a términos provenientes de argots diversos (usar un vocabulario bajo o vulgar o relacionado con el mundo de las redes sociales y los videojuegos es sinónimo de «estar a la moda»). Una generación, en fin, con muchos, demasiados, *ninis, chonis* y *canis* y, en el mejor de los casos, de gente con estudios muy limitada, gris y plana, sin sentido histórico, sin conocimiento real, sin capacidad de comprensión, relación de conceptos ni de expresión oral y escrita y, por todo ello, sin ninguna autonomía ni aptitud crítica.

Se trata del triunfo de una educación digitalizada dominada por las nuevas tecnologías audiovisuales de la información y la comunicación, presentes en el día a día de los niños y los adolescentes y las cuales, junto a sus innegables bondades, presentan muchos aspectos nocivos. A este respecto, el neurocientífico Michel Desmurget (2020) ha mostrado que las nuevas generaciones, las de los «nativos digitales», son las primeras con un cociente intelectual menor que el de sus padres y que ello es debido, en parte, al uso excesivo de la tecnología y las pantallas. El autor plantea que los dispositivos digitales están afectando al desarrollo cognitivo de los niños y adolescentes y considera que, de manera clara, el uso de móviles y *tablets* en la escuela tiene efectos negativos sobre la comprensión lectora, porque favorece la dispersión y empobrece las habilidades sociales. De hecho, al utilizar inadecuadamente esas tecnologías, sus efectos perjudiciales afectan a la población en general hechizándola en beneficio del sistema: se empieza la navegación buscando una noticia y se pasa a mirar los deportes o el horóscopo, para acabar comprando algo que no se necesita por *Amazon*, porque la lógica algorítmica de los dispositivos y las páginas *web* está programada para que nunca nos desconectemos y para que consumamos sin fin (segmentarización de la información y efecto scroll infinito).

El uso viciado de dichas tecnologías en el sistema educativo y fuera de él está reforzando, por la vía de la seducción telemática, la cultura hedonista consumista y creando generaciones de personas sin criterio propio, manipuladas e intoxicadas por *fake news*. Unas personas dependientes de la satisfacción inmediata, por la vía del consumo (compra masiva y compulsiva *online*), de sus deseos más banales y de la obtención de un supuesto placer instantáneo en el momento deseado. Se están forjando, además, personas que viven constantemente pendientes de la aprobación social virtual que reciben a través de los *likes* o *followers* de las redes sociales a las que están enganchadas («empantallamiento»); unas redes sociales que, junto con las *app* de mensajería instantánea —lugar idóneo para la pérdida de nociones básicas de ortografía—, son un campo abonado para el ciberacoso o modalidad de *bullying* complementaria a la del acoso físico y de iguales o superiores efectos devastadores sobre la víctima, la cual nunca es considerada como tal por las autoridades educativas y psicopedagógicas que, en todo caso, encubren al acosador hasta que es demasiado tarde para la persona afectada por el hostigamiento (véanse los múltiples casos de suicidios de adolescentes acosados).

Estamos ante un sistema educativo que nos conduce hacia una sociedad de la imbecilidad y que no prepara para la vida real a los alumnos, inmersos casi veinticuatro horas diarias en una *Matrix* o vida virtual (metaverso) y con la concentración secuestrada por las redes sociales. Una educación *light* que no prepara a los futuros adultos para una vida real en la cual se vienen abajo ante cualquier problema por nimio que sea y donde, por ejemplo, hay que saber leer y entender bien contratos laborales, hipotecarios o de cualquier otro tipo, elaborar currículos, saber utilizar un vocabulario y un registro lingüístico adecuados a cada situación, criar y educar a hijos, etc., acciones cotidianas que un elevado porcentaje de graduados en ESO y bachilleres no son capaces de desempeñar con éxito. Si un alumno, que aparentemente parece muy seguro de sí mismo y orgulloso (al menos en la imagen o avatar que proyecta en *Instagram*), se viene abajo por un mal examen o por tener que memorizar tres páginas, ¿cómo vamos a pretender que más adelante se enfrente a la paternidad, a un despido laboral, a un divorcio con hijos de por medio o a un problema de salud grave?

Los miembros del ciberproletariado que sale de los centros educativos de Secundaria —convertida en una especie de Primaria superior— y Bachillerato —asimilado con una Secundaria en dos años— e incluso de la Universidad —con un nivel similar al del antiguo Bachillerato y ¡«vivero» de los futuros maestros y profesores!—, lejos de beneficiarse de la educación como ascensor social —con la excepción de una minoría de estudiantes inteligentes y conscientes del valor del trabajo y el esfuerzo, pero condenados a la emigración—, serán, en un futuro inmediato y en el mejor de los casos, profesionales mediocres y, a la vez, carne de cañón de la precariedad y la explotación laboral. Y ello debido a su escasa capacidad de atención, comprensión y comunicación, que limitará en gran medida su aptitud para trabajar y conocer y defender sus derechos como trabajadores y ciudadanos. Los peor parados acabarán engrosando el cada vez más importante estrato social conformado por las personas sin futuro, abocadas a vivir del subsidio, el pluriempleo, el trabajo en negro o la delincuencia. La clase política, igual que la élite económica, es decir, la casta social superior, está, evidentemente, encantada con esta situación —así lo manifiesta su nula voluntad de consenso en materia educativa—, ya que ejerce su poder y disfruta de sus privilegios justamente por la fácil maleabilidad y creciente estulticia de la población.

La lamentable situación de la Educación Secundaria Obligatoria (ESO) y del Bachillerato —nivel que, como la ESO, se puede superar con asignaturas suspensas—, que muchas veces arranca de una educación primaria muy deficiente, no mejora en las etapas educativas superiores. En este caso el sistema educativo ofrece muchas carreras universitarias sin salida profesional, aunque, *a priori*, se presenten como estudios que prometen la obtención de trabajos inmediatos y atractivos ingresos. La sobreoferta de estudios universitarios tiene, en general, la única finalidad de que las universidades puedan obtener financiación pública (subvenciones estatales y autonómicas) y privada (matrículas del alumnado), así como mantener a una casta de profesorado universitario, permanentemente bajo la sospecha de la endogamia y el nepotismo, que vende humo a una grey que no tiene ni tan siquiera un nivel académico homologable al de los antiguos BUP y COU y que cuando deja de vegetar en la universidad se convierte en mano de obra solo supuestamente cualificada y realmente barata. Una mano de obra en muchos casos peor remunerada que aquella que viene de la tradicionalmente vilipendiada Formación Profesional y, en general, poco diferenciada a nivel salarial de aquellos trabajadores que únicamente tienen estudios básicos.

En relación con los devaluados estudios universitarios es reseñable la obsesión de los padres (heredada de generaciones anteriores en que solo una minoría podía estudiar) con que sus hijos cursen, contra viento y marea, el Bachillerato para poder ir a la universidad a estudiar una carrera sin salida, aunque sea con una nota risible obtenida en una desvalorizada Selectividad a la que se puede optar con asignaturas de Bachillerato suspendidas. Por lo que respecta a los escasos estudios universitarios con futuro ofertados y que atraen a una selecta minoría de estudiantes, desafortunadamente conducen directamente al exilio laboral involuntario, el cual constituye una sangrante fuga de cerebros o dilapidación de los recursos empleados en la formación de un capital humano valioso para la economía nacional. Eso ocurre porque desde el Estado no se produce la necesaria inversión en I+D (investigación y desarrollo), esencial para colocar laboralmente a los universitarios brillantes en un sector secundario y terciario modernos y competitivos que son inexistentes en España, por falta, otra vez, de inversión e innovación estimulada por el Estado. Paralelamente, el Estado tampoco ofrece y potencia debidamente, como alternativa al Bachillerato, una Formación Profesional —despreciada por los padres de los alumnos como algo de poca categoría— sólida, de calidad e integrada con las necesidades del mercado laboral, aunque la Formación Profesional Dual suponga un pequeño paso en este sentido. Por el contrario, desde el Estado se fía de manera suicida la riqueza del país a unos devaluados servicios turísticos apoyados en el sol, la playa y las borracheras; unas actividades económicas sometidas a la estacionalidad y a una alta volatilidad (crisis económicas, terrorismo, pandemias, etc.), que presionan sobre los recursos naturales y que explotan de manera casi esclavista a los trabajadores, sean estos graduados en ESO, bachilleres o poseedores de titulaciones universitarias.

Evidentemente no todo es culpa del sistema educativo y de quienes lo diseñan desde la estupidez —y tal vez la maldad— más supina, pues en dicho sistema y en el capital humano que alberga se refleja una sociedad sin valores y donde todo vale; una sociedad que rechaza el amor al saber como algo aburrido e inútil y que está encantada con un sistema de estudios donde cursar una asignatura es un trámite burocrático más, necesario para el ascenso social (aunque no garantía de ello), que culmina en la obtención de un título y donde hay una ausencia de interés intelectual y el pensamiento, totalmente acrítico, es un ejercicio de mínimo o nulo impacto. Una sociedad que convierte, a través de series televisivas, en héroes carismáticos a anónimos padres de familia dedicados a la elaboración y venta de metanfetamina (*Breaking Bad*) y a criminales como Pablo Escobar o que muestra violaciones en *prime time* en programas basura como *Gran Hermano*. Una sociedad que tolera un creciente consumo de alcohol y cannabis entre preadolescentes en el tiempo de ocio —aunque muchos de ellos también acuden drogados a los centros educativos o consumen drogas en ellos— y que aplaude unos videoclips denigratorios para la mujer y un estilo musical repulsivamente machista como el reguetón. Una sociedad que no denuncia la creciente sexualización (en la moda, etc.) de los preadolescentes —arrancados de su infancia por la ESO dos años antes de lo deseable a causa del diseño demencial del sistema educativo alumbrado por la nefasta LOGSE— y que reacciona tarde y mal (buenismo) ante el incivismo generalizado de las nuevas generaciones (destrozo de mobiliario urbano, vehículos, etc.), nutridas de *ninis* incapaces de «luchar» por algún derecho que no sea el de hacer botellón en plena pandemia, atacando a la policía que trata de impedírselo. Una sociedad, en fin, que es incapaz de acabar con unos casos cada vez menos aislados de violencia entre menores en forma de brutales agresiones físicas (incluidas palizas y apuñalamientos mortales, así como ataques de índole sexual como las violaciones grupales) y virtuales (ciberacoso con desenlace fatídico).

La raíz del mal parece estar en la pérdida total de la educación, del sentido de la disciplina y el esfuerzo dentro del seno de la familia. Y es que estamos ante unas familias que, cada vez más, independientemente de su estructura y extracción social, presentan un nivel cultural y moral bajo, habiéndose pasado en las relaciones paternofiliales del estricto paternalismo y del control riguroso de antaño al laxo *coleguismo* y pasotismo actual. Este nocivo *coleguismo* convierte a los progenitores, bien en indiferentes absolutos respecto de su prole, bien en defensores a capa y espada ante el profesorado, pero también ante el resto de la sociedad, de sus hijos-colegas, a los cuales dan siempre la razón, negando la realidad si es necesario. Esto ocurre incluso ante casos tan significativos para entender el profundo grado de inmoralidad y de banalización del mal hasta límites psicopáticos en la sociedad posmoderna, como el ocurrido el 6 de diciembre de 2005 en Barcelona donde un menor de dieciséis años y dos chicos de dieciocho años «normales» prendieron fuego en un cajero, quemando viva a una indigente que dormía en la puerta de la sucursal bancaria, o como el caso que salió a la luz en diciembre de 2020, también en España y relacionado con la pederastia. En este último caso (Operación Koda) cuarenta y cinco menores de entre doce y diecisiete años de dieciséis provincias, niños y adolescentes con una vida completamente normal que no eran ni malos estudiantes ni conflictivos, fueron noticia por compartir material pornográfico infantil, violento y atroz, con imágenes de violaciones a bebés o una agresión sexual a una niña de dos años. Al revisar el contenido de los móviles de estos menores también se encontraron vídeos de decapitaciones y zoofilia. Los menores compartieron dicho material por simple divertimento, porque, según ellos, les parecía «gracioso». De hecho, algunos de estos jóvenes, cuando la Policía Nacional, delante de sus abogados y familias, les obligó a visionar el material que habían compartido, además de manifestar una indiferencia total por las víctimas se rieron viéndolas cómo se cometían abusos sobre ellas.

Las raíces de actitudes tan execrables como estas (que también se reflejan en la normalización de un cada vez más agresivo acoso escolar, en la generalización y ludificación de las violaciones grupales o en las palizas mortales a las puertas de las discotecas por razones de índole homófoba o no) deben buscarse no solo en la falta de control de los padres sobre sus hijos o en la fácil accesibilidad a variados tipos de contenido violento y denigrante en Internet por parte de los menores, sino en una ausencia absoluta de empatía en los jóvenes, acostumbrados a ver las cosas desde un fría pantalla (del móvil, la *tablet* o la televisión), como si contemplaran el desarrollo de una serie al estilo de *The Walking Death* o un videojuego violento como el *GTA San Andreas*, y necesitados urgentemente de una educación sexual y en valores morales que no ha de partir solo de las instituciones educativas (aunque también), sino sobre todo de unas familias que han abdicado de su responsabilidad respecto de sus hijos. Los padres, mayoritariamente, ya no ejercen su función educadora, siendo ejemplo de ello el hecho de que desde pequeños dejen a sus hijos engancharse a móviles y *tablets* para que no les molesten en su tiempo libre. Ello es así por una tendencia global dentro de una sociedad posmoderna crecientemente pasota, inmoral y que minusvalora la cultura. De esta manera, en un contexto social en el que se cultivan las apariencias, en que se opta por parecer en lugar de ser y donde se atiende, en definitiva, más a la simulación exterior que a la dignidad interior, no es sorprendente que la ignorancia más supina se tenga por una suerte de educación.

Ahora bien, la dejación de la obligación educadora de los padres, además de ser consecuencia del común ambiente de desvalorización ético-cultural posmoderna, deriva muchas veces de ciertas circunstancias que se están generalizando en las sociedades del tercer milenio, pero que no deberían ser una excusa para abdicar de la tarea de educar a los hijos en la medida de lo posible. Una de ellas es de naturaleza laboral y determina que, en un marco de precariedad creciente, los padres deban permanecer fuera del domicilio la mayor parte del día, echándose en falta una regulación de horarios que permita conciliar trabajo y vida familiar. Además, hay una creciente violencia doméstica (mayoritariamente contra la mujer), cada vez más subrayada por los medios de comunicación de masas, que repercute en el comportamiento de los alumnos que provienen de marcos familiares violentos. Hay también familias empobrecidas (cada vez más) —en claro riesgo de exclusión social— que envían a los centros educativos a sus hijos, sucios, mal abrigados, sin material escolar, en ayunas y sin dinero para el desayuno, lo que hace que no trabajen ni se integren ni aprovechen la oportunidad de formarse. Hay, por otro lado, una epidemia de familias desestructuradas por divorcios mal gestionados que trastornan cruelmente el día a día de sus hijos. Hay, también, una gran diversidad de problemas mentales entre los progenitores (relacionados o no con las drogas y, en cualquier caso, agravados por estas), problemas que repercuten en sus hijos, algunos de los cuales también padecen dichos trastornos con sus secuelas conductuales (actitudes violentas, suicidios, etc.). Y, por último, hay, además, entre los padres muchos problemas de adicciones —a las drogas, al juego, etc.— que influyen en la actitud de sus descendientes, muchas veces también víctimas de variadas adicciones.

Con todo, el elemento capital para explicar la degradación del sistema educativo como reflejo de una sociedad enferma es la extensión e imposición, a nivel global y desde arriba, de un modelo de sociedad de la imbecilidad, antihumanista, digital, nihilista, relativista y hedonista, que considera «inútil» y desdeña, por una parte, el pensamiento ilustrado, las Humanidades (pero también las Ciencias como así lo manifiesta el demoledor «Informe Pisa») y la reflexión crítica y que, por otra parte, potencia y venera como a ídolos a los *youtubers, streamers* e *influencers* (instrumentos valiosísimos para el mercado publicitario que alimenta el consumismo), modelando negativamente las mentes de los jóvenes y encadenándolas a la lógica del sistema capitalista neoliberal. Como resultado de su permanente concentración en las redes y de su identificación también continua con una realidad virtual, los jóvenes están ausentes y apáticos, con una atención dispersa, y son totalmente indiferentes hacia el saber académico y sus beneficios personales y sociales. De hecho, en cuanto se les compra un *smartphone* o una *tablet* automáticamente dejan de leer, si es que leían algo antes. Y es que la atención de los adolescentes está secuestrada por el mundo virtual —como dice la canción de Level 42 «caught in a dream inside this world machine»— y eso hace que muchos no estén aquí, sino «allí», pensando, por ejemplo, en los *likes* acumulados en sus publicaciones banales o en realizar un video, subir una foto o hacer un comentario que se viralice en la red, se convierta en *trending topic* y les eleve a la categoría de *influencers*, aunque sea de forma efímera.

Los institutos no pueden competir con el mundo virtual porque a muchos alumnos no les importa su futuro, solo les preocupa su presente en las redes, en el que viven permanentemente, sin pasado ni futuro, igual que los animales. Son, de esta manera, tristes zombis o neosiervos del sistema consumista, el cual, en vez de fomentar la creación de ciudadanos con capacidad crítica y sólidos valores morales que participen en la construcción común de un proyecto político, económico y social responsable y de futuro, crea, con la ayuda del devaluado sistema educativo, marionetas estúpidas que vegetan en el aquí y en el ahora virtual, sin memoria ni capacidad de memorizar y, lo que es más importante, de relacionar y analizar críticamente los pocos contenidos relevantes adquiridos por sus cerebros. Hasta que no cambie este modelo de sociedad, será difícil solucionar los problemas del sistema educativo. En este sentido, debe apuntarse un dato significativo que pude ser indicativo del cauce por el que debería discurrir la reorientación del nocivo modelo educativo vigente: Steve Jobs (*Apple*) y Bill Gates (*Microsoft*) recibieron educación académica y doméstica analógica y, al igual que otros gurúes tecnológicos de *Silicon Valley* como Sergey Brin (*Google*), mandaron a sus hijos a colegios analógicos refractarios a la tecnología producida por sus empresas. Por algo será.

También se puede apuntar como una medida urgente para la mejora de la educación la reintroducción de la valoración de los méritos personales frente a la imperante igualación a la baja. Se trata de fomentar la denominada meritocracia que nació con las revoluciones liberales para, dejando de lado la extracción social de los individuos, sustituir los privilegios y el nepotismo (aún hoy vigente) por la valoración del esfuerzo y la habilidad personales, sosteniendo que cuando no se premia el esfuerzo y la excelencia, sino la mediocridad, la sociedad se empobrece e idiotiza y sus miembros se convierten en carne de cañón del sistema político y económico. En este sentido es incomprensible (si no es que responde a un prejuicio ideológico) que los teóricos críticos de la «happycracia» (Cabanas, 2019) coloquen a la meritocracia y a la promoción del talento y del emprendimiento en el saco de los «cuentos» de la filosofía positiva creados por el sistema neoliberal para aprovecharse de los trabajadores. Porque en el ámbito educativo si no se considera y se recompensa el esfuerzo y, por lo tanto, el mérito, aparte de dilapidarse un capital humano fundamental para el correcto funcionamiento, la modernidad y la prosperidad de un país, se está creando un ejército de cretinos fácilmente manipulables y explotables por el sistema y, en consecuencia, totalmente infelices.

Por último, la mejora de la educación también debe pasar por una transformación del proceso de enseñanza-aprendizaje en el sentido de que este no debe limitarse a ser una mera transmisión y recepción de una suma saberes, sean estos del tipo que sean, sino que debe consistir en una estimulación y multiplicación de las capacidades para comprender lo que se estudia desde una perspectiva crítica que lo ponga en relación con la realidad circundante. Para ello se requiere un sistema educativo que potencie en los alumnos una inteligencia inquisitiva y abierta a cuestionarlo todo para avanzar desde una minoría de edad intelectual a una madurez mental generadora de ciudadanos verdaderamente libres.

UN PANORAMA APOCALÍPTICO

Haciendo una recapitulación sobre el análisis que hemos llevado a cabo de la imposible felicidad en la posmodernidad, puede afirmarse que las sociedades desarrolladas de Occidente se encuentran inmersas en una profunda crisis de identidad y de valores y que la deshumanización de la vida en la sociedad científico-técnica contemporánea ha alcanzado unas cotas insoportables. Si bien es cierto que hemos mejorado en muchas cosas respecto a nuestros antepasados, también es un hecho constatable que en muchos otros aspectos no hemos dado, más allá del ámbito tecnológico, un salto evolutivo hacia adelante: el salto que hemos dado ha sido hacia la nada, hacia el vacío. Como resultado de ello, el nihilistamente pasivo y activamente consumista *homo felix* posmoderno, hijo del hedonismo y del relativismo, es el hombre más ingenuo de la historia, pues a pesar de tener a su disposición oportunidades de disfrutar de la vida que antes eran impensables para cualquier persona que no fuese un privilegiado —e incluso para ellos tampoco—, siente que la vida le debe algo y que se puede y se debe vivir sólo a base de anhelar y satisfacer deseos vacuos.

Además, este tipo de hombre posmoderno, a pesar de tener más acceso a la información y a la comunicación que nunca, es una triste víctima de la desinformación y de la soledad con una intensidad no conocida antes en la historia. No menos lamentable es el hecho de que el hombre del siglo XXI, aun cuando tiene al alcance de su mano más posibilidades de acceder a la cultura que en ningún otro periodo de la historia a través de instrumentos como Internet (arma de doble filo, porque también intoxica y manipula con fines comerciales y políticos), no es ni más culto ni más inteligente que el hombre del siglo XIX o el del siglo XX, sino todo lo contrario: estamos ante un modelo de hombre más simple y manipulable. Seguramente es así porque vivimos en una sociedad epidérmica, poco profunda, que no ofrece ningún tipo de resistencia cultural a la tiranía del deseo y porque para ser verdaderamente inteligente primero, siguiendo la senda de Sócrates, hay que saber que no se sabe (hoy muchos creen que lo conocen todo), es decir, poseer una gran curiosidad por conocer acompañada de un saludable espíritu crítico con nosotros mismos y con la realidad que nos envuelve y moldea nuestras mentes según las directrices de un sistema puesto al servicio de unos pocos.

La cultura mediática se ha convertido en una máquina destructora de la razón y del pensamiento. La industria cultural y del ocio, que ofrece una cultura y una diversión descafeinadas, estereotipadas y sometidas a efímeras modas caprichosas dirigidas desde arriba a través de la publicidad, manipula y estandariza las conciencias, reduciendo la capacidad de usar la razón de forma crítica, y, asimismo, mueve a un consumo superficial por parte de unas masas infantilizadas, atontadas, embrutecidas por los medios de comunicación de masas y, especialmente, por las redes sociales. Estas últimas son auténticas fábricas de gente descerebrada y *hooliganizada* y de un mundo y una realidad donde lo superficial y la posverdad pasan a ser la verdad histórica en la era de la seducción generalizada (conversión de la mentira en rentable creadora de realidad). En conjunto, las personas están más informadas, aunque más desestructuradas; son más adultas, pero más inestables; menos ideologizadas, pero más tributarias de las modas; y más abiertas, pero más influenciables. La supuesta independencia posmoderna va unida a una mayor frivolidad y la cacareada tolerancia se acompaña de una indiferencia y relajamiento absolutos en el ámbito de la ética y moral.

La podredumbre de la falsa felicidad prometida por el sistema capitalista se muestra con claridad en las políticas ultraliberales aplicadas a una sociedad zombificada que aumentan cada día la distancia entre ricos y pobres (laminación de la clase media), hacen retroceder los sistemas de protección social, aumentan el volumen población marginal (incremento del porcentaje de población que vive por debajo del umbral de pobreza), degradan los sistemas educativos, aumentan la diversidad e intensidad de la criminalidad y la violencia social y ponen el foco en el beneficio rápido y sin escrúpulos de ningún tipo basado en una economía especulativa (cultura del *pelotazo*) y no en la creación de progreso y riqueza a nivel general. Las medidas de desregulación económica y laboral y la pérdida de poder de articulación social por parte del Estado aceleran la promoción de un individualismo sin freno y con él alientan una inquietante fragilización y desestabilización emocional de los sujetos.

La debilidad del individuo posmoderno tiene su origen en el hecho de que cada vez estamos menos preparados para soportar las desgracias de la existencia e incluso los incidentes más nimios de la misma. Ello sucede así no solo porque el culto al éxito y a la identidad exitosa o triunfante provoque esa fragilidad, mezcla de escasa tolerancia al fracaso y baja autoestima en un mundo de egos y caprichos continuos, sino porque las grandes instituciones sociales han dejado de proporcionar la sólida armazón estructuradora de antaño. De ahí procede, seguramente, la ola de trastornos psicosomáticos, depresiones (muchas silenciosas y con desenlaces suicidas) y demás angustias y adicciones (ansiolíticos, opiáceos, etc.) que debilitan y subyugan al hombre unidimensional, culturalmente anulado, a un orden económico regido, además de por la búsqueda del beneficio máximo sin ningún tipo de miramientos, por los principios de la seducción y de lo efímero como motores de un consumismo exacerbado. Esta perversa cultura del consumo promete una felicidad y una evasión de los problemas a medida y ello determina la creación de un hiperconsumidor desgraciado, porque se apoya tan intensa e irracionalmente en sus emociones y deseos que estos no acaban nunca de ser satisfechos, experimentando una decepción y frustración que amenaza a distintas capas de la sociedad y toma forma en jóvenes violentos, adultos deprimidos y ancianos desprotegidos.

La lógica económica ha barrido todo ideal de permanencia: la norma de lo efímero es la que rige la producción y el consumo de los objetos. Se ha impuesto definitivamente la obsolescencia programada —surgida al calor de la Gran Depresión del siglo XX— o programación del fin de la vida útil de un producto, de modo que, tras un periodo de tiempo calculado de antemano por el fabricante, dicho producto se torne obsoleto, no funcional o inservible por diversos procedimientos como, por ejemplo, la falta de repuestos, y haya que comprar otro nuevo que lo sustituya. La función de la obsolescencia es generar más ingresos debido a compras más frecuentes para crear relaciones de adicción —en términos comerciales, «fidelización»— que redundan en beneficios económicos continuos por periodos de tiempo más largos para las grandes empresas. En definitiva, la imposición en el sector productivo industrial de la filosofía de la caducidad programada de los productos manifiesta que el objetivo de las compañías ya no es, como antaño (fordismo), fabricar y ofrecer bienes de calidad, sino exclusivamente el lucro económico, no teniéndose en cuenta ni las necesidades de los consumidores, ni las repercusiones medioambientales de la producción ni la acumulación de residuos, sobre todo en los países del tercer mundo.

Por otra parte, en este marco posmoderno de predominio de las modas pasajeras y de los productos «no perecederos» con fecha de caducidad programada, la oferta y la demanda funcionan en lo nuevo, en una sociedad donde reina sobre todo la innovación. De esta manera, lo nuevo aparece como un imperativo decisivo de la producción, el *marketing* y el consumo. La economía-moda imperante tiende a la seducción irreemplazable del cambio y la diferencia. Un ejemplo y a la vez símbolo de la economía frívola de la *neofilia* u obsesión y hechizo por lo nuevo es la locura en torno al dispositivo electrónico (*gadget*) sea este un teléfono inteligente, un *smartwatch* o cualquier otro aparato de este tipo. Esto es, paralelamente al proceso de miniaturización y de aparente mejora técnica, de rendimiento y estética de los *gadgets* se genera una influyente moda general dentro de un universo de productos configurado por el orden de las microdiferencias. El origen de las diferencias se halla en las prestaciones técnicas, la calidad de los materiales, la comodidad y la sofisticación de los accesorios. Por lo tanto, se despliega de manera deliberada por parte de los productores todo un sistema de atracción y generación de un deseo gradual e irresistible en torno al *gadget* asentado en variantes y pequeños matices que determinan modas seguidas masiva y ansiosamente por los consumidores. Detrás de esa dinámica hay una nueva revolución en la producción industrial: el diseño se ha convertido en parte integrante de la concepción de los productos, la gran industria ha adoptado la perspectiva de la elegancia y la seducción. De esta manera, el éxito de un producto se debe en gran parte a su diseño, su presentación y envase más que a sus virtudes prácticas. La consecuencia visible es que muchos productos ganan en estética, en elementos superfluos pero atractivos, y pierden en calidad, fiabilidad y durabilidad.

No hay duda de que en la era contemporánea ha quedado claro que el sueño de la Ilustración de un progreso universal ilimitado produjo monstruos inmediatos (terror revolucionario francés y guerras napoleónicas) y también a largo plazo como las dos guerras mundiales y los totalitarismos fascistas y comunistas del siglo XX o el terrorismo global y el cambio climático del siglo XXI, y que la posibilidad de alcanzar una felicidad plena o auténtica parece más lejos que nunca para el ser humano. El frágil, nihilista y hedonista hombre del tercer milenio, debido a la postergación *sine die* del cumplimiento efectivo de las promesas revolucionarias de democracia, justicia y bienestar real —y, por tanto, de felicidad, como así lo recogía la primera carta magna de España—, desconfía y se muestra apático ante unas instituciones políticas muchas veces corrompidas o defectuosas en su funcionamiento. De esta manera, en una atmósfera de desasosiego y desengaño, proliferan entre el género humano el malestar, la decepción, la angustia, el individualismo y el narcisismo más extremos. En ese ecosistema existencial decadente y agobiante, el capitalismo consumista radical —totalmente alejado del liberalismo económico de Adam Smith—, aliado y tolerado por unos debilitados poderes públicos vendidos al neoliberalismo, ofrece, a través de la publicidad, los medios de comunicación de masas y la tecnología, un sucedáneo de felicidad y obtiene con ello un gran provecho económico a costa de vaciar todavía más unas existencias ya de por sí vanas y mediocres. Unas vidas «guiadas» por la seducción y atracción de lo nuevo y efímero como instrumentos de control y poder determinantes que generan personas incapaces de entregarse de verdad a algo, de entusiasmarse por algo y que no pueden vivir el momento de manera auténtica, pues para sentir que viven tienen que experimentar siempre algo nuevo que les ofrece el sistema en forma de producto, servicio o experiencia. Aun así, y afortunadamente para la especie humana, el sistema neoliberal capitalista sigue teniendo contestación por lo que se refiere a sus aspectos más execrables y que privan al hombre de la felicidad.

De esta manera, cada vez son más las personas que rechazan formar parte del ejército de consumidores que compran sin plantearse el origen y destino de su consumo y también cada vez crece más el número de aquellos que repudian el hecho de que comprar, tirar y volver a comprar sea algo normalizado en una sociedad que pretenda vivir bien a largo plazo. Es evidente que las grandes empresas (y también algunos gobiernos) trabajan para que la gente esté desinformada y piense que los problemas sociales y ambientales bien no existen, bien están en vías de arreglarse o bien no tienen una fácil solución. Pero la verdad es que sí que la pueden tener y dicha solución pasa por ser ciudadanos conscientes y exigir a quienes gobiernan que velen por una sociedad justa e igualitaria, así como por un medioambiente protegido. En este sentido, si bien la defensa por parte del capitalismo de la propiedad privada de los medios de producción y de la libertad de mercado así como el fomento del consumo son, *a priori*, legítimos y positivos para el individuo y la colectividad, no obstante, la variante neoliberal de este sistema económico imperante hoy día en la mayoría de los países es un capitalismo no suficientemente controlado (la excesiva libertad otorgada a las multinacionales genera graves desequilibrios, desigualdades y daños humanos y naturales), claramente insostenible (el crecimiento descontrolado despilfarra recursos, contamina y destruye el medio natural) y puesto al servicio exclusivo del beneficio de unos pocos a costa de daños irreversibles sobre la Naturaleza y de abusos sobre los derechos, la salud psicofísica y la economía de los trabajadores y consumidores.

En nuestra época cabe señalar como arietes contra la podredumbre del sistema y como impulsores de una sociedad más sostenible y más igualitaria, que nos haga vivir mejor y nos permita dejar a las siguientes generaciones un planeta en buenas condiciones, el movimiento antiglobalización, el voluntariado, las ONG, el ecologismo responsable, la idea de comercio justo y la de desarrollo sostenible, así como la defensa y promoción de un *alterconsumo* o consumo reflexivo, responsable, cívico, respetuoso, por ejemplo, con el medio ambiente o los trabajadores de los países emergentes. Parece, pues, para suerte del hombre, que si bien la economía de mercado ha conseguido arrinconar, devaluar y transmutar negativamente los valores y los sentimientos humanísticos, lavando cerebros y creando necesidades secundarias, no ha conseguido eliminarlos ni comercializarlos del todo ni zombificar por completo en su beneficio a una humanidad que todavía puede albergar la esperanza de llegar ser feliz a pesar de las hostiles circunstancias. Esa posibilidad y necesidad de felicidad en un marco adverso es justamente la que alentó la enseñanza de Epicuro, una enseñanza que trató de dar una respuesta sólida y natural a problemas humanos intemporales. Pero ¿cuáles son los males de ayer y hoy que bloquean el acceso a la felicidad humana y que la terapia filosófica epicúrea puede ayudar a superar?

IV
Males posmodernos y
remedios epicúreos

1. EL MAL EN EL MUNDO Y EL SILENCIO DE DIOS

EL MAL AYER Y HOY

Cualquiera que se asome al mundo posmoderno a través de los medios de información clásicos (TV, radio, prensa, etc.) o nuevos (Internet), convertidos en retransmisores de un apocalipsis continuo, trufado de anuncios comerciales, puede ver que la orgullosa pero frágil especie humana está afectada, a escala global y desde hace muchas décadas, por un cáncer múltiple, por la fuerte presencia de lo que se suele llamar «mal». Un mal cuya perturbadora manifestación humana (crueldad del ser humano contra su propio género y los animales) y natural (sufrimientos causados por las enfermedades y los desastres naturales) parece no conmover a nadie más allá de una fina epidermis. Así, cotidianamente, en

bruto o editadas (manipuladas), desfilan ante un público imper-
térrito, cada vez más inmoral o moralmente relativista, pasivo e
insensibilizado, noticias sobre el agotamiento y la destrucción de
los recursos naturales; la contaminación y el cambio climático; la
enfermedad y el dolor físico y psíquico derivado de ella; el hambre; la creciente pobreza de millones de personas en contraste
con la creciente riqueza de una minoría privilegiada; el desempleo galopante y la precarización laboral; los movimientos migratorios desesperados de masas de población aterrorizadas y hun-
didas en la miseria; la intolerancia; el racismo; la marginación;
el abandono y la soledad; la violencia; la existencia de dictaduras brutales y de corruptas democracias plutocráticas; el tráfico de
drogas y armas; o el comercio de seres humanos con fines sexuales
(prostitución), de venta de órganos, de esclavitud laboral y bélicos
(niños soldado).

La descrita actitud pasiva y relativista posmoderna frente
al mal choca frontalmente con la concepción que se tenía de él
durante la modernidad y en parte también en la época premoderna. La visión del mal propia del mundo moderno, que se inau-
guró con el humanismo renacentista y culminó con la Ilustración,
lo consideraba como una condición negativa atribuida a aquel ser
humano en quien se daba una ausencia total de moral, compasión
o afecto natural por su entorno y quienes le rodeaban. Actuar con
maldad también implicaba, según esa visión, contravenir deliberadamente —usando la astucia perversamente— los códigos de
conducta determinados como correctos en un grupo social. Esta
visión moderna de mal era esencialista y disposicional y eso hacía
fácil al hombre moverse con y contra mal, sin que ello significase
ser indiferente ante él como sucede en la posmodernidad.

Se trataba, por una parte, de una visión del mal esencialista porque se asentaba (a pesar de la secularización de la Ilustración) en el
dualismo de raíz religiosa del Bien contra el Mal, estableciéndose
rígidamente qué conducta era buena por naturaleza y cuál malvada. Eso hacía que cada ser humano, a partir de ciertos rasgos de
personalidad y conducta, se considerase como alguien especial, de
los «buenos», incapaz del mal que causaban los otros, los «malos»
(*cf.* Mt 7,18). Es decir, la maldad era vista, a partir de ciertas premi-

sas morales, como una cosa ajena a la personalidad propia, aunque imputable a «otros», y se afirmaba que existía un insalvable abismo que separaba a la gente buena de la mala. Esta visión hacía llevadera la convivencia con el mal, ya que se creaba una lógica binaria que lo planteaba como una entidad y una cualidad inherente a algunas personas y no a otras. La metáfora de la manzana podrida en un cesto de manzanas sanas ilustra bien esta perspectiva. Esto es, todos podemos identificar a un número reducido de personas malvadas a lo largo de la historia (tiranos, genocidas, asesinos, etc.) entre una multitud de buenas personas.

Por otra parte, era una visión del mal disposicional porque se consideraba que cuando alguien era malvado por naturaleza, a través del análisis de las cualidades de esa persona, es decir, de sus disposiciones biológicas y de su entorno social (familia, riqueza, educación, etc.), era posible obtener una explicación del porqué de su maldad innata. También se creía que era factible intentar corregir esa tara del mal por vías que iban desde la medicina y la educación hasta el endurecimiento del código penal.

Mientras el esencialismo dualista y la disposicionalidad respecto al Mal funcionaron como teorías explicativas y justificativas, fue fácil asimilar la presencia de mal en mundo, ya que dicha visión, por una parte, tenía la capacidad de eximir a los «buenos» de tener que reflexionar sobre su posible participación en la creación, el mantenimiento, la perpetuación o la aceptación de las condiciones que contribuyen al mal bajo la forma de violencia, delitos, crímenes, guerras, etc. y, por otra parte, era capaz de establecer soluciones más o menos drásticas para manejar y erradicar ese mal. En este sentido, la explicación moderna del mal se resumía esquemáticamente en la convicción de que en el mundo hay algunas personas que son buenas por naturaleza y entorno y otras que, por las mismas causas, son malas y, frente a estas últimas, los individuos buenos no tienen más responsabilidad que oponerse a ellas y protegerse de ellas mediante una justicia recta, una moral universal y una ciencia y una educación racionales que eviten el acrecentamiento del mal en el mundo y que puedan ayudar, en algunos casos, a recuperar a las «ovejas descarriadas» y traerlas al redil del Bien. Pero en la posmodernidad esta visión se modificó de manera drástica.

Ante un panorama de violencia y sufrimiento apocalípticos como el que retransmiten los *mass media* cada día en los inicios del siglo XXI, un hombre ilustrado de la época moderna se mostraría conmovido por un mal que, aunque ajeno a su voluntad y naturaleza propias y atribuible connaturalmente a otros por nacimiento y contexto vital, no debería ser relativizado sino analizado, afrontado y derrotado. En cambio, la visión posmoderna del mal, empapada de un escepticismo y un relativismo generales (científico, jurídico, cultural, educativo y moral) de tintes sofistas, difumina la línea divisoria entre el Bien y el Mal, rechaza la posibilidad de un conocimiento objetivo y estable de este último, así como la existencia de vías específicas para su erradicación más allá de un nefasto buenísmo, hipócrita y naif a partes iguales, que, por ejemplo, suaviza códigos penales y acuña mil y una nuevas patologías para justificar comportamientos deleznables.

Así, por una parte, en la posmodernidad la visión esencialista del mal (aunque aún se siga considerando que hay personas inclinadas a la maldad desde el nacimiento) es sustituida por una concepción relativista del mismo. De este modo, esta visión posmoderna, amparándose en el «relativismo normativo» defendido por la antropología contemporánea, sostiene que lo que puede ser considerado como bueno y malo aplicado a la conducta de los seres humanos no está preestablecido rígida y universalmente, sino que varía con el marco histórico y espacial. Nos encontramos, por tanto, con la situación de que somos incapaces de reconocer una jerarquía de lo mejor y lo peor en las diversas culturas y, en este sentido, la filosofía de la hermenéutica deconstructivista, que en el campo literario pretende dar rienda suelta a las interpretaciones de textos en una especie de todo vale, se extiende también al campo del bien y del mal y de la moralidad en la sociedad posmoderna a través de una concepción de ambos términos (Bien y Mal) descifrable continuamente de forma variada.

Por otra parte, el mal en la posmodernidad, además de como relativista o heterogéneamente interpretable (no delimitado rígida y nítidamente), se plantea como situacional y no como disposicional como sucedía en la modernidad. Esto implica el reconocimiento de que el ser humano es un *homo dúplex* (hombre doble) capaz del bien y del mal según la situación en la que se encuentre (adaptación moral dinámica). Es decir, la definición de maldad cambia y ya no es disposicional (previsible o descifrable a partir del análisis de la constitución biológica y cultural del individuo malvado) sino contextual (variable e imprevisible), de manera que el mal se convierte en algo que todos, incluso los individuos *a priori* biológica y moralmente sanos, actuando como camaleones morales, somos capaces de llevar a cabo (psicoticismo en potencia) en función de las circunstancias. De esta forma, en cualquier momento dado una persona puede poseer en mayor o menor medida un atributo determinado como la bondad, pero eso no le impide virar en otro momento concreto hacia el lado «oscuro» de la maldad. Esto es, según el contexto un individuo en principio considerado como «bueno» puede obrar deliberadamente de una forma que dañe, maltrate, humille, deshumanice o destruya a personas inocentes y también puede hacer uso de la propia autoridad y del poder sistémico para alentar o permitir que otros obren así en su nombre (*cf.* experimento Milgram, 1961). Ese poder contextual o poder de la situación se hace notar más en entornos nuevos, en situaciones donde la gente no puede recurrir a unas directrices previas con las que guiar su conducta. En dichas situaciones, como las vividas en los campos de concentración nazis por los guardianes y los prisioneros, las estructuras habituales de recompensa y castigo son diferentes y no se cumplen las expectativas que tiene el individuo según su experiencia anterior, hecho que puede suponer un cambio radical en su conducta para adaptarse al medio. Es decir, en situaciones como la de los campos de exterminio, las variables de la personalidad tienen muy poco valor predictivo (no importa tanto, sin dejar de tener cierto peso, si el sujeto ha sido bondadoso o perverso en su vida hasta ese momento), porque la persona suspende el juicio de sus actos presentes en relación con sus valores y reacciones anteriores que consideraba como normales y que no tienen nada que ver con la nueva situación a la que se enfrenta y a la que debe adaptarse para sobrevivir. De hecho, cuando en la vida cotidiana nos planteamos hipotéticamente que haríamos en situaciones límite (atraco, accidente, pelea, guerra, catástrofe natural, etc.), la respuesta que damos tiene poco que ver con lo que realmente seriamos capaces de hacer o dejar de hacer si viviésemos realmente dicha situación extrema.

En definitiva, las cualidades para realizar el mal, según esta visión posmoderna, se adquieren al situarnos en un contexto especial y en un momento concreto y son independientes de nuestra personalidad, genética o valores aportados por la familia o la educación reglada, los cuales tienen un peso muy limitado en situaciones nuevas y chocantes. Todos estos procesos contextuales conducen al individuo a una desindividuación, deshumanización y pasividad ante la maldad y, en suma, a poder actuar mal sin grandes problemas de conciencia. En este sentido, la actuación de muchos alemanes dentro (y también fuera) de los campos de concentración y exterminio nazis de la Segunda Guerra Mundial, así como el comportamiento en ese marco espacial y temporal de algunos prisioneros privilegiados o *kapos* (criminales comunes, prisioneros políticos y judíos) sobre el resto de reclusos y especialmente, en el caso de los *kapos* judíos, sobre los presos de su misma religión, como lo señaló Primo Levi (1989), dejó dramáticamente claro que, en un entorno situacional adecuado o en una posición social de poder determinada, cualquiera de nosotros puede acabar ejecutando (y repitiendo) cualquier acto que haya cometido antes cualquier otro ser humano por muy horrible que pueda ser. Recuérdese aquí el concepto de «la banalidad del mal» de Hannah Arendt, expuesto en su libro *Eichmann en Jerusalén* (2006) y derivado del análisis del criminal de guerra nazi Adolf Eichmann, un análisis que llevó a la escritora germana a la conclusión de que lo más grave precisamente fue que en la Alemania nazi hubo muchos hombres como él y que estos hombres no fueron degenerados mentales ni sádicos crueles, sino que fueron personas terroríficamente «normales» actuando bajo la más pura y simple irreflexión o haciéndolo desde una reflexión meramente situacional despojada de cualquier moralidad.

Ahondando más en la visión relativista y situacional del mal propia de la posmodernidad, una visión asentada sobre la desindividuación, la deshumanización del «otro» y una pasividad ante la maldad que permite actuar perversamente en aquellas ocasiones en que los intereses del individuo así lo aconsejen, hay que señalar que dicha visión determina una actitud que implica la suspensión de la conciencia en general y también de la conciencia de uno mismo, de la responsabilidad, la obligación, la culpa, la vergüenza y el miedo al castigo, si el análisis de los propios actos ofrece más beneficios que perjuicios según un cálculo inmoral muy próximo a la lógica de la sociedad economicista actual y al funcionamiento del sistema social en las colectividades humanas occidentales neoliberales. Así, en estas sociedades, a pesar de la atomización e individuación generalizadas, el poder social se organiza en un conjunto de círculos concéntricos en el cual el anillo central es el más poderoso y donde se premia la obediencia a la autoridad, generándose una angustia ante la posibilidad de quedarse fuera del sistema. Ese miedo al rechazo social por parte de su círculo puede llevar al individuo a obrar mal cuando desea la aceptación, paralizándose por ello su iniciativa y autonomía personales bajo el amparo de una ética y una moral laxas. Como ejemplo del obrar del individuo posmoderno en contra de sus propios principios personales y del mejor juicio y en función de la obtención de aceptación o aprobación por la gente que considera importante o para formar parte de un círculo cerrado puede citarse la presión de las redes sociales, las cuales, en muchas ocasiones, hacen que se represente un papel que va en contra de las creencias personales (impostación virtual y «avatarización» de la identidad). Es la necesidad de aprobación (*likes*) y de respaldo social (*followers*), unida a una naturalizada deshumanización (ejercida muchas veces desde el anonimato) del «otro» (*haters* y *trolls*), del que no es de nuestro grupo de amigos, ámbito profesional, ideología política, equipo de fútbol, etc., lo que nos arrastra a esa terrible disonancia cognitiva o a comportamientos que entran en conflicto con nuestros supuestos principios y convicciones morales.

El hecho de tener todavía hoy —arrastrados por el influjo de los residuos de creencias religiosas y por descafeinados y esloganizados valores humanistas utópicos difundidos por las instituciones políticas, escolares, etc.— cierta fe en la definición esencialista y disposicional del mal propia de la modernidad, nos lleva a ser más débiles ante el mal relativista y situacional característico de la posmodernidad. Así, queremos creer en la supuesta bondad natural humana, en la capacidad del hombre para gestionar de una manera racional y moral las presiones ante una determinada situación, rechazando una salida fácil o interesada basada en el mal. Confiamos aún demasiado en que sigue en pie una muralla infranqueable entre el Bien y el Mal. Pero esa concepción del mal solo podía funcionar en una sociedad donde Dios (Medievo) o la Razón (Edad Moderna) eran activos vigilantes y garantes de la solidez de esa muralla divisoria. En cambio, en la contemporaneidad, en un marco nihilista que niega todo sentido y coherencia a la moral y a la existencia, dichos elementos y relatos vertebradores y protectores premodernos se han convertido en meros conceptos residuales o clichés semivacíos, en poco más que tópicos necesarios para hacer posible nuestra convivencia. Porque, de hecho, en el mundo posmoderno se ha demostrado que ese muro se puede franquear una y otra vez, y que no hay prácticamente traba alguna para la maldad, quedando impune muchas veces aquel que transgrede las normas morales y legales. Además, al creernos aún hoy invulnerables al mal, considerándolo como algo propio de los otros y ajeno a nosotros, nos hacemos más vulnerables ante él. Esto es, independientemente del carácter correcto o reprochable de nuestros actos vistos desde un punto de vista moral objetivo, al considerar que somos orgánicamente «buenos» y que no podemos ser inducidos o seducidos de ninguna manera para actuar de un modo irracional, destructivo, antisocial e irreflexivo (malvadamente), hagamos lo que hagamos siempre lo trataremos de racionalizar y justificar desde la atalaya de nuestra supuesta bondad inherente, aunque esa justificación repugne y roce la psicopatía.

Se quiera reconocer o no por quienes se empeñan en seguir viviendo en una visión (preposmoderna) disposicional y esencialista del mal, la realidad es que en la posmodernidad el mal se ha democratizado y la culpa de su existencia se ha distribuido entre todos. Por ello la ética posmoderna no se ve con la potestad para darnos una solución sobre el problema del mal. En este sentido, la impotencia de la ideología posmoderna para lidiar con el mal moral contemporáneo hace que este sea relegado en favor del mal natural o de origen no humano; un mal que por su inevitabilidad (producido por causas físicas y traducido en catástrofes naturales, pero también en enfermedades) y por la irresponsabilidad del hombre respecto al origen de este (menos en el caso del cambio climático o la contaminación), nos hace sentir mucho más cómodos. Además, confiamos en que los anclajes básicos de la posmodernidad que vinieron a suplir a Dios (Providencia) y a la Razón (razón objetiva), esto es, la ciencia y la tecnología de la racionalidad instrumental, puedan, en su casi omnipotencia, prevenir las catástrofes de la Naturaleza (tsunamis, erupciones volcánicas, inundaciones, etc.), curar las enfermedades (sida, cáncer, ébola, COVID-19, etc.) y prolongar la vida hasta límites insospechados (cíborgs). Ahora bien, se trata de un sentimiento de seguridad y orgullo agridulce porque, paralelamente a una confianza ciega en la tecnología, se admite cada vez de manera más generalizada que es la investigación científica, y no la Naturaleza que el hombre quería dominar y que ha logrado controlar en gran parte, lo que engendra un peligro mayor para la supervivencia de la especie humana y del planeta.

Lo más terrible de la visión actual del mal es que la magia del lenguaje posmoderno, así como la creación de relatos de la realidad asentados sobre posverdades y la debilidad de la ética y la moral contemporáneas permiten a personas y grupos mantener la sensación de poseer unos sólidos principios morales y a la vez poder desconectar sin problemas, en ciertas ocasiones y para ciertos fines, de su actuación ética habitual, definiendo y defendiendo, según las circunstancias, una conducta a todas luces malvada como honrada y honorable, deshumanizando al «otro» o simplemente no actuando ante situaciones que demandan compromiso y valor moral (estos comportamientos de «bipolaridad ética» abundan en las redes sociales). Y es que, en definitiva, si bien la convicción de la ética y la moral propias de la modernidad de que el desorden del mundo (incluido el hombre) no es sino un estado temporal y reparable que tarde o temprano será sustituido por los sistemáticos y ordenadores principios de la razón, era una ilusión necesaria y en gran medida debería seguir siéndolo (igual que la fe en la verdad científica —en su vertiente humanística más que en la instrumental—), en cambio, la ética y la moral posmodernas asumen que la realidad es que, al margen de lo que hagamos o dejemos de hacer y de lo que conozcamos o ignoremos, el desorden permanecerá siempre.

EN BUSCA DE UN PORQUÉ DEL MAL

Aclarada la visión posmoderna del mal y retomando la cuestión de su presencia en nuestras vidas como elemento limitante de la felicidad, hay que decir que si bien el mundo en el que vivimos indiscutiblemente contiene belleza, armonía, seres maravillosos y bienes materiales e inmateriales que nos hacen gozar, no es menos cierto que también alberga males humanos y físicos de todo tipo que nos hacen padecer. Así, por un lado, las relaciones humanas, guiadas en parte por el amor, están envenenadas por la envidia, la codicia, el odio y la violencia y, por otro lado, la armonía de la Naturaleza se quiebra, además de por la intervención del hombre (contaminación, desertificación, etc.), por causas ajenas a la voluntad humana (terremotos, tornados, epidemias, etc.). El equilibrio social y ecológico se sustentan cruelmente en el hecho de que unos individuos y unos grupos de individuos (especies en el caso de los animales y clases, etnias y confesiones religiosas en el de los hombres) viven para ser desplazados, sometidos o «devorados», literal o simbólicamente, por otros individuos y grupos. La vida está, en fin, sometida a la lucha, el sufrimiento, la enfermedad, la decrepitud y la muerte. Todo nace y, si es capaz de prosperar en un marco físico y humano no demasiado hostil, crece y madura para desaparecer en un breve periodo de tiempo.

Según Siddharta Gautama (Buda, *ca.* 400 a.C.) todo es dolor, dolor físico y moral. Esa es la primera noble verdad de su filosofía para entender la existencia. La vida es dolor porque es precaria, efímera, aparente y frágil, y el hombre es un ser perecedero y delicado al cual los deseos de placer lo consumen y lo llevan a una insatisfacción y sufrimiento permanentes, mientras enferma, envejece y finalmente desaparece. El deseo, principio del placer, es la causa de la entrada del sufrimiento en el mundo y, por lo tanto, el responsable fundamental de los dolores que aquejan al hombre. Cuando el hombre desea sufre de dos maneras: por no obtener lo que desea y por conseguirlo y volver a desear otra cosa distinta casi inmediatamente tras haber satisfecho su deseo original. Para Buda la única y drástica manera de soportar y superar la dolorosa naturaleza de la existencia humana y liberarse de la falsa e hiriente realidad que nos atrapa en su red de deseo y sufrimiento es la extinción o aniquilación progresiva de la propia voluntad. Según él, el dolor se elimina si, sin renunciar a vivir, se logra extinguir el deseo, lo cual implica acabar con la codicia, renunciar al placer y disolver el yo. El sabio indio propuso seguir lo que se conoce como «camino medio» al nirvana o estado de sosiego y beatitud (*cf.* con la ataraxia epicúrea y la apatía estoica); un camino hacia la liberación que culmina con la ruptura definitiva del ciclo o rueda de reencarnaciones y cuya felicidad no consiste en la satisfacción de los deseos que prometen un placer efímero y doloroso, sino en la renuncia a los mismos.

Para el filósofo alemán Arthur Schopenhauer (1788-1860) el mundo es una representación o apariencia (objetivización) creada por la «voluntad», entendida esta como un substrato substancial y energético que está presente en la Naturaleza y también en la conducta del ser humano. Dicho mundo aparente o representado es el campo de batalla de una pugna sin fin de miles de voluntades ciegas; una lucha que engendra dolor, el sentimiento fundamental de todos los seres y la esencia del universo junto con la voluntad que lo hace moverse. Esta visión organicista y descarnada de la existencia de los seres vivos, incluido el hombre, conduce al oscuro sendero de la desesperación y puede llevar al suicidio o, en el mejor de los casos, a una especie de autoaniquilación en vida. En el campo ético dicha visión pesimista y doliente conduce, como alivio vital, a la adopción de la compasión como fundamento de la moral, pues la compasión (que en griego literalmente significa «sufrir juntos»), según Schopenhauer, es la única virtud que excluye el egoísmo como motivación de la conducta, ejerciéndose dicha virtud a través de la experiencia compartida del sufrimiento, la soledad y el desamparo humamos, convirtiendo el padecimiento del «otro» en nuestro propio sufrimiento. Para Schopenhauer, junto con la compasión, es sobre todo el arte, especialmente la música, considerada como la más excelsa de todas las artes, el único bien capaz de aliviar al espíritu de los padecimientos que le causa la voluntad. Según el sabio germano, solamente la música (remedio estético) puede calmar a la voluntad en su incesante lucha por imponerse a través del deseo en un mundo plagado de aburrimiento y dolor (los dos grandes enemigos de la felicidad humana), y solo ella puede ayudar al hombre a liberarse del sufrimiento por medio de una contemplación desinteresada que suprime los deseos concretos para limitarse a observar las manifestaciones de la voluntad en lo que tienen de más abstracto, de más separado de las vicisitudes de la experiencia cotidiana.

EL PAPEL DE DIOS EN EL MAL Y EL ABANDONO DEL HOMBRE

Ante este panorama desolador (el propio Oscar Wilde en su epístola *De profundis* afirmó que «el secreto de la vida es el sufrimiento, lo que se oculta detrás de todo, la única verdad») y frente al planteamiento de soluciones extremas al problema de la esencia dolorosa de la vida, es difícil encontrarse con alguien que no se haya preguntado así mismo alguna vez en su vida no solo por el sentido de la existencia humana, sino también si existe una divinidad —o divinidades— y, en el caso de ser así y tratarse de un ente todopoderoso y benévolo, de qué manera puede explicarse y justificarse el mal en el mundo y el silencio y la pasividad de esa divinidad ante un sufrimiento y un dolor a todas luces injustos según los cánones humanos de lo bueno y justo. Claramente, a lo largo de la historia, los hombres y mujeres nos hemos formulado estas cuestiones repetidamente. A través de las religiones, la idea de divinidad o divinidades antropomórficas o amorfas, omnipotentes e inmortales, una idea tal vez originada en la mente de la especie humana (el hombre como creador de Dios) ya en la época de las cavernas para calmar sus temores de débil criatura ante un medio hostil, ha consolado al hombre y le ha impulsado a grandes logros como, por ejemplo, la creación de obras maestras del arte, pero también le ha servido de justificación y acicate para, en nombre de un bien superior, de una entelequia similar a la de la patria, arrasar el medio natural (*cf.* Gen 1,28) y cometer contra sus congéneres abusos de todo tipo, incluidas masacres de tintes genocidas (*cf.* Mt 27,25).

Durante el transcurso de la historia de la humanidad el peso de la religión y dentro de ella de la divinidad, funcionado además de como instrumentos de poder y opresión, como pretendidos garantes del orden, la justicia y el bien humanos y como baluartes del hombre frente el mal, han ido variando. Concretamente, han ido perdiendo fuerza por un proceso imparable de secularización, pero con matices. Así, si bien ya se había dado un movimiento de pensamiento libre y desmitificador respecto del irracionalismo religioso desde la época de la filosofía griega antigua, no obstante, fue a partir del siglo XV —tras el fin del supuestamente oscuro periodo medieval— con el humanismo renacentista que recuperó el legado intelectual grecorromano y originó la revolución científica del siglo XVII, y sobre todo desde el siglo XVIII con el pensamiento ilustrado que inició un proceso de secularización imparable, cuando el hombre quiso dejar atrás de manera casi definitiva en el caso de Occidente —en Oriente también desde la Antigüedad hubo ideologías no teístas como el budismo— el sombrío poder de un Dios instrumentalizado por la Iglesia, las élites sociales y el poder político. Una divinidad que, a través de normas morales represoras, instituciones coercitivas, exacciones diversas, etc., servía a la casta superior para oprimir, explotar, controlar y destruir las conciencias y los cuerpos de millones de seres humanos.

El triunfo de la lógica y la razón sobre el irracionalismo de la fe pareció definitivo desde el siglo XVIII, aunque entre los intelectuales racionalistas se siguiese creyendo en Dios de una manera inmanente (identificación de Dios con la Naturaleza o *Deus sive natura* espinoziano) y a pesar de que, encubierto bajo la máscara del progreso, se mantuviese en las mentalidades una forma de providencialismo secularizado. Asimismo, aunque la Ilustración atacó los dogmas y el oscurantismo de la religión cristiana, siguió manteniendo los valores y las normas de la moral religiosa tradicional, fundamentados ahora, ya no en Dios, sino en la conciencia autónoma y en el imperativo categórico kantianos: las normas y obligaciones morales ya no necesitaban ser impuestas desde fuera porque se interiorizaron. Dicho éxito racionalista no solo minó, aunque no derruyó, el omnímodo y secular poder de la Iglesia sobre las masas humanas, sino que llevó al hombre a una confianza ciega en el progreso ilimitado de su especie a través de un conocimiento racional que, aplicado a la realidad por medio de la ciencia, la técnica y la burocracia, cristalizó en el liberalismo y el socialismo políticos y económicos y en tres revoluciones industriales. Un conocimiento racional y una fe ciega en el ámbito científico-técnico y burocrático que, no obstante, también engendró imperialismos y colonialismos, guerras mundiales, totalitarismos, campos de exterminio, armas de destrucción masiva y desastres ecológicos.

Esa barbarie del ser humano de la que fue triste y excepcional testimonio la primera mitad del siglo XX —pero también su segunda mitad y lo que llevamos de siglo XXI—, avivó en las filas de un número menguante de creyentes un sentimiento existencialista embargado de nihilismo. Dicho sentimiento ya lo habían experimentado en sus carnes, desde finales del siglo XIX, aquellos que habían perdido totalmente la fe tanto en la divinidad como en la ciencia. Esto es, aquellos pensadores trágicos y lúcidos que habían asumido hasta sus últimas consecuencias la afirmación nietzscheana —más bien constatación— de que Dios había muerto y se habían percatado poco después de que la ciencia racional y la fe en el progreso derivada de ella, si bien más perfeccionada que la religión y su sistema moral y metafísico, era, como había señalado Nietzsche con gran agudeza, un nuevo dogma que descansaba sobre una metafísica basada en el error y la mentira útil para la vida, además de otro gigante con los pies de barro que, igual que la religión, también engendraba monstruos y no dotaba de sentido a una existencia breve, brutal y absurda.

Ahora bien, a pesar del golpe asestado por el progreso científico e intelectual a la creencia en la divinidad, la crisis de la fe en Dios como criatura superior situada fuera de la esfera terrenal y a la vez implicada en los sucesos y destinos de los humanos no fue definitiva. Tal vez ocurrió así porque la angustia humana ante la tesitura de sentirse un breve pedazo de nada en un mundo violento y sin sentido es insuperable para muchos hombres y mujeres que no son capaces de mirar siempre, al estilo de los Monty Python, «on the bright side of life» y de aplicar el *carpe diem* horaciano mientras dure su existencia, sino que necesitan de una entidad superior que vele por ellos, les ayude, les consuele y les haga justicia en su tránsito por la vida. Hombres y mujeres que también anhelan que esa misma entidad les conceda una prolongación de su ser a través de la pervivencia del alma (con su conciencia e identidad) tras la muerte, asumiendo teóricamente no solo las recompensas supuestamente inherentes a una vida virtuosa, sino también los castigos aparejados a una mala praxis moral durante la existencia terrena.

Porque incluso muchos de aquellos que desde el ateísmo, el agnosticismo o una religiosidad muy *sui generis* optan como primera elección vital por un materialismo y un hedonismo sin medias tintas e incluso exacerbado, en bastantes casos acaban acudiendo a la creencia en un ente superior. El tránsito del ateísmo a la fe en la divinidad se produce por el desgarramiento, en grados varios, de las vidas de los no creyentes como consecuencia de los efectos de pérdidas de seres queridos, enfermedades, problemas laborales, depresiones, adicciones, violencia, etc. En esos duros momentos que para muchos son el inicio de una marcha acelerada por un camino de no retorno hacia la autodestrucción, de descenso en inexorable pendiente hacia el abismo, algunos parecen darse cuenta de la estupidez y absurdidad de su manera de malgastar sus breves vidas y destruir a veces también las de otros. Entonces, sienten un vacío que no se llena acudiendo a los falsos remedios que pone a su alcance la sociedad neocapitalista (distracciones banales, consumismo sin fin o psicoterapias regadas con fármacos); un tipo de sociedad que es muchas veces la responsable de su caída y ahogamiento en el agujero del que quieren salir. Y en ese momento bajo, en ocasiones, el mundo gris de estas víctimas del nihilismo pasivo posmoderno se transfigura acudiendo a los ancestrales presupuestos espirituales de la religión. De una religión que, a primera vista, es capaz de asumir toda «culpa», «pecado» y dolor y ofrecer a la vez una consolación y una «redención» acordes con la magnitud de la caída y del daño sufrido.

Con todo, más allá de fenómeno de los vaivenes, revitalizaciones y reinterpretaciones de la creencia en una divinidad por parte del género humano a lo largo del tiempo y también en plena posmodernidad nihilista, época esta en la cual la religión se ha convertido en un artículo de consumo más que se alinea al lado de las demás mercancías y que puede ser adquirido o ignorado de acuerdo con los caprichos de cada uno, surge con fuerza una pregunta de difícil respuesta. Una cuestión que causa desazón tanto a aquellos que sin haber sido creyentes en una divinidad ubicada más allá del ámbito humano acuden a ella en busca de refugio en momentos bajos de sus vidas, como a aquellos que se han mantenido firmes en dicha fe desde que tienen uso de razón o a los que han ido dando bandazos, en distintas etapas de su vida, entre el ateísmo y la fe. Dicha pregunta, relacionada con la filosofía de la religión y que más allá de la creencia en un infierno de ultratumba perturba la felicidad del ser humano, no es otra que la pregunta sobre el porqué de la existencia del mal en el mundo, en un mundo creado, según los dogmas de fe que siguen los creyentes, por una deidad omnisciente, omnipresente, omnipotente y omnibenevolente. Justamente la difícil respuesta a esta espinosa pregunta es uno de los argumentos que esgrimen los no creyentes como refuerzo de su posición ateísta. Elie Wiesel (1928-2016), judío superviviente del Holocausto, ilustra de modo vívido el problema del mal, que no es un problema puramente intelectual, sino profundamente humano, mediante el relato autobiográfico sobre los horrores que vivió en un campo de exterminio como el de Auschwitz. En el infierno humano y terrenal que supuso la «solución final» y su red de campos industriales de la muerte se derrumbó estrepitosamente el imaginario de un Dios omnisciente y todopoderoso que parecía satisfacer nuestros anhelos y calmar nuestras angustias y con él, paradójicamente, también se vino abajo el rival que había derribado al Dios medieval, esto es, la fe ciega en la razón ilustrada (convertida en mera razón instrumental) y en su poder de transformar positivamente el futuro. A partir de Auschwitz, sea uno creyente o no, se observa con una nueva luz dramática y a la vez como una vívida ilustración de la cruda soledad del hombre ante el mal en el mundo aquel desgarrador grito de abandono de

Jesús en la cruz ante el estrepitoso silencio de Dios (*cf.* Mc 15,34).
Así lo manifiesta claramente el siguiente testimonio de Wiesel
recogido en su obra *La noche* (2007):

> Un día que volvíamos del trabajo, vimos tres horcas
> levantadas en el recinto de llamada, tres cuervos negros.
> Llamada. Los SS a nuestro alrededor, con las ametrallado-
> ras apuntándonos: la ceremonia tradicional. Tres conde-
> nados encadenados y, entre ellos, el pequeño Pipel, el ángel
> de ojos tristes. Los SS parecían más preocupados, más
> inquietos que de costumbre. Colgar a un chico ante milla-
> res de espectadores no era poca cosa. El jefe del campo leyó
> el veredicto. Todos los ojos estaban fijos en el niño. Estaba
> lívido, casi tranquilo, y se mordía los labios. La sombra de
> la horca lo cubría. El *lagerkapo*, esta vez, se negó a ser-
> vir de verdugo. Tres SS lo reemplazaron. Los tres conde-
> nados subieron juntos a sus sillas. Los tres cuellos se intro-
> dujeron al mismo tiempo en las sogas corredizas. —¡Viva
> la libertad! —gritaron los dos adultos. Pero el pequeño
> callaba. —¿Dónde está el buen Dios?, ¿dónde está? —pre-
> guntó alguien detrás de mí. A una señal del jefe de campo,
> las tres sillas cayeron. Silencio absoluto en todo el campo.
> En el horizonte, el sol se ponía. —¡Descúbranse! —aulló el
> jefe del campo. Su voz estaba ronca. Nosotros llorábamos.
> —¡Cúbranse! Luego comenzó el desfile. Los dos adul-
> tos ya no vivían. Sus lenguas colgaban hinchadas, azula-
> das. Pero la tercera soga no estaba inmóvil: el niño, dema-
> siado liviano, vivía aún… Más de media hora quedó así,
> luchando entre la vida y la muerte, agonizando ante nues-
> tros ojos. Y nosotros teníamos que mirarlo bien de frente.
> Cuando pasé delante de él todavía estaba vivo. Su lengua
> estaba roja aún, sus ojos no se habían apagado. Detrás de
> mí oí la misma pregunta del hombre: —¿Dónde está Dios
> ahora? Y en mí sentí una voz que respondía: —¿Dónde
> está? Ahí está, está colgado ahí, de esa horca… Esa noche,
> la sopa tenía gusto a cadáver (…). ¡Alabado sea el nom-
> bre del Eterno! ¿Por qué, por qué lo alabaría yo? Todas
> mis fibras se rebelaban. ¿Por qué había hecho quemar a
> millares de niños en las fosas? ¿Por qué hacía funcionar

seis crematorios noche y día, hasta los días de sabbat y los días de fiesta? ¿Por qué en su omnipotencia había creado Auschwitz, Birkenau, Buna y tantas fábricas de la muerte? ¿Cómo decirle: «Bendito seas Tú, el Eterno, Señor del universo, que nos has elegido entre todos los pueblos para ser torturados noche y día, para ver a nuestros padres, a nuestras madres, a nuestros hermanos terminar en el crematorio, alabado sea Tu Santo Nombre, Tú que nos has elegido para ser degollados en Tu altar»?

EL IRRESOLUBLE PROBLEMA DEL MAL: PROPUESTAS DE SOLUCIÓN FALLIDAS

¿Cómo se soluciona este problema del mal en el mundo, expuesto con tanta claridad en las memorias de Wiesel y al que otro prisionero superviviente, el italiano Primo Levi, dio una simple y rotunda respuesta afirmando: «Existe Auschwitz, por lo tanto, no puede haber Dios» (Camon, 1996)? Esto es, ¿cómo se reconcilia la presencia del sufrimiento y la injusticia más brutales en el mundo con la existencia de una divinidad omnipresente dotada de omnisciencia, omnipotencia y omnibenevolencia y que supuestamente ha creado dicho mundo? ¿Es que Dios quiere prevenir el mal, pero no es capaz? Entonces es impotente. ¿Es capaz, pero no desea hacerlo? Entonces es malvado. ¿Es que no es capaz ni desea hacerlo? Entonces, ¿por qué llamarlo Dios?

Desde el punto de vista de una formulación lógica como la que se acaba de exponer, conocida como «paradoja de Epicuro», aunque no aparezca en ninguno de los escritos del filósofo griego que se conservan, la existencia del mal es racionalmente incompatible con la existencia de Dios, por lo que la existencia de este es absolutamente imposible. Es decir, existe una contradicción de orden lógico entre la existencia del mal y la existencia de Dios. Porque es lógicamente imposible sostener estas tres proposiciones conjuntamente: (1) Dios es omnipotente, (2) Dios es bueno y (3) el mal existe. La fe del creyente le fuerza a sostener estas tres proposiciones de modo simultáneo, pero lógicamente solo es posible sostener dos de ellas (la 1 y 2) a la vez. De este modo, la fe del creyente le obliga a mantener una creencia que es demostrablemente irracional, tan absurda como creer en un triángulo de cinco lados. Las únicas alternativas racionales al ateísmo serían, en consecuencia, creer en un dios impotente o, peor aún, en un dios sádico. La conclusión a la que se llega desde la lógica y la racionalidad es que el universo no está regido por un ser todopoderoso que ama a sus criaturas, sino que únicamente está impulsado espontánea y amoralmente por leyes naturales indiferentes al sufrimiento de sus habitantes, sean estos seres vivos superiores (hombres) o inferiores (animales, insectos, plantas y microorganismos).

Ahora bien, los pensadores creyentes, concretamente epistemólogos o teóricos del conocimiento creyentes, no se han resignado a los ataques de la lógica del ateísmo, sino que han ideado formas de defender la conciliación entre Dios y mal y, por tanto, de sostener la existencia de Dios a la luz del problema del mal aportando argumentos variados. Así, se ha defendido, por ejemplo, que los seres humanos somos incapaces de saber con certeza si lo que aparentemente es malo también lo es realmente. Según esta tesis debemos ser escépticos con respecto a nuestra capacidad de conocer verdaderamente si un mal que supuestamente carece de justificación realmente sí que la tiene. Como ilustración de este argumento se pone el ejemplo de que desde la perspectiva de un niño pequeño una inyección para administrarle una vacuna parece ser un mal, pero desde la perspectiva de un adulto dicha inyección es un bien. Si se acepta que la diferencia cognitiva entre Dios y el ser humano supera con creces la diferencia cognitiva entre un niño y adulto, entonces el hombre no tiene derecho a afirmar, por su gran ignorancia, que aquellas cosas que parecen ser males realmente lo sean. En definitiva, según esta argumentación los seres humanos no tenemos las capacidades cognitivas suficientes para afirmar que un mal es ciertamente injustificado o que un Dios verdaderamente bondadoso lo prevendría, motivo por el cual debemos permanecer escépticos ante la existencia del problema del mal en el mundo y de la supuesta pasividad o responsabilidad de Dios respecto de este.

Otro argumento que busca la conciliación de la existencia de una divinidad buena por naturaleza con la presencia del mal en el mundo afirma que ciertas verdades del mundo no pueden probarse, pero es racional creer en ellas porque su realidad se percibe directamente (de esta manera, a través de las proyecciones imaginativas de la mente, defiende Epicuro la existencia de los dioses y de los átomos). Se trata de verdades sin inferencias. Algunas de las verdades que entrarían dentro de esta categoría serían la existencia del mundo exterior (creencia en que las cosas existen fuera de nuestra percepción), así como la existencia de otras mentes aparte de la nuestra. Es decir, no se puede inferir ni probar que estas cosas existan (el mundo exterior y otras mentes), pero aun así estamos justificados en creer en ellas a partir de los datos de nuestros sentidos. Tomando como base esta tesis se sostiene que, a pesar de la presencia de mal en el mundo, la creencia en un Dios bondadoso también entraría dentro de esta la lista de verdades sin inferencias. Se argumenta, desde este punto de vista y de una manera bastante endeble, que la mayoría de los seres humanos tienen una percepción directa de la realidad de Dios (para Epicuro todos los hombres tienen esta «prenoción») y de su bondad —salvo los ateos, quienes por algún motivo son incapaces de percibir a Dios directamente—, razón por la cual ningún tipo de argumento en su contra, incluido el del mal en el mundo, puede prosperar. Dicho de otro modo: no importa la cantidad de mal o sufrimiento en el mundo, pues dicho mal es simplemente irrelevante para cuestionar la existencia de un Dios bondadoso cuya realidad viene dada por tratarse de una verdad no inferencial.

Otra vía más para defender la coexistencia de Dios y el mal se basa en argumentos que si bien admiten que la existencia del mal reduce la probabilidad de la existencia de Dios, a la vez mantienen que cuando se toma en cuenta la totalidad de las evidencias en favor de su existencia, a pesar de la presencia del mal en el mundo, la probabilidad de que ese ente superior exista es alta. Este tipo de argumentos evidentes no atacan el problema del mal directamente, sino que buscan mitigarlo usando pruebas independientes de la existencia de Dios. Consecuentemente, si, por una parte, el constatable mal en el mundo disminuye la posibilidad de que Dios exista, por otra parte, elementos y hechos como, por ejemplo, la supuesta existencia de milagros, el aparente «diseño inteligente» de la Naturaleza (¡que permite el sufrimiento animal y humano y que periódicamente consiente extinciones masivas de la vida sobre la tierra!) o la necesidad de una primera causa o ente necesario para la generación de la realidad y de la vida elevan la probabilidad de la existencia de la divinidad a tal grado que es, paradójicamente, el ateísmo más que el teísmo el que deviene irracional.

Sin embargo, las defensas más populares que existen para neutralizar el problema del mal y la tolerancia hacia el mismo por parte de Dios son las llamadas teodiceas. Etimológicamente la palabra teodicea significa «justificación de Dios», concretamente justificación de su existencia como ente superior en interacción con el mundo y el género humano. Las teodiceas que abordan la cuestión del mal en el mundo intentan ofrecer razones posibles para entender su presencia a pesar de la existencia de Dios y para justificar la aparente inacción de la divinidad respecto de dicho mal. Concretamente las teodiceas hacen desaparecer el problema del mal al identificar una razón moralmente aceptable por la cual Dios tolera la existencia del mal en el mundo. La teodicea más famosa es la agustiniana del libre albedrío humano, formulada por Agustín de Hipona (354-430) y que toma como fundamento, cubriéndola con un manto teológico judeocristiano, la tesis estoica de que el mal del mundo no procede de la divinidad, sino que es fruto del mal moral humano o mal causado con plena conciencia por el hombre en el uso de su libre voluntad. Concretamente, Agustín parte de la base de que el mal existe como consecuencia del pecado original cometido por Adán y Eva en el ejercicio de su libre albedrío al comer el fruto del árbol prohibido («árbol del conocimiento del bien y el mal») y querer ser como Dios. No obstante, los efectos de dicho pecado primigenio fueron supuestamente borrados, según Pablo de Tarso y con él la Iglesia cristiana, a través de la muerte sacrificial de Jesús (*cf.* 1 Cor 15,3). Ahora bien, por la evidente y embarazosa persistencia del mal tras la ejecución (y supuesta resurrección) del Nazareno, se necesitaba, desde una óptica teológica, la creación de otra teodicea que justificase la permanencia de dichos efectos perniciosos del pecado original (mal, dolor, injusticia, etc.). Se argumentó que dichos efectos negativos solo serían borrados de manera definitiva cuando el mundo fuese redimido por el regreso del Cristo celeste. No obstante, el retraso *sine die* de la parusía o segunda venida de Jesús, evidente ya para las primeras generaciones de cristianos, demandó otra teodicea que justificase entre los creyentes, durante la espera de la parusía, la perduración del mal en el mundo a pesar del sacrificio de Jesús. De esta manera, san Agustín afirmó que la libertad de acción humana concedida por la divinidad a los hombres desde la Creación es un bien intrínseco tan grande que supera cualquier mal que pueda provenir de su uso indebido por el hombre en el uso de su libre voluntad. Dios, por lo tanto, está completamente justificado en tolerar la existencia del mal en un mundo creado *ab origine* bueno (*cf.* Gen 1,31); de un mal causado, según esta visión, no por Dios sino por el libre albedrío humano, ya que no hacerlo, el hecho de no consentir la divinidad la presencia de ese mal mundano, constituiría la privación de un bien mayor. Desde este punto de vista el mal moral es, por tanto, el resultado de las acciones humanas por medio de la libre voluntad otorgada por Dios al hombre (*cf.* Ecl 7,29).

Ahora bien ¿a qué o a quién hay que atribuir los hechos y actos derivados de la necesidad y el azar y sus consecuencias limitantes sobre la libertad humana y presentes en la vida de todos los hombres? ¿A Dios, a la Naturaleza, a la pura casualidad? Porque si Dios existe y tiene las atribuciones que se le presuponen, tanto las leyes de la Naturaleza que determinan la necesidad —y que la superstición de la etapa de pensamiento mítico consideraba como el Destino— como los actos azarosos que no obedecen a ley natural alguna sino a la mera casualidad —y que fueron considerados en la Antigüedad como atribuibles a la Fortuna— deberían estar regidos y sometidos a la voluntad divina, favoreciendo esta teóricamente a aquellos que en el uso de su libre albedrío realizan acciones virtuosas frente a aquellos que se caracterizan por la mala fe de sus acciones. Es decir, la necesidad y la casualidad, sin interferir sobre el libre albedrío del hombre, deberían, a modo del karma del hinduismo, rectificar o enderezar los caminos torcidos de la libertad humana según un patrón de reciprocidad (recibir lo que has dado o recoger lo que has sembrado). No obstante, la realidad y la propia Biblia (*cf.* Ecl 7,15) desmienten este razonamiento porque, como ocurrió en el caso de los campos de exterminio nazis, muchos verdugos que en el uso de su libre albedrío —por mucho que se excusasen en la presión insoportable de la «obediencia debida»— habían cometido crímenes repugnantes una vez que se derrumbó el régimen de terror de Hitler se vieron favorecidos tanto por el supuesto destino como por el azar, pudiendo escapar del merecido castigo por sus actos execrables y acabando sus días plácidamente (*cf.* Operación Paperclip u Overcast), teniendo la suerte que les faltó a sus inocentes víctimas. La respuesta religiosa e irracional ante esta hiriente realidad ya sabemos cuál es. Dios está justificado en todo y todo lo que le acontece (sea por necesidad o por mero azar) a cada ser humano y al mundo en general está también justificado por injusto que parezca porque «los caminos del Señor son inescrutables» (*cf.* Is 55,8 y Rm 11,33) y la libertad de acción concedida por la divinidad al ser humano es un bien tan grande que supera cualquier mal que pueda nacer de su uso inmoral contra uno mismo o contra los demás.

Otra teodicea es la conocida como «teodicea de Ireneo», planteada en el siglo II por el obispo Irineo de Lyon, que anticipa y se relaciona con el argumento agustiniano (y estoico) del peso y el valor de la libre voluntad del hombre y que afirma que la presencia del mal y el sufrimiento son necesarias para el desarrollo y progreso moral de las almas humanas. Esto es, según Ireneo, Dios, siendo todo bondad, prefirió crear un mundo que contuviera el mal porque la auténtica bondad moral requiere criaturas morales libres. Desde este punto de vista (centrado en el hombre), solo si existe el mal como posible elección se pueden desarrollar por el ser humano virtudes como la valentía, la templanza y la compasión. Consecuentemente, Dios está justificado en permitir —dejando a un poderoso espíritu maléfico (Diablo) libertad de acción tentadora sobre el libre albedrío del hombre— la existencia del mal, ya que este posibilita la existencia de un bien superior (*cf.* con la historia bíblica de Job). Contra la teodicea irenea se puede esgrimir el problema del sufrimiento animal causado por la Naturaleza y por la crueldad humana a seres moralmente irresponsables que no pueden conocer ni decidir si actúan moralmente bien o mal. Este problema, que es una variante específica del problema del mal, plantea a la siguiente pregunta: ¿Si la Naturaleza es la obra de un ser omnipotente, por qué dicho ser no pudo haberla creado de modo tal que las criaturas salvajes que habitan la tierra y los mares no sufran de la forma que lo hacen? Teniendo en cuenta la larga historia de la vida en nuestro planeta, es acertado afirmar que el sufrimiento experimentado por el ser humano en su relativamente corta existencia es insignificante comparado con el sufrimiento padecido de forma sistemática dentro de ecosistemas complejos por todos los demás seres vivos que habitaron y habitan nuestro mundo.

Es claro que el sufrimiento animal ha existido durante millones de años antes de que apareciese el ser humano, por lo que no tiene sentido creer que dicho padecimiento ha existido para nuestro beneficio y progreso moral. Entonces, conviene hacerse la siguiente pregunta: ¿En qué tipo de universo es más esperable que exista el sufrimiento animal como lo conocemos, es decir, de seres supuestamente sin alma, inocentes y moralmente irresponsables, en un universo regido por un Dios benévolo o en un universo únicamente conducido por las frías leyes de la física? Respondiendo a esta cuestión desde un punto de vista racional parece claro que el universo en que nos encontramos posee exactamente las propiedades que esperaríamos si, en el fondo, no hay ni diseño inteligente, ni propósito, ni mal, ni bien, nada sino necesidad, azar y despiadada indiferencia y ciega «voluntad» instintiva schopenhaueriana que lanza a frágiles seres orgánicos perecederos a un incesante y circular estado de lucha («guerra de todos contra todos») en pos de la supervivencia, de poder y de placer, atenazados por el dolor y la muerte, multiplicándose, evolucionado mediante variación y selección natural, siendo exterminados y extinguiéndose. Todavía alguien podrá rebatir esta afirmación sosteniendo que quizá sea imposible, aún para un ser omnipotente y benevolente, crear ecosistemas complejos y vibrantes sin que exista sufrimiento animal. A lo mejor nos engañamos a nosotros mismos al creer que era posible para Dios crear, por ejemplo, un planeta habitado solo por herbívoros y carroñeros, ya que quizá un mundo así encierre secretamente algún tipo de contradicción que lo haga absolutamente imposible, incluso para un ser omnipotente. Esto es, si Dios hubiese creado el mundo de otra manera, el resultado podría haber supuesto la presencia de un mal mayor del que está presente en el mundo que conocemos. Quizá, en fin, nuestro mundo sea, como lo consideró el filósofo alemán Gottfried Leibniz (1646-1716), «el mejor de los mundos posibles» o tal vez sea, como se dice a veces aplicado al sistema democrático, «el menos malo» de los mundos posibles.

Hemos visto que desde un punto de vista lógico y racional los múltiples intentos de explicación satisfactoria y, por tanto, de dar una solución sólida al problema del mal en mundo creado supuestamente por un Dios omnisciente, omnipresente, omnipotente y omnibenevolente han sido fallidos. Desde esa misma perspectiva, la aceptación por parte de los creyentes, sin poner en entredicho la existencia de tal divinidad, del inquietante silencio e inacción de Dios ante dicha situación de maldad en el mundo debe ser entendida a través de la afirmación nietzscheana de que el hombre occidental, moldeado por la ideología judeocristiana, prefiere creer, dentro de un nihilismo pasivo o budismo cristiano, en la nada, en este caso bajo la forma de Dios, antes que no creer en nada. De hecho, ese angustiante silencio de Dios ante el mal fue señalado y aceptado con naturalidad, pero también con cierta amargura, por algunos libros bíblicos sagrados como el *Qohélet* o *Eclesiastés*, la obra sapiencial más escéptica, realista, fatalista y nihilista de toda la Biblia (y tal vez también la más epicúrea).

LA SOLUCIÓN EPICÚREA AL PROBLEMA DEL MAL Y DEL SILENCIO DE LA DIVINIDAD

Ante este callejón sin salida debe admitirse que posiblemente la posición más razonable frente a la cuestión planteada, si no se quiere caer, sin más, en el puro ateísmo, puede ser la que defendió Epicuro como primer ingrediente de su tetrafármaco: «No hay que temer a la —apática— divinidad». Es decir, es recomendable y lógico aceptar la existencia de una divinidad eterna, imperturbable y feliz, no ocupada en el manejo de un mundo que no fue creado para el hombre (negación de la teodicea o relación de Dios con la humanidad), pero si degradado por el ser humano; un mundo que por sí mismo, con su Naturaleza hostil y a la vez apacible, plena de defectos pero también de maravillas, funciona de forma azarosa (negación de la teleología o finalidad en el cosmos). Dicha divinidad, cuya vida eterna es considerada como incompatible con el existir dentro de nuestro mundo, el cual, como todos los demás mundos en el universo atómico e infinito, está sujeto a nacimiento y destrucción, habita en espacios intercósmicos (*intermundia*) que quedan al margen de las catástrofes cósmicas y posee una perpetua felicidad que es incompatible con el cuidado por los asuntos humanos y que determina que no se conmueva ni por agradecimientos ni por cóleras provenientes de los hombres. En este sentido, dice Epicuro, no sin ironía, que «si Dios prestara oídos a las súplicas de los hombres, pronto todos los hombres hubieran perecido, porque de continuo piden muchos males los unos contra los otros». Ahora bien, a pesar de la abismal separación entre la divinidad y el hombre y de la indiferencia absoluta de la primera respecto del segundo, dicha deidad debe ser tomada como modelo ideal para los mortales, los cuales, si bien nos sabemos perecederos e ignorados por esa divinidad separada del mundo y sus problemas, podemos al menos intentar imitar su perfecta imperturbabilidad y plena felicidad llevando una vida práctica basada en la sabiduría divina sin importar los vaivenes que suframos durante nuestra breve existencia en un mundo sin sentido y sin garantía alguna de justicia.

Este reconocimiento de la existencia de la divinidad en el modo particular señalado por Epicuro supone un rechazo claro del uso interesado que del concepto de Dios han hecho a lo largo de la historia de la humanidad y siguen haciendo aquellos manipuladores, charlatanes, farsantes y timadores que, haciéndose pasar por sus representantes a través de instituciones eclesiales en connivencia con el poder político o a título individual, solo han buscado su beneficio personal o el de la institución en la que se encuadraban. Un uso espurio de la creencia en la divinidad que ha fomentado la ignorancia de las masas populares para que ciertas élites se asegurasen su obediencia mediante leyendas preñadas de fantasía, mentiras, amenazas y terrores o a través del ejercicio de la violencia más brutal (guerras y conquistas de religión), controlando y explotando a placer, en definitiva, a la población en general.

Asumiendo o bien la inexistencia de Dios o bien una existencia de la divinidad separada de la esfera humana y sin interferencia sobre la misma, que viene a ser lo mismo que negar su existencia según la concepción tradicional del ser de la divinidad, a aquel que busca la felicidad le conviene, por consiguiente, distanciarse tanto de las comprensiones tradicionales y populares de la divinidad, basadas en creencias supersticiosas y leyendas, esto es, apartarse de la creencia en la antropomorfización física e intelectual de la divinidad (atribución a Dios de características propias de los hombres como la forma humana y las pasiones), como alejarse de las concepciones intelectuales metafísicas de la abstracción intelectualizada de la divinidad (asimilación de Dios con una Idea). Solo de esta manera se pueden eliminar ilusiones, esperanzas, temores y angustias sobre un mundo ideal situado más allá y se puede ser feliz aquí y ahora. Esto significa aceptar el mundo y la vida tal y como son, con sus vilezas y grandezas, su fealdad y su belleza, y fundamentar así, sin recelos trascendentes, una moral enteramente autónoma y humana en un universo sin teleología o finalidad ni orden trascendente y sin teodicea o justificación de la existencia de una divinidad todopoderosa e implicada en los asuntos humanos (providencia divina).

Ahora bien, asumir que la divinidad, si existe, no está preocupada por el mundo y su marcha, no implica que el hombre se desentienda totalmente de Dios y la religión. De hecho, Epicuro afirma que la contemplación reverente y jubilosa de la divinidad puede ser motivo de alegría para quien tiene de ella una noción pura y desinteresada, siendo dicha divinidad un modelo excelso de serenidad y felicidad. Además, la concepción de la religión epicúrea tampoco supone un ataque a la religiosidad bien entendida, esto es, a la piedad interior y personal, espiritualizada y sin dogmas, siempre preferible a las manifestaciones exteriores —y a veces hipócritas— del culto, las cuales deben ser consideradas, desde el respeto —siempre que no sean aberrantes o realizadas en

exclusivo beneficio de instituciones corruptas y con afán de dominación—, como actos secundarios con un valor meramente simbólico y formal y también cultural. En este sentido, quien busca
la felicidad por la senda epicúrea puede seguir libremente —no
por mero conformismo o gregarismo hipócrita interesado y solo
si las considera civilizadas— las costumbres religiosas de la cultura a la que pertenece. Porque el hecho de participar en los fes-
tejos de una determinada tradición religiosa no implica ningún
inconveniente para aquel que se vale dichas celebraciones —como
por ejemplo la Navidad— para comulgar con sus conciudadanos
en la veneración de ciertos valores representados por la divinidad,
pero sin esperar de la misma otra cosa que la satisfacción personal y subjetiva obtenida en tales celebraciones —en el caso de la
Navidad, por ejemplo, el reencuentro familiar o la reconciliación
con alguien con el que se hayan tenido diferencias en el pasado
(utilidad de las ficciones religiosas). Por otra parte, comprender la
religión desde el punto de vista epicúreo no es incompatible con
respetar, admirar e imitar a aquellos hombres y mujeres, laicos o
religiosos, como, por ejemplo, Gandhi, Teresa de Calcuta, Martin
Luther King o Nelson Mandela quienes, creyendo en Dios o sin
creer en él pero viviéndolo en su acciones cotidianas y siguiendo
modelos de acción propuestos por seres humanos ejemplares
(sabios y profetas como Siddhartha Gautama o Jesús el Nazareno),
han pugnado y pugnan, desde el anhelo de justicia plena, por dig-
nificar la existencia de sus congéneres y, en este sentido, por ayu-
darlos, como Epicuro, a alcanzar la felicidad deseada por todo ser
viviente.

NO HAY MAL QUE POR BIEN NO VENGA

Como conclusión puede decirse que la última palabra del epicureísmo frente al mal en el mundo y a la ausencia de una respuesta
por parte de una supuesta divinidad todopoderosa y bondadosa
ante ese problema no es otra que la llamada a una asunción serena
de la soledad relativa del hombre ante los males inherentes a la
existencia; una soledad humana respecto de la divinidad, pero no

respecto de sus congéneres, los cuales, a través de la amistad, le pueden acompañar tanto en los instantes gozosos de la vida como en los momentos de sufrimiento, en los cuales, siendo conscientes de que el bien es fácil de conseguir satisfaciendo los deseos naturales necesarios (tercer ingrediente del tetrafármaco de Epicuro), debería aplicarse la premisa de «al mal tiempo, buena cara». La respuesta epicúrea al problema del mal es también un llamamiento para considerar los padecimientos humanos desde la perspectiva de los refranes populares que dicen que «no hay mal que por bien no venga» y que «no hay mal que cien años dure». Es decir, por una parte, debemos ser capaces de entender que, de una contrariedad dolorosa, a pesar del sufrimiento consubstancial que lleva aparejada, se puede extraer algo bueno u obtener resultados favorables. Así, por ejemplo, el despido inesperado de un trabajo puede llevar al afectado a encontrar otro empleo con el que se sienta más realizado que en el anterior. En este sentido, como dice el dalái lama, a veces no conseguir lo que se desea es un maravilloso golpe de suerte. Por otra parte, debemos comprender (como así nos lo recuerda el cuarto ingrediente del tetrafármaco epicúreo) que ningún mal es duradero o se prolonga indefinidamente en el tiempo, pues bien cesa en un plazo de tiempo razonable, siendo, por tanto, soportable y superable, bien se prolonga indefinidamente, desvaneciéndose la intensidad del sufrimiento por acostumbramiento, o bien, por ser insalvable, acaba con nosotros definitivamente en un periodo temporal breve.

En definitiva, frente al mal físico y moral del mundo deberíamos escuchar la voz de Oscar Wilde (2016), un hedonista de tipo cirenaico que tras su estancia en la cárcel entre 1895-1897 llegó a la conclusión de que «así como el placer nos oculta el amor, el dolor lo revela en su esencia. El dolor y todas sus enseñanzas forman un mundo nuevo. El sufrimiento es una revelación. Uno llega a entender cosas que nunca había entendido antes. Porque quien sea capaz de contemplar la belleza del mundo, de compartir su dolor y de comprender en parte la maravilla de ambos, estará en contacto con las cosas divinas y se habrá acercado todo lo posible al secreto de Dios».

2. LA MUERTE O EL DESTINO HUMANO

LA MUERTE COMO CITA INEXCUSABLE

Por encima de la dolorosa realidad de la existencia del mal en el mundo, con sus variantes de violencia, enfermedad, sufrimiento e injusticia, y vinculada en muchas ocasiones a dicho mal, aparece la muerte, seguramente la verdad más desgarradora de la vida humana. Ahora bien, las reflexiones del pensamiento posmoderno sobre la muerte, considerada por un creciente volumen de población como mero horizonte-riesgo de una vida concebida como una continua experiencia de supuestas aventuras y retos (deportivos, viajeros, sexuales, estupefacientes, médicos —banalización de la COVID-19—, etc.), sin más sentido que el de ser un tope a ese vivir extremo, se centran, además de en tratar de aseptizar y estetizar la muerte, en encontrar la manera de mejorar el cuerpo y de alargar su duración para exprimir al máximo la existencia. De esta manera, esas reflexiones posmodernas sobre la muerte tienden a obviar y eliminar el *pathos*, es decir, las pasiones en torno a la idea misma y la vivencia de la muerte o lo que Unamuno llamó «el sentimiento trágico de la vida»

Esta huida del trascendentalismo tiene, por una parte, sus raíces estéticas y filosóficas en las vanguardias artísticas y, más concretamente, en la aversión de dichas vanguardias a incluir la muerte en su panorama temático si no es para hacerlo como objeto de burla o bien a modo de provocación, algo que se manifiesta claramente en la configuración del código humorístico posmoderno (véase, por el ejemplo, el tratamiento de la violencia y la muerte en las películas de Tarantino). Por otra parte, dicha huida del trascendentalismo se apoya también en el énfasis que pone la ideología posmoderna (dentro de un marco consumista neoliberal) en la instantaneidad o llamada continua al *carpe diem,* en el culto exacerbado al cuerpo y la juventud y en el *transhumanismo* o movimiento cultural e intelectual derivado de la fe en el progreso técnico ilimitado que tiene como objetivo final transformar la condición humana mediante el desarrollo y fabricación de tecnologías que mejoren las capacidades del hombre tanto a nivel físico como mental y que prolonguen la existencia del ser humano más allá de los umbrales de edad biológicos normales. En este sentido, y sin menoscabar las innegables aportaciones de ciertos avances en disciplinas como la medicina de la reproducción (reproducción asistida) o la ingeniería genética (terapia génica) a la mejora de la calidad de vida del hombre y a la extensión de la misma, investigaciones efectuadas a partir de la bioética y la neurociencia soslayan las posiciones filosóficas y espirituales más tradicionales como el debate sobre la conciencia de y en la muerte, para poner el énfasis en los aspectos que tienen que ver con el bienestar presente como, por ejemplo, la psicofarmacología. Es decir, dichas investigaciones colocan el foco sobre las acuciantes demandas hedónicas del hombre posmoderno en una búsqueda incesante de la perfección y la conservación del cuerpo que les lleva, finalmente, a través del *transhumanismo* radical, a un negacionismo utópico de la muerte que pretende afirmar que esta no es un *fatum* o destino inevitable, sino un «error» que la ciencia y la tecnología corregirán en un plazo de tiempo no demasiado largo.

La mentalidad posmoderna, pues, poniendo de manifiesto una actitud elusiva hacia la muerte, ofrece varias vías paralelas, basadas en la desmitificación, desdramatización y estetización de esta, en el amor al cuerpo y en la fe en el desarrollo científico, para debilitar la presencia de la muerte e incluso «vencerla» en la conciencia colectiva. La vía estética o superficial, por una parte, impone una visión *light* y distanciada de la muerte por medio no solo del humor negro sobre ella y de su naturalización en la ficción, sino también, por ejemplo, a través de una escenografía aséptica de la muerte despojada de cualquier búsqueda de sentido y articulada a través de unos servicios funerarios con unos tanatorios fríos y despersonalizados ubicados en las afueras de las urbes. Por otra parte, dicha vía estética, aliada con la ciencia, busca retrasar el envejecimiento natural a través de la cirugía y de tratamientos para la prolongación de la juventud (neurocosmética, nutricosmética, etc.). En cuanto a la vía exclusivamente científico-técnica de pretendido «triunfo» posmoderno sobre la muerte, se trata de una vía de tipo futurista fundamentada en una ciencia (biología, robótica, etc.) que promete, tal como se refleja en el arte (novelas y cine —*Robocop*—), la llegada de seres posbiológicos. Es decir, augura seres como el cíborg o criatura compuesta de elementos orgánicos y dispositivos electrónicos con la intención de mejorar las capacidades de la parte orgánica mediante el uso de tecnología (algo conseguido de manera limitada en la actualidad por medio de elementos como los marcapasos o los implantes biónicos, es decir, de prótesis e implantes mecánicos y electrónicos). Unos seres que teóricamente —llevando al extremo la tecnología— rebasarán la dimensión biológica convencional y se convertirán en la base de una nueva humanidad. Dicha humanidad podrá derrotar supuestamente a la muerte a largo plazo o, al menos, prolongar la vida gracias a una simbiosis de avances médicos, biológicos y robóticos, eliminando la barrera entre lo biológico y, por tanto, fungible y sujeto a caducidad, y lo artificial o implantado, equivalente a inmortalidad. Téngase en cuenta, en este sentido, que para un robot la muerte no es más que un *standby* mientras se reprograma o se «migra» su UCP (unidad central de procesamiento) a otro «envoltorio». De esta manera, para el nuevo tipo de humano cíborg morir no implicaría el trágico y agónico *pathos* unamuniano, sino meramente «dejar de funcionar» temporalmente.

Toda la trivialización posmoderna de la muerte, realizada por medio de un código humorístico que aplaude un humor negro crudo y desmitificador sobre ella y también a través de la estetización de lo relacionado con la decrepitud y la mortalidad, así como por medio de la futurista ensoñación tecnológica cibernética que promete su derrota definitiva, pone de manifiesto un sentimiento de malestar. Es decir, a pesar de la comprensión del carácter natural e inexorable de la muerte, de la asunción de su condición de inevitable hecho biológico por el que todos tenemos que pasar y de su constitución como un elemento inherente a la Naturaleza que hace posible la historia como sucesión de generaciones, las variadas máscaras estéticas y tecnológicas que el hombre coloca ante ella indican que la conciencia por parte del ser humano de que va a morir le aleja de la felicidad y le hace desgastarse y malgastar su vida. Dicha conciencia de la mortalidad está ahí, atenazando al hombre, aunque en la época posmoderna algunos individuos, lejos de meditar sobre la fragilidad de la vida, busquen riesgos mortales y estúpidos (*selfies* y videos extremos, etc.) para darle un aliciente a sus vacías existencias. Es sobre todo la muerte de personas queridas la que tiene unos efectos de sufrimiento más devastadores que pueden conducir, por la vía de la depresión, al suicidio, y que se acrecientan cuando el fallecimiento se produce a una edad biológica temprana o si la muerte es por causa violenta. Al final, sea una causa natural biológica (enfermedad o vejez), un accidente o un acto violento, ante la muerte, sobre todo ante la muerte prematura de alguien a quien apreciamos o ante nuestra propia muerte si somos conscientes, como en el caso de padecer una enfermedad incurable, de que vamos a morir de manera inminente, surge siempre, estérilmente, la pregunta del porqué, una cuestión recurrente para la cual sabemos que no hay respuesta consoladora alguna y que mina nuestra felicidad de manera inevitable.

Estamos ante un hecho inscrito en el ADN de la humanidad. Esto es, el miedo a la muerte (y el ansia de inmortalidad) está presente en la especie humana desde tiempos remotos como así lo atestigua, por ejemplo, el *Poema de Gilgamesh*, un texto mesopotámico de origen sumerio que es al mismo tiempo la epopeya histórica más antigua de la que se tiene constancia (1800 a. C.) y una narración de hondos valores literarios y filosóficos que relata la búsqueda de la inmortalidad en un contexto sombrío, dominado por la soledad, la violencia y el temor a la muerte. Al ver morir a su amigo Enkidu (representante de la Naturaleza y lo salvaje), Gilgamesh (representante de la civilización y los valores urbanos), rey de Uruk, experimenta la angustia de reconocer que algún día él también se verá en ese mismo trance e inicia un largo y peligroso viaje en busca de Utnapishtim (el Noé sumerio), el único hombre inmortal, que había sobrevivido junto con su esposa al diluvio universal y vivía en el lejano monte Nisir. Tras muchas vacilaciones, Utnapishtim revela a Gilgamesh que la planta que otorga la eterna juventud se encuentra en las profundidades del mar. Gilgamesh se sumerge en las aguas y encuentra la planta, pero una serpiente se la roba en el camino de regreso y el héroe, desconsolado, vuelve a Uruk para terminar sus días sin haber alcanzado su anhelo. En 2001 el asiriólogo Giovanni Pettinato, a partir del texto de cuatrocientas tablas de arcilla que le entregaron arqueólogos iraquíes, descubrió un final de la epopeya Gilgamesh que se cierra, al regresar el rey a Uruk, con su suicidio ritual junto con ochenta altos cargos de su corte (Bo, 2001). Fuere cual fuese su final (muerte natural o suicidio ritual colectivo), la figura de Gilgamesh conserva su vigencia hoy porque, junto con el canto a la amistad sagrada que contiene la obra, el anhelo de escapar de la muerte que mueve al personaje principal es un sentimiento universal igual que la lección que recibe, esto es, que la inmortalidad es un don exclusivo de los dioses y que es una estupidez aspirar a ella.

Hay que asumir como un hecho innegable de la existencia humana que mientras que frente a casi todas las cosas es posible procurarnos algún tipo de seguridad, ante a la muerte, esa gran igualadora, todos estamos completamente inermes. La muerte es el final natural e inevitable de la condición humana contra el que no hay defensa posible. Puede que nuestro miedo a la muerte tenga una raíz psicológica en la avidez de honores y riquezas propia de la raza humana; un ansia ilimitada de poder («voluntad de poder» nietzscheana), de control sobre otros congéneres y de acumulación de bienes que aferra a la vida y que alimenta la ambición, la corrupción y la agresividad de los hombres durante sus breves existencias, empujando a la sociedad a la ruina a través de violencias incontables. Sin duda, entre los motivos de temor a la muerte está el terror a la privación de sensibilidad o limitación definitiva de la experiencia sensorial (dejar de sentir) que significa el morir. Estrechamente relacionado con este motivo de pavor a la muerte se sitúa la aniquilación y disolución absoluta del yo o el fundido a negro del yo (pérdida de la conciencia individual). No menos angustiante es el temor al proyecto inconcluso, esto es, a la existencia no realizada.

Por otra parte, para aquellos que creen en alguna forma de supervivencia (del alma) en un supuesto más allá, el motivo de miedo a la muerte es la incertidumbre de lo que puede haber tras ella. Esto es, bien la continuación de alguna forma del existir en otra dimensión en contacto etéreo o no con la realidad visible para los vivos y recibiendo premios celestiales o castigos infernales según nuestra trayectoria moral vital, o bien la reencarnación, con la pérdida de la identidad anterior, la adopción de otra forma orgánica y el disfrute o padecimiento de una nueva vida en función del karma acumulado en anteriores existencias.

Ahora bien, si, por una parte, no hay esperanza alguna de sortear la muerte ni tampoco se puede evitar fácilmente el dolor ante ella, no tanto o no solo el hecho de ser consciente de que se va a morir en algún momento y de sentir constantemente la presencia la muerte a través de la desaparición de seres queridos, de meros conocidos o de personas anónimas, sino sobre todo la angustia que asalta al moribundo que es consciente durante su agonía del inminente acabamiento personal que le aguarda, por otra parte, no obstante, al menos sí que es posible adquirir, a través de la meditación continua, la serenidad de no temerla en nuestro día a día. Para ello, según el consejo que da Epicuro a través del segundo ingrediente de su tetrafármaco, esto es, «no hay que temer a la muerte», hay que considerar que ante ella es absurdo e injustificado cualquier miedo, pues nadie tiene esa experiencia. Recuérdese que para el hedonismo epicúreo todo bien y todo mal radican en la sensación y ambos hacen referencia al placer y al dolor respectivamente como estados contrapuestos en que la sensación se manifiesta. Sin embargo, la muerte es la privación de la sensibilidad y, en consecuencia, no puede aparecerse como un mal para el sujeto que, privado de sensación, está asimismo privado de la conciencia de mal. Es decir, nadie siente o vive su muerte una vez muerto y, por tanto, desde un punto de vista racional la muerte no es nada para los hombres, ni vivos ni muertos.

Aunque haya consciencia de ella mientras se vive, si no hay sensación de lo que llamamos muerte, porque la muerte equivale a la supresión de toda sensación, entonces la muerte no es nada para nosotros ni mientras existimos ni cuando dejamos de hacerlo. Esto es, no hay en absoluto ninguna relación entre la sensación y la muerte y, por tanto, dado que la vida es el contexto de toda sensación posible, la muerte y la vida no se tocan. Solo tenemos la capacidad de percibir y de sentir cuando estamos vivos, pues los sentimientos o afecciones son las reacciones de placer y dolor ante las sensaciones, las cuales, a su vez, son captadas por los órganos sensoriales que forman parte del cuerpo viviente. Cuando el cuerpo muere los órganos sensoriales ya no pueden captar datos y eso quiere decir que tampoco podemos tener sentimientos de ningún tipo. En otras palabras, al dejar de funcionar el organismo humano y perecer el cuerpo, con él perece también la conciencia que de alguna manera puede identificarse con el concepto de alma. Es decir, al quebrarse la asociación psicosomática que era el ser viviente, la psique no tiene capacidad de supervivencia ni de sensación fuera de ese organismo: nace con el cuerpo entero y muere con él.

Asumiendo que, por el cese de la sensibilidad psicosomática, nada bueno ni malo supone la muerte para el que abandona la existencia, lo más temible de la muerte es que es un límite para la vida y, por tanto, para el placer. En este sentido, frente al estéril terror a la muerte como límite vital, ante una muerte que puede ser considerada como aquello que con su presencia no perturba y que, por tanto, en vano aflige con su espera, es necesario aprender a vivir y a meditar serenamente sobre ella o tener conciencia de ella sin afligirse, acostumbrándonos a pensar que el hecho de la conclusión de la vida no tiene en sí nada de espantoso. Es más, el recto conocimiento de que la muerte no es nada para nosotros, de que es una inexcusable terminación que no percibiremos cuando se haga efectiva, hace dichosa la mortalidad de la vida porque elimina el ansia de inmortalidad (pensándolo bien la vida eterna sería aburrida) y nos hace conscientes del tesoro que supone disfrutar de la finitud de la existencia. Esto es, una buena parte de las actividades humanas adquieren su valor por el hecho de que son irrepetibles. Así, por ejemplo, nuestro placer en la experiencia inmediata de los juegos de luz y sombras en un bosque, en el frescor de las aguas de un río al introducirnos en él, en el aroma de la piel de la persona amada o en el reflejo de la luz en el iris de sus ojos, proviene en parte del hecho de que nos encontramos ante unos efectos (y vivencias) pasajeros que tal vez no volvamos a contemplar y sentir jamás. A este respecto, nuestra mortalidad nos hace valorar el presente porque puede que no tengamos un futuro.

Porque, de hecho, es la realidad de la muerte y de su carácter conclusivo lo que da a nuestras vidas gran parte del significado que estas tienen.

Además, para Epicuro, sí parece claro que la muerte (privación de sensibilidad) no puede afligirnos con su presencia, porque mientras nosotros existimos ella no está presente y cuando ella está presente ya no estamos nosotros (hemos sido privados la percepción de toda sensación), tampoco debería apesadumbrarnos con su expectación o espera, convirtiéndonos en necios que, ante el temor a una muerte inevitable y omnipresente y por el deseo de envejecer a toda costa, viven sin gozar de la vida. Es decir, necios que pretenden conseguir una vida duradera sin sacar provecho de ella (sin vivirla en sentido amplio), consumiendo así su existencia inútilmente en una espera, desconociendo que quien menos necesita del mañana accede con más gozo a ese hipotético mañana que no está garantizado para nadie.

Contra la aflicción generada por la espera de la muerte hay que ser conscientes de la irracionalidad que supone la ansiedad por vivir y la voluntad de prolongar la vida, pues si se objeta que se ha gozado poco y se necesita una larga vida para el placer, hay que tener en cuenta que un tiempo infinito y uno limitado contienen igual placer si uno mide los límites de este mediante la reflexión serena. Es decir, si bien el cuerpo concibe los límites del placer como infinitos y querría un tiempo infinito para obtenerlos y disfrutarlos, no obstante, la mente serena y racional sabe que, si el cuerpo disfruta adecuadamente de los pequeños placeres y felicidades que le brinda la vida cotidianamente a través de diferentes instantes, no se debe temer en absoluto por la interrupción de la existencia en cualquier momento. También la mente serena reconoce que la calidad e intensidad de los placeres es mejor que su obtención en gran cantidad y en una prolongada extensión temporal. Es decir, la mente racional sabe que el placer es un bien colmado en sí mismo y que, por ello, el mayor tiempo solo lo alarga, pero no lo mejora. Recuérdese, en este sentido, el sabio refrán que dice que «lo bueno, si breve, dos veces bueno».

Parece claro que la habituación al pensamiento de que la muerte no es nada para nosotros define, respecto de aquella, y con la vista puesta en la consecución de la serenidad del ánimo, una de las tareas fundamentales de aquel que busca la felicidad. Ahora bien, la mera constatación de la veracidad racional de la afirmación de que la muerte no es nada para el hombre no aporta ningún beneficio terapéutico y liberador, a menos que su sentido sea frecuentado en una continua meditación. El efecto terapéutico no consiste en disimular el hecho de la muerte, ni tampoco en consolarnos por su fatalidad. La radicalidad del hecho de la muerte no es escamoteada por la comprensión racional y natural de la misma, sino asumida correctamente. La muerte es, sin duda, el peligro inextirpable que acecha la existencia y ante ella, como decía Epicuro, todos los hombres habitamos una ciudad sin murallas. Pero asumiendo este conocimiento alcanzamos el gozo, no solo a pesar de que somos mortales sino en cuanto lo somos. Porque pensar y tomar plena conciencia de que la muerte no es nada con relación a nosotros nos abre al gozo, no de una vida que olvida la muerte, sino de una existencia que se sabe mortal. Es, en este sentido, un conocimiento que hace gozosa la condición mortal de la vida. Precisamente esa alegría es la que se nos sustrae inexorablemente tan pronto queremos concebir nuestra vida sin término, sin límite; tan pronto nos relacionamos con nuestra vida a partir del deseo de inmortalidad. Y es que aquel que busca la felicidad desde la ecuanimidad no ve mal ni en la vida ni en la muerte, no ve nada temible en el vivir porque ha comprendido que nada terrible hay en el no vivir. Además, no mide el tiempo cuantitativamente, por su mera extensión, sino cualitativamente, es decir, por la riqueza de experiencia que en él se da, disfrutando no del tiempo más dilatado, sino del más placentero.

Según Epicuro, conocer los límites del cuerpo humano desvanece los temores generados por la realidad de su carácter perecedero y nos procura una dicha cotidiana perfecta. Se trata de una felicidad que elimina la necesidad de un tiempo ilimitado para disfrutar del vivir y que cuando las circunstancias disponen nuestra partida de la vida hace que no nos revolvamos contra nuestro destino mortal como si nos hubiera faltado algo para una existencia óptima y plena. La felicidad, desde este punto de vista, consiste en placeres cotidianos, en un disfrute prudente del aquí y del ahora alejado tanto de ascetismos mortificadores como de excesos destructores. No consiste, en cambio, en objetivos lejanos ni en sueños convertidos en irrealizables y acuciantes deseos que una repentina muerte pudiera frustrar, dejando así a una vida a medio hacer o realizar. Por eso, la meditación de nuestra mortalidad debe llevarnos a apreciar más y mejor el tiempo que tenemos a nuestro alcance, ya que nacemos una sola vez y no podemos vivir eternamente. No obstante, sometemos la felicidad a dilación, olvidando que no somos dueños del mañana sobre el que nos angustiamos, obsesionamos o construimos castillos en el aire, mientras la vida se nos consume en un inútil temor y una estéril espera y morimos sin gozar ni de tranquilidad ni de alegría.

Es estúpido no vivir la vida presente y afanarse extremadamente para vivir otra vida que no es esta, mientras entretanto el tiempo desaprovechado se desvanece ante nosotros sin que nos percatemos de ello. Igual que es estéril estar anclados en el pasado (recuerdo nostálgico, dolor de lo que no ha sido o de lo que fue y arrepentimiento), tampoco se debe pensar demasiado en el futuro (proyectos inalcanzables) ni dejar de vivir y aprovechar el momento por miedo a morirse, renegando en los tres casos del presente. Un presente que, de esa manera, es dotado de un carácter de purgatorio o de espera en el que el recuerdo del pasado, el temor del momento actual o la esperanza del futuro ocupan todo el tiempo de la vida. Actuando así, vaciamos al presente de su «momento adecuado u oportuno» (gr. *kairós*), que no es vivido conscientemente y, por tanto, aprovechado, y sometemos la existencia a la tristeza del diferimiento, la dilación y la inquietud, cuando, de hecho, el pasado ya no existe y el porvenir ni debe ser esperado como predeterminado a ser, ni hay que desesperar de él como si estuviese destinado a no ser. No tiene sentido alguno, en fin, la postura de aquel que se pasa toda su vida sufriendo al pensar que algún día se tendrá que morir, pues, por un lado, este es un hecho inevitable y por mucho que lo intente no podrá escapar de él y, por otra parte, esa continua angustia le impedirá disfrutar del momento presente de la única vida que va a tener y que, de este modo, está desperdiciando.

Aunque, *a priori*, no sea nada agradable aceptar que el hombre es, ante todo, un ser mortal, expuesto a la enfermedad, los accidentes y la acción del tiempo, y, sobre todo, aunque no sea plato de buen gusto asumir ese carácter temporal y provisional de la vida cuando la muerte afecta a un ser amado o somos conscientes de nuestro propio final, la actitud que, en definitiva, según el epicureísmo, hay que interiorizar y aplicar respecto de la muerte no es otra que la aceptación gozosa del hecho de que, aunque por naturaleza somos enteramente corpóreos, frágiles y efímeros, se nos ha dado la oportunidad de vivir y disfrutar de la existencia, con sus luces y sus sombras. Y esa maravillosa oportunidad hemos de aprovecharla acostumbrándonos a que los placeres son, como nuestro tiempo, limitados y que deben gozarse con alegría y sensatez, sin privaciones ni desbocamientos, sin angustias ni sueños locos, no temiendo a la muerte y sabiendo que, cuando nos llegue, no nos afectará.

Así pues, a pesar de que no sea fácil aceptar que la muerte implica el cese de toda forma de consciencia, porque, por naturaleza, todo ente tiende a persistir en su «ser», la realidad, según Epicuro, es que el verdadero ser, el único que tiende a persistir y perdura eternamente, recombinado o recolocado, es el átomo, y que no sucede así con sus movimientos y conjunciones, de los cuales resultan, entre otras muchas cosas accidentales, el yo y la conciencia humanos. La eternidad está reservada, de esta manera, para las indivisibles partículas que se mueven en el espacio y tal vez también (si es que existen, como lo afirma el epicureísmo) para el cuerpo o cuerpos de la divinidad o divinidades, formados por agregación de átomos en renovación continua, sin decadencia ni desgaste corporal, indestructibles y, por lo tanto, inmortales. El hecho de que el ser de nuestra consciencia sea menos ser que el ser del átomo es acaso lamentable, pero es un hecho real para la física atomista, un hecho frente al cual el amor a la vida es el único antídoto. De todos modos, si se piensa bien, ¿no es la muerte como un sueño profundo e inconsciente continuado? Y ¿hay algo más dulce que el sueño profundo, en el que estamos alejados de la crueldad, de la tristeza, de los dolores y amarguras de la vida de vigilia?

EL SUICIDIO: UNA SALIDA DE EMERGENCIA EXTRAORDINARIA

En relación con estas preguntas retóricas debe decirse que, si bien para la mayoría de la gente la muerte es considerada como el mayor mal por ser el cese abrupto de todos los bienes de la vida, para algunos, no obstante, es vista como el fin de sus males, como un descanso de las miserias de la vida. Este último es el caso de algunos ancianos, de los enfermos graves o incurables que sufren mucho, de los aquejados de depresiones patológicas, de aquellos depresivos pesimistas —y suicidas potenciales— que permanentemente ven en la vida solo un filón de dolores, y de los que en un determinado momento de su existencia sienten, por la razón o circunstancia que sea, que su vida les resulta insoportable. Para todas estas personas, condenadas naturalmente a morir como el resto de los seres vivos, el adelanto de su muerte por medio de la eutanasia (muerte asistida) o del suicidio, es, en el uso de su libertad, una salida digna del mundo y de sus dolores. No obstante, según Epicuro, para aquel que busca la felicidad desde la sabiduría, dicho acto de autoaniquilación, difícil de juzgar para cualquier hombre, debe evitarse. Esto es, aquel que desde la cordura va en pos de la felicidad, considera, no solo que la vida es un bien en sí misma, sino que además dicha vida es, sobre todo y aún en las condiciones más adversas y dolorosas, una posibilidad única de experimentar el placer y, por tanto, la felicidad. Por eso, desde esa óptica epicúrea de afirmar la vida o decir sí a la vida en todo momento y situación y con todo el respeto a la decisión soberana de cada cual sobre su cuerpo, el hombre que encuentra muchos motivos razonables para abandonar la vida, a menos que sea víctima de unas circunstancias que de manera irrebatible y objetiva le impidan, bajo cualquier forma, la posibilidad de felicidad y le condenen irremisiblemente al sufrimiento, tiene poco interés en gozarla y manifiesta, por ello, una gran estulticia al desaprovechar una oportunidad única e irrepetible.

Es decir, desde la perspectiva epicúrea, el considerar la muerte como un descanso para los males es algo propio de aquellos que no han tenido el sentido común y la capacidad de disfrutar de los placeres que la vida ha puesto a su alcance. Ahora bien, reconocer que el vivir es un bien en sí mismo no significa obviar que es preferible vivir durante un periodo menor de tiempo, pero disfrutando de esos años, que vivir durante mucho tiempo sin disfrutar de una auténtica calidad de vida, pues, no se goza del tiempo más extenso (cantidad) sino del más placentero (calidad). No obstante, ni el reconocimiento del bien inherente al vivir implica un rechazo frontal de la libre decisión del suicidio, ni el matiz de que más vale vivir bien, aunque menos tiempo, que no vivir mal durante mucho tiempo significa una apología del suicidio.

En definitiva, para el epicureísmo, el suicidio, que hoy en día en Occidente es el síntoma de una grave enfermedad social y cultural (en España en 2019 fue la primera causa de muerte entre los jóvenes de entre quince y veintinueve años, por delante de los accidentes de circulación y el cáncer, con un crecimiento del 30% desde 2010), no resulta, en general, aconsejable. Ello es así porque al llevarlo a cabo nos estamos privando de la posibilidad de disfrutar de las diferentes situaciones placenteras que junto con las dolorosas nos irán saliendo al paso en la vida y que hacen preferible decir sí a la existencia antes que abrazar la alternativa de la autoaniquilación. Respecto al dolor físico o psíquico como justificación del suicidio, debemos asumir que, aunque no parezca de esa manera, según Epicuro, concretamente según el cuarto ingrediente del tetrafármaco epicúreo, el mal o dolor presente en nuestra existencia es fácil de soportar por dos razones. Así, por una parte, si se trata de un dolor que no sea difícil de superar, debemos eliminarlo de nuestros pensamientos y esperar su cese inminente. Y, por otra parte, si es un dolor imposible de evitar, debemos admitirlo con resignación, ya que si adopta la forma de un dolor insalvable y corto nos mata, acabando con nuestro suplicio, y si no termina con nuestra vida es porque en realidad es llevadero, insensibilizándose los sentidos (con la ayuda de fármacos) y, en consecuencia, dejándose de percibir el dolor si este se prolonga mucho. Además, si se tiene en cuenta que el futuro en gran medida no nos pertenece, pues hay factores y variables que escapan a nuestro control, pero al mismo tiempo se considera que ese futuro tampoco en absoluto nos deja de pertenecer, puesto que poseemos la libre voluntad que nos permite decidir, al menos en ciertos casos, qué es lo que queremos hacer, no deberíamos lamentarnos y desesperarnos, hasta el punto de desear abandonar la vida, ante hechos y circunstancias que ocurren de forma contraria a la que habíamos previsto (véase, en este sentido, el incremento de suicidios en tiempos de depresión económica). En suma, el suicidio (muchas veces el síntoma de una dolencia psíquica) es simplemente una opción que determinadas personas en ciertos momentos consideran como la más válida para ellos, y si bien va contra el principio epicúreo de que el vivir es un bien en sí mismo y la única oportunidad de disfrutar de unos placeres propios del existir, no obstante, es una decisión respetable que cada uno debe tomar a nivel personal y con plena conciencia, siendo solo criticable la postura exhibicionista de quienes utilizan la amenaza de un suicidio que nunca van a cometer como pose estética o como modo de llamar la atención.

3. EL DESEO Y EL PLACER O LAS RAÍCES DE TODO BIEN Y MAL

LAS REDES DEL DESEO Y EL PLACER POSMODERNOS

Si por algo se caracteriza la permanentemente insatisfecha, hedonista y narcisista sociedad posmoderna es por regirse por la satisfacción temporal y lo más inmediata posible de unos deseos de consumo generados en los individuos por la publicidad y las TIC. Tanto la propaganda como las tecnologías de la información y la comunicación, por la vía de la seducción, la apelación a las emociones y el estímulo de necesidades superfluas, suscitan, incentivan y crean deseos cuya realización aparentemente proporciona placer. De esta manera se favorece la creencia general de que un alto nivel de consumo para satisfacer deseos se corresponde con un elevado grado de placer y, por tanto, con un alto nivel de vida y felicidad, objetivos primordiales de toda existencia. En este marco mental, consumir es la afirmación lógica, coherente, completa y positiva de la desigualdad a la vez que la aspiración ilusoria de ganar puestos en una carrera por la apariencia de poder y felicidad que nunca tiene fin.

En el reseñado contexto social e ideológico hedonista posmoderno, denunciado por algunos como veneno moral y social y aclamado por otros como signo de emancipación colectiva respecto de una moral hipócrita percibida como máscara y vanguardia del control social, el aparentemente sólido convencimiento de que el bien y fin supremo del ser humano es el placer (hedonismo) no parece corresponderse con una vida que lo alcance con facilidad. Nos encontramos, por ello, ante una psicología y cosmovisión hedonista que cristaliza en muchos casos en una sociedad que no sabe gozar ni disfrutar plenamente de las delicias de la vida. Sin ningún género de dudas, hoy en día satisfacer todo deseo es una invitación cultural que el sujeto recibe constantemente, una norma social que se vuelve casi una obligación individual. Ahora bien, la satisfacción apremiante de cualquier deseo, que a primera vista parece una conquista de libertad, se trata en realidad de una concesión consolatoria y reparadora del sistema, una falsa Jauja que remedia aparente y efímeramente el gran fracaso de la posmodernidad que no es otro la incapacidad, después de la caída de los grandes mitos de la humanidad moderna (Dios, Razón y Socialismo), de imaginar una narración épica compartida, un futuro colectivo y un objetivo común y sólido.

Gobernado por una visión económica y tecnológica, el mundo actual se encuentra sin un mito sólido que abra un horizonte que sea más amplio que la pretendida mirada individual, y esta deficiencia u orfandad mitológica tiene un precio además de la ausencia de una moralidad sólida: la oferta a todo individuo de una gran cantidad de fantasías así como el estímulo de diversos apetitos que, por no nacer realmente del sujeto (falsa hiperpersonalización), cohesionan borreguilmente el tejido social, orientando a las masas en la misma dirección dentro de un supuesto desarrollo general ilimitado. Porque la pérdida de la autonomía del deseo, es decir, la aparición de falsos deseos supuestamente individuales pero realmente generados por el sistema para tapar el vacío generado por el abandono de una esperanza colectiva, es relevante por el hecho de que no puede existir ninguna sociedad sana si el sueño personal real de sus integrantes no tiene la oportunidad de realizarse individual y colectivamente de forma auténtica y efectivamente satisfactoria. De esta manera, queda claro que el deseo que el individuo posmoderno persigue no es verdaderamente suyo, no es la forma que adquiere su alma al encontrar el mundo real, sino un reflejo despersonalizador que proviene del mundo virtual que crean los medios de comunicación de masas y las TIC. Los deseos personales se tornan, así, orgánicos a los intereses de quienes los orientan desde el vértice de la pirámide social. Tal vez por eso, a causa de esa mediatización vertical del desear colectivo, hoy en día el derecho a satisfacer dichos deseos postizos y dirigidos desde arriba sea percibido erróneamente por el común de los mortales como sinónimo de libertad y democracia, como un fetiche ideológico que no se puede cuestionar.

Asumiendo que publicidad-seducción-compra-consumo es la ruta habitual de la emoción anhelante para el individuo posmoderno, el cual reconoce sus deseos primariamente con la mediación de la publicidad a través del espejo del mercado, hay que señalar que, desgraciadamente, este mecanismo, concebido por el sistema capitalista para acelerar y sustentar el flujo de las mercancías, se ha vuelto un resorte psicológico al que se recurre no solamente en la relación económica utilitarista forjada por las empresas entre las personas y los objetos, sino también en el mundo inmaterial e íntimo de los individuos. En este contexto, el deseo se reduce a un anhelo intenso a la vez que frágil, a una carencia (real o falsa) esperanzada que se llama excitación. En tal sentido, en el túnel de espejos multiplicadores que caracteriza la alucinación consumista, la raíz primordial del deseo posmoderno —extenuado bajo el peso de evanescentes objetos seductores en continua proliferación— es la excitación, la cual no surge tanto de la obtención del placer ambicionado como del deseo de repetir la experiencia de la agitación. Si hoy la excitación sensorial es el verdadero objeto del deseo es porque desde la cosmovisión posmoderna la realidad tangible se percibe como líquida, impalpable, abstracta, mientras que las emociones y las sensaciones, promocionadas por el sistema de consumo masivo a través de la publicidad, los *mass media* y las TIC, se han transformado en mercancías muy cotizadas y útiles para espolear el consumo a gran escala.

La excitación es la cuerda tensa del arco que lanza la flecha del deseo al blanco del placer. Por eso, se puede decir que la excitación busca y al mismo tiempo es la concentración del ímpetu anhelante que, al relacionarse mental o físicamente con el objeto del deseo, se carga de ansia como un resorte. Instrumento del deseo y anuncio del placer, la excitación es en la vida sexual un ingrediente sabroso del juego erótico que puede prorrogar su desarrollo. Ahora bien, la extensión de la excitación propia del ámbito sensual-sexual a otros campos vitales o la invasión por dicha agitación sensorial de todos los aspectos de la vida individual y social ha provocado que la excitación deje de ser solo una ola de intensidad excepcional en el pacífico mar de la vida para erigirse en una vibración adictiva exigible y común a toda experiencia vital.

El deseo siempre busca un límite para aplacarse, para alcanzar la terminación de su carrera, una meta placentera que le permita liberar la tensión acumulada. No obstante, la sociedad *no limits* en la cual vivimos y que nos ha acostumbrado a lo excepcional, es el terreno más fértil para un tipo de deseo interminable en el que la obstinación se resuelve en insatisfacción. De esta manera, el deseo posmoderno no se apaga por saciedad sino por agotamiento y aburrimiento. El deseo le ha ganado la batalla al placer cuya consecución era su objetivo originario. Es decir, el medio (deseo) se ha convertido en un fin en sí mismo que no lleva a ninguna parte: no culmina en el placer o al menos no en un auténtico y satisfactorio placer. Esta situación se debe al hecho de que el capitalismo avanzado ha reconocido en la condición psíquica excitada el mecanismo propulsor del consumo masivo de bienes y servicios y utiliza los medios de comunicación como comadronas que ayudan al nacimiento de la excitación y como niñeras que cuidan su crecimiento. El resultado es una sociedad posmoderna constantemente sobreexcitada. No se trata solamente de un inocente culto a la satisfacción de las pulsiones individuales, sino de la presencia de ansiedad, ira y morbosidad a raudales en la excitación contemporánea, unos sentimientos nocivos que quedan puestos de manifiesto a través, por ejemplo, de las actitudes agresivas de las aficiones en el fútbol, del fisgoneo enfermizo del telespectador y del internauta de crónica negra, de la fantasía perversa del adicto a la pornografía virtual dura llevada en ocasiones a la práctica (violaciones grupales), de la bilis desatada del *hater* en las redes sociales o del violento delirio de omnipotencia del cocainómano un sábado por la noche cristalizado en aleatorias palizas mortales o en conducciones suicidas (kamikazes).

Si la sociedad posmoderna adora la excitación es porque no aguanta el aburrimiento. Este disgusto por el tedio parecería una virtud moral y una apología de la vida vivida con plenitud si no fuera evidente que la dependencia contemporánea respecto de la excitación estimula de manera desmesurada nuestros sentidos y los acostumbra a dosis cada vez mayores de intensidad emocional. Así, con y sin el bolsillo lleno, tratamos de conseguir la excitación en escaparates y pantallas de todo tipo, y resulta difícil evitar la comparación con la tolerancia del toxicómano a la droga que lo obliga a aumentar la dosis que ingiere. Epicúreos y estoicos, que veneraban la imperturbabilidad frente a los acontecimientos y el control de las pasiones, parecen hoy extraños intrusos en la historia de la civilización occidental. El hombre del siglo XXI ha olvidado que en una condición de verdadero placer o deleite genuino el sujeto no necesita más de lo que está gozando y que ello, además, le permite emanciparse del insatisfactorio consumismo masivo.

Teniendo esto en cuenta, es fácil admitir que cuando la máquina del consumo dice que quiere clientes felices miente, pero no cuando dice que los quiere excitados. El modelo psicológico perfecto para la economía de mercado masivo es el deseo no plenamente satisfecho, es decir, la tensión anhelante de la excitación, el deseo que nunca se transforma enteramente en aquel placer que hace autónomo al sujeto que goza. Solo así el consumidor se convierte en un perfecto engranaje de la máquina, orgánico al crecimiento perpetuo del consumo. Lo único que puede desinflamar la proliferación descontrolada del deseo mercantil artificialmente alimentado es el placer asumido como actitud de independencia e integridad. La seducción cuantitativa que el mercado pone en escena (*neofilia*, vivencia continua y amnésica de experiencias de «usar y tirar», etc.) puede neutralizarse aprendiendo a vivir el placer cualitativamente (deleite consciente y reposado del momento y la vivencia, repetición sosegada de una experiencia anterior con nuevos matices, etc.). Asimismo, vivir el placer sin histrionismos y cabalmente en el presente, con la libertad que ofrece la emancipación respecto del porvenir, libera al deseo de la esclavitud del futuro. En este sentido, y aunque el hombre posmoderno viva en un presente continuo, puede afirmarse que el ser que desea o el ser anhelante de placer no conoce el tiempo presente, pues la separación temporal y espacial entre el individuo y el objeto generador de placer lo empuja siempre hacia un futuro, más o menos lejano, en que se debe verificar la prometida y pretendida unión placentera o, como de hecho sucede, generarse una nueva excitación por la vía de un renovado deseo.

Además, dicho hombre tampoco conoce, más allá de un anhelo idealizador, el objeto de placer que lo atormenta y deleita, pues cuando lo tiene enfrente y lo obtiene, el deseo se transforma y disipa en placer, el cual, al contrario que el deseo, no tiene miedo, sino que es por definición irresponsable y no busca más de lo que encuentra en el instante en que lo goza. A este respecto, a los ojos de la mentalidad de Occidente, el placer tiene un vicio irreparable que no afecta al deseo: el placer encuentra en sí mismo su principio y su fin, no concibe una realidad separada ni percibe una ausencia atormentadora. Esta inmanencia o falta de trascendencia del placer va en contra de toda la historia del dualismo religioso y laico occidental, el cual está profundamente instalado en las conciencias y, alimentando una tensión incesante hacia el futuro (desde lo anodino, presente e inmanente anhela lo positivo, futuro y trascendente), tiene una consecuencia psicológica: deseamos mucho más de lo que gozamos, pues, como se ha señalado, el placer se agota en cuanto a gozo en la consumación del acto o en la consecución del objeto que lo genera, mientras que el deseo origina una expectativa que angustia a la vez que alegra (recuérdese la frase del ilustrado alemán Lessing que dice que «la expectativa de placer es en sí misma placer»). Teniendo esto en cuenta es más fácil entender porqué en Occidente el deseo, que mira anhelante hacia el futuro y que proporciona gozo y sufrimiento durante la espera, ha sido aceptado y considerado como motor de la realización personal, mientras que el placer, que se agota en sí mismo en breve tiempo y causa decepción, ha sido visto como una experiencia egoísta, superficial e improductiva, enemiga de la virtuosa laboriosidad. Esto es, porque para la tradición judeocristiana y la reforma protestante gozar significa traicionar la tarea productiva del ser humano, una tarea espoleada por el beneficioso deseo de progresar y mejorar material, moral y espiritualmente. El sistema capitalista ha tomado nota de ello y ha sabido instrumentalizar la posición privilegiada del mecanismo del deseo en la mentalidad occidental para prometer a los individuos la obtención continua, a través de él y por medio de un trabajo duro —explotación a cambio de un salario mínimo— y de un ocio y consumo desaforados, de un vedado y anhelado placer (descalificado desde el advenimiento del cristianismo hasta el Renacimiento); de un placer, de hecho, falso (basado en necesidades artificiales) y que el sistema realmente nunca proporciona a los individuos de manera prolongada y satisfactoria (estrategia consumista basada en el mecanismo de la excitación-deseo y generadora de una insatisfacción permanente que empuja a un consumo sin fin).

Recapitulando, podemos decir que la condición posmoderna revela que, en la sociedad consumista organizada por el mercado, el deseo es una trampa para que el sujeto se oprima a sí mismo con una cadena de caprichos y dependencias que lo vuelven el verdadero producto del mercado; un ser anhelante que la comunicación masiva vende al mundo económico y político como dócil e inagotable consumidor de ilusiones. Es un hecho que vivimos dentro de un flujo constante de deseo y que dicho deseo, ahogado en su mismo exceso y confundido por la velocidad del consumo, no puede abrevarse en el placer y apagar su sed en él. La costumbre y obsesión de desear asedia incluso el momento del placer, volviéndolo insatisfactorio muy rápidamente para abrir camino a otro deseo (transformación del fin en un medio). Y es que, en el fondo, no son los objetos del deseo lo que nos atrae, sino el hecho de conseguirlos y consumirlos *ipso facto* para poder así volver a desear otra vez. Por eso, la realidad parece ser un desierto ilimitado donde el deseo vaga sin dirección como un caballo desbocado y donde el placer es un efímero e insatisfactorio espejismo en forma de oasis que facilita una huida breve de la pesadumbre y el descontento que impregnan al ser posmoderno, anhelante de continuas sensaciones nuevas. La experiencia del placer que procede de esta situación es algo muy fugaz, una chispa fulminante similar a un orgasmo animal que deja un vacío sensorial y espiritual que debe volver a llenarse lo más pronto posible.

Atendiendo a este contexto hedonista desenfrenado, mercantilizado y totalmente insatisfactorio propio de la posmodernidad, donde deseo y placer están instrumentalizados por el mercado, es natural que surja la pregunta sobre de qué manera podemos en pleno siglo XXI ser capaces de elegir con prudencia epicúrea los deseos y placeres necesarios para la felicidad. Para poder responder a esta cuestión debemos clarificar primero los conceptos de deseo y placer, la estrecha vinculación entre ellos, así como su relación con la felicidad.

EL FUEGO DEL DESEO

El deseo puede ser descrito como el movimiento afectivo, impulsivo y de excitación hacia algo que se apetece por producir la posesión del objeto de deseo, objetiva o subjetivamente, goce físico o espiritual en el individuo. Los deseos, en su diversidad, son el motor del comportamiento humano, no solo porque siempre actuamos movidos por el deseo de conseguir algo, sino sobre todo porque al lograr satisfacer nuestros deseos obtenemos placer y este hace que nos sintamos felices (objetivo de todo ser viviente). Ahora bien, hay que dejar claro, como así lo hizo el epicureísmo, que no todos los deseos son iguales en cuanto a su elegibilidad, es decir, que no todos los deseos son igual de recomendables e imprescindibles para ser feliz. Así, debe tenerse en cuenta que existen unos deseos que son naturales (deseos que buscan satisfacer necesidades fisiológicas) frente a otros que son vacíos (deseos que buscan colmar ambiciones sociales). Entre los deseos del primer tipo o deseos naturales, algunos son imprescindibles para vivir y necesarios para fines como, por ejemplo, la eliminación del malestar (dolor) en el cuerpo derivado del hambre y la sed (sustento) o del frío (vestimenta y casa), mientras que otros son únicamente naturales y, aunque apetecibles, no necesarios como, por ejemplo, las relaciones sexuales (libido) o el afán de confort (en la comida, el vestuario o la vivienda), debiendo en todo caso ser satisfechos con moderación para evitar las nefastas consecuencias que se derivan del abuso y exceso de dichas pulsiones. Por otra parte, los deseos vanos, artificiales, prescindibles, ilimitados y de difícil satisfacción, como, por ejemplo, el ansia de fama y poder o el anhelo de lujo, opulencia y esplendor social, ni son naturales ni necesarios ni, por lo tanto, recomendables de ninguna manera, pues lo único que hacen es retroalimentar la vanidad y el egoísmo, así como generar frustración y perturbación anímicas. En este sentido, es totalmente certera la frase de Goethe recogida en su obra *Tasso* [III, 4] que dice: «La corona de laurel, donde se te aparece, es una señal de sufrimiento más que de felicidad».

Concretando más, se puede afirmar que los deseos naturales necesarios son aquellos causados por la propia naturaleza del ser vivo que se encuentran estrechamente relacionados con la supervivencia del individuo y la mantención o recuperación de la salud. Son, por tanto, deseos urgentes y causan dolor si no son saciados de inmediato. Lo positivo es que la satisfacción de estos deseos no solo no es difícil, sino que además produce el tipo de placer más elevado que pueden alcanzar los seres humanos, es decir, la ausencia de dolor tanto en el cuerpo como en la mente. Como ejemplo de estos anhelos naturales necesarios, graduados de mayor a menor necesidad, se pueden citar tres variantes de los mismos. En primer lugar están los deseos naturales necesarios para la vida, surgidos de carencias físicas básicas y reales. Se trata de deseos aguijoneados por el hambre y la sed y se pueden saciar fácilmente comiendo y bebiendo, aunque sea simplemente pan y agua. La satisfacción de este tipo de deseos supone el cumplimiento de la tercera afirmación del tetrafármaco epicúreo, esto es, que el bien es fácil de conseguir. En segundo lugar están los deseos naturales necesarios para la ausencia de malestar en el cuerpo o deseos que reclaman la protección de este contra las amenazas e inclemencias del medio físico y humano. Estos deseos pueden colmarse consiguiendo, aunque sea de forma modesta, vestido, calor y refugio o techo. Por último están los deseos naturales necesarios para la tranquilidad mental o que liberan al alma de la inquietud como, por ejemplo, la obtención de una seguridad mínima frente a los demás, un bien muy ligado a la prudencia y a la amistad.

Por lo que respecta a los deseos naturales pero no necesarios como el lujo y el refinamiento en la comida, la bebida, el vestido y la residencia, el virtuosismo o gran habilidad en algo, el erotismo o deseo sexual y el deseo de belleza, son deseos que apuntan al placer de los sentidos (vista, oído, tacto, sabor y olor) y que solo varían el goce, sin suprimir la presencia de un supuesto dolor que realmente no existe si se han satisfecho los deseos naturales necesarios. Además, los deseos naturales innecesarios son deseos que si no son satisfechos no acaban provocando un auténtico dolor o más dolor, sino que tienen un apetito que es fácil de disipar, bien porque lo deseado es difícil de alcanzar o bien porque culminar dicho deseo puede obrar un daño mayor que el bien que supuestamente reporta.

Por último están los deseos vanos o inútiles, los cuales ni son naturales ni necesarios, sino totalmente superfluos, siendo aquellos que infringen, igual que los deseos naturales no necesarios y aún más que ellos, el límite preestablecido por la Naturaleza para el placer que no es otro que la ausencia del dolor y que además generan inestabilidad mental y pueden conllevar dolor físico. Estos deseos vacuos o deseos impulsados por la vanidad humana como, por ejemplo, el deseo de poder político, económico y social o la avidez de belleza, prestigio, fama, riqueza e inmortalidad, así como las opiniones sin sentido al respecto, de la misma manera que ocurre con los deseos naturales no necesarios, persiguen de manera obsesiva la variación y acrecentamiento de los placeres básicos, que precisamente se dañan y se pierden con la búsqueda del placer ilimitado. Es decir, una vez conseguido, a través de la satisfacción de los deseos básicos, naturales y necesarios, el gozo máximo, que equivale a la ausencia de dolor, todo incremento de placer es una mera diversificación (y también una deformación y corrupción) de aquel deleite sumo, una variación irracional que acaba, la mayor parte de las veces, causando molestias y dolor físico y mental.

EL PLACER O LA META DE TODO SER VIVO

Habiendo determinado la naturaleza, variedad y elegibilidad de los deseos conviene referirnos al objeto del desear, esto es, el placer, *hedoné* en griego. Se trata de un término que significa «alegría» y también «bienestar» y que para Epicuro suponía no solo el confort y la salud del cuerpo, sino también la paz espiritual o liberación del hombre de toda ilusión dañina y de todo desenfreno y miedo a través de la razonable inspección de la realidad de las cosas y de la búsqueda de lo verdaderamente relevante para la felicidad. El placer es un elemento fundamental en la conducta del ser humano, siendo la consecución del mismo y la evitación de su contrario, el dolor, lo que guía nuestras elecciones y rechazos de modo natural. Esto es, hay dos afecciones, placer y dolor, que se asientan en todos los seres vivientes, una de las cuales les es propia o familiar (placer) y la otra extraña (dolor), siendo determinadas a través de ellas la elección y el rechazo. Así, el principio del placer constituye la meta de nuestro actuar o el blanco de nuestras acciones. Es la propia naturaleza de los seres vivos la que fija ese criterio básico de conducta y muestra que el placer es un bien connatural a toda criatura animal, de manera que el hombre al buscar la felicidad en el placer se conforma a una norma universal, a un principio que es anterior a toda representación y a todo proyecto que el viviente pueda configurar.

En otras palabras, la búsqueda del placer está dada por la Naturaleza en el ser vivo, determinando su conducta y toda su existencia. Como demostración de que el placer es el objetivo final de todos los animales se puede aducir que apenas han nacido se encuentran a gusto con él (percepción del placer como el bien supremo) y, en cambio, aborrecen el sufrir (percepción del dolor como el mal mayor) de modo natural y al margen del razonamiento, a través de un sentimiento espontáneo. Según este principio es innecesario razonar o disputar el porqué se ha de buscar el placer y rehuir el dolor. No obstante, más allá del juicio de la sensación (*páthe*) o del dato inmediato y primario de nuestra sensibilidad sobre lo que es bueno o malo, también la inteligencia y el razonamiento nos hacen comprender que por sí mismo el placer es apetecible y que el dolor por sí mismo ha de evitarse.

Una vez puntualizada la connaturalidad de la búsqueda del placer y de la paralela huida del dolor en los animales, a través de sus sentidos y, en el caso del hombre, por medio también del raciocinio, el vocablo placer puede ser definido como el goce físico o espiritual producido por la percepción y posesión de algo que se desea, gusta o se considera bueno. En este sentido, el placer es la respuesta del organismo a algunos estímulos físicos y psíquicos generadores de gozo. Por otra parte, también puede considerarse que el placer es la condición del organismo no impedido por cualquier obstáculo penoso, es decir, la condición del organismo en que no se manifiesta el dolor. A este respecto debe asumirse que para transitar hacia el camino de la felicidad y del placer entendido como goce de vivir, dicho placer ha de ser esencialmente concebido como la ausencia total y paralela de dolor físico-corporal y psíquico-mental. Se sigue de aquí la inexistencia de una afección intermedia entre placer y dolor, ya sea esta se concebida como estado neutro o como mezcla de placer y dolor, pues los placeres que se acompañan de dolor no son placeres, sino que solo parecen serlo.

Concretando más puede decirse que cuando el organismo ha sufrido un desequilibrio, experimentamos dolor, pero de ningún modo el cuerpo percibe como placer el proceso de restauración de ese equilibrio, sino la situación ya definida del equilibrio restablecido. A este respecto, la sensación se da donde se siente y el cuerpo no puede sentir el placer y el dolor conjuntamente. Así pues, dada una alteración del equilibrio de nuestra *physis* (naturaleza), el cuerpo experimenta dolor y, una vez recuperado ese equilibrio, la sensación corpórea es de placer como simple ausencia de dolor. Expresado de otra manera: el placer no puede concebirse como el movimiento entre ambos puntos de referencia (dolor-ausencia de dolor), sino que el placer perfecciona la actividad y la perfecciona como un término u objetivo (*télos*) logrado en forma de ausencia de dolor. En este sentido, no solo hay una actividad del movimiento, sino también de la inmovilidad, y el placer está más en la quietud (ausencia de dolor) que en el movimiento (proceso de eliminación del dolor). Asumiendo que los placeres no son procesos, ni están todos en el devenir, sino que son actividades y, sobre todo, estado final, se entiende que también en la inmovilidad se dé el placer (hay placeres, como el de la contemplación, sin deseo ni dolor). De este hecho se deriva como consecuencia que no solo el placer sea un bien, sino también la ausencia de dolor que equivale a dicha situación placentera que persigue en general todo deseo de gozo y que se corresponde con el estado final de reposo en el que la naturaleza físico-psíquica del ser de nada carece. La concepción epicúrea del placer adquiere, de este modo, un sesgo esencialmente negativo: el goce equivale a la ausencia de dolor.

Ahora bien, si placer y dolor forman una sola unidad en la experiencia del vivir, es perfectamente posible —y a cada momento cabe observarlo— que surja discrepancia en el seno de esa experiencia a propósito de lo que ha de preferirse en cada caso. Es decir, hay, por una parte, determinados padecimientos que, al ser soportados, traen placer como en el caso de una medicina, un tratamiento médico desagradable o una intervención quirúrgica que ayudan a recobrar la salud, y hay, por otra parte, ciertos placeres que es mejor evitar porque conllevan turbación para quien se afana en gozar de ellos como, por ejemplo, una comida copiosa de alimentos deliciosos pero difíciles de digerir. Según Epicuro, el criterio que permite saber qué placeres son preferibles y qué dolores conviene aceptar se basa en el cálculo fisiológico, racional y utilitario de las ventajas y desventajas que se derivan de los distintos goces y dolores que se ofrecen a nuestra elección en relación con el objetivo último de toda vida humana, esto es, alcanzar la felicidad. A este respecto se puede afirmar que lo considerado como útil en general hace referencia a todo aquello que procura estabilidad física y mental y, por tanto, felicidad, aunque no siempre coincida con lo que causa placer, al menos placer inmediato (estima del placer como bien máximo pero consideración de la utilidad de dolor como «regalo» y maestro de la vida y del crecimiento personal y no como enemigo de ella).

La ética de los placeres consiste, pues, en una operación de cálculo: ponderar cuánto dolor y cuánta satisfacción física y psíquica nos deparará el disfrute de cada uno de los placeres que se presentan a lo largo de la vida, y resolver la operación a favor de la minimización de cualquier tipo de sufrimiento. En esa ecuación descansa la clave de la felicidad. Porque la razón juega un papel decisivo en lo que respecta a la felicidad, puesto que es por medio de ella como se puede descubrir y acceder a la imperturbabilidad de la mente, a la que Epicuro define como «un mar en calma». A la serenidad no la azotan los vendavales de las pasiones, mientras que la razón que la tutela ofrece la libertad necesaria ante estas. Que el placer se convierta en un bien estriba en la elección sabia y, por tanto, racional, de quien actúa, así como del nivel de prudencia que adopte para escoger los comportamientos adecuados. Ser sabio no consiste, en consecuencia, en alejarse o privarse de los placeres, sino que de lo que se trata es de reflexionar y analizar la condición de los goces fundamentales, evitando los innecesarios o los que puedan acarrear problemas.

Es necesario dentro del campo del placer concebido como bienestar o ausencia de dolor físico-psíquico hacer una primera distinción entre las dos especies de placer que conforman dicho estado ideal, esto es, el placer somático y el placer mental, no debiendo atribuirse la distinción entre cuerpo y alma y sus placeres a una diversidad originaria entre ambos, pues para el epicureísmo, desde el punto de vista ontológico ambos son complejos físicos. En los dos casos, es decir, tanto en el caso del placer corporal como en del mental, el gozo consiste, como se ha indicado ya, en la ausencia de dolor. Ahondando más, se puede convenir que el placer corporal o de la carne, o sea, la ausencia de padecimiento del cuerpo, es un placer más básico que el placer anímico o mental en el sentido no de que sea superior a este, sino de que debe ser satisfecho antes que el placer de la mente para poder acceder a este último. Así, por ejemplo, el dolor gástrico suscitado por la carencia de alimentos o por otra causa física impide el acceso a un placer superior de cualquier tipo tal como conversar con los amigos o disfrutar de la lectura de un libro. Puede decirse que el equilibrio corporal es el fundamento del goce de vivir o del vivir placentero y que esa recuperación del equilibrio y estabilidad es la raíz de todo goce posterior y superior de tipo anímico. En este sentido, la armonía espiritual le debe al bienestar carnal mucho más de lo que los moralistas quieren creer, ya que la compleja estructura de los sentidos está ahí para proporcionarle al alma las más altas satisfacciones (Nietzsche fue el pensador que señaló con más agudeza la estrecha vinculación entre fisiología y moralidad). Es decir, reduciendo los placeres anímicos a placeres físicos (unidad del placer) y siendo el placer máximo del cuerpo el estado de equilibrio resultante de la ausencia de dolor queda simplificado todo acto de elección con vistas a la obtención del bien y al propio tiempo queda garantizado el más grande contentamiento con el mínimo de posibilidades. Por otra parte, y en este sentido, lo bueno es que saciar necesidades básicas como la del estómago no es algo complicado, sino muy simple, de manera que el placer que corresponde a la satisfacción de una necesidad física no es costoso ni difícil. Se puede afirmar con pocas reservas, según este razonamiento, que uno puede rebosar de placer en el cuerpo cuando dispone de pan y agua (placeres primarios) y que, asimismo, los placeres de coste, refinamiento y lujo (placeres secundarios), que se superponen a los placeres básicos, pueden ser considerados como deleznables, siendo la causa para el rechazo no su propia naturaleza, que a fin de cuentas es a primera vista agradable y gozosa, sino las molestias que acompañan a esos placeres luego de disfrutarlos. La decisión de rechazar dichos placeres refinados y de limitarse a lo mínimo necesario también está justificada por el principio prudencial de no acostumbrarse a un lujo que depende muchas veces del capricho del azar. A este respecto, es mejor acomodarse y limitarse siempre a lo natural y básico no solo para gozar así intensamente de los placeres extra que nos puedan venir dados por la fortuna como propina, sino también para no sufrir cuando la misma fortuna nos arrebate esos placeres superfluos de las manos.

Sin duda alguna es la ponderación y la consideración de los beneficios y perjuicios que se siguen, en forma de consecuencias, de las preferencias y rechazos de placeres y dolores, el instrumento que determina, desde la prudencia o razonamiento sereno, evitando siempre los excesos, pero a la vez sin caer en una frugalidad extrema, la elección sobria de los placeres y de los dolores adecuados y necesarios para la felicidad. Porque, aun cuando la doctrina epicúrea del placer no estimula ni convalida la búsqueda indiscriminada de todos los placeres posibles, este rechazo no nace de un prurito ascético ni tampoco, sin más, de un ideal de moderación, sino de una reflexión prudente. Y es que si bien ningún placer es en sí un mal y no es censurable amar el goce, no obstante, no hay que perder de vista que algunos de los placeres que perseguimos incesantemente traen consigo más molestias y dolores que regocijo. Además, dichos placeres accesorios no nos liberan de los miedos sombríos del alma, siendo estos males consecuencia de la ausencia tanto de un recto conocimiento de los límites de la vida como de una actuación razonable y coherente con ese saber. Por tanto, la prudencia es un cálculo que alude a un tipo de cómputo o de razonamiento por el que se regula la experiencia placentera, midiéndola, calibrándola, acotándola, esto es, controlándola racionalmente a través de la imposición de límites. Dentro de la reflexión prudente o elemento regulativo que procede de la racionalidad y que se sustancia en la meditación de lo que procura la felicidad, la presencia de la sobriedad indica la existencia en todo el proceso de elección de un elemento de control, de contención y de medida de los placeres.

Aclarada la primacía de los placeres de la carne en cuanto que placeres básicos y necesarios, porque colman unas urgencias naturales que son el requisito mínimo de una existencia feliz y a la vez la condición previa para disfrutar de otros placeres más elevados de tipo espiritual (la serenidad interior solo se puede conseguir si previamente se cubren las necesidades del cuerpo), y establecido el mecanismo de prudencia que debe guiar la elección de este tipo de placeres corporales, conviene tener presente, no obstante, que los placeres anímicos son superiores a los somáticos. Ello se debe, en primer lugar, a que son más graves en intensidad y duración los dolores anímicos (angustia anímica) y mayores los placeres del alma (ausencia de turbación anímica) que los del cuerpo, porque mientras la carne solo sufre y goza en el presente, el alma experimenta dolor y placer por el presente, el pasado y el futuro. Esto es, el placer y el dolor corpóreos son experimentados en el presente de la ocasión, determinados por la actualidad de los estímulos placenteros y dolorosos, y se disipan con su ausencia. En cambio, la mente, por obra del recuerdo, puede extender el placer y el dolor a todo el tiempo de la vida. De esta manera, la mente se consuela del sufrimiento físico evocando mentalmente otros momentos agradables. En este sentido, la memoria, entendida como capacidad de recordar los momentos gozosos y de superar el presente mediante la presentación de un feliz pasado, subraya la autarquía del espíritu humano frente a su circunstancia física inmediata. Además, así como contra los dolores físicos pueden movilizarse las representaciones psíquicas (buenos recuerdos), de la misma manera se pueden combatir las perturbaciones del ánimo mediante otras representaciones mentales que nos aporten la deseada serenidad anímica. Téngase aquí en cuenta el hecho de que a partir de cierta edad los recuerdos del pasado pasan a ser más importantes que los sueños de futuro para el ser humano y, en este sentido, tráiganse a la mente los maravillosos versos del poema de William Wordsworth *Oda a la inmortalidad* (1807): «Aunque ya nada pueda devolvernos la hora del esplendor en la hierba, de la gloria en las flores, no debemos afligirnos, porque la belleza subsiste en el recuerdo». Ahora bien, la representación de un bien pasado no es la consecuencia inmediata del deseo de lo que no se tiene en el presente, pues tal representación procede tan solo del bien pasado. De igual modo, una cosa es la representación de un bien futuro y otra el deseo de ese bien, pues la primera comporta solamente una moderada esperanza de que ese bien llegue a estar en nuestro poder, pero el deseo, en cambio, lleva necesariamente mezclado el temor de que nunca pueda estarlo. A este respecto, se debe aplicar en las representaciones mentales (y en la vida en general) la máxima estoica que dice *nec spe nec metu* (ni esperanza radical ni miedo descontrolado).

En definitiva, el recuerdo puede utilizarse para rememorar en el presente los buenos momentos vividos y atenuar el dolor físico y la angustia psíquica, sin que esto implique eludir inmaduramente la realidad actual para refugiarse en un pasado idealizado. Y, de la misma manera, la mente también puede imaginar los buenos tiempos por venir, sin que esto suponga huir del presente por medio de ensoñaciones sobre un futuro que no sabremos si llegará a ser. De esta forma, la mente utiliza el recuerdo y la anticipación como antídotos y remedios ante el dolor anímico y corporal presentes o del momento actual. Pero la mente también puede caer, por medio de la rememoración de aquello que fue y no volverá a ser y de la anticipación de lo que no sabe si será, en la depresión y el pesimismo permanentes, pudiendo llevar incluso a la somatización de males o transferencia de conflictos psicológicos al cuerpo, una situación que debe evitarse siempre.

Según lo que acabamos de analizar, queda claro que los placeres del alma son superiores a los del cuerpo no porque haya una superioridad moral de los primeros sobre los segundos, sino porque los primeros son perdurables y además tienen la capacidad y la fuerza de eliminar o atenuar los dolores corporales, así como la angustia mental. Ahora bien, estamos ante una fortaleza mental frente al mal ejercida desde la libertad humana que más que una victoria real es un arte de eludir el dolor, una solución que, aunque responde a mecanismos psicológicamente ciertos, deja entrever un gran escepticismo sobre las cualidades de la naturaleza humana para llevar una vida serena.

Otro motivo en favor de la superioridad de los placeres de la inteligencia sobre los del cuerpo es el hecho de que, siendo la carne irracional, quien fija los límites de los placeres que la carne concibe como ilimitados es precisamente la mente racional. Es también la reflexión mental la que niega las ansias de un goce de duración ilimitada, partiendo para ello del principio de que un tiempo finito y un tiempo infinito proporcionan igual cantidad de placer si se miden sus límites por la razón y teniendo en cuenta que se ha de sacar fruto no del tiempo más duradero sino del más agradable. Si la Naturaleza es la que ha hecho limitados los placeres, es la inteligencia la que nos hace comprender y aceptar estas limitaciones en contra de las erradas y ansiosas opiniones de nuestra carne y de nuestros desordenados y estériles deseos y apetencias. En otras palabras, la mente al tiempo que toma conciencia del bien de la carne y de su justo límite, esto es, a la vez que calcula como límite de la grandeza del placer la ausencia de dolor, determina también los límites de la duración del placer en su perfección en el instante. De esta manera, contrarrestando todo el cúmulo de desordenados deseos provenientes de las tendencias irracionales de la carne y encaminados a pretender estérilmente engrandecer el placer o a prolongarlo en una temporalidad infinita, la mente le permite al hombre el logro de una vida perfecta dentro de sus propios límites.

Por último, los placeres anímicos son superiores a los corporales porque mientras que los dolores surgidos por carencias físicas reales son fáciles de eliminar, las penas nacidas de las opiniones erradas son infinitas y las perturbaciones causadas por la opinión huera afectan tanto al alma como al cuerpo a través de deseos errados que llevan a acciones dañinas y a temores infundados. Por todo esto, conviene cuidarse mucho más de la buena disposición de la mente que de la del cuerpo, sin negar que este presenta unas urgencias o requisitos fisiológicos básicos que ayudan a la estabilidad anímica. Las dolencias de la carne, como está claro en el caso de las provenientes de una enfermedad, no siempre pueden ser evitadas por medios físicos. En esto todos los hombres están un tanto a merced del azar. Sin embargo, también en estas circunstancias dolorosas para el cuerpo, aquel que busca la felicidad puede sobreponerse a los vaivenes de la fortuna y despreciar los embates de esta a través de su mente. Concretamente, puede hacerlo mediante el razonamiento sereno y la cordura, tratando así de abolir todas las perturbaciones que asaltan su ánimo y oponiendo la alegría del alma a las dolorosas sensaciones presentes en su carne.

Explicitada la superioridad de los placeres del alma sobre los del cuerpo, otra distinción que es necesario establecer dentro del placer, partiendo de la base de que no existen placeres mixtos en los que se mezclen el placer y el dolor, es la referida a su división, según el epicureísmo, en dos tipologías principales que afectan tanto al cuerpo como al alma, esto es, placeres catastemáticos y placeres cinéticos.

Los placeres catastemáticos o estáticos constituyen el mayor placer posible. Puesto que en la filosofía epicúrea todos los placeres comportan movimiento atómico, ha de interpretarse el placer catastemático no como una falta total de movimiento, sino como el equilibrio de los átomos en un balanceo armonioso y ordenado.

Los goces catastemáticos son placeres estables o constitutivos que, como estado físico y psíquico, se oponen al sentimiento de dolor y lo anulan, proporcionando una sensación de sosiego, un estado de tranquilidad sin ninguna clase de dolor sensorial corporal ni de perturbación anímica. Esto es, consisten en la ausencia, por eliminación, de dolor del cuerpo (aponia) y de la mente (ataraxia). Como ejemplo de placer catastemático puede citarse la ausencia de necesidad de ingerir alimentos, hidratarse o abrigarse. Ahora bien, la ausencia de dolor físico y de perturbación psíquica solo pueden llegar a ser un estado y una experiencia placenteros si se cumple el requerimiento cognitivo de que el sujeto esté consciente de su situación, es decir, si está en condiciones de reconocer y apreciar la ausencia de dolor o perturbación y, por ende, la presencia de placer.

Por su parte, los placeres cinéticos o dinámicos producen sensaciones de alegría, gratificación y goce a través de un movimiento o variación del estado de tranquilidad por la vía sensorial. Se trata de placeres como, por ejemplo, los sexuales y los asociados a comidas y bebidas suntuosas. Frente al placer estático o estado de perfecto reposo y equilibrio que sucede y se percibe inmediatamente al apartamiento de todo dolor y que es semejante a la bonanza marina, el placer cinético es un movimiento que hace alguna variedad, un movimiento plácido y agradable que acaricia, halaga y hace cosquillas a los sentidos. Es un placer que solo aporta variaciones hedónicas, jamás intensificación, pues el gozo cinético no aumenta el placer en la carne una vez que ha sido extinguido el dolor provocado por una carencia básica, sino que únicamente lo transforma. Los placeres cinéticos son, pues, meros placeres de variación y presuponen el equilibrio propio de los estáticos. Porque cualquier placer positivo no es más que una variante respecto al placer de la ausencia de dolor (gozo máximo), pero no superior o preferible a él. En este sentido, los placeres dinámicos son placeres posteriores a los estáticos, es decir, han de satisfacerse antes estos, por ser básicos, si queremos obtener aquellos. Además, los placeres cinéticos, en su condición de mera variación sensorial de los estáticos, son superfluos e innecesarios y, debido a que no aumentan la cantidad total de placer y su abuso es perjudicial para la salud físico-psíquica y motivo de infelicidad, deben ser buscados y practicados con moderación. Esto es, sabiendo aprovechar y disfrutar los recursos con los que contamos en cada momento y siendo siempre conscientes de que a la larga los excesos van a traer consecuencias negativas que nos alejarán de la felicidad. A este respecto, queda claro que el goce bien entendido en ningún caso debe ser considerado como una adición de placeres de tipo activo, sensitivos y, sobre todo, corporales, en el sentido vulgar del término. Ello es así porque es dudoso que la fruición casual y acumulativa de numerosos placeres sensitivos, inestables e imprecisos, pueda compensar el amontonamiento de dolores, temores y el sentimiento de desamparo presentes en la vida de muchos hombres (en todo caso puede empeorar esta situación). Porque dichos placeres se buscan no para colmar una carencia física o psíquica necesaria, sino para incrementar infructuosamente el estado de placer estable básico y máximo al que solo colorean. Además, son placeres que parecen carecer de término natural y que ofrecen una mezcla de placer y de dolor, constituyéndose, en consecuencia, en falsos goces, porque los placeres que van acompañados de dolor solo parecen ser goces pero, realmente no lo son. Por todo esto parece evidente que un patrón de existencia como el de la posmodernidad neocapitalista, basado en la persecución desaforada y agregativa de placeres cinéticos, únicamente puede generar una inquietud y zozobra constantes que alejan al ser humano de la felicidad.

A partir del esquema epicúreo de los placeres queda claro que el valor del placer estático, es decir, el estado de plena suficiencia situado entre el dolor, en cuya supresión consiste, y el placer cinético (mera variación del placer estático), es un valor superlativo frente al del gozo dinámico. De esta manera, ninguna cantidad de placer cinético puede compensar la ausencia de cierta cantidad de placer estático y ninguna cantidad de placer cinético es capaz de igualar el valor de una cantidad x de placer estático ni de aumentar la cantidad de placer total, sino simplemente de diversificarla. Esta afirmación se puede ilustrar con el siguiente ejemplo. Cuando nuestro organismo sufre un desequilibrio tal como el hambre, experimentamos dolor, pero en cuanto ese dolor desaparece, en este caso por saciarlo, por ejemplo, ingiriendo un simple trozo de pan, alcanzamos el placer estático, definido por la ausencia de dolor, en este caso del dolor de estómago provocado por el hambre. Sobre este placer estático máximo, en este caso tener el estómago saciado, actúan luego los movimientos placenteros de nuestra sensibilidad, esto es, los placeres dinámicos, los cuales no acrecientan nuestro placer, sino que solo lo colorean o lo diversifican. Esto, en el caso expuesto, equivaldría, tras haber tomado pan y que este hubiera aplacado la imperiosa necesidad de comer que sentíamos, a proceder a ingerir, en ocasiones por pura gula, alimentos refinados, o sea, un tipo de alimentos no destinados a cubrir una necesidad básica ya satisfecha, sino a variar el placer aparejado a la necesaria ingesta de alimentos; una variación que, por redundancia, muchas veces puede tener efectos adversos (digestiones pesadas, dolor de estómago, nauseas, diarreas, obesidad, etc.).

En definitiva, para Epicuro, los deseos que deben ser atendidos por quien busca la felicidad son aquellos naturales y necesarios que conducen a la obtención de placeres de tipo catastemático, teniendo especial relevancia los placeres de la mente o anímicos, los cuales, no obstante, descansan sobre la satisfacción de los placeres básicos de la carne. En cambio, deben ser dejados de lado los deseos naturales pero no necesarios que procuran placeres de tipo cinético, así como los deseos que impulsan hacia a placeres vanos (ni naturales ni necesarios).

4. AUTARQUÍA Y PRUDENCIA

Para Epicuro las nociones de autarquía personal y prudencia se sitúan, por una parte, en estrecha relación con el control y el disfrute óptimo de deseos y placeres y, por otra parte, en conexión con una amarga convicción sobre la vida en sociedad explicitada lúcidamente por el pensador ilustrado Chamfort (1999) y que sostiene que prejuicio, vanidad y cálculo es cuanto gobierna el mundo y que quien solo acepta como regla de conducta la razón, la verdad y el sentimiento no tiene casi nada en común con la sociedad y ha de buscar y de encontrar en sí mismo toda su dicha.

LA AUTARQUÍA O LA LIBERTAD DE BASTARSE CON LO SUFICIENTE

Por autarquía ha de entenderse una combinación de autosuficiencia, autosatisfacción y autodominio que conduce a la libertad o, lo que es lo mismo, a una vida sencilla y desvinculada de elementos y circunstancias superfluos. Cuanto menos dependa de los hombres y de los bienes externos, tanto más autárquica y auténtica será nuestra felicidad. Pues, para ser genuina, la felicidad no debe ser fruto ni del dinero ni de la influencia ni tampoco de los honores o el poder, sino de la ausencia de sufrimiento, de la moderación de las pasiones y de un ánimo sereno y contento que contempla los límites naturales de la existencia. Llevar una vida sencilla es bueno y saludable porque mantiene la mente sana y fresca, libera al hombre y lo prepara ante los tiempos de necesidad y carencia, ayudándole a soportarlos con resignación pero sin amargura. Ahora bien, hay que tener siempre presente que todo rigor y ascetismo se contraponen a la libertad, pues también la frugalidad tiene su medida y el que no toma en cuenta esto sufre lo mismo que aquel que desborda todos los límites por su inmoderación. Por eso, los amigos de la sencillez, de vez en cuando, mientras no sea dañino para ellos o para los demás, pueden ser generosos y disfrutar enérgicamente. No se trata, en fin, de someterse a un forzado régimen abstinente de deseos y placeres, sino de estar satisfechos en todo momento con aquello que nuestros propios medios nos pueden proporcionar, es decir, con aquello que depende de nosotros, de manera que podamos gozar más dulcemente de la abundancia (que no depende nosotros) si nos cae en suerte disponer de ella.

El concepto de autarquía nos habla de un hombre autónomo que se autorregula a través del control racional sobre la Naturaleza, esto es, sobre los instintos naturales presentes en él así como sobre los pensamientos surgidos en su mente como resultado de la interacción con el medio a través de los sentidos y que le empujan a actuar de una forma u otra. Un ser humano que, por un esfuerzo de su voluntad, domina las afecciones, tratando de que nada externo le afecte sin su consentimiento, delimitando lo que está bajo su control y lo que no, dejando de actuar determinado por las circunstancias exteriores y situando en su conciencia racional y serena el centro de gravedad de su vida. Un hombre que, ante la imposibilidad de contrarrestar y anular aspectos del mundo exterior (sean estos, de hecho, dañinos o no) que su pensamiento convierte en nocivos y que son origen de turbación y dolor, no se deja dominar por esos juicios negativos, sino que sabe desviarse en la ataraxia de la misma manera que los dioses se desvían alejándose del mundo; una ataraxia que es concebida no como un momento, un éxtasis o una culminación (aunque también), sino sobre todo como un modo de vida, un estado permanente, constante e inquebrantable, alcanzado por medio del gobierno racional y voluntario que el hombre hace de su propia existencia, movido por la reflexión y el conocimiento, y obtenido a través de un perseverante ejercicio de autocontrol (práctica corporal y disciplina mental). El término autarquía aplicado al hombre, señala, en fin, a un ser humano que se relaciona con todo lo exterior (estímulos y personas) a través de la consideración de lo beneficioso y lo nocivo y de la elección de una de las dos opciones, siendo la libertad signo y garantía de su individualidad soberana, de un autogobierno de sí mismo que consiste en el ejercicio de la identidad, o sea, en la capacidad de discernir y separar entre lo propio o familiar y necesario (lo que depende de uno y le aporta estabilidad y gozo), que debe ser abrazado, y lo ajeno o extraño e innecesario (lo que no depende de él y le es hostil y desazonador), que debe ser rechazado. En este sentido, la autarquía se refiere a la posibilidad y la capacidad de obtener, sobre la base de los propios medios, la satisfacción de lo que es imprescindible para la vida y la plenitud de esta.

En cuanto a lo mínimo que se requiere para una vida plena y feliz, y también para una completa libertad individual, se trata de algo que tiene su medida en la Naturaleza y que está definido por el conjunto de los deseos naturales necesarios, cuya satisfacción supone el cumplimiento del tercer ingrediente del tetrafármaco de Epicuro que dice que el bien y, por tanto, la felicidad, es fácil de conseguir. Autosuficiente es, pues, aquel que ha comprendido lo que la Naturaleza demanda, que, en gran medida, no es otra cosa que asumir que la experiencia básica del placer no requiere de arduos y sofisticados complementos. Entra aquí en juego, en relación con la autarquía y los deseos y placeres, el concepto de prudencia. Porque aquel que busca la felicidad desde la prudencia es consciente de la total suficiencia de lo natural y simple en la experiencia placentera, la cual no admite grados de aumento o de intensidad, sino solo variación.

Escuchar la voz de la Naturaleza, aprender a escuchar lo que ella pide y espera de la materia y el espíritu, nos permite tomar conciencia de la vacuidad y el dolor que esconden las ambiciones, los bienes materiales y el poder, y nos guía sabiamente hacia una vida asentada sobre la autosatisfacción. El conocimiento de lo natural contribuye, por la asunción racional de los límites de la vida, a la posibilidad de analizar con serenidad las causas y efectos de nuestros pensamientos y acciones, así como a desmitificar y naturalizar los acontecimientos que parecen más aciagos (destacando entre ellos la enfermedad y la muerte), contextualizándolos, desdramatizándolos y devolviéndolos a su punto de inserción real. Dicho conocimiento juicioso de lo acorde con la Naturaleza favorece el arte de pensar, desear y actuar de manera correcta, esto es, de manera prudente y racional y aspirando primordialmente a lo natural y necesario. Porque tanto lo que es natural y no necesario como aquello que ni es natural ni necesario se revelan rápidamente como fuente de sinsabores. De esta manera, para Epicuro el deseo adecuado pasa por un uso de la razón al servicio de la vida en el que se miden todas las posibilidades y consecuencias, se aquilatan con prudencia y estrategia las hipótesis y luego se escoge, en vista del contexto y tras la combinación de placer y dolor instintivos con la modulación inteligente humana, la más gozosa y útil y la menos dolorosa y dañina de dichas opciones.

LA PRUDENCIA COMO BRÚJULA MORAL VITAL

Para el epicureísmo la virtud es connatural a la vida feliz y se debe buscar por el placer y no por sí misma. La virtud es, por tanto, inseparable del placer, porque el contenido de la virtud depende de la experiencia placentera y el placer no se produce sin la virtud. En este sentido, a la virtud le corresponde todo aquello que remedie los males del alma y, por tanto, abra el acceso al placer.

Según Epicuro, la virtud que debe guiar la búsqueda de la felicidad a través de la autosuficiencia y el autodominio es la prudencia. Esta virtud, que nos enseña que actuar sin pensar es fácil pero fatal, que pensar, sobre todo con sensatez, es difícil y que más complicado aún es actuar según se piensa, sobre todo actuar rectamente según un pensamiento cauteloso, puede ser calificada como «ciencia o saber práctico de la buena vida». De hecho, Aristóteles ya distinguió la prudencia como el principio práctico que conduce al hombre hacia la felicidad, afirmando, por ejemplo, en sintonía con la concepción negativa del placer de Epicuro, que «el prudente no aspira al placer, sino a la ausencia de dolor» (*Ética a Nicómaco* VII, 11, 1152b 15). Para el epicureísmo la prudencia consiste en el cálculo de la elección que, juzgando ajustadamente lo adecuado según las circunstancias, acepta lo conveniente y rechaza lo nocivo. La función fundamental de la prudencia consiste en hacernos saber qué cosas dependen de nosotros mismos, cifrando en ellas la felicidad, y en ayudarnos a discernir lo que ha de ser elegido y lo que debe rechazarse con vistas a la consecución del vivir placentero. A este respecto, la prudencia, con el objetivo de la obtención del placer, no mira únicamente a la coyuntura y a las oportunidades que ofrece el contexto, sino que se constituye en un permanente cuidado y ejercicio reflexivo de la totalidad de la vida que pondera los modos y medios para proporcionar a nuestra existencia el máximo de placer posible y erradicar de ella las causas de las mayores penas. La clave de esta ponderación radica en el adecuado reconocimiento del límite del placer y del dolor. De esta manera, la prudencia es esencialmente un saber del límite.

El cuidado reflexivo de la prudencia y su consciencia del límite son los elementos que enseñan que vivir placentera y virtuosamente, o sea, sensata, honesta y justamente, son dos cosas que van de la mano. Pues el placer de la vida no se logra si no se conduce esta con juiciosidad, honestidad y respeto a lo justo. Es decir, la sensatez, la honestidad y la justicia son las otras tres virtudes básicas conducentes al placer que nacen de la virtud principal: la prudencia. Además, el cuidado prudencial que mira por el placer de toda la vida es también el que aconseja no solo a reflexionar, pensar y juzgar rectamente, sino también a obrar juiciosamente en toda circunstancia (recuérdese, en este sentido, que para Epicuro la virtud del valor o la valentía, como ocurre con las otras virtudes, no se produce por naturaleza, sino que nace del cálculo de lo más conveniente). Porque no se trata únicamente de discernir en cada instante el bien duradero que sirve al bienestar corporal y espiritual respecto de la excitación del momento, por muy prometedora y tentadora que parezca, sino también, una vez juzgado lo que se debe o no se debe hacer, saber atenerse de manera activa y constante a lo que se ha juzgado. Es decir, el correcto discernimiento general de lo bueno y lo malo para la felicidad tiene que ser ejercido o aplicado a cada situación y a cada objeto de manera práctica y sostenida. Esta necesidad de aplicar una permanente prudencia en acción, es decir, no solo como principio teórico, sino también como ejercicio práctico constante en forma de hábito mental y de actuación fáctica, es la que explica que precisamente dicha virtud sea la primera entre las virtudes para la vida feliz y el origen de las restantes. Por último, no debe olvidarse que la autonomía personal interior como método para encontrar, siempre desde la prudencia y la moderación, nuestro propio camino hacia la felicidad por la vía de la libertad y la independencia frente a la generalidad de los estímulos naturales (deseos y placeres) debe llevarse también al plano de las relaciones sociales. Esto es, dicha autarquía debe eliminar en todo lo posible la dependencia e inquietud generadas por el anhelo de obtener la aprobación o la opinión positiva de los demás respecto de nosotros (obsesión que desfigura nuestra personalidad), pero sin que la salvaguarda de nuestra autonomía frente a los otros suponga renunciar a forjar una benéfica amistad auténtica entre iguales.

UN HEDONISMO PRUDENTE Y SERENO

El análisis que hemos realizado, desde la óptica epicúrea, de los conceptos de deseo, placer y dolor, de la diversidad tipológica de las apetencias y goces humanos, así como de la prioridad que debe concederse a cada uno de ellos, según un cálculo prudente acorde con la Naturaleza y con el principio racional de la moderación, para obtener la autarquía y la libertad personales y, en definitiva, la felicidad, permite sacar una conclusión. Esta no es otra que la constatación de que es asequible escapar, sin dramatismos ni ascetismos radicales, de la enfermiza maraña de pasiones sin sentido, excesos dañinos e insatisfacciones permanentes en la que nos atrapa el deformado hedonismo de la posmodernidad con su señuelo consumista-nihilista, privándonos de disfrutar de una vida realmente placentera y, por ello, plenamente feliz. La clave de la felicidad, de que seamos capaces de vivir con mayor facilidad y sin ser perturbados por angustias, estriba, en este sentido, en asimilar que los únicos deseos y placeres de la vida que han de buscarse son los simples y vitales, esto es, aquellos que son más fáciles de alcanzar, que nos contentan con poco y que no conllevan dolor alguno. Unos placeres que no son fugaces, sino que proporcionan un goce estable y que consisten, más que en alguna satisfacción positiva, en la ausencia del dolor. En este sentido, es evidente que, contrariamente a lo que han afirmado sus detractores a lo largo de la historia, el hedonismo epicúreo no pretende inducir al libertinaje y a los excesos, sino a que se lleve una vida tranquila y sosegada. Y es que el epicureísmo sabe que el hombre es desgraciado ya sea por temor, ya por los deseos vanos e ilimitados de su ánimo. Por ello, según Epicuro, el sabio, por una parte, debe procurar no multiplicar sus necesidades, pues ello equivale a multiplicar las fuentes de dolor y, por otra parte, no debe perder nunca de vista que el fin del placer es obtener, por la vía de la moderación, la ataraxia, la paz feliz o la «santa serenidad», algo que se consigue y se mantiene no mediante la exaltación de los sentidos, sino a través de una satisfacción tranquila de los deseos primordiales que conduce a la ausencia de dolor físico y de perturbaciones anímicas.

5. SOBREVIVIR EN SOCIEDAD

IDENTIDAD PERSONAL Y RELACIONES SOCIALES EN LA POSMODERNIDAD

En la sociedad posmoderna, anclada en una cultura del exceso y la apariencia, tanto la búsqueda de la identidad personal como, a partir de ella, la forja de relaciones sociales, están mediadas por unos modelos de comportamiento y de vida determinados. Dichos modelos son establecidos por la producción masiva y el consumismo y por unos medios de comunicación, incluido Internet, y una publicidad que no venden solo objetos materiales sino también (y cada vez más) experiencias y formas de vida basadas en varios *leitmotiv*. Estos motivos modeladores de maneras de enfrentar la vida son el goce inmediato (y fugaz), el vivir a fondo el presente, el rentabilizar al máximo el tiempo de ocio, el hedonismo ramplón, el narcisismo extremo, el culto y la promoción de un cuerpo y una juventud que se pretenden eternos («juventocracia» u olvido de la dignidad y la sabiduría de la acumulación de años de vida/experiencia), así como la consecución rápida y fácil de bienes, fama, poder y notoriedad pública. Toda esta parafernalia de motivaciones ofrecidas por el sistema consumista para que los individuos vivan la vida «a fondo», esto es, para que consuman sin límites, está impregnada por la ilusión de un enriquecimiento material fulgurante (con mediación o no de un triunfo laboral convencional) concebido como sinónimo de éxito vital y moralmente está determinada por un marco mental nihilista donde los valores éticos brillan por su ausencia o son muy plásticos y volubles.

A este respecto solo hay que echar un vistazo a lo que ha ocurrido en el marco de la pandemia de la COVID-19 para comprobar la degradación ética contemporánea. En dicho contexto han aflorado, con claridad y en distintos grados, reacciones y actitudes egoístas (no llevar mascarilla, no vacunarse, participar en fiestas ilegales, etc.) que definen a un ser humano posmoderno que acusa una evidente y profunda crisis moral. Así, en una situación límite como esta, en la cual el hombre ha experimentado sin paliativos su fragilidad y vulnerabilidad, lejos de haberla vivido como una experiencia de encuentro humano con el «otro», se ha encerrado en una burbuja de egocentrismo e histeria radicales y ha identificado al «otro» como un enemigo, como ese que le puede quitar el último rollo de papel higiénico que hay en la estantería del supermercado; un bien banal que, aunque quiere adquirir pasando por encima de quien sea como hace todo el mundo (actitud gregaria dentro del individualismo egoísta), no sabe realmente para qué lo necesita. Una situación tragicómica que se convierte en aterradora cuando se recuerdan, también en el marco de la pandemia, los señalamientos y amenazas en las puertas de las viviendas y sobre los vehículos de los profesionales sanitarios (después aplaudidos) calificándolos de ratas apestadas.

Puede afirmarse que en la búsqueda posmoderna de la identidad personal y del establecimiento, a partir de ella, de relaciones sociales, el proceso de personalización consumista que promueve el sistema neoliberal capitalista favorece, con la mediación de las TIC, un narcisismo con dos caras. Una de esas vertientes se caracteriza por la imposición a unos individuos obsesionados consigo mismos y con la aceptación pública de su imagen de la renuncia a su necesaria cuota de naturalidad e intimidad personales (pérdida del valioso «secreto de la intimidad»). Se trata, en este sentido, de una imposición que implica la obligación para el individuo de lanzarse a una impudorosa, estresante, tóxica y peligrosa construcción virtual de su personalidad («yo digital») así como a una exposición pública masiva de su vida (imagen, opiniones, etc.), al menos de una versión aparente de la misma (belleza a golpe de filtro, alegría fingida, abundancia material de cartón piedra, etc.), en las redes sociales. En dichas redes se evidencia la pretensión de los individuos de construir, bajo la tiranía del «imperio de la personalidad», un arquetipo de identidad exitosa que se nutre de un exhibicionismo emocional impostado muy frágil y dependiente de la aprobación externa (en este sentido, queremos a los otros principalmente para que validen nuestra identidad). Por otra parte, aquellos *outsiders* que, escaldados o nó por la hoguera de las redes sociales, procuran su invisibilidad en un mundo mercantilizado, virtualizado y exhibicionista donde la «desnudez» de la supuesta personalidad de cada cual está a la orden del día, quedan condenados al rechazo, la marginación y la exclusión (son considerados frikis y *losers*). De igual manera, quienes participando en ese banal y cruel circo virtual no comulgan con las opiniones generales y aportan y defienden matices grises entre el blanco y negro oficiales y absolutos son automáticamente estigmatizados (cuando no «linchados») con etiquetas simplificadoras como la de «facha»; unas etiquetas derivadas de un *hooliganismo* social simplón azuzado por la manipulación, por parte de la casta política, de una población en gran medida afectada por el analfabetismo funcional y por la hipócrita corrección política, favorecedores ambos del sesgo de confirmación, de la censura, la autocensura, la cultura de la cancelación o caza de brujas 2.0 (boicot a personas u organizaciones por sus comentarios o acciones) y, en general, de la *idiotización*.

En otras palabras, en la búsqueda posmoderna de la identidad individual y de la relación social con otros se asume, por gran parte de la sociedad, que debemos construir y reforzar nuestra personalidad de cara al exterior y «emitirla» en abierto, aceptando el peligroso principio de que somos quienes somos porque los otros nos reconocen y nos aprueban como tales según la imagen que proyectamos de acuerdo con esa demanda y expectativa externa, sobre todo en las redes sociales (una imagen que, según su cariz, puede incluso frustrar oportunidades laborales), aunque realmente seamos totalmente distintos e impostemos una imagen determinada (*postureo*) para lograr aceptación, notoriedad, reforzar nuestro herido ego o simplemente para estar a la moda. El rechazo de este modelo de falsa y exhibicionista identidad personal y de relación social despersonalizadora que revela una baja autoestima en un porcentaje elevado de la población, el simple cuestionamiento del mismo o la propuesta de cualquier alternativa a dicho modelo general se resuelve con una sucesión de repudios reales (acoso escolar, laboral, marginación, etc.) o virtuales (insultos, difamaciones, amenazas, bloqueos, etc.) por parte de *haters* (linchadores digitales) hacia aquellos que se atreven a ponerlo en solfa; unos repudios que pueden acabar en una exclusión definitiva entendida como castigo social por no seguir la corriente imperante.

Frente a este panorama de sumisión acrítica a la dictadura de la masa borreguil y de impostación de la personalidad, Epicuro nos recomienda huir de la tiranía de la «cultura» oficial estandarizada y de la (des)educación convencional devaluada y a liberarnos de la cárcel de los asuntos rutinarios así como de las estériles y enconadas discusiones (políticas o de otro tipo) para entregarnos a la filosofía o actividad que mediante razonamientos críticos y argumentos sólidos procura una vida feliz. Nos aconseja también no envidiar a nadie, algo muy de moda con las vidas de cartón piedra que transmiten las redes sociales, pues según el filósofo samio cuanta más suerte aparentan tener algunos tanto más se perjudican. Por otra parte, frente a los intolerantes y odiadores profesionales que junto a los mentirosos, envidiosos y acomplejados inseguros pululan por dichas tóxicas redes sociales (de las cuales la persona prudente y sensata debería asbtenerse de participar), Epicuro afirma que no vale la pena discutir con imbéciles y sordos, pues para él las verdaderas discusiones solo se pueden dar entre aquellos que aman razonar (algo casi imposible hoy en día) y en dichos diálogos productivos y serenos, a diferencia de lo que sucede en plataformas como *Twitter*, es el «derrotado» quien más gana porque es quien más aprende. Asimismo, el pensador griego afirma que si bien conviene que nos acompañe, si es espontáneo, el elogio de los demás, no obstante, remarca que somos nosotros mismos quienes debemos ocuparnos de nuestra salud anímica. Se trata de un consejo más que necesario en un mundo virtualizado donde la autoestima de cada cual depende más de los *likes* y *dislikes* que recibe en las redes sociales que de la opinión que tenga uno de sí mismo por su propio razonamiento.

En cuanto a la otra cara del narcisismo posmoderno, conectada con la construcción de la (impostada) identidad personal y, a partir de ella, con la interacción con quienes nos rodean, no es otra que una actuación del individuo en sociedad arrastrada por un caos de apariencias y caracterizada por una ansiosa lucha de individualismos salpicada de violencia activa y pasiva cuyo único objetivo es satisfacer a toda costa, por encima de todo y de todos, las que se venden por el sistema como necesidades propias irrenunciables de cada uno. Se desarrolla así una lucha de múltiples soledades egoístas, las cuales parecen falsamente interconectadas de forma virtual por las nuevas tecnologías de la comunicación y que, más allá de las redes sociales virtuales, son puestas en común o socializadas en la realidad cotidiana a través de insatisfactorias relaciones interpersonales de carácter meramente epidérmico, utilitario, descomprometido y de breve duración temporal. Se han sustituido, de esta manera, las relaciones auténticas, que tienen un componente de responsabilidad con el «otro», por las meras *conexiones* (Bauman, 2005) basadas en la rapidez y la ligereza. A causa de esto, en una sociedad posmoderna acelerada, el nivel de compromiso mutuo, conocimiento profundo y serenidad que, además de la pasión, supone una relación amorosa se percibe de manera creciente como una limitación, inclinándose los individuos por un amor-conexión que es más sencillo y que requiere menor (o ninguna) implicación. Y es que, en la conexión, a diferencia de lo que acontece con la relación o vínculo genuino, no se pretende entrar en el antes ni en el después, solo interesa el instante del contacto. Al carecer de un proceso de construcción y establecimiento, estas falsas relaciones se quiebran con la misma facilidad con la que surgen con la mediación de aplicaciones para buscar pareja o para obtener un encuentro sexual ocasional como *Tinder*. Lo mismo sucede con la amistad que se construye en la posmodernidad bajo los paradigmas de rapidez, superficialidad, egoísmo y virtualidad, sustentada en el ámbito de lo fácil y descomprometido y, por lo tanto, con un nexo de intensidad tenue y sencillo de romper.

Esta actuación social del individuo posmoderno está determinada, en fin, por un contexto donde el único dogma es la centralidad del consumo y, asociado a él, el goce ansioso, previo pago, de variados y vacuos placeres materiales e inmateriales. Un contexto donde, sustituidos por un bombardeo constante de *fake news* y posverdades a la carta, han muerto Dios, la herencia del humanismo y la Ilustración y el relato del marxismo. Es decir, un mundo del que ha desaparecido cualquier tipo sólido de aspiración individual y colectiva de naturaleza política y social, exceptuando, si se quiere, los movimientos ecologista, antiglobalización y feminista. Además, en este marco ideológico materialista, hiperconsumista, irracionalista y moralmente laxo, se ha normalizado el hecho de que la opulencia conviva, sin causar remordimientos de conciencia, con el aumento de las desigualdades y el subconsumo. Esto es, por una parte, se promete y exalta por el sistema la consecución del mayor bienestar para todos, así como la armonía y el equilibrio socioeconómicos y medioambientales y, por otra parte, se fomentan los excesos y el descontrol, generadores de desequilibrios y desigualdades de todo tipo. Es decir, realmente se promueve un orden dominado por el egoísmo, la vacuidad, la ansiedad, la apariencia, los extremismos y el caos que induce al hombre, además de a un consumo exacerbado, a un estado de humanidad y sociabilidad definido por una falta de compromiso absoluto que determina relaciones interpersonales (familiares, de pareja, amistades, laborales, etc.) basadas en lo virtual (redes sociales, aplicaciones de mensajería instantánea y de citas) y en un trato real aquejado de superficialidad e impostura, caprichoso y efímero.

HOMO HOMINIS LUPUS EST O LA VOLUNTAD DE PODER

Ahora bien, la lucha de egos que caracteriza la interacción social en la época posmoderna no es un fenómeno nuevo, sino que está inscrita el ADN humano (del *homo sapiens* que exterminó a su congénere *homo neanderthalensis*) y sus efectos catastróficos sobre el medio natural terrestre y sobre los hombres y mujeres son patentes a través del reguero de crímenes diversos (asesinatos, guerras, genocidios, deforestaciones masivas, exterminio de especies, etc.) que jalonan la historia universal desde el Neolítico hasta hoy en día. Por ello, es muy difícil de rebatir la caracterización antropológica que Schopenhauer y Nietzsche —y antes que ellos Epicuro y otros como Chamfort— hicieron sobre la naturaleza del ser humano y sobre su «voluntad de poder». Véase, como ejemplo, la descripción que de dicha concepción antropológica pesimista trazó Chamfort (1999), reivindicando la vida en soledad como alternativa a un mundo de ambiciones y luchas permanentes:

> La sociedad, lo que se llama el mundo, no es sino la lucha de mil pequeños intereses contrapuestos, una lucha eterna de todas las vanidades que crecen y entrechocan, por turno heridas y humilladas unas por otras y que pagan al día siguiente, en el cansancio de una derrota, el triunfo del día anterior. Vivir en soledad, negarse en absoluto a ser apabullado en ese miserable choque donde uno atrae la mirada por un momento para verse aplastado al instante siguiente. Esto es lo que se considera no ser nada, carecer de existencia. ¡Pobre humanidad!

La aludida «voluntad de poder», definida por Chamfort, anticipándose a Schopenhauer y Nietzsche, como «la lucha de mil pequeños intereses contrapuestos, una lucha eterna de todas las vanidades que crecen y entrechocan, por turno heridas y humilladas unas por otras», además de motor de la interacción de los hombres, es también, según la concepción y el análisis psicológico-genealógico nietzscheano de la misma, creadora, por medio del lenguaje, de valores morales que llevan a la falsa creencia en la existencia de sentimientos y acciones humanas buenos en sí y por sí mismos —compasión, abnegación, resignación, altruismo, etc.— y a la errónea suposición de que los juicios éticos reposan sobre verdades absolutas suprahumanas.

Por otra parte, junto con el argumento de la lucha de egos como fundamento de las relaciones humanas, también es igualmente irrebatible la tesis schopenhaueriana que sigue el esquema antropológico y político planteado antes por pensadores como Maquiavelo (1469-1527) o Hobbes en oposición a otros esquemas como el del «buen salvaje» rousseauniano sobre la necesidad de un Estado-mordaza o Estado-domesticador como efecto derivado del carácter depredador de la especie humana. Según esta sombría pero lúcida visión, el hombre es en el fondo un animal salvaje, una fiera. No le conocemos sino domado, enjaulado en ese estado que se llama civilización, y por eso retrocedemos con espanto ante las explosiones de brutalidad de su naturaleza auténtica que rompen el marco civilizado de convivencia a través de actos criminales que van desde la violación y el asesinato a la masacre y el genocidio; unos actos que se aprovechan especialmente de situaciones críticas como revoluciones y guerras, pero que también pueden darse en contextos ordinarios y estables (manifestaciones que degeneran en disturbios, terrorismo, palizas aleatorias, violaciones grupales, etc.). Debe concluirse, según este razonamiento, que el Estado y, más concretamente, sus leyes, sus instituciones judiciales y sus fuerzas de coerción (cuerpos policiales y militares) no son más que las cadenas, collares y bozales que tienen por objeto volver inofensivo a ese animal carnívoro que es por naturaleza el hombre y hacer que tenga el aspecto de un herbívoro. En este sentido, el Estado, que se fundamenta en el depósito temporal por parte de todos los egoísmos individuales de los derechos de cada uno en manos de un poder infinitamente superior al poder del individuo y que obliga a cada hombre a respetar los derechos de los demás (teoría del contrato social), a pesar de sus múltiples imperfecciones, debe ser considerado como la obra maestra del egoísmo humano racional. Esto es así porque allí donde el Estado se mantiene en pie queda temporalmente debilitado, a través de la amenaza y el castigo, el desmedido egoísmo de casi todos, la perversidad de muchos y la ferocidad de algunos, esto es, queda neutralizado el estado natural de «guerra total de todos contra todos».

Hay que convenir, en fin, que la fuerza real o virtual del Estado tiene encadenados a los hombres y de ello resulta una apariencia engañosa de docilidad y moralidad inherente a los mismos. Pero si dicho Estado y su poder protector-coercitivo-punitivo-represivo se encuentran, como ocurre algunas veces, debilitados, paralizados o anulados, entonces se ven aflorar de manera brutal los apetitos insaciables, la sórdida avaricia, la secreta falsedad, la retorcida perversidad y la maldad extrema de los hombres. En esos momentos, ante la visión de dicho espectáculo, retrocedemos y damos grandes gritos de horror, como si nos topáramos con un monstruo aún desconocido. Sin embargo, es hipócrita no reconocer que sin la presión de las leyes y las fuerzas policiales todas esas pasiones triunfarían en gran volumen a diario y se vería con claridad que la moralidad humana es un mero barniz o una piel de cordero bajo la cual se esconde un depredador despiadado. No hay más que recordar lo que ocurrió en Alemania entre 1933-1945 con la connivencia de la mayoría de la población (civilizada y culta) para saber lo que se esconde en el fondo del hombre y lo que vale su moralidad. Esos millares de seres que están a nuestra vista, obligándose mutuamente a respetar la paz, en el fondo son otros tantos tigres y lobos a quienes solo impide que muerdan un fuerte bozal.

Ahora bien, y esto es algo que Schopenhauer vio pero justificó (prefería cualquier tipo de Estado despótico a la ausencia de Estado), ese Estado protector frente a la anárquica situación natural original de «estado de guerra de todos contra todos» que aflora en ausencia de un poder estatal sólido también puede corromperse y convertirse en un monstruo tiránico con una brutalidad de proporciones ciclópeas. Así lo demuestra el reseñado caso del ascenso del nazismo en la Alemania de los años treinta utilizando los cauces de la democracia y sirviéndose perversamente de los aparatos represivos del Estado. Además, en esta situación de poder omnímodo del Estado y en el marco de los campos de exterminio nazis, la reseñada lucha del lobo-hombre contra sus congéneres (los campos como espejo aberrante de una situación latente en la sociedad «normal»), como lo explica bien Primo Levi (1989), se extendió de manera dramática y chocante dentro de la propia comunidad de judíos internados en dichos establecimientos. El caso del asalto al poder del comunismo en Rusia (revolución de octubre de 1917 y golpe de estado de enero de 1918) como antesala del estalinismo criminal también es otro ejemplo del peligro de confiar ciegamente en los poderes del Estado, sea cual sea el signo político de este, por parte de los individuos. Estos, por otro lado, no tienen más alternativa que entregar su soberanía a dicho Estado (teóricamente solo de forma temporal y, por tanto, revocable, algo propio de los estados democráticos) para poder ejercer, con la cobertura coercitiva estatal (paz social y estado de derecho), derechos inalienables como el derecho a la vida o a la propiedad privada, imposibles de ejercitar en el estado de naturaleza.

En definitiva, puede afirmarse que la especie humana no es capaz, por naturaleza, de gozar de una libertad plena a causa de su constitución agresiva. Esto es, por una parte, en el estado de naturaleza previo a la creación del Estado, el hombre está abocado a una situación de violencia indiscriminada que le impide disfrutar incluso del derecho más básico (derecho a la vida) y, por otra parte, los individuos, al confiarle al Estado su soberanía para que se garanticen sus derechos mediante la justicia y la fuerza, sufren una limitación de sus libertades, que pueden verse anuladas por una deriva autoritaria del Estado. De esta manera, incluso bajo un sistema democrático, la bondad del Estado protector, que aplica una coerción necesaria y consentida por la colectividad, encubre siempre el ejercicio por parte de las estructuras de poder que lo manejan de un cierto de grado de violencia pasiva o activa y de tipo diverso sobre la ciudadanía (terrorismo de Estado, recorte de derechos y libertades, presión fiscal, corrupción, etc.).

ÁTOMOS EGOÍSTAS, PACTO SOCIAL Y DERECHO POSITIVO

La teoría social recién descrita, influida en el caso de Epicuro, que es el pensador que nos ocupa e interesa, por la perspectiva atomista de su *Física*, muestra que lo fundamental y primordial en una colectividad son los elementos individuales, no existiendo una subordinación previa del individuo a ningún objetivo natural prefijado que pueda conferir a la sociedad humana un sentido determinado. De esta manera, la sociedad humana no tiene por sí misma un destino supraindividual ni tampoco la dedicación del individuo a un cometido comunitario, al que supuestamente está llamado el ser humano por su teórica naturaleza social, ofrece un sentido sólido a la conducta del sujeto, porque el hombre no se realiza cabalmente en la colaboración cívica (o como mínimo no se realiza primordialmente en ella). Esta desconfianza epicúrea hacia la colectividad y el pesimismo acerca de la gratificación que la actividad comunitaria pueda procurar al individuo está relacionada, también, con la asunción de que las relaciones sociales están regidas por unas normas humanas impuestas al sujeto desde fuera de él (con o sin su adhesión) y sujetas a la variabilidad. Concretamente, para Epicuro, igual que antes de él para los sofistas (defensores del relativismo y el convencionalismo), tanto la sociedad como sus leyes proceden de un acuerdo histórico humano. Un acuerdo que varía a escala espacial y temporal y cuyos aspectos concretos pueden cambiar conforme mute la conveniencia de los individuos que se han adherido al mismo, pues realmente no hay nada justo por naturaleza y la sociedad no tiene unas normas válidas y objetivas al margen de los intereses concretos y utilitarios del conjunto de individuos.

Esta doble realidad, esto es, por una parte, la ausencia de un deber natural que subordine al individuo a la colectividad y, por otra parte, la consideración de que la justicia y las leyes no están fijadas por naturaleza sino por convención y que tienen su origen en un «contrato social» generador de un derecho positivo que en cada comunidad puede variar (carácter convencional y relativo de las normas), explica la afirmación epicúrea de que la felicidad no proviene del cumplimiento de un papel social y que, por tanto, la dicha individual no debe supeditarse a la mejora de la sociedad, sino que la sociedad (su derecho positivo) ha de ser utilizada como algo al servicio del individuo. Ahora bien, esta aseveración no debe interpretarse como una llamada al egoísmo individualista propio de la posmodernidad, pues la búsqueda de la felicidad personal redunda, según Epicuro, en beneficio de la felicidad colectiva, porque aun cuando el hombre esté dirigido por la conquista de ventajas personales, llega, sin embargo, a la conclusión de que su interés reside en el mayor desarrollo de la sociabilidad y de las relaciones mutuas y pacíficas a nivel general. Esto es, la acción individual, regida por una moral no metafísica, sino utilitaria y fundamentada en la prudencia, la sensatez, la honestidad y la justicia, lleva hacia una felicidad colectiva y, por tanto, también personal, a través la consecución de elementos vitales para ello como, por ejemplo, la seguridad, la cual es garantizada mediante la elaboración de leyes por consenso y a través de la vigilancia de su cumplimiento por todos.

Lo que Epicuro nos dice sobre los orígenes de la sociedad es que el conocimiento científico de la Naturaleza lleva a la deducción de que esta no posee una finalidad propia y de que es indiferente, en su fortuito despliegue, al destino azaroso de los seres humanos. Como consecuencia de dicha conclusión racional (independientemente de que los hombres crearan la religión como instrumento de consolación pronto transmutado en mecanismo de opresión y control), para defenderse de los rigores del entorno físico (severidad de la Naturaleza) y humano (violencia de los seres pensantes), el hombre, una criatura frágil y débil desde su nacimiento, se vio obligado a la cooperación o, lo que es lo mismo, al pacto social, e inventó así la cultura y unas pautas de comportamiento civilizado bajo el paraguas de un Estado con sus instituciones coercitivas y sus leyes. Es decir, el móvil que ha unido a los hombres desde tiempos remotos en una alianza comunal generadora de un pretendido progreso civilizador (con sus pregonadas luces y sus vergonzosas sombras) ha sido el instinto utilitario de supervivencia, espoleado por la debilidad y la necesidad constantes del frágil género humano. Así, el hombre descubrió la posibilidad de supervivencia individual en la búsqueda del común provecho bajo la forma de pactos convenientes para la vida, imitando el gregarismo propio del mundo animal salvaje expresado en las manadas y también emulando las jerarquías de poder que se observan en el seno de dichas agrupaciones de seres vivos.

Dentro de las líneas básicas del proceso de evolución civilizadora de la humanidad (*cf. De Rerum Natura*, V, 922-1455), o largo periodo temporal que va desde el salvajismo primitivo en que los hombres vivían aislados o en grupos familiares como hordas sin ley y expuestos a peligros constantes hasta la creación de una sociedad supuestamente civilizada, fue trascendental no solo el aprendizaje de un hábil manejo y elaboración de instrumentos técnicos que facilitó el control del medio físico y humano, sino sobre todo el desarrollo de la comunicación por medio del lenguaje. Este hecho, si bien tiene una base o fundamento natural (implantado por la Naturaleza en el hombre), fue perfeccionado por convención. En este sentido, según lo vio Nietzsche, la codificación social del lenguaje es doblemente ficticia, pues no solo dimana de una convención de grupo, sino que tiene por base la radical falta de conexión que separa, en el origen del lenguaje y del conocimiento científico, a los estímulos físicos de las imágenes psíquicas y, a su vez, a estas imágenes, que son internas, de las palabras, que son externas, siendo la fantasía la fuerza mediadora entre sujeto y objeto que permite la creación de metáforas, analogías y modelos (origen del lenguaje y la ciencia no en la lógica, sino en la imaginación). Mediante el lenguaje, guiados por la necesidad y orientados hacia su provecho personal, los hombres establecieron entre sí un pacto civilizador, un contrato social para no dañarse mutuamente sin causa, y ese fue el fundamento de la justicia y de las leyes. También fue el origen de la ética y de los valores morales como así lo señaló Nietzsche. Ese pacto social, así como el establecimiento de las leyes (derecho de gentes o derecho positivo) y su eventual variación, tiene su fundamento, por lo tanto, como así lo remarca el epicureísmo, en la mutua conveniencia, en la búsqueda del común provecho. Esta búsqueda es la base de la noción humana de la justicia, una noción de lo justo que se obtiene de la experiencia y que, por ello, no es ni innata ni previa al trato comunitario, sino una idea general extraída de este. No existe, por esta razón, por tanto, el llamado derecho natural.

La valoración del derecho positivo o particular frente al inexistente derecho natural o general es una respuesta de Epicuro a la idea de justicia de Platón. De esta manera, frente a una única justicia y a la fundamentación ontológica del derecho (siempre dogmática, pues los criterios de la acción se rigen por algo externo al individuo —la Idea— que le es impuesto por su superior calidad), Epicuro ofrece una solución similar a la de las explicaciones científicas (las explicaciones múltiples): el consuetudinarismo y pluralismo del derecho. Es decir, la justicia no constituye el reflejo de un orden superior ni está ligada a ningún principio trascendente (Idea, divinidad, etc.) que la garantice, siendo una mera convención utilitaria destinada a garantizar la máxima seguridad y tranquilidad mutuas entre los hombres. En este sentido, la justicia (como las demás virtudes, las cuales, igual que la medicina se escoge por la salud, se eligen por el placer que proporcionan y no por sí mismas) es una virtud no porque sea un fin en sí misma, sino porque es un medio que crea, con y a pesar de sus defectos, un marco civilizado que posibilita, mediante la generación de unas condiciones de seguridad mínimas (códigos legales, jueces, cuerpos policiales, etc.), una vida feliz y, por tanto, placentera.

Queda claro, pues, según el epicureísmo, que, por una parte, la sociedad no existe de modo natural ni previo a un pacto humano, sino gracias a la unión convencional de los seres humanos, los cuales se asocian mediante un contrato mutuo colectivo (aparte de vincularse paralelamente entre ellos por relaciones particulares clientelares o de patronazgo) para la defensa recíproca y la afirmación de sus intereses propios, pero sin perder de vista que lo que sanciona como válidas las leyes no son, *a priori*, los intereses de un grupo social ni la imposición del más fuerte, sino que esas normas tienen que adecuarse a lo que es conveniente para todos, al interés general, que es una norma democrática.

Por otra parte, teniendo en cuenta que el fin de la sociedad no es otro que el interés de cada uno de los miembros que la componen, no existiendo otro tipo de organización social más allá del derivado del consentimiento mutuo y que conlleva la aceptación de un principio de utilidad basado en la protección y las ventajas recíprocas, también queda establecido que la justicia tiene un carácter convencional y no absoluto, que no se rige por su relación con valores éticos incondicionales o con ideales sobrehumanos (derecho natural de origen metafísico), sino que surge en circunstancias muy concretas y por necesidades específicas (derecho positivo de origen humano). De ahí que tanto la justicia como las leyes tengan una validez limitada, histórica y relativa. Lo justo según las leyes debe adecuarse a las circunstancias y cuando estas cambian, y varía con ellas lo conveniente para la comunidad, se modifica lo que es considerado como justo. En otras palabras, los dos tipos de normas jurídicas existentes, esto es, universales (consideradas justas y aplicadas en muchos lugares) y particulares (consideradas justas y aplicadas en lugares concretos), son fruto del derecho positivo y son variables según las circunstancias y los lugares geográficos. Así pues, de la distinción entre unas y otras leyes no puede concluirse que las normas universales sean concesión de *physis* (Naturaleza/leyes naturales) y las particulares de *nomos* (hombres/leyes humanas), pues los principios jurídicos tienen de universal lo que tienen de útil, idea por la cual Epicuro se relaciona con los sofistas y en especial con Protágoras. Pero, además, la noción de lo útil puede ser diferente, y de hecho lo es, según las peculiaridades propias de las diversas comunidades, lo cual hace que lo que para algunos es justo, para otros pueda no serlo (raíz del «relativismo normativo» defendido por la antropología contemporánea). Y asimismo cuando, alterado debido a las circunstancias el principio universal de la utilidad, las normas consideradas por la ley como justas hasta un momento determinado no se adecúan ya al interés de la comunidad en la práctica, también entonces dejan de ser justas.

No obstante, esto no implica que el epicureísmo abrace y defienda un escepticismo radical. Porque realmente Epicuro descalifica dicho escepticismo para reforzar la seguridad del juicio correcto, un juicio vital para determinar la idoneidad de deseos y placeres y desterrar terrores infundados respecto de la divinidad o la muerte. Esa necesidad de desterrar las consecuencias negativas del escepticismo de su sistema filosófico es la que, en último extremo y pese a su desconfianza hacia lo colectivo, empuja a Epicuro a postular la conveniencia del contrato social, impidiéndole, además, después de haber asumido el relativismo legislativo de los sofistas, aceptar la opinión según la cual las leyes deben respetarse en público y pueden violarse en privado (no obstante, según un fragmento recogido por Usener —*Us* 18—, a la pregunta de si el sabio realizará una acción prohibida por las leyes cuando tenga la certeza de permanecer oculto, Epicuro contesta, con gran escándalo para sus adversarios, que «una respuesta absoluta sobre esa cuestión no es fácil»). Las leyes, que pueden ser y son cambiadas según el criterio de utilidad y las circunstancias, deben observarse en todo momento por los componentes de la comunidad para ofrecer seguridad sobre las acciones legisladas, porque, al fin y al cabo, opina Epicuro, dicha seguridad es uno de los escasos bienes cuyo logro depende, en gran medida, de la sociedad y es, además, vital para poder alcanzar la felicidad personal. Y es que, confrontado con un marco en el que ante la indiferencia de la Naturaleza el hombre puede sentir un desgarrado sentimiento de soledad y donde la sociedad establecida muchas veces no le compensa de dicho desamparo sino con opiniones sin sentido y quiméricos anhelos que le hacen convivir en un agitado marco de esperanzas y angustias y entre rivalidades constantes y superfluas, aquel que busca la felicidad auténtica, si es capaz de entender que la Naturaleza hace accesible la obtención de lo mínimo necesario para la satisfacción de los deseos naturales que fundan el estado placentero del cuerpo (aponia), ha de comprender también que de la sociedad lo primero y lo más importante que debe obtener es la seguridad frente a los demás. Este elemento, junto con un cierto distanciamiento de la agitación colectiva, es un requisito indispensable para la serenidad de ánimo o ausencia de desasosiego (ataraxia) y, por tanto, para la felicidad cotidiana.

Por último, no hay que olvidar que si bien el contrato social y la justicia derivada de ese pacto son un logro dentro de un progreso civilizador que presenta rasgos positivos como, por ejemplo, la voluntaria sumisión a las leyes para conseguir una seguridad y estabilidad generales necesarias para la felicidad, no obstante, no pueden obviarse ciertos rasgos negativos de dicho proceso de civilización como, por ejemplo, la represión autoritaria ejercida en ocasiones sobre determinados individuos y grupos sociales por esas mismas leyes manejadas en beneficio de una élite, así como, en general, las falsas ambiciones de una sociedad que se desvía de sus fines naturales (obtención del placer auténtico y anulación del dolor) en favor de otros objetivos nocivos (poder, fama, deseos y placeres vacuos, etc.).

AMIGOS Y ENEMIGOS

Ahondando más en el análisis pesimista-realista sobre el hombre y la sociedad planteado por el epicureísmo, esto es, el «estado de guerra de todos contra todos» como generador de un pacto social que pretende garantizar la seguridad individual y, por ende, colectiva, debe admitirse que las relaciones sociales humanas y, por tanto, según la concepción aristotélica, las relaciones políticas se asientan en la distinción primaria amigo/enemigo, una diferenciación paralela a las demás distinciones culturales convencionales fundamentales (bueno/malo —valores invertidos por la moral judeocristiana según Nietzsche—, fuerte/débil, útil/dañino, bello/feo, propio/ajeno, etc.). Unas diferenciaciones realizadas, según la terminología nietzscheana, a partir de puntos de vista valorativos diferentes, «aristocráticos» (moral de señores) o «serviles» (moral de esclavos), que los hombres han establecido a lo largo de la historia para relacionarse entre sí a partir de los estímulos físicos y del razonamiento lógico; unos estímulos y razonamientos configuradores de una «voluntad de poder» que está en la base de la creación, por convención o fuerza, del lenguaje, de los valores morales y de las leyes.

Ahora bien, dicha diferenciación amigo/enemigo no puede ni debe reducirse a una más de esas distinciones convencionales, porque en el fondo ni es tan caprichosa como el resto ni ha de ser tenida por meramente circunstancial. En este sentido, puede ser esclarecedora la convicción nietzscheana de que las personas, por naturaleza, igual que los animales inferiores, aprenden a conocerse solo en función de las fuerzas que tienen para atacar y defenderse. Lo fundamental en la distinción amigo/enemigo no es únicamente la intransigencia, que supuestamente se apoya en una arbitraria y variable percepción individual y colectiva del equilibrio de fuerzas entre personas y grupos, sino sobre todo su carácter diferenciador. En esencia consiste en la determinación de una otredad ontológica. El enemigo (del lat. *inimicus*) es diferente de nosotros y el amigo (del lat. *amicus*), en cambio, es como nosotros y, por ello, nuestro prójimo (del lat. *proximus*), «el que está más próximo a uno o más cerca de uno espacial, intelectual y moralmente», siendo esta la acepción original de la palabra prójimo en marcos culturales y morales tan significativos como el del Sermón de la Montaña de Jesús y, estableciéndose, en consecuencia, con nitidez que no todos son nuestro prójimo como se ha querido interpretar usualmente.

Dicho esto y asumiendo que si bien en general el enemigo es siempre «otro», alguien no próximo a nosotros, y que su «supervivencia» se realiza a costa de la nuestra, no obstante, es necesario señalar que los romanos aplicaron durante siglos como pauta para relacionarse con los demás pueblos un matiz en la pareja de opuestos amigo/enemigo por lo que se refiere al concepto de enemigo, distinguiendo entre *inimicus* (enemistades privadas o personales) y *hostis* (extranjeros o enemigos públicos, o sea, del estado romano). El primer término, *inimicus*, lo aplicaron a alguien que, aunque no es amigo y puede causarnos daño, en cierta medida y en algún sentido es aún próximo a nosotros, es decir, es un *amicus* o *proximus* en potencia que se conforma como rival competidor, pero a la vez como socio potencial, convertible a través de una discusión o negociación. Por lo que respecta a *hostis*, este vocablo lo aplicaron los romanos a alguien totalmente extraño y alejado de nosotros en muchos sentidos, que se configura como activo adversario dañino e intratable («que está enfrente y no al lado») y que, por tanto, debe evitarse o, llegado el caso, «eliminarse».

Es comprensible que en el descrito marco social de relaciones interhumanas, determinado por la enemistad, las actitudes que los hombres adoptan a título particular o colectivo, de manera personal o a través de asociaciones, instituciones y leyes y en forma de comportamiento pautado por un agrupamiento humano determinado (gregarismo utilitarista), estén totalmente mediatizadas por la oposición frente a sus enemigos, siendo el antagonismo amigo/enemigo una de las principales fuerzas motrices de las relaciones sociales y políticas, pero también de las económicas. Se puede afirmar, por tanto, que el estado de guerra natural hobbesiano (esbozado antes de Hobbes por Epicuro) es inmanente a las relaciones humanas y, en consecuencia, dicho estado de hostilidad es siempre posible a pesar de la creación de instituciones estatales jurídicas y coercitivas tendentes a dejar en fase latente dicha conflictividad. De ahí que, en la medida en que la base real (biológica, moral y legal) de las relaciones sociales se asienta sobre la dialéctica amigo/enemigo y en la contención de las rivalidades y luchas de voluntades de poder que encierra dicha dialéctica, la posibilidad de una cordialidad social general y auténtica sea totalmente irreal, siendo el consenso que parece garantizar la paz y la estabilidad en una sociedad determinada una mera expectativa ilusoria y temporal de neutralidad, una endeble tregua. La vida es, en este sentido, una camuflada lucha a muerte por el poder y la supervivencia que hace honor a la visión de Schopenhauer y Nietzsche sobre la ciega voluntad de poder biológica y energética. Solo la derrota o la muerte simbólica o real del enemigo garantiza la supervivencia propia en un mundo donde tiene pleno sentido el adagio latino «si quieres la paz, prepárate para la guerra» y en el que según las palabras de un hombre de paz como Martin Luther King (1929-1968) «para tener enemigos no hace falta declarar una guerra; basta decir lo que se piensa».

6. LA BENÉFICA AMISTAD

WHY CAN'T WE BE FRIENDS?

Ahora bien, dentro del espíritu beligerante que, como hemos visto y según una larga tradición filosófica, se halla en la raíz de las relaciones humanas deben quedar bien delimitadas varias cuestiones que explican que, a pesar de dicho espíritu de pugna, surjan entre los hombres vínculos de amistad genuina vitales para obtener una seguridad que, en ausencia de unas normas y una justicia infalibles, facilitan, según el epicureísmo, la tranquilidad necesaria para alcanzar la felicidad personal. En primer lugar, debe quedar claro que la imposición discriminatoria y negativa por el yo de la otredad ontológica o determinación del «otro» como «otro», como diferente o como «no-yo», es el necesario primer paso en el establecimiento de vínculos sociales, pues no hay (auto)determinación sin diferencia o sin negación. A este respecto, solamente en lo «otro» se define la raíz ontológica de cada ser, pues no hay posibilidad de definición unilateral del yo, sino que esta definición debe moverse en el campo de la agónica tensión y de la dialéctica existencial de la pareja yo/tú. En segundo lugar, también debe ponerse de manifiesto que no puede obviarse que la afinidad de uno mismo con respecto al «otro» es la relación misma, dado que es imposible no entablar una relación con un semejante, cualquiera que sea la naturaleza de dicha relación, sin experimentar hacia él alguna clase de sentimiento, de agrado o desagrado, aunque dichos sentimientos varíen con el tiempo. En este sentido, no existe ninguna relación que, siguiendo el mandato de la

Naturaleza de buscar el placer y evitar el dolor, no sea interesada y no busque la afinidad, hecho que, por otra parte, no implica afirmar que toda relación sea egoísta. En tercer lugar, no debe olvidarse que la delimitación del «otro» como «otro» es el comienzo de la reflexión y la puesta en obra de lo imaginario y, dentro de ello, de la atribución al «otro» de la condición de enemigo o amigo y, a través de ese proceso, de la activación no solo del estado de guerra, sino también de la puesta en marcha de la civilización y del elevado y necesario sentimiento de la amistad. Así pues, el pesimista análisis epicúreo sobre el origen de las relaciones sociales, si bien cuestiona el carácter natural de los vínculos políticos, no cierra las puertas a un sentimiento y una práctica de la amistad que son muy importantes para la felicidad individual y para vivir bien en una sociedad hostil. Epicuro reconoce, de esta manera, que partiendo de sí mismo y reflexionando sobre sí mismo, sobre sus impulsos, necesidades, ideas e intereses particulares, el hombre se da cuenta de que su vida solo tiene sentido, seguridad y plenitud y, por tanto, gozo en la medida en que se encuentra en relación con los demás, sobre todo con aquellos con los que llega a un entendimiento sin mediación de las leyes, pero también con aquellos con los cuales el desacuerdo y la animadversión (mutuos o unilaterales) son suavizados por la acción de un derecho positivo aceptado, en mayor o menor medida, por todos.

SOCIEDAD, APARTAMIENTO DE LA VIDA PÚBLICA Y AMISTAD

A este respecto conviene señalar que, según el epicureísmo, el reconocimiento por aquel que busca la felicidad de su entorno social como enfermizo y amenazador no debe llevarlo por el estéril, peligroso y agotador camino de la lucha para cambiar esas condiciones, pues el idealismo activo conduce a revoluciones que suponen perturbaciones (guerras, destrucción, etc.) y que generan vanas ilusiones (sustitución de una tiranía por otra) que obstaculizan la felicidad. La constatación de la hostilidad del medio social tampoco debe empujar a quien anhela la felicidad a un sufrimiento pasivo nacido de la dolorosa consciencia de la imposibilidad de modificar nada fundamental del opresivo armazón de la sociedad y del Estado, pues comulgar pasivamente con estructuras de poder restrictivas con las libertades y generadoras de inseguridad también entorpece el objetivo de todo ser humano de obtener la felicidad. Por supuesto, la inestable realidad social no debe conducir, de ningún modo, a la adopción de una actitud individualista inmoral y anárquica, ya que dicho comportamiento pone en peligro, además de la propia vida y de las vidas ajenas, la convivencia y la estabilidad social necesarias para allanar el camino hacia la felicidad. La respuesta correcta del hombre ante la sociedad y sus males deber ser, según Epicuro, quien afirma que «para la mayor parte de los hombres la inactividad es torpeza y la actividad locura», una adaptación prudente a las circunstancias, pero buscando dentro de lo posible un apartamiento de la vida política que debe llevarse a cabo de manera paralela a la búsqueda y conformación de un círculo de amistades auténtico que complete o sustituya la seguridad que las estructuras estatales y políticas (independientemente del tipo de régimen e ideología que adopten) deberían garantizar para justificar su existencia. Es decir, el epicureísmo recomienda un alejamiento de la esfera pública simultáneo al establecimiento de una comunidad de pares, de una sociedad pequeña donde todos los amigos sean voluntariamente unánimes respecto de los fines y los medios (auxilio mutuo, seguridad, gozo, serenidad, etc.) y donde, por ende, no quepa la disensión ni la lucha.

Ya sabemos que para el epicureísmo la política corresponde a un placer no natural y no necesario que es fuente de turbación para cualquier mente que desee el equilibrio y la serenidad. Lo es porque exige el sometimiento del hombre a una condición que le resulta impropia, pues los lazos políticos no son un hecho natural. Ahora bien, el apartamiento de la vida política («idiotismo» o renuncia al sentir agonístico de la «virtud» entendida como praxis política) ha de ser, según Epicuro, un alejamiento de la escena pública que debe ir acompañado de la búsqueda de un grupo de amigos concordes y auténticos para obtener seguridad más allá de las leyes e instituciones estatales, así como para alcanzar la serenidad de ánimo y realizar la forma más alta de la vida social que es la amistad verdadera, dando así pleno sentido a la existencia y colmándola de felicidad. Y es que, de esta manera, la felicidad puede alcanzarse con independencia del contexto institucional, legal, social, etc., de orden o de desorden colectivo, en el que vivan los individuos. Porque la felicidad no reside en las estructuras estatales ni en el orden social, político y económico imperante, aunque de ellos se espere un funcionamiento de la justicia que garantice la seguridad colectiva y la equidad social, sino que la *eudaimonía* se forja a través del trabajo que cada uno haga sobre sí mismo y de la aproximación, desde la independencia personal, a aquellos hombres que le sean afines. Pues si, por una parte, no hay que perder de vista que la responsabilidad elemental de cualquier persona es asumir el mando de su propia vida e intentar llevar una existencia autárquica, siendo autosuficiente en todo lo posible y manteniéndose lejos de la sociedad para no causar ni recibir molestias, por otra parte, la ética epicúrea del cuidado individual de la mente y del cuerpo, al llamar a la autarquía, no promueve un crudo individualismo narcisista y egocéntrico similar al imperante en la posmodernidad. Más bien, lo que hace dicha ética es asumir que aunque el camino hacia la felicidad es personal (independencia), no obstante, no es fácilmente practicable sin la compañía y el sostén de la comunidad formada por los pares (interdependencia). De esta manera se disuelve cualquier inclinación egoísta derivada de una malinterpretación de la teoría epicúrea de la autarquía.

Dicho de otra manera, la necesidad de compañía humana, originada por la monotonía interior y la hostilidad exterior que padece el individuo que intenta ser autosuficiente, le empuja a unirse a otros congéneres. En este marco, y aunque los numerosos e insoportables defectos y cualidades repulsivas de los seres humanos vuelvan a separarlos una y otra vez (como los puercoespines que huyen del frío y buscan calor acercándose unos a otros, pero que debido a sus púas se dañan mutuamente y deben volver a separarse), se puede encontrar, no obstante, una distancia intermedia entre la cercanía y la lejanía (distancia de seguridad apuntalada en la cortesía) en la cual resulta posible permanecer relativamente juntos y se pueden forjar unos lazos sociales mínimamente duraderos y también, afortunadamente, construir, en algunos casos y no sin dificultad, a partir de dichos vínculos, un amistad franca para recorrer el camino hacia la felicidad.

INGREDIENTES DE LA AMISTAD

La defensa por parte de Epicuro de la posibilidad y la necesidad de la amistad deriva no solo de la incapacidad de la sociedad y del Estado para proporcionar seguridad a todos los individuos que sitúan bajo su paraguas, sino también de la asunción de la fragilidad psicológica del ser humano, una debilidad que, en la mayoría de los casos, le impide alcanzar la ataraxia en soledad. Además, dicha defensa de la amistad lo es de una amistad entre iguales y, en tal sentido, congruente con el principio de autarquía que sigue el sabio epicúreo, esto es, ser uno consigo mismo y no admitir en sus relaciones con el mundo lo diferente sino solo lo semejante. Porque en la sociedad de amigos, dicho pensarse a sí mismo, se ve reflejado y se reconoce en el amigo y, asimismo, se aprecia al amigo por cuanto semejante a uno (el amigo como *alter ego* o espejo de uno mismo). En este sentido, la amistad que propone Epicuro y que se basa en una relación dietética de acogida de lo semejante y de rechazo de lo discorde (amistad forjada a partir de una actividad discriminativa y no acumulativa), surge cuando uno reconoce en otro, al que califica de amigo, que este se rige por los mismos imperativos o normas de conducta que él mismo (consenso en las mismas convicciones éticas). Entonces, no solo tiene la seguridad racional de que del amigo no va a proceder ningún mal, sino que, además, sabe que frecuentar su compañía le proporcionará placer, porque el amigo colaborará con él (igual que él con el amigo) en la conquista de la libertad y la seguridad personales necesarias para la vida feliz a través de una relación reflexiva que se extiende en el tiempo. De este intercambio de pensamientos y del contacto de los afectos entre los amigos basado en la igualdad, la honestidad, la fidelidad y la confianza, se deriva una paz anímica tal que la amistad deja de ser un mero instrumento utilitario para contribuir naturalmente, por medio del sentimiento de seguridad racional, a la felicidad y convertirse en felicidad en sí misma. De hecho, sin la amistad no podemos conseguir una dicha sólida y duradera, que equivale a la posibilidad de mantener y seguir obteniendo placeres a lo largo del tiempo, y esa amistad no puede conservarse si no amamos a nuestros amigos como a nosotros mismos. Por esta razón, nosotros gozamos de la dicha de nuestros amigos en igual medida que de la nuestra y sufrimos por sus pesares en el mismo grado que por los nuestros, actitud que determina el establecimiento de una igualdad de afecto en la relación amigable y la conexión de esta con el placer y la felicidad.

Si para Epicuro, en un marco de hostilidad física o natural y de lucha de voluntades de poder humanas, la utilidad es el principio impulsor de la sociabilidad y de toda acción del hombre, la honestidad es el principio regulador de la amistad, la base a partir de la cual el individuo debe determinar el grado de relación que debe mantener con otros hombres. Así, sobre la honestidad se construye la amistad epicúrea, una amistad en la cual la confianza entre iguales hace innecesaria la ley externa al individuo y, por tanto, la reglamentación política. Ahora bien, Epicuro es consciente de que su invitación universal a la amistad solo será seguida por una minoría y que la relación entre los amigos y los extraños es imposible, siendo necesario articular las relaciones humanas a escala global con vistas a la utilidad general. Esa es la función del derecho y de la justicia positivos, regidos por el criterio de utilidad que señala como justas todas aquellas acciones encaminadas a conseguir la seguridad colectiva. En este sentido, el derecho positivo, que es para el vulgo lo que la moral para la sociedad de amigos epicúrea, se origina o deriva del daño que se infringen los hombres en sus relaciones mutuas y su objetivo es evitarlo mediante una formalización contractual que atiende a unas circunstancias espacio-temporales concretas. De esta manera, es preciso establecer un acuerdo que cohesione a la muchedumbre de alguna forma, ya que el fin de la vida es diferente para cada uno de los hombres que la forman y sus relaciones, mediadas por la voluntad de poder nietzscheana, se establecen originalmente sobre una multiplicidad infinita de deseos y opiniones divergentes e imposibles de articular entre sí, que hacen referencia a realidades particulares y no a una realidad común y que dan origen a una serie de intereses diversos y muchas veces opuestos. En ausencia de una comunidad de fines que queda reflejada en la variedad de intereses y luchas existente entre los individuos, Epicuro recuerda que el fin más general y común a todos los hombres es la seguridad, requisito imprescindible para la felicidad personal y colectiva. Esa seguridad se origina a partir de un pacto de no agresión que beneficia tanto a las comunidades de amigos, que ya cuentan con una red de seguridad interna proporcionada por su grupo y su moral compartida pero que necesitan de un escudo externo para protegerse de los no miembros, como a toda la sociedad en general, teniendo dicho acuerdo global la finalidad de evitar que los integrantes de la colectividad se destruyan entre sí tratando de imponer cada uno su voluntad.

UTILIDAD, SOCIEDAD, JUSTICIA Y AMISTAD

Profundizando más, desde la óptica epicúrea, en la cuestión de la inserción en la sociedad del individuo que busca una felicidad auténtica, conviene remarcar dos aspectos de dicha inserción. En primer lugar, dicho individuo debe ser consciente de que no es la Naturaleza, sino la mutua conveniencia y la utilidad las que han hecho al hombre sociable (utilidad como criterio primario de actuación para todos los hombres) y, que, por lo tanto, no es un animal cívico o un ser social por naturaleza. Y también debe saber que, consecuentemente, el derecho positivo es un logro de la civilización fruto de una asociación no natural, sino interesada entre los humanos, los cuales reniegan de una vida primitiva libre de sujeción a las leyes, pero expuesta a todo tipo de peligros (Hobbes) y donde no hay lugar para el salvaje feliz y bondadoso, casi edénico, de Rousseau (1712-1778). En coherencia con dicho conocimiento, aquel que anhela la felicidad, si bien no debe preocuparse por la vida política ni involucrarse en ella por ser sinónimo de persecución del poder, con todo lo que ello conlleva, y también por atrofiar la razón crítica y limitar la autarquía individual, no obstante, debe cumplir formalmente con las normas establecidas por la comunidad en que le toque vivir (conformidad utilitarista). Ello ha de ser así porque aquel que busca la felicidad no puede dejar de reconocer, como así lo afirma Epicuro, que, si no hubiese leyes o si se suprimiesen, los humanos se devorarían los unos a los otros y necesitarían las garras de los lobos y los colmillos de los leones en un escenario cainita como el aludido por Miguel Hernández en la *Canción primera* de su poemario *El hombre acecha* (1938). El derecho sirve, pues, de defensa contra la agresión indiscriminada en el marco de la lucha por la vida y el poder y de la dialéctica amigo/enemigo. De modo que aquel hombre prudente que busca la felicidad acatará las leyes, pero no por un deber ni por un respeto tremendo a las mismas, sino debido a su conveniencia personal y también por su idoneidad general, un interés general que repercute en el provecho particular de cada individuo.

Es decir, quien va en pos de la felicidad se abstendrá de violar los preceptos legales sobre todo porque los considera útiles para su propia seguridad, pues las leyes están hechas para los prudentes (sabios), no para que no cometan injusticia, sino para que no la sufran. O dicho de otra manera, las leyes no son promulgadas para que las personas sean justas (como de hecho lo son los miembros de la comunidades de amigos que propone el epicureísmo), sino para evitar que las personas justas sufran por la acción de las injustas (conformadas por la sociedad en general o por todos aquellos que no establecen comunidades de amigos según el modelo epicúreo). Pero, además, dichas normas deben acatarse por el temor a las sanciones establecidas por su contravención. Y es que Epicuro no juzgó que la injusticia fuese un mal en sí misma, sino en tanto que las perturbaciones interiores surgidas de ella por el temor a ser descubierto y castigado suponen una alteración de la serenidad del espíritu. En este sentido, se puede afirmar, siguiendo una máxima epicúrea, que no hay mayor fruto de la justicia que la serenidad del alma. Según Epicuro «el justo es el más imperturbable, y el injusto está repleto de la mayor perturbación». Esto significa, por una parte, que la tranquilidad e imperturbabilidad del individuo respecto de sus congéneres no se asienta solo en la certeza de no sufrir daño sino también en la obligación de no hacerlo. A este respecto dice Epicuro que «el hombre sereno no causa molestias ni a sí mismo ni a los demás». Y, por otra parte, significa que el temor que produce en el infractor la violación de la norma, con la sospecha de que tarde o temprano puede ser descubierto su delito y punido, es ya un castigo para quien lo comete, pues tal vez escape de la sanción en el espacio de su vida, pero no logrará zafarse del temor de ser castigado durante ese tiempo. Por eso mismo, el máximo valor y función de la justicia y lo que invita a acatar sus normas orientadas a facilitar la seguridad colectiva, es decir, lo que mueve a poseer y ejercitar la virtud de la justicia o a ser justo, es la serenidad de ánimo que proporciona. Epicuro dice, en este sentido, «nada hagas en tu vida que pueda procurarte temor si fuera conocido por el prójimo».

Esto es, las personas justas viven tranquilas, pero quienes cometieron injusticias sienten (de alguna manera y en menor o mayor grado) la inquietud de tener que pagarlas, distanciándose de la calma que caracteriza a la felicidad. Dado que gran parte de lo que se hace (actos) o se deja de hacer (omisiones) tiene lugar ante testigos o puede acabar siendo desvelado contra nuestro deseo, el «otro» (la otra persona) debe ser inevitablemente tomado en cuenta en las decisiones que adoptemos. Sobre todo debe ser considerado a propósito de las consecuencias que se derivan de lo ejecutado a partir de dichas decisiones, debiéndose evitar que las acciones sean de tal calidad que el agente que las ejecute desee que pasen desapercibidas para el «otro». Es decir, no debemos experimentar ni vergüenza ni temor ante los demás por causa de nuestros actos y, a este respecto, nuestra conducta no debe ser fea, sino sinceramente bella, en el sentido de ser digna de exponerse a la vista de todos. Esto es, ha de ser susceptible de ser mostrada en todo momento, librándonos de la perturbación del ocultamiento por vergüenza o miedo a ser punidos.

En fin, la justicia, que marca lo que se considera legítimo y recto y lo que no, más allá de que no exista por sí misma como algo absoluto y sea solo una convención humana (concierto de conveniencia) variable de acuerdo con las épocas, los países y las circunstancias, ofrece, sin embargo, como virtud personal e institución social, un cierto tejido de seguridad que facilita un sosiego o tranquilidad de ánimo que es vital para los individuos que buscan el placer y, por tanto, la felicidad. Dicho de otra manera, considerando la justicia no como un bien en sí, sino como un medio para la consecución del placer, la idea de Epicuro sobre lo justo queda reducida a un necesario compromiso adoptado colectiva e individualmente y ejercido por el sabio en forma de virtud con vistas a su particular seguridad y felicidad.

Por otra parte, desde el prisma epicúreo, el segundo aspecto de la cuestión de la inserción en la sociedad del individuo que busca una felicidad auténtica que debe ser remarcado se refiere a que el reseñado reconocimiento de la relatividad histórica de los valores sociales, entre ellos del valor de la justicia y, aún más, la conciencia del imperfecto funcionamiento de la justicia (o de su ausencia total), lejos de llevar a aquel que va en pos de la felicidad a la rebeldía, al conformismo o al inmoralismo, lo debe conducir a saber llenar el vacío que deja el convencionalismo sociolegal con la amistad. Porque esta es algo mucho más libre y auténticamente gratificador (generador de seguridad, solidaridad, provecho, placer, serenidad y, por tanto, felicidad) que el cumplimiento formal de la normativa legal y que la confianza, muchas veces defraudada, en que todos se sometan al imperio de la ley y de que esta se aplique con eficacia y equidad.

En otras palabras, si bien Epicuro sostuvo que no existe nada en la naturaleza humana que, más allá de la búsqueda de la seguridad personal, implique y arrastre a las personas a vivir en una organización social y que tampoco hay indicios naturales que hagan pensar que las personas tengan espontáneamente un comportamiento solidario entre ellas (sin afirmar rotundamente que el hombre no sea capaz de ejercer la solidaridad desinteresada con quienes son sus iguales), no obstante, el filósofo samio defendió la constitución de comunidades de amigos con el fin del intercambio de favores para cubrir las necesidades de la existencia. Unas comunidades de amigos no limitadas, no obstante, a esa finalidad, pues según el epicureísmo la amistad auténtica debe ir más allá del regocijo por el beneficio propio (sentirse a salvo y tranquilo ante la amenaza y el temor de la agresión de otros) y el individuo debe sentir alegría al compartir los bienes (materiales e inmateriales) con los amigos y al ver los progresos de estos. En este sentido puede decirse que, igual que ocurre con el amor, la amistad solo comienza a desarrollarse plenamente cuando amamos a quienes no necesitamos para nuestros fines personales.

Para Epicuro la adquisición de una amistad auténtica, estrechamente relacionada con un saber vital práctico que busca el placer, es una de las mayores fuentes de felicidad de la existencia, pudiendo afirmarse que la vida pierde gran parte de su valor para quien no tiene siquiera un solo amigo de bien. Esto es, un amigo seleccionado según criterios de afinidad, honestidad, prudencia y sobriedad, criterios similares a los utilizados para discernir los deseos y placeres adecuados para una vida feliz y desterrar las angustias y dependencias malsanas que la impiden. En este sentido, debe tenerse presente que antes de pretender organizarse en comunidades o sociedades, el individuo ha de fortalecer sus vínculos internos. Es decir, tiene que reforzar, desde la racionalidad, la relación con su mente y con su cuerpo, constituyendo el afianzamiento del autoconocimiento (eliminación de temores y prejuicios, elección adecuada de deseos y placeres y discernimiento de lo que depende de uno y lo que no) el primer paso hacia la felicidad, un paso preliminar básico para luego para poder y saber vivir en compañía de otras personas similares (pares).

UTILITARISMO Y DESINTERÉS EN LA AMISTAD

Partiendo de la base de la génesis interesada de la amistad, nacida, según el epicureísmo, de la conveniencia mutua y que tiene por objeto la adquisición del placer dentro de un programa hedonista que busca la salud corporal y mental, puede afirmarse que la necesidad y el trato son los elementos que fundan la amistad. Se trata de una clara perspectiva utilitaria de la amistad, cuya consecución se traduce, para las partes implicadas, en hechos benéficos recíprocos (relación clientelar o de patronazgo como base de las relaciones sociales en un mundo hostil y competitivo) y en la obtención de confianza para encarar el porvenir (obtención de seguridad o garantía de auxilio por las dos partes en caso de necesidad). Concretamente, la amistad proporciona una ayuda beneficiosa contra la hostilidad de la Naturaleza y frente al aislamiento en una sociedad humana extraña y adversa y es, de esta manera, un recurso de auxilio favorable para la seguridad personal que el hombre prudente que busca la felicidad, ante la relatividad e imperfección de la justicia convencional, trata de obtener. Por medio de los lazos de la amistad el hombre también descubre la común soledad de los individuos, generadora de angustia, así como las esperanzas quiméricas y rivalidades fútiles que afectan a la especie humana y malogran su felicidad. La misma sabiduría prudente que hace al hombre consciente de sus limitaciones y le contenta con una moderada satisfacción de sus deseos, le conduce también a buscar los beneficios y alegrías de la amistad. Porque esta no puede separarse del placer y por este motivo ha de ser cultivada, ya que sin ella no puede vivirse con seguridad y sin miedo frente a cualquier tipo de amenaza y agresión y, por lo tanto, tampoco puede vivirse serena y alegremente, reconfortado por el apoyo y la compañía amena de los semejantes.

En este sentido, los amigos refuerzan el sentimiento de seguridad cuando se crea una comunidad sincera, porque de esa manera el intercambio de pensamientos y afectos proporciona paz y serenidad mental auténticas. Por tanto, aunque la amistad tenga su origen en la utilidad o la necesidad (igual que sucede con el pacto social que establece las leyes, el Estado y la civilización), toda amistad auténtica es deseable por sí misma, aportando placeres corporales (protección de la integridad física personal) y mentales (compañía agradable, conversación amena, confianza ante cualquier imprevisto). Porque si, de hecho, existe una inseparable relación entre amistad, utilidad, mutua conveniencia y placer, no obstante, la amistad no es solo un recíproco intercambio de favores y una fuente de seguridad y de gozo, sino también un riesgo nacido de un compromiso libre y que puede llevar a uno a exponerse a sufrir por su amigo. En este sentido, el riesgo de la amistad es una compensación por las alegrías que procura. Además, la generosidad, en un intercambio amistoso donde la libertad de corresponder está condicionada únicamente por el afecto mutuo y la sincera adhesión entre los amigos, procura alegría tanto al dar como al recibir, e incluso más al dar que al recibir. Es decir, la actuación desinteresada por el amigo aparece como un gozoso y espléndido fruto del cultivo de la amistad. Puede decirse, en suma, que una de las vías que permite florecer y mantenerse vitalmente al individuo que busca la conquista de la autosuficiencia-libertad y del placer entendido como ausencia de dolor físico y psíquico, es el afecto libre y sincero entre amigos verdaderos, un afecto que va más allá de cualquier cálculo egoísta, de manera que la actuación en interés propio funciona como si obráramos de forma altruista.

En definitiva, asumiendo una visión antropológica pesimista que considera que los individuos, vagando tan sin rumbo como el átomo en el espacio, sin finalidad supraindividual, viven en un mundo hostil y ajeno donde la justicia es un mero pacto de no agresión que funda la estabilidad de la comunidad humana; reconociendo también que este es un mundo donde los mayores beneficios se obtienen por la cautela y el apartamiento de la muchedumbre; siendo conscientes de ello y asumiendo, además, que no existe nada en la naturaleza humana que implique y arrastre a las personas a vivir en una organización social y que tampoco hay indicios naturales que hagan pensar que las personas tengan en general un comportamiento solidario con sus iguales; tomando todo eso en cuenta, puede afirmarse que la amistad aparece, en medio de esa jungla dominada por la lucha competitiva de todos contra todos llamada sociedad, como una relación donde no se siente la amenaza ni el temor a la agresión. Puede, así, también, aseverarse que la amistad surge como un refugio contra la soledad y la hostilidad, actuando como refuerzo sólido y complemento, y a veces también como sustituto, de la imperfecta justicia. Porque, de hecho, cuando los hombres son amigos auténticos no hay necesidad de justicia. Pero más allá de constituir un vínculo voluntario de unión entre los hombres guiado por la aparente finalidad egoísta o utilitaria de obtener un remedio contra la soledad, así como auxilio para conseguir seguridad y apuntalar la autarquía individual, la amistad se presenta como un lazo de gozosa y desinteresada unión entre semejantes, entre amigos elegidos por su solidaridad, concordia y liberalidad. Auténticos «prójimos» por afinidad y cercanía que, a título individual, al preocuparse por sus iguales y al cuidar de ellos y sufrir por ellos, arriesgando su aponia y su ataraxia personal, se elevan por encima de un mero afecto utilitarista.

Queda claro, pues, que la amistad que se constituye libremente busca el intercambio de favores para cubrir las necesidades de la existencia, aunque no se tiene que limitar a eso. Es decir, la amistad no debe restringirse a ser un mero medio para que el individuo se pueda sentir aliviado ante la intranquilidad o la sensación de angustia generadas por la existencia o para que obtenga regocijo en exclusivo beneficio propio, sino que se debe situar en una posición intermedia entre el puro utilitarismo y el ideal de una relación totalmente desinteresada. En este sentido, las carencias de la vida o la necesidad de favores pueden dar nacimiento a la amistad, pero lo que la mantiene viva es el conjunto de valores que se crean en los lazos comunitarios cultivados entre los amigos. Es decir, la amistad no es solo un medio sino también un fin en sí misma.

LOS PILARES DE LA AMISTAD GENUINA

Las bases sobre las que se ha de construir la amistad auténtica son, según el epicureísmo, la sinceridad, la honestidad, la fidelidad y la confianza, principios reguladores de las relaciones humanas que hacen innecesaria la ley en la comunidad de amigos. Porque la relación entre amigos es una relación intensa, constantemente justa y honesta, donde la infidelidad ha quedado definitivamente desterrada. De esta manera, frente al derecho, entre amigos el elemento que confiere estabilidad a la estructura de relaciones sociales es la moral forjada en torno a estos valores o virtudes de la verdadera amistad.

Profundizando más puede decirse que la sinceridad y la coherencia entre palabras y hechos (el acompañamiento o verificación de lo dicho con acciones en ese sentido) son los pilares fundamentales que sustentan la relación entre iguales que buscan la felicidad. Porque los verdaderos amigos refuerzan el sentimiento de seguridad cuando se crea una relación franca, ya que el intercambio confiado de pensamientos y afectos, así como la cristalización en acciones benéficas recíprocas de las palabras pronunciadas, proporcionan una paz y una serenidad mentales sólidas y veraces. La sinceridad (gr. *parresía*) entre amigos, esto es, decir la verdad siempre anteponiéndola a cualquier interés o ambición personal, es un compromiso y obligación moral que, aun cuando pudiera molestar, tiene la voluntad de mejorar o ayudar al amigo tanto como a uno mismo. En este sentido, la sinceridad está incluida dentro de los peligros de la amistad porque la verdad puede producir incomodidad o enfado al ser escuchada. Además, en una dinámica entre amigos en la que la ternura, la alegría, la risa sana y el sentido del humor (incluso sarcástico) deben alternarse con cierta seriedad y contundencia crítica cuando se considere necesario, respecto del amigo no se debe únicamente ejercer un equilibrado refuerzo positivo y una crítica sensata y enriquecedora en lugar de halagos aduladores o críticas destructivas, sino también estar dispuesto y aceptar ser corregido por dicho amigo. Él debe ser el espejo en que se reflejen nuestras acciones y su aprobación o cordial asentimiento siempre resultará grato y confortador. Y ello sin que esto suponga ninguna merma en la autonomía personal ni ninguna dependencia malsana del tipo de la que se observa en las relaciones sociales posmodernas mediadas y deformadas por las tóxicas redes sociales.

Con la amistad verdadera se trata, en fin, de que aquel que busca la felicidad encuentre, en el seno de un mundo (como el helenístico y el posmoderno) en el que se han degradado y atomizado las relaciones domésticas y sociales, un espacio seguro donde los vínculos humanos sean sólidos y verdaderos. Un espacio donde se forme libremente una especie de nueva familia cuyos miembros tomen conciencia del objetivo cardinal de la vida (la felicidad) y se sientan libres de cualquier prejuicio o presión social, desplegándose así un ambiente benévolo para el desarrollo de una amistad desinteresada y afectuosa. De esta manera, en definitiva, el epicureísmo nos dice que la amistad no es un humus engendrador de lazos políticos que orienta a los individuos colectivamente para que sean el sostén de la sociedad y el Estado, sino una de las columnas sobre las que se apoyan la salud y la seguridad espiritual y corporal individuales y que permite el establecimiento de unos vínculos de unión voluntarios que, cristalizados en las comunidades de amigos, trascienden los límites del interés personal, de lo temporal, de las distancias geográficas y las fronteras estatales. Porque, como proclama Epicuro, «la amistad sobrevuela el mundo entero y como un mensajero nos convoca a todos para que despertemos a colaborar en la mutua felicidad».

7. AMOR Y SEXO

AMOR, SEXO Y DESEO EN LA POSMODERNIDAD NEOLIBERAL

Siguiendo a Fromm (2004) puede afirmarse que en la sociedad contemporánea la mayoría de nosotros estamos sedientos de un amor idealizado y romántico cuya referencia se halla en la ficción, esto es, en libros, películas, series televisivas y canciones basadas en historias de amor felices o desgraciadas, pero siempre apasionadas. Se trata de un amor que está sin duda dirigido por el deseo sexual, un deseo que aparece reflejado también en la letra de las canciones y en el cine y que, acrecentado y deformado por un culto exagerado al cuerpo y por la omnipresente pornografía de Internet, determina unas relaciones sentimentales cada vez más cortas y superficiales que se agotan con la desaparición del apetito sensual inicial. Y es que el fracaso de muchas relaciones sentimentales radica en la confusión entre la sencilla experiencia inicial del «enamorarse» y la complicada situación continua del «permanecer enamorado». Si dos personas que son desconocidas la una para la otra, como lo somos todos, dejan caer de pronto la barrera que las separa y se sienten cercanas, es decir, se sienten uno solo, ese momento de unidad constituye uno de los más estimulantes y excitantes de la vida. Ese «milagro» de súbita intimidad suele verse facilitado si se combina o inicia con la atracción sexual y su consumación. Sin embargo, tal tipo de amor es, por su misma naturaleza, poco duradero. Así, cuando las dos personas creen que han llegado a conocerse (aunque sea un conocimiento epidérmico), su intimidad pierde cada vez más su carácter milagroso, hasta que su antagonismo, sus desilusiones, su aburrimiento mutuo, terminan por matar lo que pueda quedar de la excitación inicial. No obstante, al comienzo no saben todo esto. En realidad, consideran la fuerza del apasionamiento, ese estar «locos» el uno por el otro, como una prueba de la intensidad de su amor, cuando realmente solo manifiesta el grado de su soledad anterior.

Ahora bien, si la experiencia que tenemos de la otra persona fuera más profunda y si desde la fraternidad auténtica, siguiendo una concepción del amor situada más allá de la satisfacción sexual recíproca y del amor considerado como «trabajo en equipo» y como «refugio de la soledad», se llegase a una experiencia asentada sobre la ausencia relativa de narcisismo y sobre el desarrollo de la humildad, la objetividad y la razón (teniendo curiosidad y queriendo profundizar, comprender su fondo y saber del otro sin prejuicios), pudiéndose experimentar la infinitud de la personalidad de la otra persona, entonces ese hombre o mujer nunca nos resultaría tan monótonamente familiar y el excitante milagro de salvar las barreras entre los dos podría renovarse a diario. No obstante, desafortunadamente para la mayoría de la gente tanto su propia persona como la otra persona resultan rápidamente exploradas y agotadas en el marco de unas relaciones que se dan en un mundo dirigido por la prisa y lo superficial (imposibilidad de vivir un amor sereno y a la vez intenso en una relación que queda reducida a la categoría de mera «conexión» esporádica). Esto es así principalmente porque para la mayoría la intimidad se establece principalmente a través del contacto sexual y, consecuentemente, tiende a disminuir cada vez más a medida que transcurre el tiempo y desciende la libido. El resultado de ese agotamiento amoroso-pasional es un impulso que empuja a encontrar de nuevo el amor y la pasión a través de la relación con otra persona distinta, con un nuevo desconocido. Este se transforma nuevamente en una persona «íntima» y la experiencia de enamorarse vuelve a ser estimulante e intensa, pero con el tiempo se torna cada vez menos potente y concluye en el deseo de una nueva conquista, de otro nuevo amor, siempre con la ilusión de que este será distinto de los anteriores.

Es, sin duda, el carácter engañoso del deseo sexual el factor que más contribuye al mantenimiento de tales ilusiones vanas y, como la mayoría de la gente une el deseo sexual a la idea del amor, con facilidad se incurre en el error de creer que se ama con autenticidad cuando se desea físicamente. En este sentido debe tenerse en cuenta que el amor puede inspirar el deseo de la unión sexual (instinto reproductivo animal presente en el ser humano), pero este deseo debe fundirse con la ternura, porque si el deseo de unión física (amor erótico) no está estimulado a la vez por un sentimiento fraterno, jamás conduce a una unión auténtica salvo en un sentido orgiástico y transitorio (unión efímera pero, *a priori*, placentera). Así, la atracción sexual crea, por un momento, la ilusión de la unión total, pero, sin un amor profundo unido a la atracción sexual, tal supuesta unión, cuando la ilusión inicial se desvanece, deja a los desconocidos tan separados como antes e incluso a veces los hace avergonzarse el uno del otro o aun odiarse recíprocamente.

Teniendo en cuenta este razonamiento sobre el carácter de la unión genuina entre dos personas debe rechazarse la premisa de Freud que postula que el ser humano, al descubrir por experiencia que el amor sexual (genital) le proporcionaba su gratificación máxima, lo convirtió en un prototipo de toda felicidad para él, viéndose impelido a buscar su felicidad por el camino de las relaciones sexuales y a hacer de su erotismo genital el punto central de su vida. Esta tesis, que implica que la experiencia del amor fraterno (no erótico) es un mero producto del amor sensual en el cual el instinto sexual se transforma (sublima) en un impulso con «finalidad inhibida», debe ser considerada como errónea porque la satisfacción desinhibida y plena de todos los deseos instintivos eróticos que dicha hipótesis estima como camino a la felicidad, lejos de ayudar al hombre a ser feliz, perjudica la vital salud mental que se requiere para alcanzar la *eudaimonía*. Así, hechos clínicos obvios muestran que los hombres y las mujeres que dedican su vida a la satisfacción de sus instintos sexuales sin restricciones (adictos al sexo) no solo no son felices, sino que a menudo sufren graves síntomas y conflictos neuróticos. De esta manera, como así lo consideraba Epicuro, la gratificación completa de todas las necesidades instintivas sexuales (deseos naturales, pero no necesarios), indiferentemente de que proporcione un goce intenso y efímero, no solo no constituye la base de la felicidad, sino que pone en riesgo la estabilidad anímica tan importante para conseguir la dicha.

Además de la equivocada identificación casi total del amor con el ingrediente sexual, otro pensamiento errado que lleva a un rápido agotamiento de la magia del «enamoramiento» en una relación sentimental es la falsa concepción de que el amor significa necesariamente la ausencia de conflicto. Así, de la misma manera que en la posmodernidad la gente considera que el dolor y la tristeza deben evitarse o banalizarse en todas las circunstancias, igualmente se supone que, para ser auténtico, el amor debe ir acompañado de la ausencia de cualquier tipo conflicto. Los argumentos en favor de esa idea se hallan en el hecho incontrovertible de que las disputas que podemos observar a diario entre las parejas son intercambios destructivos que no producen bien alguno a ninguna de las dos partes. Pero hay que señalar que dichos conflictos visibles de la mayoría de las parejas, si bien es cierto que son destructivos, no obstante, no son auténticos conflictos, sino que en realidad constituyen intentos de evitar los verdaderos antagonismos. Se trata, en este sentido, de desacuerdos sobre asuntos secundarios o superficiales que, por su misma índole, no contribuyen a aclarar ni a solucionar nada importante, sino que enmascaran las auténticas disensiones. En cambio, los conflictos reales entre dos personas, los que no sirven para ocultar o proyectar, sino que se experimentan en un nivel profundo de la realidad interior a la que pertenecen, no son, para nada, destructivos. Por el contrario, se trata de discordias que son necesarias y contribuyen a aclarar la relación, produciendo, en el caso de ser exhumadas, una catarsis de la que ambas personas emergen con más conocimiento y mayor fuerza. Y esta realidad lleva a entender que los conflictos sí que deben existir en el seno de una pareja para a través de ellos y de su resolución llegar a un pleno conocimiento de uno mismo y de la persona con quien convivimos. A este respecto, el amor solo es posible cuando dos personas se comunican entre sí desde el centro de sus existencias y, por lo tanto, cuando cada una de ellas se experimenta a sí misma desde dicho centro. Experimentado en esa forma, el amor es un desafío constante y por ello tiene un elemento de conflicto. No es un lugar de reposo, sino un moverse, crecer y trabajar juntos. En tal sentido, que en la relación haya armonía o conflicto, alegría o tristeza, es secundario con respecto al hecho fundamental de que dos seres se experimenten desde la esencia de su existencia, esto es, de que sean el *uno con el otro* al ser *uno consigo mismos* y no al huir de sí mismos (impostación de la personalidad o despersonalización para agradar al otro).

Por otra parte, el amor de la contemporaneidad posmoderna es un amor que, desde un punto de vista egocéntrico y narcisista, consiste fundamentalmente para la mayoría de la gente en ser amado y no en amar, es decir, que no consiste en la propia capacidad de amar sino en la necesidad de que le amen a uno. De ahí que para muchos el problema sea cómo lograr que se los ame, cómo ser dignos de amor. En este sentido, aquello que en la cultura occidental equivale a digno de ser amado es, en esencia, una mezcla de popularidad y *sex appeal* según los cánones de la moda de cada momento. Teniendo en cuenta que toda nuestra cultura está basada en el deseo de comprar, en la idea de un intercambio mutuamente favorable y que la felicidad del hombre contemporáneo consiste en gran medida en la excitación de contemplar los escaparates reales o virtuales y en comprar todo lo que pueda, no puede resultar extraño que el hombre o la mujer (más allá del subterráneo impulso del instinto natural de reproducción) consideren a sus potenciales parejas sentimentales desde una óptica similar, esto es, materialista y mercantil. Así, una mujer o un hombre atractivos son los premios que se quieren conseguir, significando «atractivo» un conjunto de cualidades que son populares y por las cuales hay demanda en el mercado de la personalidad y la corporeidad. Dichas características específicas físicas y mentales que hacen atractiva a una persona dependen de la moda de la época. Dentro de estas coordenadas, siguiendo más o menos conscientemente un criterio mercantilista, el enamoramiento (más allá de las fantasías que cada cual pueda tener) está limitado en la realidad a las mercancías humanas que se hallan dentro de las posibilidades de intercambio de cada uno. En este sentido, cualquier hombre o mujer quiere hacer un buen negocio, de manera que, por una parte, el objeto sentimental-sexual que ha de perseguir debe ser deseable desde el punto de vista de su valor social y, al mismo tiempo, por otra parte, ese hombre o mujer que busca un determinado objeto sentimental-sexual, debe fijar su objetivo teniendo en cuenta sus propios valores y potencialidades manifiestas y ocultas (su «valor de mercado» y su «capacidad de compraventa») los cuales deben resultar deseables para el «objeto» que pretende «adquirir». De ese modo, dos personas se enamoran cuando sienten que han encontrado la mejor «pieza» disponible en el mercado dentro de los límites impuestos por sus propios valores (intelectuales y corporales) de intercambio. En definitiva, en una cultura como la neoliberal posmoderna en la que prevalece la orientación mercantil y en la que el éxito material constituye el valor predominante, no hay en realidad motivos para sorprenderse de que las relaciones amorosas humanas sigan el mismo esquema de intercambio que gobierna el mercado de los bienes de consumo y del trabajo.

Incidiendo en la naif y generalizada creencia propia de la posmodernidad que olvida que hay que aprender amar y que asume que amar es sencillo y que lo difícil es encontrar un objeto apropiado para amar o, sobre todo, para ser amado por él, hay que hacer notar que en nuestra contemporaneidad poca gente advierte que una de las claves fundamentales para consolidar una relación sentimental (física y mental) es renegar tanto de la forma pasiva (sumisión) como de la activa (dominación) de unión entre dos personas. En la forma pasiva una persona se convierte en propiedad de otra persona que la dirige (controla), la guía (manipula) y la protege (ahoga), erigiéndose el componente dominante de la relación en el todo de la parte sometida, la cual ya no es nada salvo en la medida en que forma parte de la persona a la que se somete. Como componente despersonalizado de esa considerada como todopoderosa persona, la mitad sometida comparte, teóricamente, su grandeza, su poder y su seguridad, pero, de hecho, pierde de manera absoluta la libertad y la dignidad. Por lo que respecta a la forma activa de relación, es el reverso de la pasiva: una parte absorbe a la otra como una porción de sí misma. Dicha parte dominante se siente acrecentada y realzada incorporando a otra persona, la cual, con una personalidad totalmente anulada y una autoestima mínima, le adora (realmente le teme). Ahora bien, la persona dominante es tan dependiente de la sumisa como esta de aquella, pues ninguna de las dos puede vivir sin la otra. La diferencia solo radica en que, de forma más o menos evidente, la persona dominante controla, explota, lastima y humilla, y la dominada es controlada, explotada, lastimada y humillada.

En contraste con las uniones activa y pasiva, el «amor maduro» aparece como la unión sentimental más saludable y que hace perdurar más una relación. Se trata de una unión con la condición de preservar la propia integridad e individualidad de cada una de las dos partes. De esta manera, en este tipo de amor se da la paradoja de dos seres que se convierten en uno y, no obstante, siguen siendo dos. En esta unión madura (que para Epicuro se halla en la amistad) el amor es una actividad, no un afecto pasivo; es un «estar continuado», no un «súbito arranque». Se trata de una relación que concibe que amar es fundamentalmente dar, no recibir. Y este hecho es un obstáculo para que se imponga este tipo de amor maduro en la sociedad contemporánea. Ello es así porque existe un malentendido común que supone que dar significa «renunciar» a algo, privarse de algo, sacrificarse. Por el contrario, dar constituye la más alta expresión de potencia, porque en el acto mismo de dar uno experimenta su fuerza, su riqueza, su poder. Tal experiencia de vitalidad y potencia exaltadas llena de felicidad a quien da, pues uno se siente a sí mismo como desbordante, pródigo, vivo y, por tanto, dichoso. De esta manera, en definitiva, dar produce más gozo que recibir (así lo defiende Epicuro), no porque sea una privación, sino porque en el acto de dar se expresa la vitalidad personal.

Pero, en la relación amorosa, ¿qué le da una persona a otra? Pues da de sí misma, de lo más precioso que tiene, de su propia vida. No obstante, ello no significa necesariamente que uno sacrifica su vida por otra persona, sino que da de lo que está vivo en él: da de su alegría, de su interés, de su comprensión, de su conocimiento, de su humor, de su tristeza, etc. Al dar así de su vida, enriquece a la otra persona, realza el sentimiento de vida del otro al exaltar el suyo propio. No da con el fin de recibir, pues dar es de por sí una dicha exquisita. No obstante, al dar, no puede dejar de dar vida a algo en la otra persona, y eso que nace a la vida a través de la otra persona se refleja a su vez sobre él, vuelve sobre el dador, de manera que cuando da verdaderamente no puede dejar de recibir lo que se le devuelve espontáneamente a cambio. En este sentido, dar implica hacer de la otra persona un dador y que ambas compartan la alegría de lo que han creado conjuntamente. Porque en el acto de dar siempre nace algo y las dos personas involucradas se sienten agradecidas a la vida que desde ese dar nace para ambas. Dar es, en definitiva, un rasgo del amor maduro que se manifiesta como un poder o capacidad de producir amor y que se opone a la impotencia o incapacidad propia de las relaciones egoístas de crear amor, así como de las uniones activas y pasivas.

Ahora bien, el reseñado amor maduro, que contiene una elevada dosis no solo de cuidado («hacer crecer») y responsabilidad (estar listo y dispuesto a «responder»), sino también de respeto o capacidad de conocer de verdad (no epidérmica y periféricamente, sino profundamente) y aceptar a una persona tal cual es, teniendo conciencia de su individualidad única, preocupándonos porque crezca y se desarrolle tal como es y no como nosotros necesitamos que sea (como un objeto para nuestro uso), es un tipo de amor difícil de hallar en el mundo posmoderno. Ello es así porque, a pesar del generalizado anhelo de amor que se manifiesta en la contemporaneidad neoliberal consumista, en la «era del vacío y de lo efímero» en la cual estamos inmersos casi todo tiene más importancia que dicho amor: éxito, prestigio, dinero, poder, adquisición de bienes, excitación, sexo, etc. En este sentido, dedicamos casi toda nuestra energía a descubrir la forma de alcanzar esos objetivos materialistas y muy poca a aprender el «arte del amor», porque solo se consideran dignas de ser aprendidas las cosas que pueden proporcionarnos bienes materiales, reconocimiento social o placer inmediato y, en cambio, el amor, que «solo» reporta beneficios al alma pero que no trae ventajas en el sentido moderno (con la excepción de los matrimonios de conveniencia), es algo por lo cual no merece la pena gastar muchas energías ni perder demasiado tiempo más allá de la satisfacción de un deseo sexual desvirtuado y caprichoso que envenena el espacio del amor. A este respecto, puede decirse que en la posmodernidad, en la concepción del amor y, sobre todo, en los comportamientos sexuales, desde al menos la revolución moral y sexual de los años sesenta del siglo XX, el deseo desinhibido y permanente tiene un papel central. De hecho, al deseo se le otorga el estatus de salvador de la vida íntima, de palabra mágica que abre las puertas a las emociones, adquiriendo un prestigio casi embriagador. Recuérdese, en este sentido, que el deseo es el mecanismo principal que, tomándolo del mundo sensorial del hombre y por medio de la publicidad, los medios de comunicación de masas y las TIC, utiliza el sistema neoliberal capitalista para hacer girar la rueda de un consumismo desaforado.

Dentro de la estrecha relación contemporánea existente entre deseo y sexo, una de las características más destacadas de la sexualidad en la posmodernidad es que las relaciones sexuales, a través de la generalización de los métodos anticonceptivos y del aborto libre, se han separado de su integración ancestral con la reproducción y se han puesto al servicio de la satisfacción del deseo. No obstante, los significados psicológicos del ciclo de la reproducción, la maternidad y la paternidad siguen latentes y se ponen de manifiesto cuando se decide que ha llegado el momento de tener hijos. De esta manera, si bien se tiende a separar el sexo del amor reproductivo, no obstante, la pareja y la familia siguen siendo muy valoradas. Y esto a pesar de los cambios en el modelo de familia tradicional y de su crisis innegable (familias monoparentales, homoparentales, etc.), así como de la dejación generalizada de la función educadora que tradicionalmente ejercían los progenitores sobre sus hijos dentro de la estructura familiar.

Otro rasgo muy marcado de la sexualidad posmoderna es que el sexo, tanto para hombres como mujeres (liberadas sexualmente desde los años sesenta del siglo XX, a pesar de la persistencia del machismo), impulsado por un deseo caprichoso, intenso y descomprometido asociado con un cuerpo que se pretende eternamente joven y bello y siempre preparado para obtener y proporcionar grandes orgasmos según un patrón deformado por el consumo masivo de pornografía, se ha convertido en un objeto más de consumo dentro de la sociedad capitalista. Un objeto expendedor de una felicidad intensa, rápida y breve, que a medio plazo crea sensación de hastío y vacío. En este sentido, el fenómeno de la generalización de las relaciones íntimas que solo buscan el placer o reafirmar la identidad sexual determina que no se satisfagan las necesidades de reconocimiento, cariño, respeto y ternura que tiene el individuo. Este hecho no facilita el desarrollo de lazos afectivos y suele despertar sentimientos de vacío y estados de humor que, aunque lo aparenten, nada tienen que ver con situaciones propiamente depresivas. Esto es, hay pérdida, pero no duelo, el vacío se transforma en manía, en un humor exaltado o triste que no da lugar a la reflexión, sino a la negación defensiva de esa pérdida y a conductas compulsivas de repetición. La forma de conocerse y contactar a través de las redes sociales y, en general, a través de Internet facilita no solo el encuentro casual sino también la ruptura fácil y despersonalizada. Esto es así porque las parejas no suelen pertenecer al círculo social próximo y predomina el anonimato, pero también porque los dispositivos electrónicos y las aplicaciones telefónicas permiten eludir un contacto directo tanto previo como posterior al encuentro físico personal, facilitando ambas circunstancias unos vínculos rápidos, pero totalmente idealizados, frágiles, epidérmicos y despojados de profundidad emocional.

A este respecto, las conductas sexuales en la contemporaneidad posmoderna se impregnan de sensaciones y emociones físicas a la vez que se despojan de sentimientos y afectos profundos. Esto es, en las relaciones de pareja se potencia un lazo meramente superficial y puramente sensorial que se basa en la premisa de tener una relación mientras las ganas o el deseo no desaparezcan y en el rechazo de cualquier tipo de nexo afectivo que reclame un proyecto para el futuro. Además, en un mundo que defiende vivir el presente de manera exacerbada y donde el individuo vive esclavizado y angustiado por un paso del tiempo con efectos demoledores para aspectos vitales que le obsesionan como la juventud o la belleza corporal, las relaciones sexuales se consumen sin tiempo para experimentar de manera auténtica tanto los placeres como los sufrimientos inherentes a todo contacto emocional, intentando ser evitados a toda costa estos últimos. De esta manera, no se da la oportunidad de vivenciar la secuencia búsqueda-entrega-separación-repensar lo vivido propia de una relación humana completa, porque la experiencia de la interacción personal en muchos casos no se repite después de uno o escasos encuentros sexuales o no va más allá de estos.

Por otra parte, como se ha indicado antes, en la sexualidad posmoderna, pero también en todos los aspectos de la vida, hay una obsesión por el cuerpo y la juventud. De esta manera, jóvenes y mayores, impulsados por el anhelo de ser deseados, ansían poseer un cuerpo lozano no solo por la belleza asociada a la juventud, sino por la necesidad de permanecer vigorosos, activos y atractivos en lo sexual. Se da, así, una actitud de rechazo a la madurez y al envejecimiento porque no se quiere asistir al deterioro, agonía y muerte de ese deseo sexual mágico e intenso que da aliento e incentivo al vivir. Este hecho conlleva que las relaciones sexuales se renueven como una adicción, cada vez con un cuerpo nuevo, un cuerpo por conocer, con el que dar rienda suelta al deseo y verificar que se sigue siendo joven y, por tanto, deseable para los demás.

Una característica preocupante de la sexualidad en el mundo posmoderno relacionada con el relativismo moral es la difuminación del concepto de perversión sexual. Así, dentro de una dinámica de pura promiscuidad, todo tipo de conductas sexuales entre adultos, muchas de ellas sin relación intersubjetiva y, por ello, basadas en la utilización, a veces violenta, de la pareja sexual como mero objeto para el placer y no como sujeto, son consideradas como aceptables, no entrando dentro de la categoría de perversas sino dentro de la condición de pluralidad sexual. Asimismo, y esto es más grave, se produce por parte de unos menores muy sexualizados por la publicidad, la moda o la música, un acceso generalizado y libre, a través de Internet, a toda clase de contenido pornográfico, deformando el visionado de dicho material la escasa educación sexual y moral de los niños, determinando conductas deleznables en unas relaciones sexuales que empiezan a mantener cada vez a una edad más temprana, y favoreciendo, en general, unas relaciones de pareja en las que la violencia de género lejos de atenuarse se está incrementando de manera preocupante ya desde la adolescencia.

Por otra parte, en la posmodernidad ha entrado en crisis el modelo de sexualidad predominante durante las dos primeras centurias de la era contemporánea, un modelo basado oficialmente en la hegemonía de la heterosexualidad. De esta manera, no solo han adquirido una gran visibilidad pública movimientos en pro de los derechos de las lesbianas, los homosexuales, los transexuales y los bisexuales (LGTB), de unos movimientos justos y propios de una sociedad avanzada pero mediatizados y rentabilizados por el sistema (la hipersexualidad como distracción y filón de hipersonalización), sino que también, con la aparición del género no binario (género fluido), formado por personas cuya identidad de género no está incluida en o trasciende la dicotomía hombre/mujer, lo masculino y lo femenino luchan por no coincidir con varón y hembra. Han aparecido, de este modo, numerosos y notorios cambios en la dinámica del deseo y nuevas y múltiples sexualidades. Además, paralelamente a estos cambios se reivindican conductas sexuales ya presentes antes como la promiscuidad, pero camufladas ahora bajo expresiones frescas, modernas o desenfadadas como «poliamor» o «follamigo» para justificar su normalización y generalización.

Por último, puede afirmarse que, en la posmodernidad tal vez más que en ninguna otra época, amor y sexo son dos tendencias contradictorias del ser humano que entran en un conflicto agudo, separándose unas veces y apareciendo juntas en otras ocasiones a lo largo de la vida del individuo. Así, si bien se busca y se sigue anhelando un amor-pasión para toda la vida, se hace con el temor a la dependencia emocional, es decir, a depender demasiado del otro (temor al abandono) o a que el otro dependa excesivamente de uno (hastío del apego). También se teme que la elección sea un obstáculo para otras posibles elecciones mejores o que impida el desarrollo y la libertad individual y un disfrute ilimitado, desinhibido y variado del deseo sexual. En consecuencia, la pareja estable, relacionada aún por la mentalidad occidental, debido a la influencia de los residuos de la moralidad judeocristiana, con el amor duradero y auténtico, pero, con el paso del tiempo, descafeinado y anodino, se considera a la vez y de manera contradictoria como una limitación para las emociones placenteras intensas, diversas y permanentes y como el refugio más seguro y parecido a un hogar. En este sentido, el hombre posmoderno, víctima de un deseo insaciable y emulando la actitud de un viandante ante un escaparate vistoso, siempre está mirando desde la ventana de ese supuesto refugio amoroso hacia afuera, hacia lo «otro» más bello, más joven y atractivo, buscando, desde su condición efímera, abrevarse de un pozo de placer que imagina inagotable.

AMISTAD, AMOR Y SEXO EN EL JARDÍN DE EPICURO

Establecidas de manera sucinta las coordenadas básicas del amor y el sexo en la posmodernidad, estas premisas pueden ser confrontadas con lo que Epicuro pensaba al respecto de dichas cuestiones. Por una parte, en lo referido al sentimiento del amor (gr. *philía*), el epicureísmo lo dividía en dos variantes:

(1) Amor fraterno (gr. *philía hetairiké*). Esta variante del amor, basada en el aprecio entre amigos, es considerada positivamente por el epicureísmo y recomendada por encima de la otra forma de amor (amor-pasión) para alcanzar la felicidad. Epicuro admite que el amor fraternal nace del desamparo y del interés personal de la criatura humana por obtener seguridad y, por tanto, serenidad de ánimo, frente a un mundo hostil y unas leyes imperfectas y muchas veces ineficaces e injustas. Ahora bien, el filósofo samio reconoce que dicho sentimiento de amistad va más allá del mero interés egoísta y aporta gozo y felicidad al ser humano que lo obtiene y también a sus congéneres. De hecho, el epicureísmo considera que el amor fraternal es un amor auténtico y maduro porque expresa el encuentro entre dos seres que avanzan libremente el uno hacia el otro, uniéndolos finalmente un lazo desinteresado que es el valor del amor en sí, capaz de extirpar todo interés individual y toda forma de egoísmo. Un amor así, que se ofrece como un don de sí mismo, no supone ninguna sobreexcitación ni ningún tormento, acompañándose y apoyándose los amigos en los gozos y sufrimientos de la vida con serenidad, honestidad y respeto.

Hay que señalar que el amor fraternal ensalzado por el epicureísmo tiene una versión universal (amor por el género humano/

gr. *philantropía*), una versión cosmopolita (amor hospitalario con el extranjero/gr. *philía xeniké*) y una versión familiar (amor natural entre personas de la misma sangre —padres, hijos y hermanos— /gr. *philía physiké*).

(2) Amor apasionado (gr. *philía erotiké*). Esta variante del amor se basa en un sentimiento pasional (amor-pasión o *eros*) entre dos personas de distinto sexo o del mismo sexo y Epicuro lo considera un obstáculo para la felicidad. Se trata de un sentimiento basado en el deseo y que normalmente incluye relaciones sexuales, aunque a veces el deseo sexual aparezca sublimado bajo la forma de amor romántico. No obstante, el amor-pasión también incorpora elementos como la ternura entendida no como una idealización del instinto sexual, sino como el producto directo del amor. El epicureísmo, estimando que la adquisición de la amistad es un ingrediente importante para lograr la felicidad de la vida entera, entiende que, para cumplir su cometido, dicha amistad no debe tener ningún componente irracional y, por tanto, perturbador, como lo es la *pasionalidad*, considerada esta como amor-pasión. A este respecto, el amor apasionado por una persona es un afecto que se opone al sentimiento amoroso propio de la amistad fraternal, que es el tipo de amor que Epicuro defiende y recomienda por encima de los demás. Esto es, la *philía erotiké* o irracional amor-pasión es antitético de la *philía hetairiké* o estima entre amigos nacida desde la racionalidad para reforzar con la ayuda del prójimo la seguridad, libertad, tranquilidad y felicidad personales, pero también para complacer a nuestros iguales. En consecuencia, según Epicuro, el amor apasionado debe ser rechazado por las angustias y zozobras que causa, pues es un amor vano y un afecto irracional y maniático que conlleva desórdenes y sufrimientos. Por ello, como remedio para neutralizar y no sucumbir al *eros*, resultado de falsas y hueras ilusiones y asociado a todo tipo de turbaciones que impiden la ataraxia, es aconsejable separarse de la persona amada, pues si se suprimen la vista, la conversación y el contacto frecuente con ella, se desvanece la pasión amorosa. Al mismo tiempo, también como antídoto frente al *eros*, no hay que —cegados por el deseo— cerrar los ojos a los defectos morales y físicos del ser objeto de pasión, evitando dar pábulo a los pensa-

mientos que sobredimensionan sus supuestas virtudes o le atribuyen méritos de los que en verdad carece. En definitiva, hay que ver al objeto del amor-deseo desde una óptica sobria, desidealizada y fisiológica, de manera que, orientando la mente hacia otros pensamientos y tomando en cuenta lo que está debajo de la forma y la imagen bellas (corruptibilidad del cuerpo, olores, fluidos, etc.), la pasión no ciegue el entendimiento.

De acuerdo con esta postura negativa frente al amor-pasión, el matrimonio y el engendramiento deben ser rechazados por ser fuente de abundantes pesares, perturbaciones y distracciones de cosas más necesarias. Porque, según el epicureísmo, lo importante para el sabio en su búsqueda de la felicidad es no depender de nada ni de nadie (autarquía) y eso, referido al amor-pasión, equivale a no enamorarse y, en consecuencia, a no casarse ni engendrar descendencia. De hecho, Epicuro nunca contrajo matrimonio ni tuvo hijos. Ahora bien, sin perder nunca de vista que la consecución del bien máximo que entiende el placer como ausencia de dolor físico y de pesar anímico se ve dificultado por este tipo de compromisos y responsabilidades, no obstante, según las circunstancias de la vida y en aquellos casos en que no constituya una vinculación pasional nociva y pueda ofrecer, en consecuencia, suficientes garantías de seguridad al margen de toda posibilidad de turbación, puede considerarse como aceptable el contraer matrimonio así como la procreación (relacionada con la *philía physiké*) .

En definitiva, para Epicuro, el amor en su variante apasionada (amor-pasión) conlleva perturbaciones y aparta de la felicidad, siendo un tipo de amor que suele desatar el afán de posesión y la necesidad de dominar al «otro», transformándose el amor en celos y siendo el amar, en tal caso, no ya un darse desinteresado al «otro», sino un pretender ser amado por alguien que se ha convertido en una mera propiedad o sujeto subordinado. En este sentido dice Nietzsche que es paradójico que de este tipo de amor-pasión se haya extraído el concepto de amor como antítesis del egoísmo cuando quizás sea precisamente la expresión más desinhibida del mismo.

Por otra parte, por lo que respecta a la concepción epicúrea del sexo o de las relaciones interpersonales de carácter meramente sexual (gr. *tá aphrodisía*), frente a las dos versiones principales del amor, esto es, el amor fraterno y el amor apasionado (que también incluye relaciones sexuales), Epicuro considera el sexo crudo como amor desapasionado o mero trato sexual. Sin dejar de reconocer que el apetito sexual más allá de un mero instinto animal puede ser también una manifestación de la necesidad de amor y de unión del ser humano, el epicureísmo juzga que el deseo sexual es una pulsión natural de raíz biológica derivada del instinto reproductivo animal y una fuente de placer sensorial. Se trata de un deseo que responde a necesidades elementales de la Naturaleza y que si bien por ello debe ser, *a priori*, satisfecho, no obstante, no es necesario saciarlo siempre y, de hecho, satisfacerlo en demasía puede dificultar la consecución de la felicidad. Porque a pesar de que, por una parte, la satisfacción libre y sin compromiso de los deseos sexuales, sin acumular y reservar energía y fluidos para un único «amor», evitando así pesadumbres e inevitables dolores inherentes a la concentración del deseo en una sola persona (como ocurre en la versión del amor-pasión monogámico), puede ser un medio para descargar tensiones y satisfacer los deseos de la carne, no obstante, por otra parte, encierra el peligro de que el individuo pierda de vista la prudencia y sucumba al dominio de la pasión. Dicho de otra manera, aunque pueda parecer un acto de prudencia aceptar la promiscuidad para, de esta forma, evitar caer en la obsesión en torno a un único objeto de pasión que conduzca a la tortura y al desasosiego del alma (estado físico-mental de «enamoramiento» y «encoñamiento»), paralelamente dicha promiscuidad puede también generar problemas. Concretamente puede conllevar la imposibilidad de practicar un sexo sin pasión, aunque esta sea meramente sexual, suscitándose en el individuo un apetito vehemente y creciente de nuevos y variados goces sexuales (hipersexualidad) acompañado de furor y angustia. Esto es, una condición psicopatológica de enajenación y obsesión que puede derivar en una conducta sexual compulsiva, desencadenando desequilibrios y ansiedades contrarios a la serenidad de ánimo requerida para una vida feliz.

Tampoco debe olvidarse que el deseo sexual puede ser autosatisfecho, sin mayores complicaciones, por medio de la masturbación, anulando los posibles efectos adversos del amor-pasión (que incluye sexo) y de la relación interpersonal basada exclusivamente en el sexo. Porque, con vistas a alcanzar la plena paz mental, hay que considerar que si bien las relaciones sexuales, se den estas dentro de una relación con compromiso (amor-pasión) o dentro de una dinámica descomprometida (sexo «desapasionado»), son agradables para el cuerpo con tal de que no produzcan daño, no obstante, nunca producen provecho. En verdad, puede decirse que en general la unión sexual y más concretamente los placeres derivados de ella, obtenidos con una sola o con varias personas distintas, son del tipo de aquellos placeres que no proporcionan una vida feliz, no beneficiando realmente a nadie y siendo raro que no causen dolor físico y zozobra espiritual. En este sentido, dichos placeres pueden llevar, bien a una dependencia enfermiza, bien a una perversión aberrante que trunque el acceso al equilibrio mental necesario para la felicidad. Entiéndase bien, no es que los naturales placeres sexuales deban ser considerados en general como negativos y reprochables en sí mismos. Más bien todo lo contrario, pues el propio Epicuro dice que sin los placeres (sexuales) del amor es difícil hacerse una idea del bien. No obstante, el mismo Epicuro remarca que dichos placeres no son positivos en la medida en que, asociados en ocasiones a la obsesión por una persona o a la sumisión a esa persona y relegados a un plano secundario en relación con el placer máximo de la ausencia de dolor, pueden conllevar motivos de turbación y sufrimiento. En fin, para el epicureísmo, si bien el sexo crudo o expresión del instinto de reproducción animal reconvertido en un encuentro físico buscado para obtener placer carnal es algo natural, deseable y placentero, no obstante, puede causar también alteraciones de la serenidad de ánimo que aparten al hombre del camino hacia la *eudaimonía*.

8. EL VIL METAL

EL MUNDO COMO CENTRO COMERCIAL *TWENTY-FOUR SEVEN*

Con el auge de la globalización se han generalizado y reforzado mundialmente, aunque de manera asimétrica entre Norte y Sur (y crecientemente entre Este y Oeste), los vínculos e intercambios comerciales por medio de la interdependencia económica entre las naciones, generándose unos flujos de mercancías en continua renovación que determinan que el hombre del tercer milenio, no solo en Occidente, se halle continuamente frente a escaparates virtuales de ensueños. Ese hombre del siglo XXI pertenece a una sociedad hedonista posindustrial asentada sobre un sistema económico que radica en la idea de vender ilusiones que solo supuestamente hacen cambiar la vida del sujeto. Dicho sistema también se sustenta en el principio de vulgarizar la esencia del ser humano, lanzándolo a un vacío de simplificación de los problemas éticos y haciéndolo naufragar en la subjetivación de un relativismo moral indoloro, supuestamente placentero y carente de reglas sólidas. En este contexto, la colectividad posmoderna sobrevalora el consumo, el cuerpo, la imagen y la percepción exterior de la realización individual y ha normalizado el carácter efímero de lo hedónico, que funciona como el motor y el sustento de una concepción del hombre y de la sociedad banales donde el más celoso individualismo egocéntrico cohabita con una creciente permisividad del sujeto respecto de un sistema social, económico y político cada vez más represor, unitario y totalizante (si bien hay excepciones a esta dinámica de docilidad social como lo ponen de manifiesto las protestas en países como Alemania, Holanda o Francia contra las restricciones y discriminaciones a causa de la pandemia de la COVID-19).

El actuar del hombre hedonista posmoderno tiende a la apariencia y la posesión, ignorando el marco ético, pues sacrifica su verdadera autorrealización personal y humanista en favor de la ventaja y la comodidad efímera y coyuntural que se ofrece astutamente por el sistema. Se trata de un actuar totalmente acrítico y desubstancializado de sí mismo, ya que el hombre unidimensional posmoderno solo conoce una forma de adherirse al mundo que no es otra que mediante el poseer y el usar. En consecuencia, cuanta mayor alienación existe en el individuo y menos reflexiona este sobre sí mismo, aunque ilusamente se crea soberano de sus decisiones, más se fundamenta su relación con el mundo a través del consumo y del placer. Estamos, en fin, ante individuos alienados que asimilan sus necesidades esenciales con la adquisición y el goce de una creciente cantidad objetos, servicios y experiencias que pululan por el ecosistema comercial.

La vida se toma, desde lo que engañosamente se cree la sagrada libertad personal (realmente orientada por el sistema), como una salida de compras prolongada y el mundo es considerado como un almacén desbordante de productos de consumo que esperan ser adquiridos y disfrutados de manera incesante. En ese hedonista y consumista universo, en vez de gozar razonable y moderadamente de los bienes obtenidos con el esfuerzo personal y de aquellos regalados por la fortuna, los individuos viven obsesionados por obtener y acumular cuanto desean, con una disposición insaciable veinticuatro horas al día que les sumerge en una constante inquietud y dolor, víctimas del anhelo incesante de poseer y consumir más y más objetos, servicios y experiencias cuya novedad y atracción se agotan en breve tiempo. Y es que, debido a la profusión de ofertas tentadoras acompañada por la obsolescencia programada y la *neofilia*, la potencial capacidad generadora de placer de cualquier producto o experiencia tiende a agotarse con rapidez. Esta fugacidad del placer generado por unos objetos en continua «regeneración» y con unas mejoras solo aparentes determina que la posesión de cierta cantidad de dinero implique no solo gozar de libertad para elegir lo que se adquiere, sino también contar con la solvencia requerida para, en un mercado en permanente renovación, poder reemplazar de manera inmediata los productos obsoletos y satisfacer con ello unas necesidades percibidas engañosamente como reales, aunque ciertamente sean totalmente superfluas («estar a la moda»). Además, este consumismo no es una actividad meramente de las élites o de una cada vez más adelgazada clase media, sino que dicho afán ha permeado hasta los estratos sociales más humildes y ha pasado a formar parte del estilo de vida de la generalidad de los individuos, aunque para ello se tenga que acudir al crédito exprés *online*. De esta manera, se da la situación paradójica de que los pobres no viven en una cultura diferente a la de los ricos, sino que deben moverse en el mismo mundo de consumismo voraz creado para beneficio de los que tienen dinero, y en ese cosmos su pobreza es agravada, además de por las periódicas y muchas veces artificiales (diseñadas) recesiones económicas y por el recorte global de derechos laborales y sociales que se produce a raíz de ellas, por su propia fiebre de consumo.

CONFUNDIENDO MEDIOS Y FINES

Este materialismo propio de las sociedades posmodernas hunde sus raíces, como lúcidamente lo señaló Horkheimer (2002), en la degeneración de la razón pragmática nacida a partir de la Ilustración; una concepción de la razón que, operando una aniquilación ontológica, ha determinado que una cosa sea solo aquello para lo que sirve (un mero medio) y, por tanto, nada que tenga valor en sí mismo. De esta manera, la perversión de la razón ilustrada ha conseguido transformar el mundo en una realidad en la que todo sirve para algo y todo tiene que ser útil para que pueda reconocerse como real; un mundo donde solo los medios tienen un racional derecho a existir. Por eso, las casas, los coches, los electrodomésticos y otros productos y servicios que ofrece el sistema consumista son los únicos fines que quedan por perseguir dentro de un olvido absoluto de que solo son medios.

La razón instrumental ha impuesto la obra por la obra, el beneficio por el beneficio, el poder por el poder, y el mundo en su totalidad se ha convertido en mero medio (mediatización del mundo) y mero material, olvidándose que el material, en último término, es aquello que no tiene razón en sí y se justifica solo como componente de otra cosa. Este es el materialismo de la contemporaneidad heredera de la Ilustración y a esta trágica situación se ha llegado desde el carácter contradictorio de la razón ilustrada, el cual se pone de manifiesto en que al determinar todo valor como utilidad, es decir, en función de otra cosa, al final resulta que no queda nada valioso. Dicho de otra forma: cuando todo es medio y nada un fin que se pueda justificar racionalmente por sí mismo, todo es inútil y nada sirve para nada, pues no hay valor alguno que como absoluto sustente la utilidad última de esa mediatización absoluta del mundo.

UNA RAZÓN ADULTERADA Y UN *HOMO* (IN)*FELIX*

Esta situación de utilitarismo nihilista es el callejón sin salida al que ha llevado a la civilización la degradación de la razón, una razón ilustrada cuyo surgimiento se produjo como superación de la alteridad que representaba para el hombre la Naturaleza hostil. Esta era la fuerza diferente y, en este sentido, contraria respecto del hombre y, por tanto, su enemiga y el objeto de su miedo. Por ello, en medio y a merced de esa fuerza distinta, de un caos amenazante, el ser humano se encontraba perdido y, como primera urgencia, tuvo que buscarse en ella y contra ella un refugio. Pero para eso tenía que vencer su extrañeza, esto es, superar su alteridad y reconocerse a sí mismo en ella. El medio que encontró el hombre para aceptar la Naturaleza y relacionarse con ella fue, en un primer momento, el pensamiento mítico, aunque esta reconciliación fue aleatoria, o sea, irracional o algo que ocurría, o no, de forma imprevisible. Porque si bien el pensamiento mitológico supuso un primer acercamiento a esa Naturaleza, no obstante, los dioses eran mudables y la Fortuna caprichosa. En general eran algo de lo que, en su alteridad, no se podía disponer y, por tanto, la actitud del hombre ante ellos siguió siendo de temor ante una fuerza imprevisible y extraña.

Más adelante, con la llegada del pensamiento científico y su culminación en la Ilustración, se produjo una desmitificación de la Naturaleza. Así, la fuerza mítica, situada como energía divina extraña al hombre, fue vista entonces como proyección enajenada de la mente humana. De esta manera, el hombre se reconoció a sí mismo en los dioses, que pasaron a ser considerados como productos febriles de su imaginación temerosa, y la razón, como ciencia verdadera, se erigió en liberadora para el hombre de la pesadilla del temor a lo divino que lo atenazaba (en esto Epicuro fue un precursor de la Ilustración). Sin embargo, el fundamento de la reconciliación hombre-Naturaleza estuvo, más que en la teoría, en la praxis. De este modo, la reunificación del ser humano con la Naturaleza tuvo lugar fundamentalmente de un modo práctico, mediante una técnica en la cual se realizó la razón ilustrada como paso del temor (situación del hombre primitivo premítico) y la veneración (propia del hombre mitológico) de la Naturaleza a su dominio casi total. Por ello, esa razón ilustrada fue una razón instrumental, porque la reunificación del hombre con el cosmos se realizó solo en la medida en que la Naturaleza dejó de ser lo distinto y se convirtió en medio de la propia realización del hombre. Desde ese momento de toma de control sobre la Naturaleza ya no se la temerá ni se la reverenciará, sino que se la usará. Dicho de otra manera, la razón misma no será sino el último instrumento de mediatización con el cual el hombre se apropiará del mundo en el proyecto de su absoluta autoafirmación. Desde ese instante, razonar será, más que conocer, dominar, de tal manera que poder y conocimiento se convertirán en sinónimos y el principio de dominio ejercido a través de la ciencia y la técnica se erigirá como el nuevo ídolo pagano al que todo se sacrificará.

La «reconciliación» ilustrada del ser humano con la Naturaleza (realmente la voluntad de dominación total) implicará una fatal inversión dialéctica, pues como dice Horkheimer (2002) si el animismo había dado alma a las cosas, el industrialismo cosificará las almas. En otras palabras, la razón ilustrada se autodisuelve en su pretendido fin pragmático de superar la alteridad natural, porque si la mediatización técnica del mundo comenzó como esfuerzo por domesticarlo y ponerlo al propio servicio, hasta lograr tener en él el reflejo de la propia humanidad, dicho esfuerzo se malignizó contra sí mismo, disolviendo la subjetividad particular en favor de un embrutecimiento genérico. Por este motivo, la pretendida humanización del mundo corrió la misma suerte que el hombre concreto y la razón pragmática en su autodisolución:

fue víctima de un sistema negativo que obra una cosificación y mediatización absoluta de sujetos y objetos. Un sistema en el cual, a pesar de la aparente libertad y culto a la individualidad, la máxima eficacia se logra cuando la totalidad está totalmente integrada en función de dicho sistema, el cual alcanza su máximo poder en la relativización de sus componentes. En este sentido, puede decirse que la decadencia del espíritu teológico acompaña, de la mano de la hegemonía de la razón instrumental, la emergencia de una universal sistematización del hombre en la que este se ve reducido desde la autoconciencia de su dignidad al número que representa su función como pieza, tan útil como intercambiable (el término «igualdad» pasa a significar «identidad» antes que «unidad», es decir, una igualdad no individualizada sino estandarizada en beneficio del sistema).

Esto nos muestra, en definitiva, cómo la cultura industrial y posindustrial en absoluto refleja el ideal de *homo felix* libre y avanzado que se pretendía lograr a través de la razón, la ciencia, la técnica y la educación por los pensadores de la Ilustración. Es decir, el mundo es algo de lo que el ser humano posmoderno está alienado y que se le presenta amenazador en una brutal alteridad similar a la que suponía para él originariamente la Naturaleza. El hombre se siente perdido y solo en este mundo, en una jungla urbana y tecnificada que, con toda su brutalidad e irracionalidad, de la que dan sobrada muestra los genocidios sistemáticos del siglo XX y los crímenes contra los hombres y el medio natural de dicha centuria y del inicio del tercer milenio, es el producto final de la deshumanizadora razón pragmática; un paisaje humano extraño y peligroso que, en definitiva, reproduce en sí, con toda virulencia y por el uso viciado de la ciencia y la tecnología, la ferocidad de una Naturaleza cuya alteridad se pretendía superar originalmente.

Al final del progreso de una razón pragmática que se anula a sí misma y donde la eficacia, esto es, la recta ordenación de los medios (mediatización absoluta) al fin, cualquiera que este sea (ético o no), es el criterio y valor definitivo, no queda sino la vuelta a la barbarie o el (re)comienzo de la historia. Queda solo, frente a un materialismo vacío y absurdo, la esperanza de recuperar, de alguna manera, las viejas formas de vida que laten bajo la superficie de la civilización moderna y que aparecen como capaces de proporcionar aún el calor que es inherente a toda delicia, a todo amor a una cosa que tenga consistencia más por sí misma (como fin en sí misma) que en función de otra (como mero medio). Queda la posibilidad de placeres como los que defiende el epicureísmo, unos placeres que tal vez parezcan nimios pero que proporcionan un sencillo y profundo gozo como, por ejemplo, el deleite simple que ofrece el cuidado de un pequeño jardín. Placeres como la contemplación de la belleza, tanto en la Naturaleza como en el arte, que están unidos por mil tenues hilos con ideas e ideales precientíficos; unos hilos que el desquiciado y soberbio hombre moderno, haciendo burla de lo ancestral, corta con desprecio por parecerle risible lo no mesurable ni tasable, aquello etéreo que asombraba y conmovía a los hombres de otras épocas. Con esa ruptura con aquello cuyo valor no debe confundirse con un precio, el hombre posmoderno quizás tenga la ilusión de seguir aún durante un tiempo disfrutando de un falso placer, pero sin duda, ahogándose en un materialismo banal y en una tecnología destructiva, cuanto más violenta a la Naturaleza y más se aleja de ella, más ahoga el último rescoldo de su menguada vida interior que es la única que le puede salvar a través de una existencia equilibrada y positivamente racional.

EL HEDONISMO RACIONAL EPICÚREO

Frente al hedonismo posmoderno, asentado sobre el ansia por conseguir una falsa felicidad basada en tener más, acumular dinero, escalar socialmente para poseer un mayor poder adquisitivo y consumir innecesaria e incesantemente bienes y servicios expendedores de placeres efímeros sin tener otra finalidad en la vida o, directamente, sin tener finalidad alguna (pues solo se persiguen medios que llevan a otros medios) y sin reflexionar sobre la vorágine de consumismo insatisfactorio en la que nos vemos envueltos, el hedonismo epicúreo defiende todo lo contrario. Así, Epicuro, desde la autarquía y la ataraxia, rechaza la premisa de que el hombre que no tiene precio no vale nada y asimismo se aparta de la gente que sabe el precio de todo y el valor de nada. Considera, además, que el amor al dinero (avaricia), si este es adquirido por medios ilegítimos, es impío, y, si es obtenido por procedimientos legítimos, es detestable, pues es sórdido ser avaro aun tratándose de dinero que le pertenece a uno en justicia. Ante la crematomanía Epicuro defiende que no es lo que tenemos, sino aquello que disfrutamos lo que constituye nuestra abundancia y aconseja que si uno se quiere hacer rico no debe aumentar sus riquezas sino limitar sus deseos (codicia, etc.). Y ello porque sabe que la Naturaleza no le demanda al hombre no ser pobre y, menos aún, le exige ser rico, poderoso o famoso, sino que le anima a ser independiente, de manera que la felicidad en ningún caso la proporcionan ni la cantidad de riquezas que uno pueda acumular (sin dejar de reconocer la utilidad y necesidad del dinero) ni la categoría de sus ocupaciones ni ciertos cargos y poderes, sino la ausencia de sufrimiento, la mansedumbre de las pasiones y la disposición de la mente a delimitar lo que es adecuado y natural para vivir libre y tranquilo.

A este respecto, aquel que en vez de atender a las vanas opiniones presta atención a la Naturaleza, la cual hizo fácil de conseguir lo necesario y difícil de obtener lo innecesario, es autosuficiente en cualquier circunstancia, siendo la autarquía la mayor de todas las riquezas. Porque mientras que toda adquisición para satisfacer lo que demanda la Naturaleza es riqueza, en cambio, la mayor de las riquezas materiales relacionada con los deseos ilimitados es, de hecho, pobreza. Y es que la riqueza acorde con la Naturaleza está delimitada y es fácil de conseguir (unos pocos deseos naturales y necesarios, accesibles y que eliminan el dolor y, por tanto, proporcionan placer), pero la supuesta riqueza de las vanas ambiciones se derrama al infinito. Por eso mismo, la aparente pobreza acomodada a la ley de la Naturaleza es realmente una gran riqueza, mientras que la pretendida riqueza no sujeta a límites es, en realidad, una gran miseria. En este sentido, es raro encontrar un hombre pobre si se atiene al fin de la Naturaleza y rico si se atiene a las vanas opiniones.

Además, con una actividad desenfrenada como la que se promociona en la sociedad neocapitalista posmoderna se puede acumular una gran cantidad de riquezas, pero a ellas se les une, de una manera u otra y de forma más o menos explícita, una vida desgraciada. Porque, como bien lo señala el epicureísmo, muchos que consiguen riquezas no encuentran en ellas la liberación de sus males sino una sustitución de estos por otros aún peores. Asimismo, nada es suficiente para quien lo suficiente es poco, ni ningún insensato se contenta con lo que tiene, sino que más bien se atormenta por lo que no tiene. Esta actitud, según Epicuro, delata una gran ignorancia e ingratitud, pues no debemos menospreciar lo que tenemos por el deseo de lo que nos falta, sino que hay que tener siempre presente que también lo que tenemos formaba parte de lo que deseábamos. Además, mientras nos falta lo que deseamos nos parece que supera a todo en valor, pero cuando es alcanzado se presenta inmediatamente como apetecible otra cosa, y así siempre estamos presos de la misma sed. Igualmente, respecto la posesión de bienes, el epicureísmo nos hacer ver que aquellos objetos que a uno nunca se le ha pasado por la cabeza pretender, no los echa en absoluto de menos, sino que está plenamente contento sin ellos, mientras que otro, en cambio, que posee cien veces más que aquél, se siente desgraciado porque le falta una cosa que pretende. Y es que la riqueza (y también la fama) es como el agua del mar: cuanto más se bebe de ella, más sed se tiene y más empeora la salud de quien quiere abrevarse hasta la muerte.

Igualmente, como antídoto contra los males del capricho, la *neofilia* y la envidia por poseer lo ajeno, unos males propios de la sociedad posmoderna, el epicureísmo nos dice que si se busca ser auténticamente feliz no se ha de sentir envidia por lo que el otro posee, pues muchos, cuanto más afortunados aparentemente son según cánones materialistas, tanto más se perjudican a sí mismos. También se nos recuerda que uno nunca podrá ser feliz si piensa en cuántos se le adelantan sin tener en cuenta cuántos le siguen y si le atormenta que algún otro sea supuestamente más feliz que él. En definitiva, Epicuro, que defiende que cuanto menos tenemos más libres y felices somos porque no sufrimos por la angustia que causa el temor de perder lo atesorado y el tren de vida asociado a una gran riqueza material, nos advierte que allí donde la vida se configura como una perpetua lucha por la obtención de dinero, el hombre, que de forma patética y estéril se esfuerza por poseer cada vez más para ser cada vez menos, acaba de facto transformado en un producto más del sistema económico-comercial, perdiendo de vista que es el gozar y no el poseer lo que nos hace verdaderamente felices.

En este sentido puede decirse que, cautiva de la gran promesa de la razón ilustrada de una felicidad, libertad, abundancia material y dominio de la Naturaleza ilimitados, la sociedad contemporánea se volvió materialista y prefirió «tener» a «ser». Las esperanzas en ese paraíso terrenal alcanzaron su punto máximo cuando comenzó la era industrial y se pudo sentir que una producción ilimitada garantizaría, a través de un consumo sin límites, la materialización de la gran promesa de la Ilustración. No obstante, dicha promesa nunca se cumplió debido a los objetivos inalcanzables que se pusieron sobre la vida, es decir, la materialización de cada deseo y la obtención siempre del máximo placer (hedonismo radical) en un marco de egoísmo, narcisismo y codicia. Además, en la era industrial el desarrollo del sistema económico capitalista dejó de estar determinado por la cuestión de lo que era bueno para el hombre para someterse, de hecho, a lo considerado como positivo para el crecimiento del sistema y los bolsillos de una exigua minoría dirigente, creando en los consumidores, mediante los *mass media,* la seducción de la publicidad y los dispositivos tecnológicos, necesidades y deseos ilimitados que no proporcionaban un placer auténtico. Es decir, la sociedad industrial moderna hizo grandes promesas, pero todas ellas se desarrollaron para materializar sus intereses y aumentar sus beneficios en detrimento de la libertad y felicidad auténticas del individuo.

¿SER O TENER?

La sociedad posmoderna es, en definitiva, la culminación de un proceso en que se ha impuesto la naturaleza materialista del «tener» sobre la humanista del «ser», perdiendo por completo el ser humano su genuino yo interior, así como la conciencia de que los bienes materiales de los que nos rodeamos constituyen un préstamo (igual que los seres amados que nos circundan), siendo objetos caducos y frágiles a los cuales uno no debe ligarse ni tampoco identificarse con ellos. La importancia del «ser» sobre el «tener» queda puesta de manifiesto por la condición mortal de los hombres, una condición de efemeridad que determina que la posesión de bienes se vuelva inútil después de la muerte, pues los bienes se entregan cuando entregamos la vida (muerte como restitución de aquello que no nos pertenece y que no somos). Y es que las únicas «posesiones» que un hombre puede transferir a una hipotética vida después de la vida o que dejan huella perdurable entre los vivos están conformadas, sin duda, por aquello que a través de sus palabras y sus actos respecto de los demás conformó el ser de la persona fallecida y en ningún caso por los bienes que amasó. En este sentido es totalmente certera la frase de la película *Qué bello es vivir* (1946) que dice que «todo lo que puedes llevarte es lo que has regalado».

Epicuro, defensor de un hedonismo sobrio o de un amor al placer basado en el cálculo prudente y la austeridad que garantizan la independencia material y social, supo ver bien la verdad intemporal del valor superior del «ser» sobre el «tener» y por ello afirmó sabiamente que «quien conoce los límites de la vida sabe que es fácil de obtener aquello que elimina el dolor causado por la falta de algo y que hace perfecta la vida entera, de manera que no necesita de nada que traiga consigo luchas competitivas». Y también dijo que «una vida libre no puede adquirir muchas riquezas, porque estas no son fáciles de obtener sin servilismos respecto de la masa o de los poderosos, sino que dicha clase de vida libre ya posee todo [lo necesario] en continua abundancia».

9. DESTINO, FORTUNA Y LIBERTAD HUMANA

HONGOS ATÓMICOS Y BOLAS DE CRISTAL

Por muy extraño que pueda parecer en una sociedad de la información y del conocimiento como la posmoderna, casi plenamente alfabetizada a escala global y que cuenta con un acceso libre a un volumen de datos nunca visto en la historia, es innegable que en pleno siglo XXI han rebrotado con vigor actitudes y comportamientos irreflexivos presentes en el mundo helenístico en que vivió Epicuro. Dichos males atávicos relacionados con la irracionalidad son la intolerancia, el fanatismo, el sectarismo, el simplismo y la superstición. Se trata de unas malas hierbas ideológicas que, a pesar de los vergonzosos y sangrientos rebrotes en forma de totalitarismos y guerras del siglo XX, se creían en gran parte extirpadas de la cultura occidental desde la época de la Ilustración. Así, a pesar del proceso de secularización de la sociedad y del consiguiente debilitamiento del poder de control sobre las conciencias por parte de la religión, se observan en la sociedad posmoderna fenómenos preocupantes en este campo y otros anexos al mismo, cumpliéndose la afirmación de G. K. Chesterton (1874-1936) de que «el primer efecto de no creer en Dios es creer en cualquier cosa». Concretamente, junto con el ascenso de versiones integristas de credos como el islam, pero también del cristianismo (evangelistas blancos EE. UU.), y la proliferación de diversas sectas pseudorreligiosas y laicas (cienciología, criptomonedas, etc.), se ha producido un auge de falsas terapias médicas etiquetadas como alternativas y un resurgimiento de supersticiones que, a través de estafadores que se aprovechan de la angustia, el dolor, el temor, el deseo y la insatisfacción del individuo posmoderno, recuperan elementos premodernos como la creencia en la magia, el curanderismo, el espiritismo, el esoterismo, la astrología, el Destino y la Fortuna.

Es especialmente curioso el fenómeno que se da en relación con estos dos últimos conceptos, Destino y Fortuna, los cuales, justo es reconocerlo, han estado presentes a lo largo de la historia, hasta al menos la modernidad, en la reflexión del ser humano sobre las fuerzas que limitan su libertad a través de hechos que le marcan para bien y para mal. El fenómeno chocante al que nos referimos no es otro que la convivencia en nuestro mundo secularizado y tecnificado de, por una parte, una reverdecida fe en el Destino y en la Fortuna, así como en la posibilidad de controlarlos esotéricamente con, por otra parte, una confianza absoluta en la libertad de acción humana y la razón para forjar el destino y la suerte personales. La mezcla de tendencias antagónicas y exacerbadas que manifiesta este fenómeno es un claro síntoma de la infelicidad que aflige al hombre posmoderno, totalmente manipulado por los medios de comunicación de masas y la publicidad de la sociedad consumista hipertecnológica del tercer milenio y sumergido en un marasmo de consumo desaforado e insatisfactorio. Un hombre unidimensional que no tiene ningún valor sólido que lo oriente ni nada que pueda llenar de manera efectiva el vacío de su existencia. Un individuo ansioso que, mientras se demora el éxito material que promete el sistema neoliberal (falso El Dorado posmoderno) y que busca incesantemente en el uso de su libertad, se ha lanzado a los brazos de terapias naturales y de drogas narcóticas y euforizantes, estando a la vez obsesionado por un culto radical al cuerpo y a la imagen personal y cautivado por una ciencia futurista que promete una prolongación extraordinaria de la juventud y de la duración de la vida. Esto último, es decir, la obsesión por alargar la vida, se da, paradójicamente, al mismo tiempo que dicho hombre posmoderno, cegado por un deseo incesante y atenazado por el hastío y la vacuidad vital, busca continuamente emociones fuertes que ponen en peligro esa existencia que se desea estirar al máximo para obtener un incesante placer.

Es digno de mención aquí, en referencia a libertad de acción humana recobrada en la contemporaneidad frente a servidumbres divinas (Dios) y humanas (Iglesia y monarquías absolutas), el hecho sorprendente de que el ánimo del hombre, aun en la científica, tecnológica y descreída posmodernidad, no pueda asimilar la idea de su completa libertad al margen de los incontrolables hechos derivados de la necesidad y el azar. Con esta actitud manifiesta un «miedo a la libertad» (Fromm, 1998) o a la independencia absoluta que deriva claramente de la amarga y nihilista comprensión del intrascendente destino del ser humano y de su gran soledad. Porque este hombre moderno, racional y ateo del siglo XXI, no acaba de asimilar el hecho de su insignificancia, fragilidad y finitud y de no haber sido creado por un ser superior con una finalidad específica. Además, tampoco es capaz de digerir que el utópico y feliz destino prometido por la Ilustración es inalcanzable y que su camino se halla manchado de sangre. Estamos, de esta manera, ante un individuo que ha abandonado una visión del futuro que en la modernidad estuvo unida a una concepción lineal y positiva del progreso y que, a pesar de que tiene a su disposición más conocimientos y elementos para el bienestar de los que nunca se pudo imaginar, se ha sumido en una visión nihilista (pasiva y epidérmica) de la historia, a la cual contempla como nutrida de desastres y eventos apocalípticos derivados de esa libertad que le angustia ejercer, cuyo ejercicio delega en otros y que cuando la ejerce lo hace con total irresponsabilidad moral (riesgos ecológicos, bélicos, pandémicos, de terrorismo global, crisis económicas crónicas, etc.). En este sentido, elementos como la ciencia y la tecnología con los que la modernidad hizo desaparecer del horizonte humano la ignorancia, el miedo, la ambivalencia y la incertidumbre contribuyen ahora a socavar el sentido moderno de la realidad y a fomentar la desconfianza en el futuro (poder destructivo y perverso de la razón y la ciencia: energía atómica, armas de destrucción masiva, campos de exterminio industriales, deforestación, contaminación, cambio climático etc.). Nos hallamos, en definitiva, ante un hombre que no puede evitar que le guste sentirse encadenado a algo perdurable que supere su propio yo limitado y corrija el daño presente en el mundo (causado por su voluntaria irresponsabilidad) y que, por eso, de manera errabunda, se agarra aún, con desesperanza y ardiente fe a partes iguales, a destinos fatídicos, a caprichosos azares y a remozadas utopías revolucionarias y creencias metafísicas. Se trata de falsas tablas de salvación en forma de trascendencias terrenas o ultramundanas que, desde la óptica de la doctrina epicúrea, deben ser ignoradas por aquel que busca la verdadera felicidad, porque este tiene que asumir que el endeble y mortal hombre está solo y que en su soledad frente a los demás congéneres (muchas veces hostiles) y frente al cosmos indiferente le quedan solo el cuidado de una interioridad equilibrada y las alegrías del placer prudente, asequible y sencillo, así como el gozo de la amistad auténtica.

La combinación en la mente del infeliz y desorientado ser humano posmoderno, a modo de un trastorno disociativo, de creencias irracionales propias del pasado con una confianza ciega en la libertad individual (que realmente no se ejerce o se ejerce mal), nos indica que estamos ante un hombre vacío y bipolar. Un ser barnizado por una racionalidad meramente instrumental y subjetiva, así como por un pretendido autocontrol, pero que realmente es un ser maniático y desquiciado (véase el vertiginoso aumento del porcentaje de personas con trastornos mentales y adictas a los ansiolíticos). Un hombre permanentemente alterado que corre como un poseso desde el extremo de la superstición esotérica precientífica (terapias alternativas *new age*) al extremo del egocentrismo voluntarista basado en falacias lógicas o patrones de razonamiento que conducen a un argumento incorrecto y en la asunción de que algo es cierto, falso, posible o imposible de alcanzar simplemente por el deseo de que sea así. Como ejemplo de esa bipolaridad posmoderna a la que aludimos está el caso del *transhumanismo*, el cual, bajo el disfraz de la fe en la razón instrumental y en el progreso científico, llega al negacionismo utópico de la muerte, pretendiendo afirmar que no es un destino inexorable, sino una anomalía que la ciencia y la tecnología solucionarán. En este sentido, tan errado está el científico transhumanista que cree que puede derrotar a la necesidad natural de la muerte como el hombre de a pie que consulta las cartas del tarot antes de tomar una decisión para intentar así modificar un supuesto destino o para favorecer la aparición de la fortuna.

Teniendo en cuenta el peso en la mentalidad del hombre posmoderno de los remozados conceptos de Destino, Fortuna y libre albedrío, así como su papel en la generación de vanas ilusiones y de nocivas frustraciones que interfieren en el camino hacia la felicidad, es necesario analizarlos, aunque sea brevemente. Y es que se trata de creencias que perturban la serenidad de ánimo necesaria para la *eudaimonía*, pues dicha tranquilidad se encuentra alterada por la angustia, la ansiedad, las vanas ilusiones, el derrotismo, la frustración y la decepción derivados tanto del determinismo absoluto (Destino), como del azar omnímodo (Fortuna) y de la fe en el control total por parte del individuo de aquello que le ocurre (libre albedrío).

DESTINO

El Destino (gr. *Heimarmene*) puede ser definido como un poder metafísico dueño y señor de todas las cosas que ocurren en el mundo, contra el que es imposible luchar y frente al cual hay que resignarse a lo que depare. A pesar de que el hombre posmoderno vive permanentemente en la agridulce angustia de estar atrapado en un constante presente, en la eternidad del ahora, sin pasado y sin futuro, y tal vez para huir de esa (auto)prisión fomentada por los *mass media* y la publicidad, en su mente sigue estando presente el Destino, calificado como «consuelo de los vencidos» por filósofos nihilistas como Cioran (1980) y concebido por los creyentes como providencia divina. De hecho, la creencia en una fuerza cósmica que de algún modo predetermina fatalmente los actos y las trayectorias de los seres humanos ha calado en una gran parte de una población zombificada por la publicidad. Una población cuyos miembros, atrapados por la vorágine nihilista-consumista posmoderna, son primero convertidos por el sistema en sobreexcitados y atormentados perseguidores de un soñado destino inalcanzable, para, acto seguido, ante la imposibilidad de hallar lo anhelado o tras hartarse enseguida de lo que se ha conseguido, transformarse en (auto)derrotados y (auto)fracasados apáticos narcotizados.

Tanto frente a la desbocada y estéril persecución de un destino inalcanzable por imposible (éxito permanente en la vida, placeres continuos, juventud inalterable, prolongación de la vida, etc.) como ante el aletargamiento, la amargura o la estéril rebelión frente a los designios negativos de dicha fuerza fatídica (muerte, enfermedad, catástrofes naturales, etc.), Epicuro desmitifica el Destino para despejar el camino hacia la felicidad. Concretamente nos dice que solo se puede hallar la felicidad considerando que lo que vulgarmente se llama Destino es realmente algo que acontece obedeciendo a hechos naturales necesarios, esto es, a la necesidad y causalidad naturales (no metafísicas), a un impulso irresistible que hace que variadas causas, siguiendo leyes físicas, obren infaliblemente en cierto sentido, siendo imposible sustraerse o resistir a su dinámica y a sus consecuencias. Debe asumirse, según el epicureísmo, que los hechos que ocurren por necesidad son actos inevitables que obedecen a leyes de la Naturaleza estables (aunque algún día puedan dejar de serlo) y no a un hipotético destino individual o colectivo, y que son sucesos que no deben enervar, angustiar o aletargar al individuo en absoluto. Porque es absurdo, desde un punto de vista científico, ir en contra de leyes físicas e intentar cambiar lo que no se puede modificar (no depende de nuestra voluntad). Simplemente hay que admitir que hay hechos que afectan al hombre (enfermedad, envejecimiento, muerte, accidentes, éxitos y fracasos sentimentales, profesionales, familiares, etc.) o que se dejan sentir sobre su entorno (catástrofes naturales, cambio climático, contaminación, pandemias, etc.) y que, aunque cuentan en ocasiones con su concurso, en general escapan a su control y no pueden evitarse, pudiendo, como mucho, ser paliados. En este sentido, aceptando el determinismo natural pero contrarrestándolo con un voluntarismo racional, Epicuro afirma que el futuro no es ni del todo nuestro ni del todo ajeno a nuestra voluntad para que, de esta manera, no tengamos la absoluta esperanza de que lo sea completamente ni desesperemos de que no lo sea de ninguna manera. Porque muchas veces un exceso de esperanza supone que esta actúe como un charlatán que sin cesar nos engaña, empezando muchas veces la felicidad, de hecho, cuando se pierde dicha esperanza falsa. De la misma manera, una pronunciada desesperanza se comporta como un gran árbol seco que, acaparando nuestra mirada, no nos deja ver el bosque verde lleno de vida que se extiende alrededor y detrás de él.

FORTUNA

La Fortuna (gr. *Tyche*) puede ser calificada como una fuerza metafísica, caprichosa e imprevisible, que vapulea al ser humano a su antojo, otorgando riqueza y miseria, salud y enfermedad, amor y desamor, triunfo y fracaso, de manera totalmente imprevista y arbitraria. Igual que sucede con el Destino (disfraz metafísico del fenómeno natural de la necesidad), en la mente de unos ciudadanos casi plenamente alfabetizados y familiarizados con el método científico y las leyes naturales sigue anidando aún la creencia agridulce y de raigambre precientífica en la entidad metafísica del fenómeno natural del azar incondicionado presentado bajo el ropaje de la Fortuna (popularmente asimilada con la buena y la mala suerte). Se trata de una creencia que, además de ser un síntoma de la histeria que aqueja a la nihilista sociedad posmoderna, fomenta un principio de incertidumbre que origina en el hombre tanta inseguridad y temores antagónicos de la felicidad como la fe en el Destino o la providencia divina. Es, en fin, una creencia que, sorprendentemente, sigue cautivando en los inicios del tercer milenio a individuos de sociedades postindustriales, plenamente urbanas, hiperinformadas y tecnificadas. Unos individuos que, como en el Medioevo, corren en pos de remozados rituales mágicos, fórmulas magistrales y objetos con supuestas propiedades maravillosas para modificar su estrella amorosa, laboral o económica o que sucumben, por la vía de la ludopatía, ante el canto de sirena publicitario que promete dinero fácil y rápido a través de los juegos de azar (apuestas deportivas, etc.).

Desde un punto de vista racional y contra la identificación de la Fortuna con una fuerza cósmica ciega que actúa de manera caótica sobre el hombre trayéndole hechos beneficiosos o desfavorables y que puede propiciarse o arruinarse con ceremonias y amuletos, el epicureísmo nos dice que aquel que va en pos de la felicidad debe asumir que dicha fuerza veleidosa se corresponde con la ausencia de necesidad y finalidad de lo que acaece o con meros hechos fortuitos. Es decir, la Fortuna no es más que el azar o la casualidad presente en fenómenos que se caracterizan por causas complejas, no lineales y aparentemente no predecibles en todos sus detalles. Los actos que suceden por azar, sean positivos (ganancias económicas, recuperación de una enfermedad grave, ascenso laboral, etc.) o negativos (accidentes, pérdida de inversiones, etc.), igual que ocurre con los que acontecen por necesidad (el supuesto Destino), tampoco deben preocuparnos; en este caso porque no obedecen a ninguna ley sino a la pura casualidad y esta no se puede controlar ni predecir por ser totalmente inestable y arbitraria. Por lo tanto, aunque haciendo uso de su libre voluntad el ser humano planifique su vida a la perfección, ha de ser consciente que en cualquier momento puede sobrevenirle algún acontecimiento que tuerza o anule su plan (o, incluso que, desde algún punto de vista, lo mejore), sin que por ello deba buscar culpables o mortificarse por sus decisiones. Porque el azar está fuera del control humano y con la misma gratuidad que hoy beneficia puede perjudicar mañana.

La salud y la situación económica son quizás los dos aspectos de la vida sobre los cuales los embates del azar son más intensos para un ser humano que, disfrutando de lo que tiene en cada momento, debe estar siempre preparado para saber aceptar lo que la supuesta Fortuna le da y le quita a cada instante. De hecho, si, como lo reclama Epicuro, uno permanece atento a la Naturaleza descubre que ella nos enseña a considerar insignificantes las concesiones de la fortuna, a saber ser desafortunados cuando somos afortunados y, cuando somos desafortunados, a no valorar en exceso la fortuna. Es más, Epicuro, si bien reconoce que es preferible que en nuestras acciones el buen juicio sea coronado por la fortuna, no obstante, nos recuerda que es mejor ser desafortunado con sensatez que afortunado con insensatez. La Naturaleza también nos enseña, según el epicureísmo, a recibir con serenidad los bienes concedidos por el azar y a mantenernos firmes frente a los que parecen ser sus males. Porque, como dice Epicuro, efímero es todo bien y todo mal estimado por la gente y la sabiduría nada tiene en común con la fortuna. En este sentido, como norma general, no hay que entregarse a grandes júbilos ni a grandes lamentos ante ningún suceso, porque la variabilidad de todas las cosas puede modificarlo por completo en cualquier momento. En cambio, hay saber disfrutar siempre del presente (toda la vida no es más que un trozo algo más largo del presente y, como tal, totalmente pasajera) de la manera más prudente y a la vez más alegre posible, porque en eso consiste la sabiduría de la vida. No obstante, la mayoría de las veces hacemos todo lo contrario: los planes y las preocupaciones sobre el futuro y también la nostalgia o el remordimiento sobre el pasado nos ocupan tan plena y constantemente que casi siempre menospreciamos y descuidamos el presente. Y, sin embargo, solo éste es seguro, mientras que el futuro y también el pasado casi siempre son diferentes de cómo los imaginamos, y engañándonos de esta manera nos privamos de vivir con atención y plenitud. Epicuro, en fin, considera que la denominada Fortuna le ofrece poco a aquel que busca la felicidad desde la sabiduría de la prudencia y el sentido común, pues es su recto juicio el que le ha proporcionado, le suministra y le otorgará a lo largo de todo el tiempo de su vida los mayores y más importantes bienes para una existencia feliz.

LIBERTAD HUMANA

Por lo que respecta a la fe posmoderna de raíz ilustrada en la libre voluntad personal, esta se concreta en la facultad de decidir y ordenar autónomamente el propio pensamiento y la conducta individual con respecto a la realidad circundante, generando un espacio de libertad para la elección del futuro frente al fatalismo o necesidad (Destino) y frente al azar o casualidad (Fortuna). No hay que olvidar que somos libres en nuestros juicios, en nuestros deseos y aversiones y en nuestra decisión a la hora de actuar. Es decir, a pesar de las vicisitudes que escapan a nuestro control, podemos elegir nuestra actitud moral y determinar el sentido y objetivo de nuestra existencia ante las cambiantes circunstancias. En este sentido, nuestra elección de vida se realiza de modo independiente, con libertad, sin trabas. Y es que la libertad es indispensable para que el hombre, desde un juicio o discernimiento correcto, oriente acertadamente las condiciones de su percepción y relación con el mundo exterior, estableciendo a partir de sí mismo una manera satisfactoria de sentirse, razonar y actuar en ese mundo. Porque, indudablemente, existe una interdependencia entre felicidad, conocimiento, juicio y libertad, pues la afirmación de que el hombre es capaz de alcanzar la felicidad presupone la existencia de una libertad que, unida al conocimiento del mundo y al correcto juicio sobre el mismo (sobre las sensaciones y representaciones de ese mundo en la mente del hombre), nos permite vivir plenamente sin estar sujetos a necesidades y azares ni a las ilusiones y angustias derivadas de ellos.

A lo largo de la historia del hombre, a la maravillosa libertad de acción humana, personal y colectiva, se le deben avances revolucionarios (arte, filosofía, ciencia, técnica, medicina, democracia, derechos humanos, etc.), pero también bestialidades (armamento, dictaduras, colonialismo, guerras, genocidios, etc.). Dentro de la sociedad posmoderna, extremadamente individualista y competitiva, la fe en la libertad de acción, en la posibilidad de hacerse a uno mismo, muchas veces dentro de una competición a muerte con el rival por conseguir el éxito y la fama, determina que haya una hiperconfianza voluntarista creadora de una realidad virtual que se hace añicos cuando choca con la realidad determinada por la necesidad y por los cambios de rumbo que fija caprichosamente el azar. Véase, en este sentido y como ejemplo, las más de cien mil dolorosas muertes prematuras así como los miles de proyectos empresariales frustrados en España por la sobrevenida pandemia de la COVID-19 (aprovechada también por algunos para dar *pelotazos* económicos), o el caso de la lucha contra el cambio climático cuya efectividad no solo está solo limitada por la inhibición de las grandes potencias industriales en la aplicación de medidas paliativas, sino por la dinámica natural del planeta que tiende a favorecer dicha variación, acelerada o no por la acción humana, de forma periódica.

Debe recordarse que Epicuro, con la introducción del concepto de *clinamen* en su teoría atomista, esto es, el movimiento espontáneo e impredecible de los átomos que no obedece a ninguna ley ni regularidad y que, por lo tanto, les permite escapar de un rígido determinismo, aseguró la imposibilidad de predeterminar la conducta de los cuerpos, incluidos los seres humanos, poniendo así a salvo la voluntariedad y libertad de sus actos (justificación de la libertad humana). Partiendo de esta premisa de la posibilidad de libre elección del hombre, Epicuro considera que una pieza clave para alcanzar la felicidad es la autonomía, aunque sea limitada, del ser humano respecto de la necesidad y el azar. Esto implica abandonar fantasías e ilusiones, angustias y mortificaciones, justificaciones y excusas amparadas bajo los conceptos de Destino y Fortuna, y admitir como fundamento del carácter ético de la vida el principio de la libertad responsable que asiste al ser humano en la determinación de sus pensamientos y actos. De esta manera, se debe dejar de estar pendiente de necesidades y azares, imposibles de controlar y de los que no puede depender la dicha, y centrarse en la libertad de decisión humana para hallar la felicidad.

Ahora bien, el epicureísmo también nos recuerda el carácter nocivo de creer ciegamente en la libertad humana. Pues, si, por una parte, es evidente que hay actos libres que nos permiten escapar de una visión fatalista de la vida, ya que en muchas de las acciones que queremos realizar hay un margen para la libre decisión, no obstante, por otra parte, no siempre está en nuestras manos obtener lo que nuestra voluntad desea. Y es que hay que admitir que la influencia de la suerte en la vida es importante para la felicidad. Así, según lo reconoce el propio Epicuro, si bien las veleidades de la fortuna no determinan el bien o el mal que hacen venturosa o desventurada la vida, no obstante, sí que influyen en ella. Concretamente tienen fuerza y eficacia para suministrar las bases de grandes bienes y males que se constituyen en hechos y experiencias con los cuales nuestra existencia tiene inevitablemente que contar y lidiar, pero que no impiden, salvadas las condiciones mínimas mediante una recta deliberación y una actuación prudente, la construcción de una vida feliz. Porque no debemos olvidar que dentro del radio de nuestra libertad de decisión siempre será preferible razonar y actuar de manera prudente, de acuerdo con el buen sentido, aunque ello nos pueda llevar momentáneamente a padecer ciertos infortunios, que actuar de un modo insensato, por mucho que el azar parezca favorecernos de entrada. Y es que, a largo plazo, no podemos esperar nada positivo del azar, sino que solo nuestro esfuerzo y saber conformarnos con lo necesario nos procurará la felicidad.

El azar nos puede traer la fortuna de manera caprichosa, pero si no tenemos la prudencia necesaria para saber disfrutar de la veleidosa suerte podemos terminar siendo unos desdichados que, creyendo tenerlo todo de manera definitiva y acostumbrándonos a ello, acabemos sin poseer nada y padeciendo por lo que ya no es nuestro. Por ello, no debemos descuidar que, como dice Epicuro, la persona sensata que busca la verdadera felicidad necesita poco para ser feliz, de manera que las pérdidas que le pueda deparar el azar no le suponen un gran sufrimiento. De hecho, la autarquía a la que debemos aspirar si buscamos la felicidad auténtica está basada en la moderada reducción de nuestras necesidades a un mínimo fácil de mantener frente a los vaivenes del azar, aprovechándonos de sus regalos, pero sin acostumbrarnos a ellos, para de esa manera poder encarar sin sufrimiento las pérdidas que nos cause el capricho de la fortuna.

El hombre, en fin, tiene que intentar escapar de todo determinismo y azar en la medida de lo posible, modificando lo que está dado por naturaleza sin violentarlo, llevando a la Naturaleza (su cuerpo y su mente) a donde le interese según lo determinado por su razón («persuasión» epicúrea de la Naturaleza). Esto es, sabiendo leer y asimilar los acontecimientos de manera sobria y provechosa para su felicidad. Porque no hay que perder de vista que, igual que ocurre con los placeres y los dolores, lo que aparece como un suceso afortunado puede derivar en hechos desafortunados y que lo se nos presenta como un acontecimiento desgraciado puede llevar a una situación feliz. Por ejemplo, no saber disfrutar prudentemente de un premio en la lotería o invertir mal un dinero heredado puede llevar a la ruina absoluta y, de la misma manera pero a la inversa, una ruptura sentimental pude permitirnos encontrar a nuestra verdadera alma gemela. Por ello es importante que, junto con la aceptación serena de los actos y acontecimientos que obedecen a la necesidad y no dependen de nosotros, en el concurso del azar en nuestra vida siempre apliquemos, por la vía de la prudencia y el saber del límite y siguiendo la demanda originaria de la Naturaleza de buscar el placer sencillo y huir del dolor, la práctica del buen juicio de los provechos y desventajas que se siguen de las elecciones y rechazos ante distintos estímulos y acontecimientos azarosos para poder alcanzar así en nuestra existencia el tesoro de la serenidad.

Por otra parte, el epicureísmo también nos hace tener presente que la libertad es un privilegio del ser humano, pero también una responsabilidad, pues los actos que dependen de nuestra libre voluntad son de exclusiva responsabilidad nuestra y, por ello, ni es lícito ni útil intentar cargar a otros (como hicieron los verdugos de los campos de exterminio con sus superiores) o a fuerzas metafísicas (Destino, Fortuna, Dios, etc.) con nuestras responsabilidades o «culpas» con respecto de acciones realizadas con plena libertad de decisión. Porque la libertad entraña la obligación de asumir el elogio o la crítica y el éxito o el fracaso por acciones que realizamos sin estar condicionados ni por la necesidad ni por el azar. Además, para alcanzar una felicidad plena, Epicuro nos recomienda no solo aceptar con buen ánimo las cosas que están fuera de nuestro control (necesidad y azar), sino también y sobre todo aplicar, en las decisiones que adoptemos en el uso de nuestra libertad, un permanente ejercicio racional crítico sobre nuestros pensamientos, deseos y acciones, así como sobre el contexto en que se generan y despliegan. Un ejercicio de análisis y control que nos disponga para vivir cada momento y acontecimiento que nos salgan al encuentro de una manera consciente y positiva, sin desperdicio ni malgasto de oportunidades y energía. Es decir, el ejercicio continuado de observación racional de la realidad desde el cual se ha de ejercitar la preciosa libertad de acción humana debe consistir en una administración consciente y equilibrada de las relaciones entre el individuo (deseos, afecciones y juicios) y lo externo a él (estímulos, hechos, situaciones, personas y objetos), cristalizando en una forma moderada y prudente de satisfacer los deseos, de disfrutar de los placeres y de gestionar las afecciones, pensamientos y acciones que se generan por el contacto de la persona con el medio que la rodea.

Conclusiones

1. UNA FILOSOFÍA PARA UN MUNDO CONVULSO

FILOSOFAR EN TIEMPOS DE CRISIS

Con el largo y convulso periodo histórico helenístico (323-30 a. C.) se dio en la filosofía griega un nuevo modo de plantear las cuestiones filosóficas, naciendo una «filosofía de retirada» en la que el epicureísmo tuvo un protagonismo esencial. Las particulares circunstancias de esa etapa histórica determinaron la desaparición de la *polis* como forma de organización social y los efectos que ese hecho produjo en las vidas de los hombres de dicha época inestable e inquietante los lanzó a una búsqueda desesperada de doctrinas que les ayudasen mantener la libertad y el equilibrio personales frente a la cambiante y opresiva coyuntura política, económica y social; unas doctrinas que fuesen capaces de proporcionarles un mínimo grado de felicidad.

La filosofía había surgido como forma de superación de la antigua mentalidad mítica en los ambientes «ociosos» e ilustrados de las primeras ciudades de las colonias griegas de Asia Menor. Desde entonces el destino de la filosofía fue de la mano del destino de la ciudad, sobre todo en Atenas, la *polis* democrática por excelencia. Y es que en la ciudad-estado filosofar era parte del ejercicio de la libertad del ciudadano griego y para los griegos libres de la época clásica no era posible llegar a ser hombres en plenitud fuera de la *polis*. El fuerte vínculo entre filosofía y ciudad-estado lo pone de manifiesto el hecho de que los filósofos más destacados habían ideado sistemas y planes de reforma para resolver los problemas de la *polis* como así lo ejemplifican *La República* y *Las Leyes* de Platón o *La Política* de Aristóteles. En este sentido, la perfección y la felicidad del hombre, del ciudadano, no del individuo aislado, fueron hasta el final del periodo clásico griego una y la misma cosa que la felicidad y la perfección de la ciudad-estado. Pero las rivalidades entre las distintas *póleis* pusieron en marcha un proceso de destrucción irreversible que cristalizó en las guerras del Peloponeso (431-404 a. C.). La derrota de Atenas en esas guerras civiles marcó el ocaso del esplendor de la *polis* como organización político-cívica.

En ese contexto de crisis de la Grecia clásica, el artífice del cambio que marcó el paso a otra época, la helenística, fue el rey macedonio Alejandro Magno, de cuyas conquistas en Oriente surgió un imperio inmenso donde la cultura griega se mezcló con la de los pueblos asiáticos. A su muerte (323 a. C.) se establecieron tres grandes reinos helenísticos en Egipto (Lágidas), Oriente Próximo (Seleúcidas) y Macedonia (Antigónidas). En el marco de las nuevas monarquías territoriales, las antiguas *póleis* democráticas perdieron su independencia y se subordinaron a monarcas absolutos, convirtiéndose los ciudadanos griegos libres en súbditos. En ese marco, grandes teorías políticas clásicas como la platónica, según la cual «el gobernante no está para atender a su propio bien, sino al del gobernado» (*República*, I, 347 d), fueron amargamente contradichas por la práctica y, por tanto, invalidadas. En los nuevos reinos despóticos, los individuos, despojados de derechos y desligados de los vínculos políticos que les ataban a la antigua ciudad-estado, podían sentirse ahora como «ciudadanos del mundo» (cosmopolitas), pero este mundo era inmenso y se encontraba demasiado agitado, enfermo, sin rumbo ni finalidad, sometidos los hombres a los terrores del futuro y a tormentos mutuos, como para poder sentirse en él seguros.

De hecho, el malestar y la inseguridad se generalizaron por todos los territorios helenos y a causa de ello se produjo una gran desconfianza en el ejercicio de la política como marco normal para la resolución de los problemas sociales. Además, dentro de esa crisis de los valores tradicionales, la adulación retórica llegó a notables extremos, y como sucede en todos los momentos de perturbación política, el lenguaje degradó sus significados y la mentira campó a sus anchas. La respuesta de los filósofos ante esta crisis fue centrarse en la búsqueda de soluciones para el hombre angustiado y alejarse de la vacuidad de artificios retóricos y de pretenciosas teorías globales, defendiendo un trasvase de la independencia y libertad o autarquía propia de las *poleis* y de los ciudadanos de la etapa clásica, imposible en la época helenística, a la interioridad del individuo. De esta manera, la filosofía dejó de ser la organización científica de todo el saber humano y la formulación teorías generales para convertirse en una forma de sabiduría ética preocupada esencialmente por definir qué era la felicidad y cuál era el mejor modo de conseguirla y, por ende, la mejor manera de vivir. Esto es, la filosofía se transformó en una sabiduría dirigida a solucionar problemas concretos, a dar respuesta a inquietudes personales y a eliminar la desorientación individual, guiando la conducta de los individuos hacia el equilibro personal y la tranquilidad de espíritu (paz interior). De esta manera, sin abandonar la tradición racionalista griega, la filosofía helenística adoptó un tono propio de las religiones de salvación y el filósofo renunció a ser un teórico de la política o un sabio dedicado a la especulación pura y se constituyó en un modelo a imitar, maestro de virtud, médico del alma y experto conocedor del difícil arte de ser feliz; un arte solo alcanzable mediante el ejercicio de la autodisciplina.

EPICURO EL SALVADOR

Epicuro fue uno de los filósofos más destacados de la época helenística, ejemplo del filósofo transmutado en psiquiatra o psicoanalista de un hombre angustiado en una sociedad perturbada por el temor y la servidumbre. El filósofo samio consideró que había que intensificar las relaciones con nosotros mismos antes de pensar en organizamos como sociedad y al mismo tiempo defendió que era necesario dejar de lado teorías metafísicas dualistas que establecían un mundo superior y distinto del mundo físico que envuelve al ser humano. Porque las grandes teorías de sus predecesores habían olvidado un principio esencial de toda felicidad y toda sabiduría: el cuerpo humano y la mente que lo habita. Con respecto a la mente, para Epicuro esta tenía que estar libre de los terrores que, en buena parte, habían incrustado en ella la religión y las élites que la instrumentalizaban en su beneficio. Porque una mente atemorizada es una mente infeliz y doblegable, alejada de la alegría que debe inundar la existencia. En cuanto al cuerpo, Epicuro, que afirmaba que el grito de la carne era no tener hambre, no tener sed, no tener frío y que quien lograse cubrir esas necesidades también podría rivalizar con Zeus en felicidad, consideró que la débil pero imprescindible estructura carnal no solo era la base para una felicidad de categoría divina a través de su cuidado, garantizándole la comida, la bebida y el abrigo mínimos, sino también el punto de partida para la reunión y convivencia con los demás, con otros cuerpos esencialmente iguales y que arrastran cada uno la historia de su lucha por existir. Es decir, todos los seres humanos, independientemente de sus circunstancias, son iguales en cuanto a su constitución y condición carnal, lo que facilita la interrelación de unos con otros (amistad) sin que quepa, objetiva y racionalmente, justificación para ningún tipo de discriminación (fraternidad), si bien esta afirmación se refiere especialmente a los pares o *proximi* de cada cual («prójimos» que comparten los mismos valores morales) y con los que se puede formar una comunidad de amigos sincera y sólida. Y también todos los hombres, en un principio, pueden y deben acceder libremente a los elementos imprescindibles (pan, agua, abrigo y techo) para obtener un placer corporal necesario no solo para vivir sino también para poder alcanzar la paz mental, y, por ende, la felicidad total (democratización de la felicidad).

Según Epicuro, la ética debía mostrar el camino por el cual el hombre alcanza su propio fin, es decir, la felicidad. Empeñado en combatir los fantasmas que engendran miedo en el hombre, para él el secreto de la felicidad estriba en la satisfacción del deseo o, lo que es lo mismo, en la consecución del placer, pues por naturaleza el comportamiento humano busca el placer y rehúye el dolor. Así, Epicuro afirmó que son dos los estados pasionales que se dan en todo ser viviente: el placer y el dolor. El primero es un estado conforme a la Naturaleza y el segundo contrario a ella, y los seres vivos, apenas nacen, gozan del placer y huyen del dolor por instinto natural, irracionalmente. Esta constatación, según el epicureísmo, basta sobradamente para demostrar que el placer es el principio y el fin de una vida feliz, el bien primero y connatural al hombre y, como tal, la medida o referencia imprescindible de toda elección y todo rechazo.

Ahora bien, el placer fue definido por Epicuro negativamente. Esto es, el placer (un concepto, *a priori*, muy subjetivo) se entiende por el epicureísmo como la completa ausencia de dolor en el cuerpo y de turbación en el alma (mente), lo que se logra por la disminución de las necesidades físicas y la tranquilidad del espíritu, siendo el estado ideal del hombre aquel caracterizado por la paz y el equilibrio interior físico-mental. Para alcanzar ese estado de ataraxia entra en acción la virtud, la cual es concebida como el ejercicio de la prudencia en la búsqueda del placer. Se parte de la base de que es imposible satisfacer todos nuestros deseos y que es mejor limitarlos y seleccionarlos. Porque no todos los deseos son iguales ni igualmente deseables. Así, los hay naturales y necesarios, meramente naturales, y deseos que ni son naturales ni necesarios y que a larga producen efectos dolorosos.

Para Epicuro, que divide el placer en catastemático (existente en el estado natural de un organismo, el cual, satisfechos sus deseos naturales y necesarios, goza de buena salud físico-mental) y cinético (generado durante algunas actividades del organismo guiadas por deseos naturales pero no necesarios y que solo colorea pero no intensifica el placer catastemático), se deben buscar los placeres permanentes frente a los inmediatos, los cuales pueden producir dolor, si bien sin perder de vista que en ocasiones el dolor es preferible al placer. Es la prudencia, entendida como la virtud de hacer la elección adecuada, la que, según la filosofía epicúrea, protege al ser humano de los deseos cuya satisfacción produce displacer (dolor), como, por ejemplo, la pasión por el poder, la fama o el dinero. Y es también la prudencia la que orienta al hombre a la satisfacción de los deseos naturales y necesarios como, por ejemplo, la comida, la bebida o el abrigo. Sobre este tipo de deseos básicos necesarios referidos a placeres del cuerpo, Epicuro apunta que si bien son preferibles los placeres de la mente a los corporales, no obstante, estos son anteriores a aquellos y necesarios para obtenerlos. Así, cuando un hombre puede considerarse libre de las penas del cuerpo, si mantiene entonces una posición sensata respecto a sus deseos, esperanzas y temores, se encuentra en un estado óptimo para alcanzar el más elevado placer espiritual, o sea, la ataraxia. Es en este sentido en el que Epicuro afirma que los placeres mentales dependen y se refieren a las penas del cuerpo. Esto no significa, sin embargo, que el espíritu no pueda ser feliz si el cuerpo no se halla libre de penas —y de ello es un buen ejemplo la muerte de Epicuro, serena a pesar de los terribles dolores estomacales—, sino que los placeres espirituales dependen de una actitud correcta en relación con las sensaciones del cuerpo así como de la saciedad de sus necesidades básicas.

Por otra parte, por lo que respecta a la prudencia y la moderación en la elección de los deseos, el epicureísmo recomendó la autosuficiencia (autarquía) o capacidad de bastarse con lo imprescindible, de modo que la falta de los bienes más difíciles de obtener no produzca sufrimiento al hombre. Se ve claramente, pues, que el hedonismo epicúreo es un hedonismo sobrio que defiende la reducción de necesidades y que está totalmente alejado del desorden y desenfreno que a lo largo de la historia le han atribuido sus críticos y detractores. Un hedonismo sereno que parece sencillo, pero que innegablemente implica que la vida del sabio epicúreo no sea nada fácil, pues la aplicación práctica de la filosofía de Epicuro supone un conocimiento y dominio profundos de uno mismo (del cuerpo y de la mente) así como la regulación de las pasiones, algo nada asequible en un marco como el del desquiciado mundo posmoderno, un mundo sin cimientos en el que se ha asumido que todo carece de mayor estabilidad que la que le da la inmediatez.

Epicuro sostuvo también que si la prudencia protege al ser humano de los deseos (pasiones) que engendran dolor, por su parte el conocimiento racional de la Naturaleza o razonamiento reflexivo de lo que está dado por naturaleza le ayuda a librarse de los temores que causan la superstición y las falsas creencias acerca de los dioses y la muerte. De esta manera, una aproximación racional a la realidad física permite al hombre conocer que esta, incluida el alma, es material y compuesta por átomos que se mueven en el vacío y que chocan por azar (atomismo). Esa realidad física y material y su verdad es conocida por el contacto, a través de los sentidos (sensaciones), entre los átomos de las cosas y los del alma. Pero al morir el hombre, el alma se desintegra, por lo cual no hay una existencia de ultratumba ni posibilidad de castigo en otra vida. De aquí que el miedo a la muerte no tenga sentido para Epicuro, pues la muerte supone el cese de toda sensación y, en consecuencia, no es posible sufrir por aquello que no se puede sentir. En otras palabras, si cuando el ser humano es (existe) la muerte no está presente, y si cuando la muerte está presente el hombre ya no es nada (ha dejado de existir), es absurdo preocuparse y afligirse en vano y en su ausencia por aquello (muerte) cuya presencia no perturba. Por lo que respecta a los dioses, Epicuro defendió su existencia, pero matizando que debe desecharse la opinión de que interactúan con el mundo y los hombres a través de premios y castigos, creencia que infunde temor (pero también ira, falsa esperanza, etc.) y, por tanto, infelicidad. Por el contrario, según el epicureísmo, los dioses (que no han creado ni vigilan el mundo) viven eternamente felices lejos de los hombres, sin preocuparse de premiarlos ni castigarlos. No hay, pues, según Epicuro y a diferencia de la creencia estoica, ninguna providencia divina que dirija misteriosamente el mundo, igual que, a partir de la base de la libertad de movimiento de los átomos, el hombre no se halla sometido al Destino (predestinación) sino que, siendo consciente de que los hechos naturales acontecen por necesidad y están fuera de su control, es libre para encajarlos y manejarlos con serenidad. Lo mismo vale para los efectos del azar (Fortuna), que escapan a toda regularidad y, por tanto, al control humano pero que deben manejarse con sensatez por el hombre. Por otra parte, al rechazar el determinismo, el epicureísmo considera la existencia de actos voluntarios, es decir, unos actos propios del libre albedrío humano que deben derivar de una toma de decisiones reflexiva y que dan lugar a una responsabilidad moral.

Por último, en el ámbito social y político, influido por la crisis de la *polis* y por un deseo de retorno a la Naturaleza como representación de una añoranza de paz frente a la turbulenta situación social y política de los reinos helenísticos, con constantes guerras intestinas y conflictos entre estados, el epicureísmo señaló el relativismo de las leyes y de la justicia (meros acuerdos humanos circunstanciales) y recomendó, en el camino hacia la felicidad y la tranquilidad del alma, abstenerse de participar en la vida política y, en su lugar, cultivar la amistad auténtica como uno de los mayores placeres de la existencia. Ahora bien, aunque Epicuro sintió rechazo por la ciudad opulenta y la política de consumo y lujo que, en su inmoderación, animalizaba a los seres humanos y provocaba, en la mayoría de ellos, la miseria y el dolor, no obstante, aceptó la vida en sociedad. Eso sí, recomendó vivir ocultamente, aislado en cierto modo del mundo, al margen de la política y de la actividad pública, aunque rodeado de amigos. Porque si bien la filosofía epicúrea es un canto al individualismo, al mismo tiempo considera la amistad como un valor esencial para la felicidad. Así, para Epicuro la amistad es una ayuda inestimable para la ataraxia: evita el aislamiento y concede al individuo la tranquilidad de saber que en cualquier circunstancia hallará apoyo (sentimiento de seguridad). En este sentido, conviene aclarar que, aunque toda relación de amistad incluye, según Epicuro, un intercambio de favores o una satisfacción mutua de intereses personales, no obstante, no es la utilidad la característica determinante de la amistad epicúrea sino el desinterés. Por otra parte, si bien el ideal de amistad que defiende Epicuro es el de una reducida comunidad cerrada de amigos concordes, sin embargo, la fraternidad epicúrea, desvinculada de la *polis*, rompe las barreras locales y está abierta al mundo entero.

2. NIHILISMO Y DOLOR

UN CAÓTICO MUNDO FRAGMENTADO

Igual que había ocurrido en la época helenística con respecto al periodo clásico griego, el progreso y maduración del proceso histórico de triunfo del racionalismo inaugurado en la modernidad condujo a Occidente, desde la era contemporánea, al desencantamiento del mundo y a la fragmentación de la razón. El avance de la racionalidad instrumental propia del capitalismo llevó a la pérdida del sentido unificado del mundo que había caracterizado tanto al monoteísmo de la ética judeocristiana como a la razón de la Ilustración y provocó el surgimiento de distintas esferas de valor, cada una de las cuales comenzó a mostrar una lógica propia y a regirse por ella. Dentro de una tendencia general a la fragmentación del ser humano y de su ciencia así como a la especialización del saber como síntomas claros del ocaso de la herencia cultural clásica, se produjo una crisis y pérdida de las grandes cosmovisiones que habían dotado de sentido ético a la realidad y paralelamente se dio un repliegue social y político desde la defensa activa de unos principios morales universales y la participación pública colectiva hacia el plano de la vida privada y de las elecciones y preferencias personales individuales.

En el ámbito científico las diferentes disciplinas se especializaron cada vez más, favoreciendo un progreso del conocimiento parcelado en distintos campos, pero siendo incapaces de dar respuestas globales (desde una perspectiva holística) y de decir nada sobre las cuestiones importantes para los seres humanos. Esto es, con el progreso de la razón y de la libertad se desató una competición, no solo en el campo científico, sino también en el de la moral, la política y la identidad personal y colectiva, entre distintas esferas de valor y formas de orientar las acciones, decisiones e interacciones, generándose una contienda irresoluble frente a la cual el angustiado individuo posmoderno debe decidirse por una u otra opción parcial para tratar de darle significado y valor a su ser en la vida.

A este respecto, en la posmodernidad, la ciencia, que ha acabado con Dios y la moral, ya no tiene sentido o no tiene el sentido que se pretendía darle en la Ilustración, pues no solo su desarrollo en una versión instrumental ha embarrado la historia contemporánea (armas, guerras, genocidios industriales, destrucción del medio natural, etc.), sino que además, imbuida por un espíritu relativista y escéptico (consecuencia de la sacralización de la duda cartesiana), no posee respuestas para los únicos problemas que conciernen al ser humano, esto es, qué debe hacer y cómo debe vivir para sentirse realizado y feliz de manera genuina. Porque el destino de una época de la cultura que ha comido del árbol de la ciencia consiste en asumir que el hombre no puede hallar un sentido al devenir del mundo a partir del resultado de una investigación, por acabada que sea esta, sino solo siendo capaz de crear él mismo dicho significado. Es decir, ese destino posmoderno consiste en aceptar que las cosmovisiones jamás pueden ser producto de un avance infalible e irrebatible en el saber empírico y que, por lo tanto, los ideales supremos que impulsan al ser humano hacia adelante se abren camino, en todas las épocas, solo en la lucha con otros ideales, los cuales son tan sagrados para otras personas como para nosotros los nuestros. Porque los valores son, en fin, esencialmente irracionales y subjetivos, y entre ellos los individuos deben elegir sin otro criterio que el de su propia voluntad y experiencia.

Como hijos de la posmodernidad nos ha tocado asumir que la realidad no es más que un enorme caos dinámico, un devenir de fuerzas en constante oposición, pues no existen realidades en sí mismas, cosas últimas que estén ahí fuera y que podamos conocer objetivamente (como decía el filósofo George Berkeley «ser es ser percibido o percibir»), sino que lo único que existe son interpretaciones de la realidad, diferentes perspectivas y relatos desde los cuales, por medio de la voluntad de poder, tratamos inconscientemente de solidificar el devenir incesante, absurdo y doloroso del mundo. Así, como lo defendió Nietzsche, la realidad solo tiene un sentido estético, porque el mundo entendido como voluntad de poder es arte, esto es, un puro juego de formas y apariencias. Es decir, según Nietzsche, la base de todo es la multiplicidad y el devenir (no existen el ser, ni la esencia ni el noúmeno o *cosa en sí*) y la única realidad es la apariencia, no pudiendo haber ningún conocimiento verdadero y total y siendo el ser humano quien crea la imagen del mundo y se proyecta en ella, hecho que determina que su saber sea una mera *humanización* de las cosas. De esta manera, no hay una verdad absoluta de ningún tipo (ni metafísica, ni religiosa, ni filosófica, ni científica, ni moral), sino que la verdad es una cambiante interpretación corporal e histórica, una falsificación vinculada a circunstancias, prejuicios e intereses necesaria para la vida del ser humano. Los hombres tenemos, así, necesidad de mentira: hemos buscado la verdad a lo largo de la historia por una necesidad de seguridad y de tranquilidad, por un interés vital y de utilidad. En este sentido, nada es cierto y todo está permitido, todo es juego y estética. Por si esto fuera poco, la supuesta libertad de la voluntad humana no es más que la expresión de nuestra ignorancia de las causas que la determinan: el azar es la causa y la necesidad el resultado.

Asumiendo estas premisas, hemos tomado conciencia de haber fabricado desde la Prehistoria palabras y conceptos (metáforas fosilizadas según Nietzsche) con los que, mediante el lenguaje, comunicarnos entre nosotros y operar (imponer una voluntad de poder) en un mundo cuya realidad tiene un mero carácter construido o ficticio. A este respecto, creer es crear y crear es poder. La realidad es una creación del poder de creer en lo que no es. La herramienta que utiliza el creer para crear y obtener poder a partir de y sobre el entorno es el lenguaje, engendrado por la imaginación desde la percepción sensorial. Dicha imaginación es transformada en conceptos a través del intelecto, el cual quiere fijar el devenir para hacer soportable y manejable al hombre el vivir. Hemos aceptado, en consecuencia, que las verdades humanas no son otra cosa que errores irrefutables, pudiéndose afirmar que la única verdad es que todo es mentira. En este sentido, la supuesta verdad objetiva de la ciencia es, en realidad, una ficción. Ahora bien, ese constructo subjetivo y relativo que, dentro de un mundo fingido, es la ciencia, es una ficción muy útil para la especie humana, pues nos permite desenvolvernos en el caos del devenir connatural a la existencia. A este respecto, como decía Nietzsche, la «verdad» es una especie de «error» o una ilusión útil y necesaria para el mantenimiento y «progreso» de la especie humana.

En este marco de pensamiento, partiendo de la premisa nietzscheana de que la vida es lucha, dominación de unas fuerzas sobre otras, nos hemos hecho conscientes de que la moral es útil al que la practica al corresponderse con sus condiciones de existencia, con lo que necesita su cuerpo. Por ello, las morales, en general, no son otra cosa que lenguajes cifrados de estados corporales, pues el cuerpo es la fuente de toda valoración e interpretación moral que, convertida en instrumento de culturización, vuelve a su vez a actuar sobre los cuerpos, bien fortaleciéndolos o bien debilitándolos. Al admitir este origen fisiológico y práctico de la moral se han puesto en evidencia y se han derribado los ideales morales tradicionales, que ya no se conciben como entidades puras metafísicas, sino como productos fisiológico-culturales terrenales que se han ido fabricando a lo largo de los siglos para imponer diferentes voluntades de poder. Incluso el axioma ilustrado de que la razón supuestamente nos iba a librar de todos nuestros males se hundió después de las aberraciones de Auschwitz e Hiroshima, de manera que en nuestro mundo globalizado y relativista ya no quedan grandes relatos o metanarrativas capaces de dar sentido a nuestras vidas. Siendo incapaces de asimilar lo monstruoso de la existencia y de superar mediante un nihilismo activo el vacío vital que ahoga a una sociedad que, aunque está dominada por una comprensión racional del mundo, se comporta en muchos aspectos irracionalmente, los hombres posmodernos ya no creemos en nada, somos unos narcisistas y hedonistas extremos que perseguimos nuestra pequeña felicidad mientras nos vamos hundiendo en una ciénaga de indiferencia y hastío.

HEDONISMO DESATADO Y MIEDO AL DOLOR

En este contexto de nihilismo débil puede considerarse que el hedonismo exacerbado propio del hombre posmoderno, inducido por el sistema consumista, es, en gran medida, una huida hacia adelante derivada del miedo al dolor, hasta lo que en el dolor hay de infinitamente pequeño, de un dolor considerado como negativo y que es banalizado, ocultado o abordado epidérmicamente. A este respecto hay que señalar que, al no existir en la vida pública contemporánea una experiencia compartida y genuina, no trivializada y virtualizada («retransmitida» por la televisión o las redes sociales), de la dimensión sombría de lo humano, para el hombre del tercer milenio sufrir se ha convertido en una vivencia fundamentalmente privada e íntima. Por otra parte, el aludido miedo al sufrimiento es uno de los engranajes que, en el fondo, hace girar la rueda de nuestras sociedades consumistas, medicalizadas y saturadas de pseudoterapias. Así, aunque en la compulsión social por «estar en forma», en el perfeccionamiento corporal que, a través de la práctica del deporte, exige determinados sacrificios, encontramos cierta apología del sufrimiento físico como medio para conseguir el «bienestar personal», al margen de esta concepción instrumental del padecimiento no somos capaces, en general, de asumir el dolor en tanto que manifestación necesaria de la vida. En gran medida este miedo puede tener su explicación en el desconocimiento o conocimiento superficial por parte del hombre posmoderno de las dos respuestas o «pedagogías del sufrimiento», la griega (pagana-estética) y la judeocristiana (religiosa-ética), que en Occidente se dieron al problema del dolor.

LO TERRIBLE Y LOS GRIEGOS: EL PENSAMIENTO TRÁGICO HELÉNICO

En una sociedad hipertecnificada y estandarizada según patrones matemáticos (tecnolatría y tecnoburocracia globalizadas), totalmente desconectada de la filosofía, la literatura, el arte y, en general, de la cultura clásica grecorromana y de las humanidades (consideradas como «inútiles»), se ignora el mensaje de los dioses homéricos, los cuales expresan una vida desbordante y triunfante que diviniza todo lo existente. De manera consecuente con este desconocimiento, se ignora la afirmación trágica helénica de la existencia, esteticista pero no superficial. Una afirmación de la vida donde la belleza acontece en forma de máscara una vez que se ha conocido y afrontado la monstruosidad de la existencia. Se trata, así, de una afirmación estética elevada que, asentada sobre una horrenda profundidad (horror existencial del «mundo real»), concilia, a través de una superficie bella, de un velo sutil o «mundo intermedio» que oculta y a la vez revela, los espíritus apolíneo y dionisiaco, es decir, el dualismo inherente a la vida representado mediante las figuras de dos dioses olímpicos. En este sentido, la tragedia griega es la síntesis de la antítesis entre lo apolíneo y lo dionisíaco, siendo ambos elementos modos de ser y a la vez medios de interpretación y filtrado de la realidad. Por una parte, Apolo, patrono de la música armónica y las artes plásticas (pintura, escultura y arquitectura), representa una lógica de ordenamiento que opera a partir de la creación de una estabilidad, de un «canon». Por otra parte, Dionisos, cuyo culto está relacionado con la danza, la música disonante y la ebriedad, corresponde a una interpretación del mundo como ser en constante movimiento cuya materia no es estable, sino dinámica y caótica, y donde el hombre puede perder su identidad o *principium individuationis*.

El sentimiento y pensamiento trágico griego se vislumbra en unas tragedias teatrales que no buscan proporcionar consuelo y seguridad al hombre ante el sinsentido del mundo, pero que tampoco promocionan el pesimismo, la resignación o el fatalismo, sino que invitan a tomar conciencia y a aceptar y afirmar la vida tal como es. De este modo, en un mundo que según la terminología nietzscheana es pura voluntad de poder, el sufrimiento es algo natural y consustancial a la vida que se deriva de la oposición que presenta toda fuerza a ser dominada o interpretada por otra y es, por ello, la condición necesaria del placer, sentimiento que acompaña inherentemente a la superación de toda fuerza que presentaba resistencia. Para alguien que experimente el mundo dionisiacamente, que lo vea como voluntad de poder y lo afirme apolíneamente, estéticamente, no puede constituir el sufrimiento un problema ni algo que deba erradicarse a toda costa. En fin, en la visión griega del dolor lo trágico actúa como un estímulo para la autosuperación, puesto que si bien el hombre se ve inmerso en una caótica lucha de fuerzas en continua confrontación en la Naturaleza, en la historia y en la sociedad, no obstante, su libertad le da un margen para romper con cualquier determinismo y azar, imponiendo, por la vía del juego estético, su voluntad en el balance final de una existencia a la que se dice «sí» por encima de cualquier adversidad.

LA VERDAD DE LA RELIGIÓN JUDEOCRISTIANA O EL ANHELO DE JUSTICIA DE LOS DERROTADOS

Junto con el desconocimiento de la respuesta griega clásica al problema del dolor, esto es, una respuesta superadora tanto del miedo al mismo como de la obsesión por calificarlo como malo y rehuirlo mediante su banalización o su ocultamiento simplista, en una colectividad secularizada y descreída como la posmoderna tampoco se capta el abordamiento judeocristiano del sufrimiento. Dicha respuesta religiosa, que fue utilizada en la era premoderna por las élites para justificar la explotación y la penosa situación de los no privilegiados, a pesar de ese efecto indeseable, durante siglos hizo tolerable para las masas de Occidente el carácter doloroso inherente a la existencia. Y lo hizo principalmente a través de una comprensión del truculento final de Jesús en la cruz mucho más terrena (maltrato y asesinato del justo inocente) que metafísica (resurrección), sin desdeñar la evidente importancia para una parte notoria de la humanidad hasta bien entrada la Edad Moderna de la intelección trascendente de la pasión de Cristo como medio de consolación ante el sufrimiento.

Concretamente, siguiendo a Horkheimer (2000), la comprensión terrena del sufrimiento y del destino de Jesús determina que la verdad de la religión judeocristiana no deba ser reducida a su triunfante función social negativa, represiva y de legitimación social, esto es, a la justificación divina de las injustas relaciones interhumanas terrenas (y de millones de muertes en nombre de Dios y la fe cristiana) y a su proyección al más allá con el objetivo del dominio de la masa por parte de la elite (aceptación de la muerte del justo —y con ella del orden social causante de la injusticia— y falsa consolación con la resurrección y la promesa de un paraíso celestial). Por el contrario, dicha verdad de la religión, ejemplificada en la predicación y en el dramático destino de los profetas-mártires israelíes, incluido Jesús, debe ser considerada como ligada siempre al anhelo de justicia plena del hombre y, por tanto, a una teoría (ética) y una praxis (acción) de resistencia y solidaridad frente al mal y el dolor en el mundo, frente al doloroso dominio de lo injusto, es decir, de viejos, nuevos y siempre falsos ídolos, mitos y absolutos (mercado, nación, progreso, etc.). Dicha teoría y praxis, tomando en cuenta a las víctimas de la nociva dinámica histórica, han impulsado durante dos milenios, por medio de valores morales y éticos, a las sociedades hacia una nueva constitución social fundada en la libertad y la justicia.

No hay duda de que la defensa de la libertad y la resistencia solidaria que vertebran la cosmovisión judeocristiana inmanente sobre el dolor y el mal en la historia (el Reino de Dios que Jesús predicó estaba en la tierra y no en el cielo y por eso lo ejecutaron), así como su negación de la dinámica del falso progreso del mundo y su denuncia y reivindicación de la memoria del sufrimiento acallado y marginado de las víctimas de la historia, deberían ser, junto con el pensamiento crítico, los elementos que tendrían que estar presentes en la mentalidad y la acción del hombre de la contemporaneidad para abordar con éxito el problema del padecimiento humano. Un sujeto que, desgraciadamente, aparece en la era posmoderna como hiperexcitado y a la vez narcotizado, continuamente presionado para ser feliz (tiranía de la «happycracia») y crecientemente amenazado por una marcha de la historia no hacia el reino de la libertad y la igualdad soñado por la Ilustración o hacia la esperanza de la universalización de los logros políticos (consolidación de las democracias liberales), culturales (alfabetización plena y desarrollo científico) y materiales (aumento del nivel de vida) del mundo burgués industrial tras la derrota de la barbarie en la Segunda Guerra Mundial, sino hacia una sociedad crecientemente burocratizada y automatizada, hacia una tenebrosa «sociedad administrada» fruto de la lógica del capitalismo y la civilización tecnológica, una sociedad configurada, en último término, por representaciones y fines puramente técnico-instrumentales y no por el pensamiento autónomo (frustración del carácter redentor del kantismo que llevó a la razón moderna a su plena autonomía y madurez).

Sea por desconocimiento de las visiones griega clásica y judeo-cristiana sobre la cuestión del sufrimiento (afrontamiento y superación afirmativa y pragmática, estética o ética, del dolor) o por otras razones, la realidad es que en la posmodernidad caras del dolor como la enfermedad, la vejez o la muerte, a pesar de la aparente insensibilización del hombre respecto de ellas, en gran parte debido a su banalización y exhibición normalizada a través de los *mass media* (películas gore, videos violentos en Internet y acumulación de noticias de crónica negra y de desastres humanitarios), siguen siendo, no obstante, tabúes sociales. Así, siendo incapaces de meditar con serenidad y lucidez sobre los aspectos penosos de la existencia y de asignarles un lugar en nuestras vidas, preferimos pensar que los avances científicos y médicos permitirán aliviar esos males pronto e incluso serán capaces de «vencer» a la muerte y, en un marco de moralidad laxa, mientras esperamos el cumplimiento de esas promesas inciertas, nos refugiamos en el consumo masivo de todo tipo de bienes y servicios innecesarios y nos atiborramos de drogas variadas que nos abstraen temporalmente del vacío que nos ahoga y nos eximen de afrontar el dolor que nos rodea (véanse las fiestas ilegales durante la pandemia de la COVID-19 con unas UCI saturadas).

Ante este panorama de evasión simplista frente al fenómeno del sufrimiento que indica que existen muchos motivos para dudar de que hayamos sabido desarrollar, y menos aún sabiamente, el potencial vital y afirmativo que posee nuestro cuerpo frente a desafíos de la existencia como el dolor, tiene más vigencia que nunca, para combatir un pesar camuflado de indolencia, la terapia filosófica epicúrea, totalmente alejada del radical hedonismo posmoderno puesto al servicio de un placer sensual desenfrenado y vacuo que lejos de atenuar el sufrimiento físico y mental lo multiplica y diversifica. Así, la terapéutica de Epicuro, que subordina toda decisión a la obtención del placer supremo, esto es, a la supresión del sufrimiento físico y mental, considera que el dolor (estado fisiológico caracterizado por la ausencia de placer) es parte de la vida y debe afrontarse mediante la satisfacción de los deseos naturales y necesarios, suprimiéndolo dentro de nuestras posibilidades para poder alcanzar la ataraxia o culmen de la felicidad. De esta manera, si el dolor que nos afecta es de baja intensidad, hemos de saber que se trata de un mal superable de forma fácil y en un corto espacio de tiempo y, por tanto, no debe angustiarnos aunque reaparezca de forma intermitente. Si, en cambio, es un dolor más intenso, que se alarga en el tiempo y que es imposible de vencer, pero no es mortal de necesidad, entonces hemos de aprender a convivir con él con el mejor ánimo posible, teniendo en cuenta que los sentidos pierden agudeza con el tiempo y, por acostumbramiento, dicho dolor ya no se siente con la fuerza inicial. Por último, si desafortunadamente nos vemos afectados por un dolor de una intensidad superior o insoportable (o por un mal silencioso que nos va creando nuevos problemas cada día) y que no puede ser neutralizado, hay que considerar que es también un dolor muy corto porque seguramente nos lleva a la muerte de manera irremisible e inminente y, por tanto, al final del padecimiento; un desenlace fatal que debe ser aceptado sin tristeza porque conlleva un estado, el de la muerte, que no sentiremos cuando llegue. Solo asumiendo plenamente la realidad del dolor físico, conociendo su naturaleza y aprendiendo a manejarlo mentalmente de manera racional podremos alcanzar una serenidad anímica que es capital para la felicidad.

3. HEDONISMO EPICÚREO VS HEDONISMO POSMODERNO

PLACER AUTÉNTICO Y DESENFRENO DOLOROSO

El hedonismo clásico, a diferencia del contemporáneo, se enmarcaba bajo unos principios racionales y consideraba la realización del placer no como un escape anestésico y efímero de la realidad, sino como un estado natural y estable libre de perturbaciones, un estado de tranquilidad y equilibrio entre el cuerpo y la mente caracterizado por la ausencia de dolor. Para obtener esa calma en el cuerpo y en el alma se estimaba como imprescindible el concurso de la prudencia, esto es, una virtud basada en un saber del límite que tanto escasea en una posmodernidad gobernada por la insensatez, los excesos y la sobreexcitación.

Los conceptos de deseo, placer y felicidad de la cosmovisión hedonista clásica fueron deformados en la época contemporánea por la promoción y la tendencia generalizada al consumo desaforado, por la exaltación de un individualismo mal entendido y por el auge de la tecnología. Estos aspectos de la posmodernidad, a través de los *mass media* y la publicidad, hicieron que el hombre identificase erróneamente la satisfacción inmediata y incesante de placeres no naturales ni necesarios con la auténtica felicidad. De este modo, el hombre posmoderno, inmerso en un estilo de vida consumista y del «aquí te pillo, aquí te mato», donde la apariencia y la aceptación social tienen una gran importancia, manifiesta unas aspiraciones existenciales que en vano pretenden llenar de sentido su vida y que se basan en una teleología vital que no va más allá de la obtención de un placer inmediato. Vive, así, en un estado de permanente e insatisfactoria búsqueda, atrapado en las redes de un sistema que teóricamente, por medio de la publicidad y en forma de un bombardeo continuo de placer supuestamente contenido en bienes, ideas, experiencias y formas de vivir, le ofrece servicios y productos para que pueda lograr un gozo instantáneo y multiforme.

Y es que la relación entre hedonismo y consumo en la posmodernidad supone un estilo de vida que tiende a la acción inmediata de satisfacción, al consumo instantáneo de todo aquello que prometa una supuesta garantía de gozo y que sitúe al consumidor en los más altos estándares de aspiraciones y aceptaciones sociales, lo cual suprime la idea de una consideración a largo plazo de los placeres como elementos constitutivos de una felicidad vital estable. Más bien se asume que la felicidad es el goce apremiante e incesante de placeres variados y efímeros. De esta forma, sin la consideración temporal del futuro, el proceso de realización personal, moldeado por la publicidad, se torna hiperpresentista, hiperindividualista y subjetivo (esto último solo aparentemente, porque el sujeto depende de aquello que impone el sistema al «rebaño») y los placeres se convierten en fugaces y totalmente insatisfactorios. Porque los placeres en la posmodernidad no se entienden como satisfacción de una necesidad real sino como la obtención de aquel producto que representa la fantasía y la ilusión concretadas. Esto es, aquel producto que supuestamente más se ajusta a las necesidades creadas en el individuo por el sistema con su estrategia de hiperpersonalización, la cual se da, paradójicamente, en un marco productivo totalmente estandarizado. De un producto que, en fin, es más *cool*, es decir, más vistoso, agradable y actual y que demuestra, en consecuencia, que estamos dentro del tiempo vigente, de la moda, del «imperio de lo efímero» (Lipovetsky, 1990).

UN PARAÍSO MODESTO

Hay en la historia de la humanidad épocas supuestamente dichosas, copias de la mítica «edad de oro» perdida o del paraíso edénico del que fue expulsado al hombre, tiempos en los que la sociedad ofrece al individuo participar en un quehacer común ilusionante. En esos periodos históricos, como la época de la Atenas de Pericles, la etapa del Renacimiento o el tiempo de la Ilustración, se cree en la perfección del orden existente y en unos valores objetivos y unos ideales superiores y sólidos que otorgan un sentido claro (trascendente o inmanente) a la vida del ciudadano y a toda la sociedad y por los que vale la pena luchar e incluso morir. En otros momentos, en cambio, como la época en que vivió Epicuro o como la posmodernidad en la que nos encontramos inmersos, cunde la sospecha de que solo importa la acción de unos pocos y de que la participación de todos los demás en la labor común, la política, que cobra una connotación despectiva, es solo tiempo perdido, alienación y mentira. Una época oscura en la cual la moral y los antiguos valores universales o han desparecido o siguen subsistiendo desprovistos de autenticidad y convertidos en retórica barata, superficial corrección política y populismo.

En un marco histórico y cultural decadente como el del Occidente del tercer milenio y como eficaz antídoto frente al irracional hedonismo posmoderno se yergue el pensamiento de Epicuro. Una ideología vivaz y atrevida, pero asentada sobre la razón y la prudencia. Un pensamiento integrado por una ética de resistencia cabal al dolor, de independencia personal, de eliminación de vanidades diversas, de disolución del temor y de búsqueda de una felicidad natural en el placer sencillo y en el retiro de la vida pública. Una doctrina que no se basa ni en el miedo, ni en la fe en vanos ídolos, ni en la obediencia a gigantes con los pies de barro, ni en la promesa de falsos El Dorado, sino únicamente en la claridad de un pensamiento razonable y prudente que en todo momento puede elegir con entereza y libertad lo verdaderamente benéfico para el individuo. Una filosofía melancólica y desilusionada pero que intenta la sonrisa y evita el tono trágico, considerando que de todas las jornadas la más desaprovechada es aquella en que no hemos reído y gozado de los placeres simples, solos o en compañía de un buen amigo. Una doctrina sencilla pero dirigida, por su difícil aplicación en un mundo en que el individuo se diluye en la masa o rebaño, a una minoría de hombres cansados y meditativos que se sientan en un recodo del camino, saborean la brisa y otean un lejano paisaje turbulento mientras cae la tarde inevitable. Un pensamiento que, a pesar de lo provocativo que resulta por su rechazo de la retórica moralizante, es plenamente acorde con la ética griega tradicional, racional y apolínea, asentada sobre la moderación y la apreciación por la medida y la proporción, pues el hedonismo epicúreo considera que es el placer limitado y cotidiano el que da sentido a la vida y no el anhelo de pasiones desenfrenadas y de intensos goces efímeros propio de una malentendida felicidad dionisíaca.

El epicureísmo es, en fin, un credo laico lleno de contrastes y paradojas que llega a la moderación a través del placer, a la alegría por medio del temor, al placer mental a través del materialismo, al respeto a la ley por medio del interés propio y a la amistad universal y altruista a través del reducido marco de un retirado jardín y del egoísmo. Es también la ética de Epicuro, en definitiva, una ética de limitación y renuncia que rechaza la lucha estéril, la actitud social competitiva y la búsqueda de honores públicos y fama y en la que se anticipa una distinción que luego el estoico Epicteto (75-135) hará famosa: saber qué cosas dependen de uno mismo y cifrar en ellas la felicidad. Esta autarquía del sabio o capacidad de gobernarse a sí mismo que se opone a la servidumbre y al servilismo y que ve las tormentas y naufragios del mundo desde su seguro retiro es la sabia e intemporal respuesta de Epicuro a una realidad hostil; una realidad adversa donde la independencia que la *polis* y los ciudadanos han perdido puede el sabio todavía guardarla para sí mismo en su retiro y su mente libre y dominada por una tranquilidad ataráxica que le aleja de las perturbaciones de su tiempo.

Es cierto que muchos de los conceptos de la doctrina ética epicúrea pueden resultar ascéticos, lúgubres e incluso deprimentes, pero al mismo tiempo suponen una liberación de las cargas que oprimen y angustian al hombre y son una guía segura para alcanzar la alegría que lleva aparejada una vida sencilla y una amistad genuina. Y es que, en un mundo posmoderno que comparte circunstancias con el de los tiempos de Epicuro —globalización, derrumbe de sistemas de valores tradicionales, relativismo, escepticismo, nihilismo, desigualdades crecientes, etc.—, la medicina del alma que propuso el filósofo de Samos, con sus placeres moderados, su alejamiento del bullicio de la sociedad, su renuncia al deseo vano, su énfasis en el valor de la amistad auténtica y la búsqueda del sosiego del alma, aparece como un sólido baluarte frente a la vorágine que amenaza con arrastrarnos a nuestra (auto)destrucción.

4. EPICUREÍSMO Y REALIDAD COTIDIANA

CAPEAR EL TEMPORAL

Cuanto más consciente se vuelve el hombre de la vida según va madurando y captando la naturaleza de la realidad que lo envuelve con un mínimo de sensibilidad, tanto más reconoce que toda la vida es sufrimiento y lucha y que en el mundo no hay voluntad que logre una plena satisfacción, por lo cual el padecimiento es inagotable y crece con la conciencia. De este conocimiento de la realidad se derivan tres actitudes ante la vida. La primera de ellas busca la negación de la voluntad, negación mediante la cual se busca superar el sufrimiento intentando apagar el impulso vital ante un mundo y una existencia que no pueden justificarse moralmente. La segunda actitud, si bien no niega la realidad, no obstante, la elude en sus aspectos más dolorosos sometiendo la voluntad a una mezcla de variados estimulantes y narcóticos proporcionados por el sistema y que van desde las drogas legales (alcohol, benzodiacepinas y opioides, etc.) e ilegales (cocaína, cannabis, etc.) y el consumismo hasta la sexualidad exacerbada y las posverdades. La tercera actitud, a diferencia de la pasividad de las dos primeras, es proactiva y culmina en una afirmación de la existencia por la cual el hombre toma la vida como es y, además, sabe aprovechar con sensatez su escaso tiempo sobre la tierra. Epicuro era favorable a esta última actitud vitalista y afirmativa respecto de la existencia y así se pone de manifiesto en su filosofía ética que aborda el problema de la vida de forma inmanente. Es decir, el filósofo samio se aproxima al problema del sentimiento trágico de la existencia sin recurrir a principios trascendentes, a nada que esté por encima o por debajo de la vida misma, y busca principalmente infundirle al hombre amor a la tierra que habita y sobre todo a su cuerpo, convirtiéndolo en el «centro de gravedad» de la existencia.

Para Epicuro es posible, sorteando las trampas del idealismo, el hedonismo exacerbado, el pesimismo y el nihilismo débil característicos de la posmodernidad, capear la crueldad e indiferencia de este mundo sin desesperar de la vida. Un mundo absurdo que carece de un sentido último más allá del que le queramos dar nosotros y que está preñado de sufrimiento, pero también lleno de goces y en el que se puede y se debe afirmar y justificar la existencia. No se trata solo de decir sí a la vida contra viento y marea, sino que, con prudencia y sencillez, se debe disfrutar también plenamente de esa vida por imperfecta que nos pueda parecer. Como hemos visto en el capítulo cuarto de este ensayo y como se recoge en el apéndice que incluye el corpus ético epicúreo completo, la filosofía de Epicuro ofrece consejos útiles para la felicidad cotidiana referidos a diversos aspectos de la existencia. Unas sugerencias que son especialmente válidas para navegar por el proceloso mar de la posmodernidad sin naufragar y que, a modo de recapitulación, conviene recordar aquí de manera sintética.

EL MAL

El epicureísmo nos dice que si bien el mal (así como el dolor, el sufrimiento y la injusticia) está presente en el mundo como una realidad inevitable y connatural al mismo, no obstante, convive a la vez con aquello considerado como bueno y que mitiga o atenúa la presencia de lo catalogado como malo. Es necesario asumir de una manera consciente la realidad de la presencia del mal en el mundo, de un mal en gran parte derivado de un hombre dotado de libre albedrío, y, a partir de ese reconocimiento, encontrar el mejor modo de sobrellevarlo, centrándonos en aquellos aspectos de la existencia que nos invitan a vivir con gozo. Asimismo, los males, dolores y sufrimientos inherentes a la existencia deben ser considerados como llevaderos porque, o bien son fácilmente superables y, por tanto, debemos eliminarlos de nuestras mentes y no perder el tiempo con lamentaciones y torturas psíquicas y somáticas, o bien son imposibles de evitar, en cuyo caso debemos aceptarlos con resignación porque o nos matan a corto o medio plazo (males intensos e insuperables) y en ese caso, obviamente, dejamos de sufrir, o si, a pesar de alargarse, no acaban con nosotros es porque en realidad son sufrimientos desagradables, pero soportables, embotándose los sentidos en caso de que el mal dure mucho, de manera que se deja de sentir el dolor. Ahora bien, si, por una parte, asumir que el dolor corporal es llevadero no supone dejar de intentar evitar todo lo que provoca pena ni renunciar a rodearse de cosas deleitables mientras sea posible, no obstante, por otra parte, sí que implica que en el caso inevitable de que el dolor comparezca en nuestra existencia hemos de tener la fuerza mental suficiente para afrontarlo dignamente y hacerlo incluso con gozo agradecido por los bienes recibidos de la vida hasta ese momento.

LA DIVINIDAD

En relación con el problema del mal en el mundo y el silencio de la divinidad respecto de este debe asumirse, desde la óptica epicúrea, que aquel ser que llamamos Dios, si es que existe, no ha de ser temido, pero tampoco debe esperarse nada de él, porque no interfiere ni se preocupa ni por la marcha del mundo, ni por el mal (natural y humano) existente en el mismo, ni por el destino de la especie humana. No obstante, dicha divinidad incorruptible e impasible, exenta de todas las afecciones humanas propias de seres débiles que necesitan a otros seres y que manifiestan esta necesidad a través de los sentimientos (cólera, odio, cariño, amor, miedo, etc.), es un modelo a seguir por su supuesto estado de imperturbabilidad total y de felicidad permanente. Su imitación —asumiendo nuestra fragilidad y finitud como seres vivos mortales, así como la inevitable presencia del mal, el dolor, la injusticia y el sufrimiento en el mundo, y contemplando con calma y ecuanimidad, lo que fue, lo que es y lo que será— nos puede ayudar a capear con buen ánimo y salud los temporales de nuestra breve vida y hacer que nuestra existencia sea plena y feliz. Asumir que no existe un poder divino que sustente al hombre implica que, inspirándonos, si queremos, en modelos suprahumanos, hemos de ser capaces de soportar que todo acontecer terreno, positivo o negativo, no le concierne a ningún ente superior y que hemos de hacernos cargo nosotros mismos de nuestra libertad y discernir con razón propia, crítica y prudente (sin manipulaciones externas), lo que nos beneficia y lo que nos daña, lo que depende de nosotros (y puede ser modificado) y lo que no, avanzando con decisión, con el viento a favor o en contra, por el mar de la vida en busca de nuestra felicidad.

LA MUERTE

La doctrina epicúrea afirma que ni la vida ni la muerte deben rechazarse. Esto es, ni debe suponer una molestia vivir ni debe ser considerado como malo no vivir, sino que ambos aspectos de la existencia deben ser aceptados con sus alegrías y penalidades. De esta manera, hay que disfrutar de la vida mientras se posea, no perdiendo el tiempo con sufrimientos inútiles pensando sobre lo que aún no ha ocurrido, pero es biológicamente inevitable que ocurra. Entristecernos por el tiempo en que dejaremos de ser significa lo mismo que afligirnos por el tiempo aquel, antes del nacimiento, en el cual todavía no éramos. Hay que ser conscientes de que cuando llegue la muerte —un estado, igual que el previo al nacimiento, que no percibiremos una vez dejado atrás el umbral de la vida— seguramente se habrá acabado todo y ya no habrá lugar para el goce, pero tampoco para el sufrimiento. Si nada fue para nosotros el tiempo que nos precedió, nada será tampoco el que nos suceda. Quien muere es como si jamás hubiera nacido. Privado de conciencia nadie echa de menos la vida y, sin la facultad de sentir, ningún deseo o necesidad agobia. A la postre, el estado subsiguiente a la muerte, exento de dolor el cuerpo y de perturbación el alma, guarda cierta similitud con la serenidad perseguida por el sabio. Por eso, si todo acaba en sueño profundo y reposo, ¿a qué pudrirnos en perpetuo llanto?

Desde un punto de vista racional parece evidente que cuando muramos tanto nuestro cuerpo como nuestra alma (conciencia) cesarán de existir y los átomos que una vez fuimos nosotros seguirán su curso en el universo, en su movimiento infinito, agrupándose temporalmente en nuevos cuerpos compuestos. Está claro que la desazón propia de la condición efímera del hombre no amaina con el conocimiento de que ninguna cosa nace de la nada ni a ella vuelve por completo (*cf. Carta a Herodoto*, 38-39), ni por descubrir que la muerte, en cierto modo, deja intacto nuestro ser elemental, los átomos, al disgregar únicamente el tejido que los une, facilitando así la formación de otros cuerpos (idea de regeneración cósmica). Después de todo, vivir es ser y sentirse individuo, por lo cual no consuela el futuro florecer de los restos que uno deja al morir bajo otra forma y sin consciencia de la individualidad y personalidad anteriores. Por ello, para conjurar la desazón generada por la efimeridad humana será útil aceptar francamente dicha condición transitoria, pues obsesionarnos con ella derrota nuestra vitalidad. Admitir tal condición perecedera es la única forma de convivir con la muerte sin dañarnos y gozando de la única vida que tenemos.

Hemos de ser conscientes de que cada momento de la vida es un momento de muerte y a la vez previo a la muerte y que la existencia está siempre acompañada por ella, aunque comprensiblemente sea al último de todos los instantes de la vida al que más se le tema. De hecho, cada día es una pequeña vida, cada despertar y levantarse un pequeño nacimiento, cada fresca mañana una pequeña juventud y cada acudir a la cama y dormirse una pequeña muerte. La solución de convertir a la muerte en compañera de toda nuestra existencia para dominar el temor hacia ella y neutralizarla, conlleva, no obstante, un profundo sentimiento de melancolía del ser humano respecto de sí mismo como un ser que avanza muriéndose y se transforma a cada momento. De aquí la importancia de comprender y disfrutar de la dimensión terrenal de la vida. Es con ella, con nuestra vida, a través del cuerpo y de la mente, con la que hay que establecer un compromiso ético, a la que hay que cuidar y de la que hay que aprender a gozar plenamente en su finitud.

DESEOS Y PLACERES

El epicureísmo nos recuerda que la naturaleza de los seres vivos, incluido el hombre, a nivel sensorial e intelectual y siguiendo un impulso utilitarista, les hace buscar el placer y rehuir el dolor. Así, el ser humano va en pos de la felicidad a través de deseos que conducen al placer, que no es otra cosa que la ausencia de dolor físico y psíquico. Ahora bien, si en un principio todo tipo de placer es deseable, no obstante, hay que asumir que no todos los placeres son semejantes ni igual de naturales y necesarios y que, en consecuencia, hay algunos preferibles o más elegibles que otros que deben ser rechazados por arrastrarnos a la infelicidad. En este sentido, más allá de la eliminación del dolor (gozo máximo), el placer no siempre se identifica con el bien. Por la misma razón debe aceptarse que si bien en general el dolor es rechazable, no obstante, hay ocasiones en que se debe elegir, aceptar o afrontar cierto tipo de dolor porque nos puede proporcionar un placer mayor que su rechazo, el cual puede ser perjudicial para nuestra vida y, en consecuencia, para nuestra felicidad. Por tanto, el dolor (temporal) no siempre se identifica con el mal. De hecho, sin dolor no hay comprensión profunda del mundo, ni progreso mental, moral y espiritural del ser humano, ni tampoco una valoración correcta de aquello que consituye el placer auténtico.

En cuanto a los deseos, los únicos que, desde la prudencia y la moderación, deben ser satisfechos son aquellos de carácter natural vital (comida, bebida, vestido y cobijo) y, por tanto, necesarios por naturaleza. Estos deseos tienen la ventaja de ser fáciles de obtener. Lo contrario ocurre con aquellos deseos naturales innecesarios (lujo y refinamiento en la comida, la bebida, el vestido y la residencia, virtuosismo o gran habilidad en algo, erotismo o deseo sexual y anhelo de belleza) que, si bien pueden ser en ocasiones accesibles y pueden proporcionar un placer inmediato, a largo plazo acaban pasándonos factura y hacen que nuestra vida sea más miserable y de peor calidad, más esclava de elementos y circunstancias accesorios y que no dependen de nosotros, siendo solo elegibles en el caso de que no nos resulten nocivos. Lo mismo, pero en un grado de perjuicio mayor, se deriva de la satisfacción de los deseos vanos (ambición, fama, reconocimiento público, poder político, riqueza, etc.), relacionados todos ellos con la vida en sociedad. Este tipo de deseos, además de innecesarios y difíciles de colmar, van contra la Naturaleza, impidiendo por ello la felicidad auténtica y abocando, por la vía de la dependencia, a la frustración, turbación y ansiedad, así como a la privación completa de la autonomía o libertad personal (placer de la autosuficiencia), efectos que hacen que esta clase de deseos sean totalmente rechazables. En este sentido, es propio de insensatos no contentarse con lo que se tiene y angustiarse por lo que no se posee. Es decir, desear cosas superfluas aparta nuestra atención de los bienes realmente importantes. Por otra parte, quien ama las cosas innecesarias acaba siendo esclavo de ellas y pierde el timón de su propia vida. En cambio, es propio de hombres sensatos que tienen en cuenta que la felicidad no está el placer por el placer (aunque, *a priori*, todos los placeres sean agradables), sino en su capacidad para procurar bienestar y apartarnos del sufrimiento (algo que se halla en gozos moderados, serenos, equilibrados y duraderos), no rechazar jamás ningún don recibido, pero invertir todo esfuerzo en buscar y obtener, satisfaciendo los deseos naturales y necesarios, los bienes imprescindibles, porque de esta manera se puede paladear con mayor placer todo cuanto excede la modesta búsqueda de bienestar a la vez que se elimina de la mente el miedo a la ausencia de tales dones.

El epicureísmo nos advierte de que la vida no puede ser para nosotros como un barril sin fondo. Los límites son imprescindibles para que podamos apreciar los bienes que contiene. En este sentido, guiada por las virtudes de la prudencia y la moderación, la satisfacción de los deseos naturales y necesarios proporciona autosuficiencia (autarquía) y libertad y conduce al disfrute de placeres estáticos y sencillos. Estos atienden primero a las demandas básicas del cuerpo (bebida y comida, abrigo y techo) para permitir a continuación, a partir de su goce, el deleite de placeres mentales o anímicos (sabiduría, lectura, amistad, etc.). Cuando se obtiene el goce simultáneo de ambos tipos de placer (somático y psíquico), se alcanza un estado de estabilidad caracterizado por la ausencia de dolor físico (aponia) y de perturbación anímica (ataraxia) que equivale a la cima del gozo de vivir. Dicho estado de estabilidad y deleite supremos, implica un tipo de hedonismo que no dista mucho de la aniquilación del deseo, pues el mayor placer es el placer negativo. Es decir, la ausencia de dolor no puede rebasarse añadiendo placeres de tipo dinámico. Ello es así porque este tipo de placeres en movimiento solo pueden variar o diversificar sensorialmente (placer de los sentidos de la vista, la audición, el tacto, el sabor y el olor) el estado placentero estático, pero sin incremento alguno de la cantidad total de placer.

Ante los deseos y los placeres, para vivir bien, debemos hacer lo mismo que con la comida: elegir lo que comemos porque es natural, necesario, delicioso y beneficioso y no porque sea atractivo y abundante, pero antinatural, innecesario y dañino. Es decir, hay que aprender a vivir guiados por la prudencia, realizando un permanente ejercicio práctico de evaluación sobre qué es lo mejor y lo más adecuado para cada circunstancia, escogiendo sabiamente los momentos que deseamos vivir y cómo los queremos vivir, juzgando con ecuanimidad y serenidad los acontecimientos que nos rodean y lo que depende de nosotros y lo que no y sin lamentarnos por lo que no poseemos (y la mayoría de las veces no necesitamos) o por lo que hemos perdido. De la misma manera, también hay que aprender a morir sin amedrentarnos ante los límites naturales inherentes a la vida. El argumento epicúreo según el cual en la vida es posible alcanzar la felicidad porque el placer es fácilmente procurable (satisfacción de los deseos de carácter natural y necesario) y, además, es perfecto en el instante, guarda relación con el problema de la muerte, que no significa nada no solo porque es insensible para nosotros, sino también porque no puede poner límites al placer, pues este —una cuestión más de calidad de cantidad— puede ser obtenido por el hombre en cualquier momento de su existencia.

LA VIDA EN SOCIEDAD

El hombre, debido a que está dotado de razón, tiene conciencia de sí mismo como una entidad separada, así como del breve lapso de tiempo que dura su vida, del hecho de que nace sin que intervenga su voluntad y de que ha de morir contra su voluntad, de que morirá antes que los que ama, o estos antes que él. Dicha conciencia de su soledad y estado de separación, de su desvalimiento frente a las fuerzas de la Naturaleza y los otros hombres, le mueve, por interés y por instinto de supervivencia, a extender la mano para unirse, en una u otra forma, con los demás seres humanos y con el mundo exterior, buscando con dicho movimiento protección tanto frente al medio físico como frente a sus congéneres. Partiendo de esta premisa antropológica (sociabilidad interesada), el epicureísmo sostiene que el ser humano no es un ser social por naturaleza, sino que, además de por un fuerte interés propio, su interacción con otros hombres está cargada generalmente de enemistad y de lucha por la imposición de su ego sobre los egos de los demás.

En ese marco de «guerra de todos contra todos», para preservar la vida y la propiedad de cada individuo, la sociedad, con sus instituciones y sus leyes, surge como un constructo artificial utilitario a partir de un acuerdo histórico que varía según lugares y muta según la conveniencia de los individuos que lo han forjado. Porque realmente no hay nada justo por naturaleza y la llamada sociedad no tiene unas normas válidas objetivas al margen de los intereses concretos y utilitarios del individuo elevados a norma colectiva temporal. De esta manera, lo justo según la Naturaleza es realmente un acuerdo interhumano de lo conveniente para no hacerse daño unos a otros ni sufrirlo, y la justicia y la injusticia deben su realidad, su existencia, al acuerdo común establecido con vistas a lo útil. Así pues, la justicia positiva (derecho positivo o *nomos*), la única que existe, está regida por el criterio de utilidad que señala como justas todas aquellas acciones encaminadas a conseguir la seguridad, requisito para la vida y la felicidad que se traduce en un pacto de no agresión. Es decir, entre los hombres no hay ni una concepción universal de la justicia (solo es universal el principio de utilidad de las normas), ni una forma de estado preferible, sino que cada sociedad, según sus circunstancias, determina, mediante un acuerdo, qué regulación legislativa establece como la más idónea y bajo qué forma política se organiza por considerarla como la más adecuada. La idea epicúrea de lo justo queda reducida, en fin, a un compromiso colectivo entre individuos adoptado con vistas a la seguridad personal de cada cual. Una relación social concebida, por tanto, sobre el principio utilitario de no dañarse mutuamente, garantizándose así cada individuo, por medio de la seguridad, la posibilidad de alcanzar el placer en su forma más elevada o, lo que es lo mismo, la felicidad.

Está claro que la defensa por parte del epicureísmo del relativismo de la justicia y de las instituciones, el cual nos previene de involucrarnos en la política, nos impulsa a desconfiar de la solidez y universalidad de las leyes y nos invita a situarnos al margen de la sociedad, comporta, a primera vista, un decidido rechazo de la vida en comunidad. Ahora bien, también queda claro que para llevar una existencia lo más fácil y tranquila posible hay que contemporizar con la sociedad, ser flexible para obtener ventajas particulares de la vida en común con otros y, sobre todo, para adquirir una necesaria garantía de seguridad frente a los otros. De esta manera, conviene cumplir formalmente con las normas establecidas por la comunidad en que nos toca vivir. Porque el derecho, aunque imperfecto, sirve de defensa contra la agresión indiscriminada en el marco de la lucha por la vida y de la dialéctica amigo-enemigo y porque su cumplimiento nos garantiza la serenidad de saber que no seremos castigados. Es decir, por nuestro propio interés y seguridad, para evitar una sociedad de criminales o de insurrectos donde cada ciudadano se mueva buscando únicamente su propio placer sin importarle el respeto a las leyes y a los demás, los hombres llegamos a un acuerdo. Alcanzamos un pacto de no dañar ni ser dañados, estableciendo una serie de normas que regulan ese acuerdo de no agresión y dotando de legitimidad a una estructura superior (Estado) y a unos órganos coercitivos (cuerpos policiales y tribunales de justicia) tanto para hacer cumplir las leyes establecidas como para aplicar las sanciones preceptuadas por su violación.

Al final, paradójicamente, en el epicureísmo la aplicación de una ética basada en la búsqueda del placer individual conduce (de manera interesada) al cumplimiento de las leyes colectivas, puesto que el temor a sufrir las consecuencias de su incumplimiento por parte de uno mismo o de los otros (violencia, inseguridad, castigo, represión, etc.) lleva a un desasosiego contrario al placer personal que se pretende obtener. En este sentido, un razonamiento análogo puede aplicarse por lo que respecta a la virtud o a aquello que la sociedad considera como virtuoso o bueno. Esto es, virtudes como la moderación, la templanza, la sencillez, la alegría, la modestia, la honradez o la prudencia llevan más a menudo al placer que sus contrarios y solo por ello, por el mero interés personal en obtener el placer individual, han de buscarse. No es que las virtudes sean buenas por sí mismas (valor interno), sino que lo son desde un punto de vista meramente instrumental (valor externo), como vías de acceso al placer/felicidad. Es decir, para Epicuro la moral está sometida a leyes biológicas en tanto que las virtudes son entendidas como instrumentos conducentes a un estado fisiológico caracterizado por la ausencia de dolor psicofísico.

El epicureísmo defiende que, a pesar de la artificialidad de las relaciones sociales y de la recomendación de conservar, si es posible, los intereses que ligan a uno a la sociedad (leyes y seguridad) pero al mismo tiempo (y sobre todo) cultivar los sentimientos que lo separan de ella, es posible y necesaria una amistad auténtica. Así, los hechos señalados por la doctrina epicúrea como constitutivos de la sociedad no deben llevarnos al conformismo pasivo ni a la rebeldía ni tampoco al inmoralismo. Dichas realidades desagradables que afectan a la naturaleza de la sociedad son, por una parte, el reconocimiento del hecho de la *asocialidad* (falta de interés por la interacción con los semejantes) así como de la *antisocialidad* (hostilidad frente a los semejantes) connaturales al hombre como individuo guiado por la voluntad de poder en el estado de naturaleza, pero también, aunque de manera más o menos encubierta, en el estadio de civilización. Por otra parte, dentro de esas realidades descorazonadoras también está la admisión de la relatividad histórica de los valores sociales y morales, entre ellos de la justicia, así como la conciencia del imperfecto funcionamiento o ausencia total de esta última en algunos casos, sin olvidar el hecho de que los deseos vanos y no naturales están comúnmente relacionados con la vida en sociedad. Confrontados con estas realidades (hostilidad interhumana y relativismo de las normas morales y de las leyes), el epicureísmo no nos incita ni a la resignación indiferente, ni a la desobediencia activa, ni a la conducta criminal, sino a que llenemos el vacío dejado por la ausencia de una justicia de origen transmundano (derecho natural) y calmemos la inquietud originada por un voluble e imperfecto pero necesario convencionalismo sociolegal (derecho positivo) con una amistad auténtica, de manera que el amor fraterno, entendido como afecto universal que vincula a los seres humanos, adopte un papel ético básico (consideración de la amistad como sustituta tanto de una inexistente justicia metafísica como de la imperfecta justicia del derecho humano). Una amistad que, aunque ciertamente es difícil de hallar, es sumamente grata cuando se alcanza. Porque ella es algo mucho más libre y más auténticamente satisfactorio, en cuanto a generador de seguridad, provecho, serenidad y, por tanto, de placer y felicidad, que el cumplimiento formal de la normativa del derecho positivo.

La amistad debe buscarse, efectivamente, porque guarda, como todas las virtudes, relación con el placer y, por ello, con la felicidad (concepción utilitaria de la amistad). Aunque está abierta a todos los seres humanos, el marco de generación primordial y, en cierta medida, exclusivo de la amistad es, *a priori*, la unión de los sabios que, huyendo de un entorno hostil, encuentran su refugio en la comunidad de amigos. La amistad, al igual que la justicia, pero mejor que ella, es una suerte de pacto. Dicho contrato de amistad para la ayuda mutua compromete al que lo suscribe a no amar a sus amigos menos que a sí mismo, no pudiéndose encontrar nada más apto para contribuir a la vida feliz y más segura garantía para la obtención del placer que una unión de este género. De esta manera, si bien la amistad nace y se desarrolla con el tráfico de ventajas mutuas, no obstante, necesita también del desinterés para hacerse consistente y subsistir en el tiempo. En este sentido, el desinterés es un recurso que conduce a la felicidad por la seguridad de que la amistad puede conservarse sin necesidad de basarse en y limitarse a un mero mercadeo de servicios. Así, no puede ser un amigo verdadero quien lo hace todo por utilidad, ya que entonces la relación amigable se convierte en un comercio de favores. Ahora bien, no es menos cierto que si la utilidad no se une a la amistad se pierde entonces toda esperanza de conservar la relación de camaradería en el futuro. A este respecto, la razón prudente, que nos exhorta a aproximarnos a la felicidad por medio del placer bien entendido, nos induce a adquirir amistades porque así el alma se fortalece y consigue seguridad y, por tanto, placer en el presente y a la vez obtiene la esperanza de mantener y lograr en adelante nuevos goces. Porque las amistades no disfrutan del placer solo en el presente, ya que lo que en definitiva las mantiene en pie es la esperanza de obtener gozo en el futuro. Es en este sentido que dice Epicuro que no necesitamos tanto de la ayuda de los amigos cuanto de la confianza en esa ayuda. Como se ve, en la concepción epicúrea de la amistad, igual que en su teoría del placer y la justicia, se manifiesta la oposición entre una visión casi cínica de los orígenes o raíces (interés utilitario individualista) y una visión delicada y refinada de las flores y frutos (beneficio general que redunda en la felicidad personal).

En definitiva, la amistad, que según el epicureísmo es el mayor de todos los bienes que pueda procurarse una persona sabia y que ha de asentarse en la sobriedad, la sinceridad y la fidelidad, ya que los amigos, como sabios sensatos, son hombres justos (honestos) consigo mismos y con sus pares, se genera de manera interesada pero va más allá de puro interés individual. Dicha amistad rompe así con la tendencia natural del ser humano al individualismo y la autosuficiencia y abre la puerta a la creación pequeñas comunidades de amigos de vida sencilla. Porque si bien queda claro que las carencias de la vida o la necesidad de favores pueden dar nacimiento a una amistad, no obstante, lo que la mantiene viva es el conjunto de valores que se comparten, crean y refuerzan a través de los lazos de hermandad cultivados entre los amigos. En este sentido, puede decirse que los que son amigos de algo noble y bello acaban siendo amigos entre sí. Dichos vínculos de fraternidad auténtica implican un desprendimiento altruista que se concilia con la búsqueda del propio placer individual partiendo del principio de que cuando actuamos en interés propio nos comportamos como si obrásemos de modo desinteresado. Se pone, así, en práctica la premisa de amar al amigo, al *proximus*, como a uno mismo, siendo el «prójimo», el semejante o idéntico a nosotros, aquel más parecido a nosotros, el que se ha mostrado a nosotros a través de sus palabras en su discurso y también por medio de sus acciones coherentes con su discurso, aquel que está frente a nosotros y que nos permite reconocernos en él, a través de él, y establecer una relación como la que nosotros establecemos con nosotros mismos.

La búsqueda prudente de la afinidad con nuestros semejantes culmina exitosamente en una amistad genuina si ponemos en práctica una manera de relacionarnos con todo lo externo a nosotros basada en la consideración, a través de nuestro recto juicio, de lo beneficioso/semejante (a lo cual nos aproximamos) y lo nocivo/desemejante (de lo cual nos alejamos) y de la elección de una de las dos opciones (la de lo beneficioso/semejante). En el plano moral esa afinidad beneficiosa se halla cuando uno reconoce que su amigo se rige por los mismos imperativos o normas de conducta (moral) que él mismo y que dicho amigo actúa no solo no dañando, sino haciendo todo por el beneficio mutuo. De esta manera, uno se reconoce a sí mismo en el amigo y no solo tiene la seguridad racional de que del amigo no va a proceder ningún mal, sino que, además, sabe que frecuentar al amigo produce placer porque el amigo colabora con él en la conquista de la libertad individual necesaria para la vida feliz a través de una relación reflexiva que se extiende en el tiempo más allá del presente y que supone también que después de su muerte el amigo siga viviendo en nuestra memoria («inmortalidad» epicúrea de la amistad). En este sentido, aquellos que habiendo prescindido del mundo exterior (de lo que no depende de ellos y de lo accesorio) han conseguido llevar una vida agradable por lo que de placentero tiene la adquisición de la más sólida seguridad entre iguales, ni siquiera se apesadumbran por los amigos desaparecidos. No lo hacen, por una parte, porque poseen el firme convencimiento de que los amigos fallecidos vivieron en comunidad y en la más segura intimidad la plenitud del placer y la felicidad, lo cual no es poco en relación con la muerte que no es nada, y, por otra parte, porque el inextinguible recuerdo de los amigos verdaderos es gozoso y agradable.

En suma, para Epicuro el altruismo propio de la amistad auténtica surge desde la autosuficiencia y desde la búsqueda del placer individual. Esto es, el individuo autosuficiente, que limitando sus deseos sabe prescindir de aquello accesorio del mundo exterior, enfrentado a la necesidad, para la que está entrenado por su modo de vida sencillo, sabe más dar que tomar para sí. Ello es de esa manera no solo porque sabe que lo suficiente basta para una vida feliz, sino también porque conoce que el obrar de manera desinteresada con el amigo comporta placer, siendo el hacer el bien al amigo más placentero que el recibirlo de él. Todo esto sin perder de vista que, en el fondo, desde una perspectiva nietzscheana, tal vez no haya ninguna conducta humana totalmente no egoísta, siendo las acciones desinteresadas meras sublimaciones de la voluntad de poder; sublimaciones en las cuales el elemento esencial parece como volatilizado y no revela ya la presencia del egoísmo sino a una observación muy fina. Recuérdese, en este sentido, el proverbio machadiano que dice que «de lo que llaman los hombres virtud, justicia y bondad, una mitad es envidia y la otra no es caridad» (Machado, 2014).

FRATERNIDAD, PASIÓN Y SEXO

Para el epicureísmo el tipo de amor más recomendable para la felicidad, entre todas las variedades que existen de amor, es el fraterno, basado en el aprecio y la ayuda mutua entre amigos. Este amor aporta seguridad, elemento vital para poder hallar la ataraxia o serenidad de ánimo que equivale al bien sumo. En cambio, el amor apasionado o amor entre dos personas del mismo sexo o de diferentes sexos, así como la procreación que se puede derivar de él, no es aconsejable por ir asociado a todo tipo de turbaciones que impiden la ataraxia. Por otra parte, el mero sexo, si bien es considerado por el epicureísmo como placentero, no obstante, puede conducir, por la vía la promiscuidad, a comportamientos compulsivos y adictivos generadores estados contrarios a la serenidad de ánimo. En este sentido, el deseo sexual, totalmente natural, aunque no necesario, puede ser satisfecho de manera autónoma por el individuo (onanismo) para evitar así caer en las redes de nocivas dependencias psicofísicas.

RIQUEZAS MATERIALES

Por lo que respecta al ansia humana por las riquezas materiales, el epicureísmo es consciente de que se vive con dinero, pero también de que en absoluto es necesario vivir para el dinero, aconsejando que si uno se quiere hacer rico de verdad no debe aumentar sus bienes sino limitar sus deseos. Porque la felicidad auténtica y, por tanto, el placer, no la proporciona la cantidad de dinero y objetos que uno pueda acumular y que, a priori, son atractivos, sino la mansedumbre de las pasiones y la ausencia de sufrimiento, algo que solo se puede obtener con una disposición mental que sepa delimitar, por medio de la prudencia, lo que es natural y adecuado. Porque, si uno es consciente de que la Naturaleza ha hecho fácil de conseguir lo necesario (deseos naturales básicos) y difícil de obtener lo innecesario (deseos no naturales vanos), descubre que ser autosuficiente en cualquier circunstancia material es la mayor de todas las riquezas. En este sentido, la autosuficiencia es imposible para quienes lo suficiente es poco, pues para estos nada es suficiente. Se trata de insensatos que en vez de contentarse con lo que tienen y que antes no poseían, se atormentan por lo que no tienen. Por otra parte, concediendo que acumular una gran cantidad de bienes puede dar la impresión de proporcionar placer a corto plazo, no obstante, más pronto que tarde, a dicho acopio de riqueza material suelen acompañarle, de una forma u otra, temores variados como, por ejemplo, el miedo a perder lo obtenido (robo, mala inversión, etc.) o la inseguridad sobre la sinceridad de las amistades o las parejas que rodean a quien se ha hecho rico. Así pues, el enriquecimiento, junto con liberación de ciertos males (eliminación de la pobreza material), añade en la mente (y también en el cuerpo) de quien se hace rico padecimientos que en ocasiones son peores que aquellos que la riqueza ha eliminado con su aparición (*cf.* Ecl 5,9-14).

FATALISMO, AZAR Y LIBRE ALBEDRÍO

El epicureísmo nos aclara que aquellos acontecimientos establecidos por la necesidad física y orgánica que consideramos como el Destino no son más que meros hechos naturales determinados por leyes físicas. Hechos que pueden parecernos positivos o terribles, pero que es estéril intentar cambiar porque no se pueden modificar al no depender de nosotros. Simplemente deben aceptarse para evitar amarguras que nos alejen de la felicidad. No hay, pues, que temer a aquello que llamamos Destino, porque el futuro no está escrito y, si estuviera escrito, tampoco podríamos acceder a él ni saber qué va a suceder. Los juicios sobre la seguridad del futuro solo encaminan a las personas hacia la intranquilidad y a vivir con pesares.

Por lo que respecta a la conocida como Fortuna, esto es, los sucesos arbitrarios y aleatorios caracterizados por causas naturales complejas, no lineales y no predictibles (azar) y que, según nos beneficien o perjudiquen, son etiquetados como buena o mala suerte, el epicureísmo nos dice que no deben ilusionarnos, ni tampoco angustiarnos ni obsesionarnos. Ello porque dichos sucesos, dado su pleno carácter azaroso, no pueden propiciarse ni esquivarse, escapando totalmente a nuestro control. Simplemente hay que aceptarlos y aprovecharlos de la mejor y más prudente de las maneras posibles con vistas a obtener el equilibrio corporal y la serenidad de ánimo que conducen a la felicidad. En este sentido, ante el embate de hechos fortuitos debemos siempre tener presente, aunque no sea fácil aplicarlo, que lo importante para la felicidad personal no son las circunstancias que nos rodean y que escapan a nuestra voluntad, sino nuestra actitud hacia ellas, y que una mente agitada, por medio de sus ideas absurdas, se constituye en verdugo del cuerpo al que debe proteger.

Finalmente, el epicureísmo nos recuerda que los hechos más decisivos para nuestra felicidad son aquellos producto de nuestra libertad responsable y que dependen plenamente de nosotros. Porque la libre determinación de nuestros pensamientos, deseos y actos nos permite dejar de estar pendientes de necesidades y azares externos que escapan a nuestro control y nos faculta para desechar justificaciones y excusas esgrimidas con la finalidad de no tomar las riendas de nuestra existencia. Y es que, en último término, la conciencia del libre albedrío nos lleva a asumir que nuestra dicha no puede depender más que de nosotros mismos y de nuestra capacidad de decisión para hallar la felicidad, construyendo nuestro propio camino hacia ella. Sin duda, disponemos de capacidad para modelar nuestra propia vida, pues cuando nacemos tenemos una amplia gama de potencialidades alternativas para desarrollar nuestro carácter inicialmente no formado, y el modo en que dicho carácter se realiza efectivamente a lo largo de nuestra existencia depende de nosotros, sin desdeñar el contexto en que nos toque movernos. Es decir, tenemos la facultad de controlar las impresiones y juicios que el entorno y las circunstancias que nos rodean generan y dejan en nosotros a través de nuestra mente, y somos nosotros y no nuestro contexto, a pesar de su evidente y polimorfa presión, quienes ejercemos el control de nuestra libertad de pensamiento y acción. En este sentido, desde nuestra condición mortal y efímera, somos libres y responsables de encontrar sentido a nuestra existencia y de dejar o no que las cambiantes circunstancias externas nos afecten positiva o negativamente, procurando gozar de lo que se nos da en la cotidiana minucia del vivir y no confundiendo ser con tener.

Ahora bien, para ejercitar y vivir en esa libertad responsable se requiere una entereza y madurez mental que no son un hecho natural, sino todo un proceso que debe aprenderse y ejercitarse con tenacidad. Se trata de un camino antes que de un fin. Es una senda que, en definitiva, nos conduce a estar conscientemente abiertos a lo abundante para no sospechar de los regalos de la vida y que a la vez no nos permite subestimar lo que amenaza nuestras vidas. Solo siendo consciente de las limitaciones que nos impone la Naturaleza, esto es, deslindando lo que es natural y depende de nosotros de aquello que ni es natural ni está bajo nuestro control, así como comprendiendo la necesidad de la presencia de la racionalidad, la prudencia y cierto ascetismo en nuestros juicios (representaciones mentales), voliciones (deseos) y acciones (hechos), podremos acercarnos a una existencia dichosa colmada de placeres sencillos, fáciles de obtener y duraderos y en la cual el dolor sea derrotado dentro de lo posible.

THAT'S ALL FOLKS

Como conclusión puede decirse que, según el epicureísmo, aquel que busca la felicidad auténtica se acerca a ella cuando es consciente de la correlación existente entre el aumento y la agudización de sus males y la multiplicación de sus necesidades. Cuando se percata de que si bien, con la mediación de la tecnología, la variedad de ofertas materiales y experienciales en torno a lo bello, agradable, deseable, necesario, moderno, etc. y su estandarización e institucionalización en modelos y modas han originado fuentes de placer y confort, no obstante, junto con ese goce y paralelamente a él han generado mucho más dolor y desasosiego que deleite. A la luz de esa comprensión, en un mundo muchas veces hostil, quien busca la dicha por la senda de Epicuro sabe replegarse hacia sí mismo sin dejar de buscar la amistad auténtica, ignorando muchas de esas necesidades y pareceres generales y superfluos y sustrayéndose a los requisitos que el convencionalismo imperante impone a la masa para alcanzar una falsa felicidad. De esta manera, forjándose un modo de vivir propio, puede conquistar un sentimiento de libertad, autosuficiencia y fortalecimiento que se acrecienta en el seno de una comunidad de amigos concordes. Dicho modo de vivir libre está guiado por el goce de las pequeñas alegrías y por el recelo hacia la vanidad de las promesas de felicidad del sistema «happycrático». Es una manera de vivir que lleva a experimentar menos frecuentes y más débiles los sentimientos de placer y displacer que atosigan a los hombres comunes. Una manera de existir que, en definitiva, bajo el influjo permanente de la tranquilidad mental y del goce de vivir, le proporciona al ser humano, durante el breve lapso temporal que dura su paso por la tierra, un ánimo sereno, agradecido y alegre ante la inevitable disolución de los átomos que lo integran.

Epílogo

EL EQUILIBRADO PLACER EPICÚREO

En este ensayo se ha analizado el hedonismo razonado y razonable de Epicuro, filósofo helenístico que, en un mundo hostil como nuestro mundo contemporáneo, receló de la retórica y la vanidad de las grandes palabras, de las impostadas virtudes, de la trampa del ansia de riqueza y fama y del dogmatismo, el nihilismo, el relativismo y el escepticismo y supo, en cambio, gustar las pequeñas alegrías de la vida y de los placeres fáciles de obtener (pan, queso, agua, paseos y charlas con los amigos, etc.). Un hedonismo que, en contraste con el deseo compulsivo y el consumo orgiástico característicos de la posmodernidad, recomienda un disfrute moderado de los placeres y apuesta por la obtención de un goce a largo plazo identificado con la estabilidad del cuerpo y la tranquilidad del alma. Un placer asentado sobre los sencillos goces en reposo (catastemáticos), los únicos que procuran una felicidad auténtica y duradera al individuo frente los placeres en movimiento, pasajeros e incapaces de proporcionar un bienestar verdadero y completo.

También ha quedado puesto de relieve en nuestra obra que la propuesta ética epicúrea es una propuesta rupturista con las convenciones sociales y culturales de ayer y hoy que considera que la avaricia, la ambición o la lujuria no proporcionan felicidad, sino que son las causantes de las calamidades del ser humano, porque son tan nefastas que imponen una dictadura a las vidas, deján-dolas insatisfechas aun en el colmo del éxito. En este sentido, la obsesión del hombre a lo largo de la historia, pero sobre todo en la época contemporánea, por buscar la felicidad a través de la pose-sión de bienes y por medio de la satisfacción de deseos innecesa-rios que conducen a placeres vanos y dañinos solo puede ser un reflejo de su estupidez, de su inseguridad y de sus miedos. Y es que la dicha auténtica no puede ser alcanzada por medio de la riqueza, del consumo exacerbado, del poder o de la fama. Más bien todo lo contrario, pues es la renuncia a esos bienes, deseos y placeres lo que permite la estabilidad del cuerpo y la salud del alma conducentes a una *eudaimonía* sólida.

LA IRRACIONALIDAD Y FALSEDAD DEL HEDONISMO POSMO-DERNO

Frente a la concepción racional epicúrea del hedonismo nos encontramos en nuestra época con un hedonismo radical y corto-placista ligado al consumismo, con una noción del placer y la feli-cidad asociada en exclusiva a placeres dinámicos, al goce intenso y efímero del instante presente y al rechazo del cultivo de deleites que proporcionen gozo y serenidad física y mental a largo plazo. Concretamente, el sistema económico y de consumo actual crea necesidades artificiales mediante la constante publicidad y otras técnicas que convencen y atrapan a las personas en el círculo vicioso del consumismo del que es muy complicado salir una vez se ha entrado. De esta manera, por una parte, necesitamos lo que compramos en la medida en que nos convencen (y nos autocon-vencemos) de que el producto en cuestión nos va a ayudar a ser más felices y a vivir mejor, lo que equivale según esta visión a tener más. Y, por otra parte, una vez dentro del «circo del consumo», un sinfín de productos, anuncios, ofertas y posibilidades se nos apa-recen ante nuestros ojos y, abrumados por todas esas luces, soni-dos e imágenes, nos sentimos incapaces de evitar adquirir alguno de los objetos que tenemos delante de nosotros. Muchas veces la falsa necesidad se crea segundos después de ver por primera vez un producto en un escaparate real o virtual y «darnos cuenta» de que es «indispensable» adquirirlo para poder seguir «viviendo bien» y ser «felices», preguntándonos cómo hemos podido pasar hasta ese momento sin él, aunque pocas semanas después, el objeto de deseo en cuestión quede olvidado en algún rincón o, quizás, estropeado y tirado a la basura. Es evidente que la percepción del consumo actual como inmoderado ya no es algo subjetivo, sino que se ha convertido en un hecho objetivamente cierto: todos consumimos inmoderadamente porque consumimos en exceso. No hay más que ver el grave problema global generado por los residuos. Y es que realmente no necesitamos todo lo que compramos, siendo la mayor parte de nuestras adquisiciones excesos que se nos antojan como falsamente imprescindibles.

Estamos inmersos de lleno en el hedonismo que se instaura con la aparición de la sociedad de consumo de masas (hedonismo consumista) y que evoluciona desde la valoración de lo cuantitativo, en la medida en que se exige una explosión de los placeres desenfrenada y en la que la cantidad de disfrute es importante, hacia una valoración de lo cualitativo, el gusto por lo exquisito, los placeres sensibles y la calidad en el bienestar. Un hedonismo que pone el acento en el disfrute de todos los sentidos y en la privatización, mediante una cultura del goce personalizado e individualizado, de los placeres asociados a las oportunidades que ofrece el consumo y que se identifican con la felicidad. La concepción de la *eudaimonía* resultante de tales premisas está totalmente alejada de los ideales de sacrificio y esfuerzo que, junto con la realización práctica de grandes valores morales colectivos, fueron propios de la modernidad. Por el contrario, esta nueva noción de la felicidad está centrada en el auge de estilos de vida vinculados a un consumo dirigido exclusivamente al deleite individual en un presente continuo.

Así, con un hombre posmoderno al cual le basta con gozar la realidad del presente limitado, siendo lo importante lo que cada uno piensa, siente, necesita, cree, busca o experimenta, aunque sea provisional, momentáneo y parcial, ha triunfado una lógica del tiempo individualista centrada en un consumo dirigido a conquistar los tiempos de ocio. Una lógica que pone en auge el egocentrismo, el ensimismamiento del sujeto demandando más tiempo para el recreo, para hacer lo que le apetezca, para afirmar sus gustos subjetivos. Y esto produce una paradoja, un «efecto malestar»: el sujeto se ve en la obligación de «informarse», de tomar iniciativas que lo conduzcan a la autosatisfacción en el consumo y, junto con el orgullo de saber consumir y de sentirse satisfecho (al menos superficialmente) con la elección realizada, aparecen la frustración, el cansancio y la exasperación. Es decir, el individuo se encuentra responsabilizado de todas sus elecciones (por banales que sean estas), las cuales, en un contexto cultural posmoderno de duda epistemológica y pluralismo y de veloces y cambiantes tendencias y modas, le provocan una desestabilización personal acompañada de una desvinculación respecto de los asuntos públicos. Así, en un mundo en el que se pone el énfasis en una elección individual supuestamente libre (el problema de la libertad se reduce a la libertad de elegir qué consumir) y en el que esa variada libre elección subjetiva reina, en apariencia, de forma indiscutible, la ansiedad y la inseguridad, junto con la pérdida de interés y de capacidad de análisis y crítica respecto de los asuntos realmente importantes y de los problemas éticos relevantes, parecen ser el precio a pagar por esa sensación de disponer de múltiples opciones.

La novedad de nuestra época no está en que el individuo se preocupe por la búsqueda del placer y, a través de él, de una esquiva felicidad, pues esta ha sido una preocupación que ha existido desde siempre. La novedad viene dada porque, a partir de la década de los cincuenta del siglo XX, con la incorporación del progreso tecnológico a la vida cotidiana, la felicidad se identifica con la mejora de la calidad de vida en cuanto a equipamiento material, sobre todo en lo referido al confort. Además, la felicidad no solo se asocia con un cierto grado de confort y bienestar, que se dan por hechos, sino que, más allá esa visión tecnificada y funcional del progreso generador de dicha, se exige un confort más individualizado, capaz de procurar sensaciones y experiencias agradables, de generar disfrute a través de los sentidos. Pero el consumo de objetos y servicios expendedores de un placer multiforme y efímero desemboca en una constante decepción personal, porque la dinámica consumista que encierra el proceso incesante de adquisición de bienes tangibles o abstractos no está relacionada con la felicidad, no al menos con una felicidad duradera.

Las empresas publicitarias al servicio de las multinacionales se encargan de crear un deseo permanente de consumir y de atesorar bienes y servicios con fecha de caducidad, identificando este proceso con la consecución de una felicidad rápida. De esta manera, el consumo produce satisfacciones inmediatas, instantáneas y completamente reales, pero ese resultado siempre es a corto plazo y, por ello, genera frustración. Porque la progresión hedonista ilimitada no ha sido suficiente para evitar el pesimismo generado por su falta de eficacia a la hora de producir un goce duradero. Por el contrario, la acumulación de experiencias, el consumo constante de bienes, cuerpos, ocio y goce han alejado a la humanidad de lo perdurable, lo persistente, de aquello real que, en definitiva, nos acompaña en la vida como algo más que una anécdota presuntuosa. En este sentido, lo que ha hecho el hedonismo consumista posmoderno es disolver la fe propia de la modernidad en un futuro mejor y más feliz. Así, si bien el consumo se concibe en función de la mejora de la felicidad de los individuos y en todos los ámbitos abundan los consejos (y la presión) para que seamos más felices («happycracia»), no obstante, al mismo tiempo que aumentan las posibilidades de consumo, crece la preocupación por la degradación de los ecosistemas, el empobrecimiento general de la población, la propagación de nuevas enfermedades, etc. Además, conforme progresa el desarrollo tecnológico en el ámbito de las telecomunicaciones (Internet, redes sociales, *smartphones*, etc.), paradójicamente nos sentimos más aislados y solos (falsas amistades y relaciones sociales virtuales) —y también más controlados—, y a medida que damos más importancia al dinero, más se agrava y prolonga nuestra insatisfacción por no tener todo lo que deseamos e ignorar lo que hemos conseguido.

LOS CEBOS DE LA DIFERENCIA Y LA ASPIRACIÓN

Dentro de este nocivo hedonismo consumista posmoderno que nos atrapa y dirige para mal nuestras vidas destacan como señuelos sus componentes «diferencial» (tener algo para ser diferente) y «aspiracional» (tener algo para ser más). Por lo que respecta al ingrediente diferencial del consumismo, se trata de un elemento que aparece ligado a la estrategia de la hiperpersonalización del sistema económico y comercial, el cual, con su producción diversa, genera entre los consumidores una ilusión y un afán de distinguirse de los demás mediante la adquisición de objetos y productos aparentemente únicos, cuando realmente son bienes producidos en serie y que tienden a homogeneizar a quienes los consumen. Ahora bien, el consumidor no rechaza o no es capaz de ver la homogeneización que fomenta el hecho de la producción y el consumo masivos, porque dentro de ese marco el sistema se asegura de que haya sutiles diferencias superficiales (y diferencias de precio no tan nimias) entre unos determinados tipos de productos y otros, de manera que connoten una socialización determinada y distintiva. De esta forma, en la medida que un individuo se reconoce en determinadas marcas y se identifica con ellas y los valores pregonados por su publicidad, se ve reflejado y se vincula con los otros consumidores de esas mismas marcas y se distingue de aquellos otros que, no consumiendo como él, son, consecuentemente, diferentes de él. Así, por ejemplo, el cliente de una marca de ropa concreta tenderá a encontrar, *a priori*, más afinidad con las personas que lleven esa ropa, pues el consumo es un elemento constitutivo de la cultura posmoderna neoliberal en general y en la sociedad actual todos aquellos que tienen hábitos de consumo similares pueden considerarse, hasta cierto grado, también iguales en su cultura particular («tribu»). Así pues, y a pesar de la inercia hacia a la unificación de los consumidores por parte de tendencias transversales a edades y clases sociales, se crean, dentro de una estrategia diseñada por el sistema, subculturas urbanas en función de los productos que se consumen como, por ejemplo, por el tipo de prendas que se visten, el modelo de teléfono móvil que se usa o el tipo de música que se escucha. No obstante, a pesar de la supuesta personalización que ofrece el sistema productivo-comercial, con el consumo de masas se avanza hacia una progresiva pérdida de la identidad personal, ya que los ciudadanos, que en realidad han dejado ser personas para convertirse en meros consumidores, responden borreguilmente ante modelos de consumo idealizados mediante las efectivas técnicas de *marketing*. Es decir, aunque un gran número de personas consuman sintiéndose especiales y originales, realmente forman parte de un *target* o grupo meta perfectamente delimitado por el sistema.

En cuanto al componente de aspiración del hedonismo consumista (estrechamente relacionado con el ingrediente diferencial), dicho elemento se asienta sobre la voluntad del ser humano de ser siempre «algo más» que los demás en el plano material y reputacional, un objetivo que no se consigue usando siempre los mismos pantalones ni teniendo siempre el mismo televisor. Porque siempre existe la posibilidad de hacerse con un producto nuevo, más caro y supuestamente mejor en un mercado en continua renovación y generador de una atracción irresistible por lo nuevo. Y, como existe la posibilidad, existe también el deseo, aunque no sea para cubrir una necesidad básica, sino para ganar prestigio social. De esta manera, desde que existe la sociedad de consumo la clase más pudiente se ha distinguido de las demás mediante la adquisición de productos y servicios más refinados y caros. Dicha actuación de los económicamente poderosos se ha generalizado en la sociedad posmoderna y casi todos los consumidores, independientemente de su nivel de renta, entienden que con el consumo se deben conseguir otro tipo de beneficios más allá de la satisfacción de unas necesidades básicas (tener un vehículo para ir al trabajo, un teléfono para comunicarse, etc.) como, por ejemplo, obtener el reconocimiento de cierto estatus social o alcanzar la pertenencia a un grupo social determinado. Así, por ejemplo, si se tiene sed, se puede consumir agua, pero debido a que hay muchas más opciones y más glamurosas que el agua para cubrir esa necesidad básica, aunque dichos productos sean mucho más caros que el agua y también nocivos para la salud, la botella de agua, que no transmite ningún valor social y refleja un bajo estatus social, se torna un bien demasiado simple y sencillo como para consumirlo en público y se opta por comprar una lata de un refresco «energético» que transmita a los demás, según lo determina la publicidad de dicho producto, lo dinámico, activo, joven y moderno que es uno (algo similiar ocurre con la moda de los caros —aunque saludables—productos bío). Estamos con esto ante la manifestación de una sociedad consumista no solo materialista, sino también guiada por la apariencia y muy competitiva. Se trata de una competitividad empujada por el afán de diferenciación, ostentación y de adquisición de una categoría social superior de forma real o solo aparente; una competitividad y un postureo social que tienen su reflejo en lo que se compra y en la frecuencia con que se adquiere, ya que, por ejemplo, el hecho de adquirir un teléfono móvil nuevo cada pocos meses o de cambiar de coche cada dos años no responde a una necesidad real, sino a un deseo (realmente a una vana pretensión) de ser más y mejor o, al menos, de aparentarlo ante los demás.

NO TODO ESTÁ PERDIDO

Si bien es cierto que el fenómeno del consumismo depende cada vez más del deseo de adquirir notoriedad social o estar «actualizado» (sentimiento en contradicción con el deseo de originalidad y de singularidad) que de las propias necesidades básicas para la vida de un individuo (el consumo excede dichas necesidades primarias), no sería conveniente defender la idea de que el hedonismo contemporáneo asociado al consumo de bienes y servicios es negativo en todos sus aspectos, pues la sociedad del consumo permite el disfrute cada vez más numeroso y frecuente de diferentes placeres que aportan beneficios a la existencia de los individuos. Es decir, no solo consumimos para satisfacer nuestras necesidades básicas, por capricho o para adquirir prestigio. Porque en el consumo encontramos también, a parte de lo primordial para la existencia y más allá del vano afán de estar a la moda y a la vez diferenciarnos y mostrar nuestro estatus a los demás, una agradable fuente de sueños, de distracciones, de experimentación y aprendizaje en libertad, así como de descubrimiento de nuevos horizontes y, en general, una vía de aligeramiento de las asperezas de la existencia cotidiana. Sin embargo, el problema surge al confundir el goce de las satisfacciones reales (sean estas más o menos necesarias) que el consumo proporciona con la auténtica *eudaimonía*.

Y es que la felicidad para ser genuina, como nos lo recuerda Epicuro, debería constituirse como algo más que el disfrute de lo meramente material. En este sentido, la espiral del hiperconsumo estará presente hasta que dejemos de mantener la identificación entre felicidad, satisfacción al máximo de falsas necesidades y renovación sin fin de objetos y diversiones. Para romper con esa errónea visión, en primer lugar, se debe distinguir entre *consumo* o uso necesario, apropiado y placentero de mercancías y servicios y *consumismo* o estilo de vida dirigido a la posesión y la adquisición compulsiva de productos y servicios superfluos. Es decir, el consumo como concepto no hace referencia a nada malo ni perjudicial, sino que el problema surge cuando esta actividad basada en satisfacer necesidades o deseos se vuelve patológica. De esta manera, se debe evitar la identificación de la vida feliz con la posesión de bienes y artículos de consumo y hay que plantearse una nueva forma de consumir que se reoriente hacia vías más justas e igualitarias. En esta dirección apuntan ya las campañas de consumo responsable y la difusión de una ética del consumo que tiene en cuenta las consecuencias negativas de un materialismo excesivo.

El establecimiento de un hedonismo que no esté dispuesto a renunciar a los placeres de la vida, pero que se sitúe siempre en una actitud responsable en lo referente al consumo de esos goces, podría conciliar nuestra actitud consumista con la persecución de un ideal de vida más consciente de los problemas derivados del hiperconsumo, unos problemas asociados, por ejemplo, a la degradación de la Naturaleza, al agotamiento de los recursos y al creciente empobrecimiento de grandes grupos de población en distintas partes del globo. A este respecto, en la toma de nuestras decisiones como consumidores soberanos habría que pensar globalmente y actuar localmente, convencidos de que un pequeño gesto orientado a abandonar la senda de depredación que nos destruye a nosotros y al entorno natural que nos alberga puede ser determinante en el necesario proceso general de cambio de modelo de consumo. Al mismo tiempo, el ideal posmoderno de autenticidad y autonomía individual que determina un ensimismamiento egoísta debería reconducirse hacia el sentido de ser fiel a uno mismo y a los demás y aceptar las obligaciones morales que están más allá de la satisfacción del yo.

Si realizásemos un cambio en este sentido, es decir, si desde el consumismo salvaje pasásemos al consumo responsable y desde el individualismo egocéntrico nos moviésemos hacia el singularismo solidario, nuestro modelo de felicidad se podría asemejar a aquel que surge como fruto natural del cultivo de las virtudes defendidas por el epicureísmo (sensatez, honestidad y justicia). Unas virtudes que permiten situarnos en una concepción de la ética que da la importancia justa a los placeres y que prima el despliegue de las capacidades que nos hacen verdaderamente humanos y que facilitan una felicidad más completa para nosotros y para quienes nos rodean. Porque dicha felicidad perdurable no se basa en lo efímero y fugaz de los placeres momentáneos ni en el mero interés egoísta, sino en el desarrollo de una vida individual y comunitaria equilibrada y enraizada en lo sensato, honesto y justo.

UNA TERAPIA INTEMPORAL

Para poder realizar el necesario cambio de mentalidad y acción, el hombre del siglo XXI, crecientemente dependiente de las drogas, la psicoterapia, los libros de autoayuda y las terapias milagro *new age*, tiene a su disposición el *ars beate recteque vivendi ac moriendi* de la doctrina epicúrea que, con una clara vocación terapéutica, ofrece una certera medicina filosófica mediante una receta intemporal para la felicidad. Dicha fórmula propone una serie de sencillos remedios para el bien vivir. Unos remedios basados en la observación de la Naturaleza (en la *physiología* o estudio de la Naturaleza, incluido en ella el ser humano) y en el gozo moderado de los placeres, con la finalidad de alcanzar el bienestar físico y la serenidad de ánimo y lograr que el espíritu esquive y sane de preocupaciones inútiles y dolores innecesarios.

No obstante, la sencillez teórico-práctica del epicureísmo, sintetizada en la invitación a no temer a los dioses, a despreocuparse por la muerte y considerar lo bueno sencillo de conseguir y lo doloroso fácil de soportar (tetrafármaco), no ha sido óbice para una secular malinterpretación de la filosofía de Epicuro desde la época de su misma formulación. Una interpretación deformada del hedonismo epicúreo que, desde la etapa histórica de la revolución industrial, ha conducido al hombre a una aplicación práctica errónea del amor al placer como bien vital máximo. De esta manera, todo lo vinculado con el hedonismo, esto es, la búsqueda natural del placer, ha sido pervertido por un sistema económico que nos ha hecho olvidar el elemento racional y prudencial que debe orientar nuestro anhelo innato de satisfacción de deseos y de huida del dolor y búsqueda paralela del placer. Así, aturdidos por el ansia de artificiales e insaciables deseos y necesidades, hemos confundido placer con acumulación de riqueza material, éxito y fama, asociando fatalmente la felicidad con una hiperexcitación hedónica. Por el contrario, Epicuro, alejándose tanto del exacerbado sensualismo propio de los cirenaicos (tan similar a nuestro hedonismo contemporáneo), como del idealismo platónico y de la apatía estoica, propuso una felicidad basada en el goce de los placeres sencillos y, especialmente, en la serenidad de ánimo resultante de la satisfacción prudencial, que no represión, de las apetencias naturales necesarias.

Y es que el epicureísmo, al condicionar la felicidad a la obtención del placer y, por tanto, a la satisfacción del deseo, se cuidó de tomar en cuenta la insaciabilidad del desear, imposible de colmar pese a los esfuerzos infinitamente reiterados en ese sentido. Concretamente, la filosofía epicúrea, mediante la reflexión filosófica, se propuso sanar la enfermedad de la compulsión repetitiva del querer, mostrando que los placeres son limitados en intensidad, variedad y duración y que, por ello, es inconveniente desearlo desaforadamente siempre todo. De esta manera, la búsqueda de placeres en modo alguno debe realizarse de manera irreflexiva. Porque si bien ningún placer es por sí mismo un mal, no obstante, las motivaciones que están detrás de algunos deseos ocasionan menos goces que sinsabores. Y, de forma inversa, ciertos padecimientos, siendo en principio un mal y, por tanto, nada deseables, pueden suponer mayores deleites posteriores. Por todo ello, conviene calcular con tiento los beneficios e inconvenientes de los deseos y placeres que elegimos, asi como de los males que nos sobrevienen. Ya sabemos que para los epicúreos es la prudencia, considerada la más importante de las virtudes, el principio rector que ha de presidir ese delicado cálculo. Una prudencia que nos recuerda que la serenidad de ánimo, base de la felicidad, no procede de gozos enardecedores sino de la supresión de los dolores del cuerpo y de las perturbaciones del alma. No es, pues, sensato, según esta visión, empeñarse en saciar todos los deseos, ni obstinarse en disfrutar de todos los placeres. Solo resulta imperioso cumplimentar aquellos que, por naturales y necesarios, son fáciles de conseguir, mientras que conviene prescindir de los surgidos de la vana opinión, tan difíciles de colmar como fáciles de eludir.

La terapéutica epicúrea, en definitiva, a diferencia del estoicismo extremado, no pretendió abolir los deseos, pero sí que buscó moderar su intensidad y prescindir de aquellos que suelen ser fuente de angustias al no depender su satisfacción de nuestras posibilidades. A este respecto, debe subrayarse que el ideal de conducta epicúreo requiere alcanzar una cierta autosuficiencia o autarquía, en absoluto arisca o rigurosa, que resguarde nuestro equilibrio anímico en las adversidades, pero que a la vez no nos insensibilice para el deleite de los placeres a nuestro alcance. De esta manera, la vocación hedonista se encuentra en Epicuro atemperada por el principio de no arriesgar el equilibrio catastemático por el embrujo de sensaciones dinámicas quiméricas y comprometedoras. Porque en el sistema epicúreo el valor de la seguridad prima sobre cualquier tipo de apuesta hasta el punto de convertirse en salvaguarda indispensable de la serenidad de ánimo. Así pues, la felicidad reside en el goce que proporciona la serenidad, convenientemente «coloreado» por todos aquellos placeres que, sin turbar el ánimo, logremos procurarnos. Para poder aproximarnos a esa anhelada ataraxia, junto con el combate mediante la razón de los temores, angustias y obsesiones que asaltan el alma, el epicureísmo propone la mitigación del acuciante renacer del deseo y de la incesante ansía de placer mediante su racionalización a través de la sensatez.

El epicureísmo postula, en suma, una terapia que se realiza por medio del ejercicio de la moderación y que es accesible si se tiene la fuerza de voluntad requerida para poner en práctica, con resolución, el autodominio y la racionalidad en el día a día, utilizando las relaciones de inmediatez que mantiene la razón humana con la realidad para determinar correctamente el fin que debe dirigir la conducta individual (eliminar el dolor y alcanzar la serenidad que conduce a la felicidad), ajustando adecuadamente a él todas y cada una de las acciones individuales (discerniendo entre lo natural, racional y dependiente de nosotros de lo que ni es natural, ni racional, ni está bajo nuestro control). La felicidad de la propuesta terapéutica epicúrea requiere, pues, para su obtención, del cumplimiento diligente de unos requisitos mínimos que la sociedad posmoderna, sumida como está en un torbellino de cegadores deseos vacíos, parece ser incapaz de aceptar. Dicha sociedad, aparentemente racionalista pero en realidad solo superficial y perversamente racional (predominio de la razón instrumental) y, en muchas ocasiones, brutalmente irracional y «guiada» por un hedonismo mezquino y mal entendido, no concibe que la razón juegue en la totalidad de la vida el papel de un mentor malhumorado (a guisa de daimon socrático o de Pepe Grillo) que solicita siempre la renuncia a ciertos goces (en cierta manera el *substine et abstine* atribuido a Epicteto) sin prometer siquiera algo a cambio que no sea una existencia relativamente libre de sufrimientos.

BIEN VIVIR EN LA DESQUICIADA POSMODERNIDAD

Según el epicureísmo la clave para tener una buena vida está en el placer auténtico y no, como se cree en nuestra contemporaneidad, en el éxito o la fama, deseos vanos que siendo fuentes de placer no lo son de un goce verdadero, estable y duradero. Para acceder al genuino placer no debemos confundir el hedonismo con el consumismo, pues lo único que conseguiremos será alejarnos de la auténtica satisfacción y felicidad. Epicuro estableció que no se debían confundir los deseos naturales con los no naturales. Entre estos últimos, que para el filósofo griego eran, además de no naturales, innecesarios, se incluye la búsqueda de poder, notoriedad, prestigio o dinero. Si miramos a nuestro alrededor nos daremos cuenta de que son justo estos deseos y los supuestos placeres que proporcionan y que realmente no deberían considerarse como tales los que precisamente están más arraigados en la cultura posmoderna e interiorizados en nuestras mentes supuestamente autónomas. Desde pequeños se nos enseña a desear el poder, a pelear por tener las mejores notas, por una promoción laboral, por un aumento de sueldo, por conseguir cierto aspecto físico o un determinado estatus socioeconómico. Y mientras tanto, paralelamente al nutrimento desde arriba de esa ansia de poder (presente de forma innata en la naturaleza humana como voluntad de poder) y al fomento de la afirmación de nuestra individualidad, se nos bombardea constantemente, de manera directa y subliminal y por diversas vías, para hacernos más dócilmente borregos y frágiles en beneficio del sistema consumista.

Concretamente, en un mundo posmoderno neoliberal dominado por la publicidad, las redes sociales y la intoxicación (des)informativa creadora de *fake news*, preverdades y posverdades e insensibilizadora respecto de la realidad (normalización y virtualización de lo execrable), se nos hostiga con mensajes que nos animan a adquirir y consumir desde último juguete sexual que, según las reseñas vertidas en la red, nos proporcionará orgasmos múltiples en menos de un minuto sin los inconvenientes de un contacto real, hasta un supuesto milagroso tratamiento estético que nos dejará la piel lisa y frenará nuestro inevitable proceso envejecimiento o una dieta infalible para adelgazar que completará un espartano programa de esculpimiento gimnástico con vistas a conseguir un cuerpo apolíneo. Asimismo, desde la maquinaria político-económica de control social y fomento del consumo indiscriminado, se promociona el visionado compulsivo de series de ficción por suscripción a plataformas digitales que, además de banalizar fenómenos como la violencia y la delincuencia, muestran unas situaciones y unos protagonistas idealizados, exagerados o caricaturizados, que modelan nuestra mente según estereotipos y patrones de modas y hábitos de consumo establecidos por el sistema para obtener réditos de nuestro comportamiento. Por último, también se observa en el aparato de control del sistema el aliento de una pretendida y mal entendida liberación y diversidad sexual en un marco de generalización de la virtualidad y efimeridad (elementos también presentes en los vínculos sociales en general) de unas relaciones sentimentales reducidas a variados encuentros sexuales a los que se accede tras una simple búsqueda en una aplicación de citas; unas relaciones cortas y ocasionales que manifiestan una sexualidad de «usar y tirar» guiada por deseo de orgasmos rápidos y con una visión del sexo deformada por el consumo masivo de porno a través de Internet desde edades tempranas. Una sexualidad descomprometida, en fin, que ha perdido su conexión con el amor y con el placer asociado a las necesidades auténticas del desarrollo humano y se ha reducido a la genitalidad y a un simple producto más de consumo que deshumaniza al ser humano y lo distrae de cuestiones importantes, debilitándolo en beneficio de un sistema expendedor de un instantáneo, insatisfactorio y breve placer vano.

Si nos fijamos un poco podemos descubrir sin dificultad que, dentro de esta *Matrix* «happycrática» posmoderna que confunde perversamente hedonismo con consumismo y que limita nuestra libertad haciéndonos creer que está reforzando nuestra individualidad, debemos conquistar logros impuestos por el exterior y que, si no lo hacemos, si no nos adaptamos a la premisa competitiva y consumista del sistema, somos unos parias y unos desgraciados que supuestamente carecemos de lo que necesitamos y nos merecemos por el simple hecho de existir, esto es, un placer ilimitado. De esta manera, el sistema, con una estrategia de control social ampliamente aceptada, nos hace crecer desconectados de nosotros mismos, fragilizándonos y convirtiéndonos en esclavos infelices, en estúpidos perseguidores de innecesarios e inagotables deseos que conducen a placeres efímeros y frustrantes. Igual que borregos, estamos predispuestos a seguir las premisas que nos inculca el mundo neoliberal para la consecución de un supuesto éxito y una aparente felicidad y a olvidarnos de los placeres auténticos y de fácil acceso u obtención. Este tipo de placeres sencillos nos muestran, por ejemplo, desmintiendo la propaganda del sistema, que el bienestar económico, una vez alcanzado cierto nivel, no añade más goce a la vida. El propio Epicuro dice que si bien es innegable que los cargos y la vida pública puedan generar satisfacciones personales a través de distinciones y de reconocimiento social, no obstante, además de privarnos del disfrute de placeres simples y profundos, dichas responsabilidades y notoriedades acarrean, en general, más compromisos y peligros que beneficios. Es por ello por lo que Epicuro afirma que «nada produce tanto gozo como el no cumplir muchos cometidos ni emprender asuntos engorrosos ni violentar nuestra capacidad más allá de sus fuerzas, pues todo esto provoca perturbaciones en nuestra naturaleza» y, por tanto, nos aleja y nos priva de la felicidad genuina.

Un ejemplo de la lucidez de esta afirmación epicúrea es el testimonio de personas jubiladas que obtuvieron en su vida profesional un éxito considerable en los términos materiales que alaba el neoliberalismo posmoderno y que en su vejez, al entrar en contacto estrecho con sus nietos, se muestran convencidas de que su supuesto triunfo según el sistema (a costa de convertirlos en adictos al trabajo), así como el goce de los pretendidos placeres derivados de dicho logro (dinero, bienes materiales, poder, etc.), les privó de la maravillosa oportunidad de criar a sus hijos (tarea que tiene, evidentemente, además de gozos, sinsabores) y de disfrutar de su compañía. Es decir, al interactuar con sus nietos se dan cuenta de que renunciaron a una fuente de placer que tenían a su disposición y que estiman mucho más satisfactoria que el reconocimiento profesional y social y la mera acumulación de riqueza material obtenida tras una frenética y esclavista vida laboral.

Y es que el placer auténtico y genuino que debería buscarse en la vida es aquel que va de adentro hacia afuera, que rehúye modas y tendencias, mandatos sociales y estándares culturales y que depende de unas pocas necesidades materiales. Pero para poder escuchar la llamada de la naturaleza racional que nos invita a disfrutar de los placeres sencillos y para ser capaces de abrirle, sin dudar, las puertas de nuestra mente y nuestro cuerpo, se requiere de un estado interno de elevada madurez difícil de alcanzar en el marco ideológico y material posmoderno y neoliberal que nos envuelve y donde la puerilidad y la insensatez campan a sus anchas. De esta manera, revertir el daño que la sociedad posmoderna del pseudohedonismo ha generado en nuestras psiques requiere valorar, por medio del razonamiento prudencial, las fuentes del placer más puro, simple e inocente. Esto es, los placeres sensoriales sencillos como, por ejemplo, el deleite proporcionado por la música, la comida, la Naturaleza o las obras de arte. Y también otros placeres derivados de nuestras relaciones sociales como, por ejemplo, conversar y compartir tiempo con los familiares y amigos, o goces conectados nuestros hobbies como, por ejemplo, trabajar de forma creativa con las manos. Como lo señala Nuccio Ordine en su lúcido manifiesto *La utilidad de lo inútil* (2013), la obsesión fija en la consecución de un objetivo material en la que estamos sumidos en forma de irreflexiva carrera en pos del beneficio económico y en la cual todo aquello que nos rodea, especialmente la Naturaleza y los demás seres humanos, no despierta en nosotros ningún interés más allá del meramente instrumental o utilitario, no nos permite ya entender la alegría de los pequeños gestos cotidianos ni descubrir la belleza que palpita en nuestras vidas: en una puesta de sol, un cielo estrellado, en la ternura de un beso o un abrazo, en el deleite de acariciar a un perro escuchando su respiración relajada, en la eclosión de una flor, el vuelo de una mariposa de vistosos colores o en la sonrisa pura y espontánea de un bebé.

Porque, realmente, la grandeza, la belleza y la felicidad se perciben mejor en las cosas más sencillas y aparentemente inútiles. Así, los epicúreos eran felices porque habían aprendido a complacerse con las pequeñas cosas y con los momentos cotidianos como si fueran el tesoro más preciado. «Un jardincito, unos higos, pequeños quesos y tres o cuatro buenos amigos, esta era la opulencia de Epicuro» (Nietzsche, *Humano, demasiado humano II, afor. 192*). Esa estampa, trazada por la pluma del genial pensador alemán para referirse a la esencia de la filosofía epicúrea, representa una edificante escena de simplicidad, humildad y bienestar; una total plenitud a la que no se necesita sumarle ningún bien material más. Solo agua, algunas verduras de temporada, pan y aceitunas componían la mesa del hombre que aseguraba que el placer, entendido como ausencia de dolor y armonía vital entre cuerpo y alma, produce un estado anímico de serenidad que conduce a la felicidad, esto es, a un estado propio del hombre sabio que ha llegado a la plena consciencia de cuáles son los pocos placeres verdaderamente naturales y necesarios para alcanzar el gozo auténtico y que ha superado los miedos infundados que a menudo asedian al ser humano.

Y es que cubrir las necesidades primordiales del cuerpo y mantener una relación correcta y equilibrada con los juicios, deseos, miedos y esperanzas generados en nuestra mente permite alcanzar el estado más apropiado para conseguir el placer supremo. Para llegar a ese nivel de bienestar es preciso atender a la voz de nuestra carne y estar mentalmente despiertos para diferenciar lo que es adecuado para la psique y el cuerpo de aquello que no lo es. Porque el placer al que aspira el epicureísmo depende de una actitud razonable y apacible frente a las sensaciones externas que el cuerpo percibe y la mente procesa. Y no debemos olvidar que el placer siempre nos conforma y nos afecta en sentido corporal y espiritual sin depender de los bienes materiales u objetos de deseo; unos bienes que, en un mundo hiperconsumista que ha vinculado la idea de bienestar con el acceso ilimitado a las posesiones materiales, han visto transformado su valor funcional originario por un valor simbólico y estético, totalmente inútil y huero.

Entender la propuesta epicúrea para alcanzar la felicidad significa, en definitiva, comprender bien el credo de un materialismo prudente y apolíneo que defiende que hay que dar al cuerpo lo que es del cuerpo para que el alma permanezca en la tranquilidad. Esto es, un materialismo equilibrado que promueve una dietética de las pasiones, de los deseos y de los placeres facilitadora de un trato apaciguado con el mundo. Entender a Epicuro supone, además, asimilar su doctrina como una constante transformación interior a través de la meditación de sus principios fundamentales resumidos en el tetrafármaco y en la *Epístola a Meneceo*, así como la práctica de una sabiduría que persigue un gozo calmo asentado en la estabilidad de los sentidos y en la serenidad de la mente. Una sapiencia que rechaza lo competitivo y busca el apacible retraimiento en la gozosa convivencia con los amigos auténticos. Una manera de estar en el mundo que, en medio de una época caótica y de una sociedad enfermiza y decadente, ofrece al hombre, con el mínimo de recursos, las mayores posibilidades de ser el artífice de su propia felicidad. Un saber que implica escoger con prudencia, dentro de las posibilidades de nuestro libre albedrío, los momentos que deseamos vivir así como la manera de vivir dichas situaciones y las que nos vienen impuestas por circunstancias ajenas a nuestra libertad (por la necesidad y el azar), sin lamentarnos por lo que hemos perdido o por lo que no poseemos ni amedrentarnos ante aquello que produce incertidumbre o dolor. Abrazar la medicina epicúrea significa también aprender a convivir con la muerte, aceptando los límites inherentes a la vida sin dejar de disfrutar de esta cada día.

Mientras sigamos desoyendo el juicioso consejo epicúreo y no rompamos con la costumbre impuesta de manera interesada por el sistema que nos hace considerar los placeres sencillos como una adquisición más e incluso superflua en vez de como la más importante, no lograremos reconectar plenamente con esos goces primordiales y acceder, por esa vía, al bien y a la felicidad supremos y verdaderos aquí y ahora. Esto es, en el único momento y lugar en que, sin más ayuda que la de nuestro cuerpo y nuestra mente, podemos ser dichosos y libres. Solo así alcanzaremos la gloria bendita del maldito más feliz de la historia, Epicuro, caracterizado por Nietzsche (*Más allá del bien y del mal, afor. 7*) como «aquel dios del jardín, el viejo maestro de escuela de Samos que permaneció escondido en su jardincillo de Atenas y escribió trescientos libros» y para quien toda moral se reduce, como para Chamfort (1999), a la máxima que dice «goza y haz gozar sin dañarte a ti ni a los demás».

Apéndice

Escritos éticos de Epicuro

CARTA A MENECEO[2]

[Salutación]

Epicuro a Meneceo, salud.

[Llamamiento al cultivo de la filosofía para la felicidad en todas las edades]

[122] Que nadie, mientras sea joven, se muestre reacio a filosofar ni, al llegar a viejo, se canse de filosofar, porque para alcanzar la salud del alma nunca se es ni demasiado joven ni demasiado viejo. El que dice que todavía no está en edad de filosofar o el que afirma que el momento de hacerlo ya pasó para él, es como si dijera que para la felicidad no le ha llegado aún el momento o que ya lo dejó atrás. Por ello, deben practicar la filosofía tanto el joven como el viejo; este, para que pese a estar envejeciendo sea joven en bienes por la satisfacción de lo vivido; el otro, para que siendo joven pueda ser viejo al mismo tiempo gracias a la ausencia

---

2   Fuente: Diógenes Laercio, *Vitae et sententiae philosophorum*, libro X, 122-135. Edición de H.S. Long (1964) en dos volúmenes publicada en Oxford University Press. La *carta a Meneceo* es seguramente un breve compendio que resume contenidos tratados por extenso en otras obras epicúreas sobre ética pérdidas. Como introducción contiene una invitación a la filosofía y comienza, de hecho, con una llamada a la meditación de los principios fundamentales (122-123), que se relacionan a continuación en diversos apartados doctrinales: la concepción de los dioses (123-124); de la muerte y los males de la vida (124-127); del futuro (127); teoría de los deseos y del placer (127-132) y conceptos de aponia y ataraxia (128.131); teoría de la virtud entendida como autarquía, temperancia y prudencia (130-132); tetrafármaco (133); y teoría del destino, la fortuna y el libre albedrío (133-135). La carta concluye, como en exacta composición angular, con otra invitación a la meditación (135) y con una referencia al *isoteismo* o ideal de asemejarse en perfección a la divinidad (135). Entre corchetes, en cursiva y a modo de título y también en letra normal en el cuerpo del texto, se añaden epígrafes y aclaraciones para una mejor comprensión del escrito. También se indican entre corchetes los números de los párrafos del texto original de Diógenes Laercio.

de miedo ante el futuro. Así pues, si es cierto que cuando la felicidad está presente lo tenemos todo, pero cuando nos falta hacemos todo por tenerla, conviene ejercitarse en aquello que la propicia.

[Llamamiento a la meditación y a la práctica de la filosofía para el buen vivir]

[123] Lo que constantemente te vengo aconsejando, medítalo y ponlo en práctica, considerando que se trata de [un conjunto de] principios fundamentales para vivir bien.

[Recta opinión sobre la divinidad]

Considera, ante todo, a la divinidad como un ser incorruptible y dichoso —tal como lo sugiere la [pre]noción común— y no le atribuyas nunca nada contrario a su inmortalidad, ni discordante con su felicidad. Al contrario, considera como verdaderos todos aquellos atributos que contribuyan a salvaguardar su felicidad al tiempo que su inmortalidad. Porque los dioses existen, pues el conocimiento que de ellos tenemos es evidente, pero no son, sin embargo, como la mayoría de la gente [erradamente] cree, confiriéndoles atributos discordantes con la noción que de ellos poseen naturalmente. Por tanto, impío no es quien reniega de la imagen que de los dioses tiene la mayoría, sino quien aplica las opiniones del vulgo a los dioses, [124] ya que no son intuiciones [anticipaciones], sino presunciones vanas, los juicios de la gente al referirse a los dioses. De estas [opiniones erradas] se derivan los más grandes daños para los que tienen de los dioses una mala interpretación y, a la inversa, para los que tienen de la divinidad una recta concepción se siguen los más grandes bienes, porque los dioses, entregados continuamente a sus propias virtudes, acogen, [aunque sean indiferentes a los hombres], a los que son semejantes a ellos, [convirtiéndose dichos hombres en dioses mortales por imitación de la actitud de la divinidad], pero consideran extraño todo aquello que es diferente de ellos.

[Recta opinión sobre la muerte]

Acostúmbrate a pensar que la muerte no es nada para nosotros, porque todo el bien y todo el mal residen en la facultad de percibir, [en las sensaciones], y precisamente la muerte consiste en la privación de los sentidos, [en la ausencia de percepción]. Por tanto, el correcto conocimiento de que la muerte no es nada para nosotros nos hace agradable el carácter mortal de la vida, no porque le añada un tiempo ilimitado, sino porque elimina el ansia de inmortalidad. [125] En efecto, no hay nada que cause temor en la vida para quien ha comprendido realmente que nada temible hay en el no vivir. Por ello, es estúpido quien confiesa temer la muerte, no por el dolor que pueda causarle en el momento en que se presente, sino porque, pensando en que tiene que llegarle [algún día], siente angustia. Porque aquello cuya presencia no nos perturba, no es sensato que nos angustie durante su espera. Así pues, la muerte, el peor de los males, no supone nada para nosotros, porque mientras nosotros somos, la muerte no está presente, y cuando la muerte está presente, entonces ya no estamos nosotros. La muerte, por tanto, no es real ni para los vivos ni para los muertos, porque para aquellos no está y para estos, cuando está, ellos ya no son. Pero, a pesar de esto, la mayoría de la gente huye unas veces de la muerte viéndola como el mayor de los males y otras la busca como cese de las desgracias de la vida. El sabio, en cambio, ni rechaza el vivir [126] ni tampoco teme el dejar de vivir, porque ni tiene nada contra la vida, ni considera que haya nada malo en no vivir. Y así como al comer no busca la abundancia sino la exquisitez de los alimentos, del mismo modo disfruta no del tiempo más extenso sino del más intenso en placer. [Por otra parte], el que anima al joven a vivir bien y al viejo a prepararse para morir bien, es un insensato, no solo por los goces que la vida comporta, sino porque es una misma cosa prestar atención al bien vivir y al bien morir. Pero todavía es peor quien dice que «lo mejor es no haber nacido y, si se ha nacido, cruzar cuanto antes las puertas del Hades [morada de los muertos]» (Teognis de Megara, 425-427). [127] Es peor porque si está convencido de lo que dice, ¿por qué no abandona [ya] la vida? Si de verdad ha meditado con firmeza este pensamiento, en su mano está realizarlo. Por el contrario, si lo dice por burla, se muestra frívolo en un asunto que no lo admite.

[El futuro]

Hay que recordar [también] que el futuro no es nuestro por completo, pero tampoco puede decirse que no nos pertenezca del todo, para que así no aguardemos nada con gran esperanza creyendo que va a tener lugar ni nos desesperemos creyendo que no va a suceder de ninguna manera.

[Tipos de deseos, aponia, ataraxia y naturaleza del placer]

Del mismo modo hay que saber [también] que de los [distintos tipos de] deseos unos son naturales y otros vanos, y que de los [deseos] naturales hay algunos que son necesarios y otros tan solo naturales, y de los [deseos] necesarios unos son indispensables para conseguir la felicidad, otros para el bienestar del cuerpo y otros para la vida misma. [128] En efecto, un exacto conocimiento de unos y otros [tipos de] deseos sabe supeditar cada elección y cada rechazo de los mismos a la salud del cuerpo [aponia] y a la serenidad del alma [ataraxia], ya que este es el objetivo [y culminación] de una vida feliz. Ciertamente, con vistas a este fin realizamos todos nuestros actos para no sufrir dolor físico ni padecer turbación mental. Tan pronto como alcanzamos ese objetivo cualquier tempestad del alma se apacigua, ya que el ser viviente no tiene que dirigirse a nada como si estuviera falto de ello ni tiene que buscar otra cosa distinta para saciar el bien del alma y del cuerpo, pues el placer lo necesitamos cuando su ausencia nos causa dolor, pero cuando no experimentamos dolor tampoco sentimos necesidad de placer [porque lo hemos alcanzado al suprimir el dolor].

[Placer y recta elección de placeres y dolores]

[129] Y por este motivo afirmamos que el placer es el principio [origen] y el fin [objetivo] de una vida feliz, porque lo reconocemos como el bien primero y connatural [al hombre], y a partir de él iniciamos cualquier elección y rechazo y a él llegamos juzgando todo bien con la sensación como norma. Y, puesto que este, [el goce], es el bien primero y connatural, por eso no elegimos todo tipo de placer, sino que hay veces en que renunciamos a muchos deleites cuando de estos se derivan para nosotros más dolores que

placeres, y hay [también] ocasiones en que consideramos muchos padecimientos preferibles a goces, concretamente cuando, tras haber estado sometidos largo tiempo a tales dolores, se sigue para nosotros un placer mayor. Así pues, si bien todo placer, por su conformidad con la Naturaleza, es un bien, sin embargo, no todo placer es elegible. De la misma manera, si bien todo dolor es un mal, no obstante, no todo dolor ha de evitarse por principio. [130] Conviene juzgar sobre el placer y el dolor con el cálculo y la consideración de lo útil [beneficioso] y de lo inconveniente [perjudicial] que de ellos pueda derivarse, pues hay circunstancias en que un bien, al disfrutarlo, se nos convierte en un mal y, a la inversa, ocasiones en que un mal, al padecerlo, se nos transforma en un bien.

[Autarquía]

También el saber contentarse con aquello que se tiene [autosuficiencia] lo consideramos un gran bien, no porque debamos siempre vivir con poco, sino para que en caso de que no tengamos mucho con ese poco nos baste, estando auténticamente convencidos de que de la abundancia gozan con mayor placer aquellos que mínimamente la necesitan y de que todo lo que la Naturaleza reclama [lo natural] es fácil de obtener y difícil de conseguir lo superfluo.

[Sobriedad]

De esta manera, los alimentos sencillos proporcionan el mismo placer que los exquisitos cuando nos permiten superar el dolor que su carencia nos causa, [131] y el pan y el agua proporcionan el más elevado placer cuando los ingiere quien de ellos tiene necesidad. Estar acostumbrado a comidas sencillas y sobrias es saludable, hace al hombre diligente en las ocupaciones necesarias de la vida, nos dispone mejor hacia lo suntuoso cuando después de una falta prolongada nos acercamos a ello y nos hace menos temerosos respecto de la [cambiante] suerte [azar].

[Verdadero placer y temperancia]

Así pues, cuando decimos que el placer es el objetivo [de la vida], no nos referimos a la satisfacción de los placeres de los viciosos y de los que se dan al goce sin freno, como afirman algunos que desconocen nuestra doctrina o no están de acuerdo con ella o la interpretan mal, sino al hecho de no sentir dolor en el cuerpo [aponia] ni turbación en el alma [ataraxia]. [132] Pues ni los banquetes ni las juergas continuas, ni el gozar con jovencitos y mujeres, ni los pescados ni otros manjares que ofrece una mesa lujosa originan una vida dichosa, sino un razonamiento sobrio que examine las causas de cada elección y rechazo y que sepa guiar nuestras opiniones lejos de aquellas erradas que llenan el alma [mente] de inquietud.

[Prudencia, virtudes y felicidad]

De este razonamiento sobrio el principio y el bien más grande es la prudencia. Por ello, la prudencia —a partir de la cual se originan naturalmente todas las demás virtudes— es más valiosa incluso que la filosofía, ya que enseña que no es posible vivir felizmente sin vivir juiciosa, honesta y justamente, ni es posible vivir con sensatez, honestidad y justicia sin vivir felizmente. Porque, en efecto, las virtudes son connaturales [están unidas] a una vida feliz y el vivir dichosamente es inseparable de ellas.

[Tretrafármaco]

[133] Porque en verdad, ¿quién puede haber mejor que un hombre que tiene opiniones reverentes acerca de los dioses, está en todo momento libre de miedo a la muerte y ha razonado el fin [objetivo] de la vida según la Naturaleza, entendiendo que la cima de los bienes puede lograrse y es fácil de conseguir mientras que la de los males o dura poco tiempo o produce ligero pesar?

[Necesidad, azar y libre albedrío]

Ese hombre se ríe del destino que algunos consideran señor despótico de todas las cosas y [frente a esta errada opinión] sabe que en nosotros está el poder principal para determinar los hechos que acontecen, algunos de los cuales ocurren por necesidad, otros por casualidad y otros están bajo nuestro control. Porque, si bien no se pueden pedir cuentas a la necesidad que es irresponsable, ni al azar que es inestable [incierto], en cambio, lo que está bajo nuestro control no está sujeto a nadie más [que a nosotros mismos], razón por la cual lo que hacemos puede ser objeto de crítica o de alabanza. [134] Porque, de hecho, casi era mejor creer en los mitos sobre los dioses que ser esclavo de la predestinación de los físicos, pues aquéllos nos ofrecían la esperanza de obtener la intercesión de la divinidad con ofrendas, mientras que la necesidad de los [filósofos] naturalistas es sorda a todas las súplicas. Un hombre así no considera que la fortuna sea una divinidad, como cree la mayoría, pues en los actos de un dios no hay desorden, ni [tampoco] estima que sea una causa incierta de todas las cosas, ya que él no cree que un bien o un mal determinantes para la vida feliz sean otorgados a los hombres por la [mera] casualidad, por más que reconozca que ella es el origen de grandes bienes y grandes males, [135] sino que él piensa que es preferible ser desafortunado con sensatez [teniendo un recto juicio] que gozar de fortuna razonando mal, si bien es preferible que en nuestras acciones lo bien juzgado prospere con ayuda del azar.

[Llamamiento a la meditación continua]

Así pues, estos razonamientos y otros afines a ellos, medítalos noche y día en tu interior y en compañía de alguien que sea semejante a ti y, de esta manera, nunca, ni estando despierto ni en sueños, padecerás turbación, sino que, por el contrario, vivirás como un dios entre los hombres, pues en nada se parece a un mortal el hombre que vive entre bienes imperecederos.

MÁXIMAS CAPITALES[3]

1

[Apatía de la divinidad. Primer ingrediente del tetrafármaco]

El ser dichoso e inmortal [la divinidad] ni tiene preocupaciones él mismo ni las causa a otro, de modo que no se ocupa ni de indignaciones ni de agradecimientos, pues tales sentimientos se dan solo en un ser débil.

2

[Nihilidad de la muerte. Segundo ingrediente del tetrafármaco]

La muerte no es nada para nosotros, pues lo que se ha disuelto no tiene capacidad de sentir y lo que es insensible no nos afecta en nada.

---

3   Fuente: Diógenes Laercio, *Vitae et sententiae philosophorum*, libro X, 139-154. Edición de H.S. Long (1964) en dos volúmenes publicada en Oxford University Press. Muy posiblemente el estudio de estas cuarenta sentencias constituía el comienzo del aprendizaje filosófico de los nuevos adeptos recién iniciados en la doctrina epicúrea. Las máximas 1-21 y 26-30 se refieren a cuestiones de ética epicúrea: comienzan con el «cuádruple fármaco o remedio» (1-4), siguen con las condiciones de una existencia feliz y la relación entre placeres y virtudes (5-21) y continúan con la amistad y la clasificación de los deseos (26-30). Las sentencias 22-25 están relacionadas con los criterios del conocimiento o gnoseología (*Canónica* epicúrea). Y, por último, las máximas 31-40 se centran en la doctrina contractualista epicúrea sobre la justicia y su relación con la vida del sabio. Entre corchetes, en cursiva y a modo de título y también en letra normal en el cuerpo del texto, se añaden epígrafes y aclaraciones para una mejor comprensión del escrito.

3

[Accesibilidad del placer máximo. Tercer ingrediente del tetrafármaco]

El límite máximo de la intensidad del placer es la eliminación de todo dolor. Y donde haya gozo, durante el tiempo que dure, no hay ni dolor [físico] ni pesar [psíquico] ni la mezcla de ambos.

4

[Carácter superable del dolor corporal. Cuarto ingrediente del tetrafármaco]

El dolor en la carne no se prolonga ininterrumpidamente, sino que el dolor más extremo dura el mínimo tiempo, y aquel [dolor débil] que apenas sobrepasa el placer de la carne tampoco se mantiene muchos días. Y las enfermedades de larga duración tienen para la carne una mayor dosis de gozo que de dolor.

5

[Vida placentera y virtudes]

No es posible vivir placenteramente sin vivir sensata, honesta y justamente; ni vivir sensata, honesta y justamente sin vivir placenteramente. Quien no consigue [aplicar] tales presupuestos [a su vida] no puede vivir con placer.

6

[Obtención de seguridad personal]

Es un bien conforme a la Naturaleza conseguir seguridad frente a los otros hombres por cualquier medio que uno sea capaz de procurarse.

7

[Notoriedad y búsqueda de seguridad personal]

Algunos han querido hacerse famosos y admirados creyendo que así conseguirían rodearse de seguridad frente a los demás hombres. De esta manera, si la vida de tales individuos es segura lograron lo que es un bien por naturaleza, pero si [su vida] no es segura no han alcanzado el fin [objetivo] que buscaban originalmente por los propios impulsos de la Naturaleza.

8

[Elegibilidad del placer]

Ningún placer es malo en sí mismo, pero las cosas que producen ciertos placeres acarrean muchas más perturbaciones que gozos.

9

[Esterilidad de la concentración del placer]

Si todos los placeres se condensaran y estuvieran presentes al mismo tiempo en todo el organismo o en sus partes más relevantes, entonces los placeres nunca se distinguirían los unos de los otros.

10

[Placer y viciosos]

Si las cosas que producen placer a los viciosos realmente los liberaran de los temores de la mente respecto de los fenómenos celestes, la muerte y el dolor y si, además, les enseñaran el límite que se debe imponer a los deseos, no habría nada que reprocharles, porque entonces estarían saciados de placeres de todas las clases y nunca tendrían dolor corporal ni pesar mental, que es lo que constituye, en definitiva, el mal en la vida.

11

[Necesidad de investigación de la Naturaleza]

Si nunca hubiéramos estado preocupados por los fenómenos celestes, ni por el temor a la muerte, ni por nuestra ignorancia de los límites de los dolores y los deseos, no habríamos tenido necesidad de estudiar la Naturaleza.

12

[Investigación de la Naturaleza y placer puro]

No era posible liberarse del temor ante las más definitivas preguntas sin conocer cuál es la naturaleza del universo y sin recelar de las creencias según los mitos. De modo que sin la investigación de la Naturaleza no era posible obtener placeres puros.

13

[Seguridad y miedos irracionales sobre la Naturaleza]

De nada vale procurarse seguridad frente a los hombres mientras continúen siendo motivo de angustia para uno los fenómenos celestes y de debajo de la tierra y, en suma, los del universo infinito.

14

[Seguridad, serenidad y apartamiento]

La seguridad más pura es la que proviene de una vida tranquila apartada de la multitud, aunque un cierto grado de seguridad frente a los otros hombres se obtenga a través del poder de repeler ataques y por medio de la abundancia de recursos [materiales].

15

[Riqueza natural y riqueza vana]

La riqueza acorde con la Naturaleza está bien delimitada y es fácil de conseguir, pero la que responde a la vanidad se extiende sin límites.

16

[Suerte y recto juicio]

Poco interfiere la fortuna sobre el sabio. Sus mayores y más importantes bienes se los ha dado, se los da y se los dará su juicio racional a lo largo de todo el tiempo de su vida.

17

[La tranquilidad del justo]

El justo está sumamente tranquilo, mientras que el injusto está lleno de la mayor turbación.

18

[Límite del placer del cuerpo y de la mente]

El placer corporal no aumenta cuando se elimina en la carne el dolor provocado por la falta de algo, sino que solo varía [o adquiere matices particulares]. En cuanto al límite del placer mental, este se alcanza cuando reflexionamos [racionalmente] sobre los placeres corporales y los sentimientos relacionados con ellos, los cuales suelen causar a la mente sus mayores temores.

19

[Cantidad de placer y tiempo]

Un tiempo ilimitado y un tiempo limitado proporcionan la misma cantidad placer, si uno mide los límites de ese placer mediante la reflexión [racional].

20

[Límite temporal del placer]

La carne concibe los límites del placer como ilimitados y querría un tiempo ilimitado para procurárselos. En cambio, la mente, razonando sobre la meta y el límite de la carne y disolviendo los temores ante el futuro, nos procura una vida completa y perfecta, y ya no tenemos ninguna necesidad de un tiempo ilimitado. Pues la mente ni rehúye el placer, ni cuando le llega la muerte abandona la existencia sintiendo que le ha faltado algo para haber tenido la mejor vida.

21

[Accesibilidad de lo necesario]

Quien conoce los límites de la vida sabe que es fácil de obtener aquello que elimina el dolor causado por la falta de algo y que hace perfecta la vida entera, de manera que no necesita de nada que traiga consigo luchas competitivas.

22

[Confirmación reflexiva de las opiniones]

Debemos considerar racionalmente el fin último que nos hemos propuesto y toda evidencia sensorial clara a la que referimos nuestras opiniones, pues, de no ser así, toda explicación se nos presentará llena de incertidumbre y confusión.

23

[Sensaciones y certeza]

Si rechazas todas las sensaciones no tendrás siquiera el punto de referencia para juzgar aquellas percepciones sensoriales que afirmas que son falsas.

24

[Examen de las sensaciones]

Si rechazas absolutamente cualquier sensación sin detenerte a discriminar entre lo que parece, lo que espera confirmación y lo que es evidente, ya sea en la sensación o en los sentimientos o en cualquier acto imaginativo de la mente, turbarás también [por tu creencia infundada] las restantes sensaciones con tu vana opinión, hasta el punto de privarte de cualquier posibilidad de juicio [fiable]. Por otra parte, si das por seguro en tus opiniones todo lo que espera confirmación y lo que no presenta evidencia alguna, no evitarás el error, porque en todo juicio habrás conservado la ambigüedad sobre lo que es correcto o no lo es.

25

[Acomodación de las elecciones y rechazos a la Naturaleza]

Si en cada ocasión no refieres tus acciones al fin último prescrito por la Naturaleza, sino que en vez de eso [en el acto de elegir o rechazar] te desvías hacia cualquier otro fin, tus acciones no serán consecuentes con tu juicio racional.

26

[Control de los deseos innecesarios]

Todos los deseos que en el caso de no ser saciados no terminan en dolor no son necesarios, sino que representan un estímulo fácil de eludir cuando parecen ser de difícil consecución o de efectos perniciosos.

[Sabiduría y amistad]

De los bienes que la sabiduría ofrece para la felicidad de la vida entera, el mayor, con mucho, es la adquisición de la amistad.

28

[Seguridad y amistad]

El mismo conocimiento [racional] que nos lleva a la convicción de que ningún mal que temamos es eterno ni muy duradero, nos hace comprender [también] que, dentro de los límites de la vida, la seguridad se obtiene principalmente gracias a la amistad.

29

[Tipología de los deseos]

De los deseos, unos son naturales y necesarios, otros naturales y no necesarios, y otros ni naturales ni necesarios, sino que nacen de una opinión superficial.

30

[Deseos innecesarios y debilidad humana]

Aquellos deseos naturales acompañados de una intensa pasión, pero que no conllevan dolor si no son satisfechos, nacen de una vana opinión, y si es difícil que desaparezcan no se debe a su propia naturaleza sino a la vanidad de los hombres.

31

[Origen natural de lo justo]

Lo justo según la Naturaleza es un acuerdo de lo conveniente para no hacerse daño unos a otros ni sufrirlo.

32

[Sentido relativo de lo justo e injusto]

Los animales, que no pudieron hacer pactos para no agredirse recíprocamente, no tienen ningún sentido de lo justo y de lo injusto. Lo mismo ocurre con todos los pueblos que no pudieron o no quisieron establecer pactos para no agredir ni ser agredidos.

33

[Relativismo de la justicia]

La justicia no es algo que exista de por sí, sino tan solo en las relaciones recíprocas [entre hombres] en aquellos lugares donde se establezca algún pacto para no agredir ni ser agredido.

34

[Naturaleza de lo injusto]

La injusticia no es un mal en sí misma, sino que lo es por el temor que causa la incertidumbre de si pasaremos desapercibidos para quienes están destinados a castigar los actos [establecidos como] injustos.

35

[Inseguridad de la impunidad]

No le es posible a quien ocultamente viola alguno de los acuerdos mutuos sobre el no hacer ni sufrir daño confiar en que pasará inadvertido, aunque haya sido así diez mil veces hasta el presente, porque es imprevisible si quedará así, [sin ser descubierto], hasta el final de su vida.

36

[Justicia general y particular]

La justicia es esencialmente la misma para todos los pueblos en la medida en que beneficia y es útil para la interacción humana, pero los detalles de cómo se aplica la justicia [lo considerado como justo] en países o circunstancias particulares pueden variar.

37

[Naturaleza y variabilidad de las normas justas]

Entre las normas consideradas como justas por convención, solo aquella que por la práctica de las mutuas relaciones humanas se ve que es confirmada como útil tiene la garantía de su carácter justo, tanto si es estimada así por todos como si no. En cambio, si se instaura una ley y resulta no ser útil para las mutuas relaciones, entonces dicha ley ya no tiene el carácter de justa. Y si lo que es mutuamente ventajoso varía y solo durante un periodo temporal se corresponde con nuestra prenoción de la justicia, sin embargo, no por ello fue menos justo durante todo ese espacio de tiempo para quienes no se preocupan por las palabras vacías, sino que simplemente se fijan en los hechos.

38

[Prenoción de lo justo y adaptación de la justicia a la conveniencia]

Allí donde, sin ningún cambio en las circunstancias, las leyes consideradas como justas por convención se evidenciaron por sus consecuencias prácticas como contrarias a la [pre]noción de justicia, tales leyes no eran realmente justas. Y allí donde las leyes dejaron de ser útiles a consecuencia de un cambio de circunstancias, en ese caso las leyes fueron justas en aquella fase temporal en que eran útiles para el trato mutuo entre los conciudadanos, pero luego, cuando dejaron de ser provechosas, ya no eran justas.

39

[Adaptación utilitaria a las circunstancias externas]

Aquel que se prepara de la mejor manera para no ser perturbado por las amenazas que le llegan del mundo exterior procura familiarizarse con todo lo que le es posible e intenta que no le sea extraño aquello con lo que le es imposible familiarizarse. Y respecto de aquellas cosas con las que ni siquiera le es posible adoptar esta actitud, no se involucra en ellas y las aparta de él en la medida que le es útil para no sufrir turbación.

40

[Beneficios de la confianza entre iguales]

Aquellos que han tenido la capacidad de obtener la máxima confianza en sus prójimos, han logrado vivir en comunidad del modo más agradable al tener la más segura fidelidad y, aunque tuvieran la más plena intimidad [unos con otros], no lloran, como por misericordia, la prematura muerte de uno de ellos.

EXHORTACIONES
(Gnomologio Vaticano)[4]

1 (MC 1)

2 (MC 2)

3 (MC 4)

4

[Carácter superable del dolor]

Todo dolor es fácilmente despreciable, ya que el que comporta un sufrimiento intenso dura un tiempo breve, y el que dura largo tiempo en la carne [cuerpo] produce un sufrimiento leve.

---

4   Fuente: Arrighetti G. (1960). *Epicuro. Opere, frammenti e testimonianze sulla sua vita*. Turín: Einaudi. Las *Sentencias vaticanas* (SV), también conocidas como *Gnomonologio vaticano* o *Exhortaciones*, son una colección de 81 sentencias de Epicuro y sus discípulos descubiertas en 1888 por Karl Wotke en la Biblioteca Apostólica Vaticana en un códice griego del siglo XIV (cod. Vat. gr. 1950, saec. XIV, fol. 401ᵛ-404ᵛ). Las sentencias, tal vez recopiladas por algún estoico ecléctico de la época imperial romana, son todas de tipo ético. Algunas de ellas coinciden con las *Máximas capitales* (MC) y, por ello, no las hemos reproducido, pero indicamos la correspondencia entre unas y otras. Probablemente algunas de las sentencias no son del propio Epicuro, sino de algún discípulo suyo (principalmente de Metrodoro y Hermarco). Estas últimas se presentan encerradas entre paréntesis. Entre corchetes, en cursiva y a modo de título y también en letra normal en el cuerpo del texto, se añaden epígrafes y aclaraciones para una mejor comprensión del escrito.

5 (MC 5)

6 (MC 35)

7

[Injusticia e inseguridad]

Es difícil que quien comete [una] injusticia pase desapercibido, pero que consiga la seguridad de pasar inadvertido es imposible.

8 (MC 15)

9

[Necesidad]

La necesidad es un mal, pero no hay necesidad alguna de vivir sometido a la necesidad.

10

[Claridad mental del sabio]

(Metrodoro, recuerda que, siendo mortal por naturaleza y disponiendo de un tiempo limitado, por tus indagaciones sobre lo que es la Naturaleza ascendiste a lo infinito y eterno y contemplaste «lo que es, lo que será y lo que fue».)

11

[Inactividad y actividad]

Para la mayoría de los hombres la inactividad es embotamiento y la actividad locura.

12 (MC 17)

13 (MC 27)

14

[Aprovechar la vida]

Nacemos una vez, pues no es posible nacer dos veces, y no podemos vivir eternamente. No obstante, tú, que ni siquiera eres dueño del día de mañana, pospones tu felicidad. Pero la vida se consume en dilaciones [aplazando decisiones] y a cada uno de nosotros nos sorprende la muerte sin haber gozado de la tranquilidad [atrapados en nuestras (pre)ocupaciones].

15

[Costumbres propias y ajenas]

Apreciamos nuestras costumbres como algo que nos es propio, tanto si las tenemos por honradas y somos admirados por los demás como si no. Del mismo modo es preciso apreciar las de nuestro prójimo si son honestas.

16

[Seducción del mal]

Nadie, viendo el mal, lo elige por sí mismo, sino que, seducido como si fuera un bien respecto de un mal aún mayor, es atrapado por él.

17

[Felicidad del anciano]

No hay que considerar feliz al joven, sino al viejo que ha vivido bien. Porque el joven, en la plenitud de sus fuerzas, a menudo se ve confundido por el azar y desviado de su curso, mientras que el anciano ha echado anclas en la vejez como en un puerto, atesorando en su recuerdo seguro y agradecido aquellos bienes que en otro tiempo apenas confiaba en obtener.

18

[Antídoto contra la pasión]

Si nos privamos de la contemplación [vista], de la conversación y del trato frecuente, se desvanece toda pasión erótica.

19

[Perjuicio del olvido de lo gozado]

Quien se olvida de los bienes gozados en el pasado se ha hecho viejo ese mismo día.

20 (MC 29)

21

[Instintos naturales y deseos que se deben satisfacer]

A los instintos [naturales presentes en el hombre] no se los debe forzar sino convencerlos, y los persuadiremos satisfaciendo, [sin duda], los deseos necesarios y [también] los [deseos] naturales siempre que [estos] no [nos] resulten perjudiciales, y rechazando los [deseos] que son claramente dañinos.

22 (MC 19)

23

[Origen de la amistad]

Toda amistad es deseable por sí misma, pero recibe su razón de ser de la utilidad [para atender a la necesidad de ayuda que afecta al hombre].

24

[Naturaleza de los sueños]

Los sueños no tienen naturaleza divina ni poder de adivinación, sino que se producen debido a una afluencia de imágenes.

25

[Riqueza natural y riqueza vana]

La pobreza de acuerdo con la Naturaleza [acomodada al fin de la Naturaleza] es una gran riqueza. Por el contrario, la riqueza no sujeta a límites es una gran pobreza.

26

[Virtud de la sencillez del discurso]

Conviene tener en cuenta que tanto el discurso extenso como el breve tienden al mismo objetivo.

27

[Filosofía y placer]

En las demás ocupaciones de la vida cuesta grandes trabajos recoger el fruto una vez cumplida toda la labor, pero en [el ejercicio de] la filosofía tal placer va a la par con el conocimiento, pues no se goza después de haber aprendido, sino que se aprende y se goza al mismo tiempo.

28

[Requisitos para la amistad]

No se han de considerar aptos para la amistad ni a los demasiado ansiosos [por hacer amigos], ni tampoco a los demasiado reacios [al compromiso], pues también por amor a la amistad es preciso correr riesgos.

29

[Filosofía para unos pocos]

Al investigar sobre la Naturaleza [sobre lo que es natural], yo preferiría hablar francamente para dar respuestas útiles para todos los hombres, aunque nadie llegara a entenderme, antes que conformarme con las vanas opiniones populares y ganarme así los elogios entusiastas y circunstanciales de la multitud.

30

[Despilfarrar la vida]

(Algunos pasan toda su vida preparándose para vivir [proveyéndose de medios de vida], sin darse cuenta de que está infiltrado dentro de nosotros el veneno mortal del nacimiento [Sentencia atribuida a Metrodoro].)

31

[La imposible seguridad ante la muerte]

Frente a las demás cosas es posible procurarse seguridad, pero en cuanto a la muerte todos los hombres habitamos una ciudad sin murallas.

[Veneración del sabio]

Reverenciar al sabio es un gran bien para quien lo venera.

33

[Lo necesario para el cuerpo y la felicidad]

El cuerpo [la carne] clama por no tener hambre, no tener sed y no tener frío. Cualquiera que tenga estas cosas y que espere tenerlas [en el futuro] puede rivalizar en felicidad incluso con Zeus.

34

[Confianza en el auxilio del amigo]

No es tanto de la ayuda de nuestros amigos de lo que necesitamos como de la confianza [en contar con] en ella [en caso de necesitarla].

35

[Apreciar lo que se tiene]

No debemos despreciar lo que ahora tenemos por el deseo de lo que nos falta, sino que es preciso tener en cuenta que también lo que ahora poseemos formaba parte de lo que antes deseábamos.

36

[El ejemplo de vida de Epicuro]

(La vida de Epicuro, comparada con la de los demás hombres, por la exquisitez de sus costumbres y su independencia frente a las necesidades, podría considerarse una leyenda [Sentencia de Hermarco, discípulo y sucesor de Epicuro al frente del Jardín]).

37

[Debilidad de la naturaleza frente al mal]

La Naturaleza es débil cuando se enfrenta al mal, pero no cuando se enfrenta al bien, pues en los placeres, en efecto, se conserva, y en los dolores, por el contrario, se destruye.

38

[Necedad del suicidio]

Muy corto de miras es, ciertamente, aquel que considera que hay muchas buenas razones para abandonar la vida.

39

[Malos amigos]

Ni es un buen amigo aquel que busca continuamente [a través de la amistad] el [propio] beneficio por encima de todo, ni aquel que desvincula totalmente la utilidad de la amistad, pues el primero intercambia amabilidad por favores y el segundo corta de raíz toda posibilidad de esperar algo bueno [de él] para el futuro.

40

[Necesidad]

Quien asegura que todas las cosas ocurren por necesidad no tiene nada que objetar a quien asegura que no todo sucede por necesidad, pues [este último] admite que eso mismo acontece por necesidad.

41

[Proclamación alegre y serena de la filosofía]

Hay que reír a la vez que filosofar, administrar la casa y ocuparse del resto de los asuntos privados, y de ninguna manera hay que expresar sentencias de ira cuando proclamamos las máximas de la filosofía.

42

[Placer y dolor]

El nacimiento del mayor bien [placer] y la liberación del mal [dolor y turbación] se dan al mismo tiempo.

43

[Deseo de dinero]

El amor al dinero [la avaricia], si éste es adquirido por medios ilegítimos, es impío, y, si es obtenido por procedimientos legítimos, detestable, pues es sórdido ser avaro aun tratándose de dinero que le pertenece a uno en justicia.

44

[El tesoro de la autarquía]

El sabio que se ha acostumbrado a situaciones de necesidad sabe más compartir con los demás que tomar de ellos. Así de grande es el tesoro que [el sabio] ha hallado en el saber contentarse.

45

[Influencia del estudio de la Naturaleza sobre el carácter]

El estudio de la Naturaleza no forma hombres a los que les guste jactarse y parlotear o que muestren el tipo de cultura que impresiona a la mayoría, sino hombres independientes y orgullosos de sus propios bienes [cualidades personales] y no de aquellos que les deparan las circunstancias [externas].

46

[Eliminación de las malas costumbres]

Deshagámonos por completo de nuestros malos hábitos como si fueran hombres malvados que nos han causado grandes daños durante mucho tiempo.

47

[Victoria sobre el azar y despedida de la vida]

Me he anticipado a ti, Fortuna, y he bloqueado todas tus posibilidades de infiltración, y no me entregaré cautivo ni a ti ni a ningún otro condicionamiento [circunstancia], sino que cuando llegue la hora de irnos de aquí nos marcharemos tras echar un escupitajo de desprecio sobre la vida y sobre los que neciamente se aferran a ella, entonando al mismo tiempo un bello canto de triunfo proclamando que hemos vivido bien.

48

[Mientras estemos en camino]

Mientras estemos en camino, esforcémonos para tratar de hacer la jornada siguiente mejor que la anterior y, cuando lleguemos al final, alegrémonos con moderación.

49 (MC 12)

50 (MC 8)

51

[Los placeres del amor]

(He sabido de ti que la agitación de la carne, muy impetuosa, te incita a los encuentros sexuales. Pero tú, siempre que no infrinjas las leyes, ni alteres las costumbres establecidas, ni perjudiques a ninguno de los que están cerca de ti, ni consumas tu cuerpo, ni dilapides lo que necesitas, entrégate como te plazca a tus inclinaciones. Sin embargo, es imposible no ser afligido al menos por una de estas cosas, pues, en efecto, los placeres del amor nunca son beneficiosos y por satisfechos nos podemos dar si no nos perjudican [Sentencia extraída de una epístola de Metrodoro dirigida a Pitocles].)

52

[Amistad y felicidad]

La amistad danza por la tierra entera y, como un mensajero, nos llama a despertar para la felicidad.

53

[Esterilidad de la envidia]

No hay que envidiar a nadie, pues los buenos no son merecedores de envidia y los malos, cuanta más suerte tienen, tanto más se perjudican.

54

[Filosofar de verdad]

No hay que fingir filosofar, sino filosofar realmente, pues tampoco necesitamos parecer sanos, sino estar sanos de verdad.

55

[El poder sanador del recuerdo y la aceptación de lo acontecido]

Debemos curar nuestras desgracias recordando con gratitud los bienes perdidos y asumiendo que es no es posible deshacer lo que ha acontecido.

56-57

[El sacrificio de la amistad]

El sabio no sufre más por su propia tortura que por la tortura de un amigo y por él está dispuesto a morir, porque si traiciona a su amigo toda su vida será desconcierto y agitación a causa de esa infidelidad.

58

[Liberación de las preocupaciones cotidianas y de la política]

Debemos liberarnos de la cárcel de los asuntos rutinarios y de la política [asuntos públicos].

59

[Falsa insaciabilidad del estómago]

El estómago no es insaciable como dicen muchos, sino la falsa opinión acerca de la ilimitada insaciabilidad del estómago.

60

[Vacuidad y brevedad de la existencia vivida sin sabiduría]

Todo el mundo se va de la vida como si acabara de nacer.

61

[El primer encuentro con el amigo en potencia]

Hermosísima es la visión de nuestro prójimo si el primer encuentro implica concordia o al menos produce inclinación hacia ello.

62

[Respuesta a la ira justificada y a la ira irracional]

Si la ira de los padres con sus hijos se debe a causas justificadas, es estúpido resistirse en lugar de buscar el perdón, y si no se debe a causas razonables, sino a impulsos irracionales, es ridículo echar más leña al fuego aumentando la sinrazón con la violencia en lugar de tratar de apaciguarlos mediante una actitud conciliadora.

63

[Sabiduría del justo medio]

También la frugalidad tiene su medida [término medio] y quien no la tiene en cuenta sufre poco más o menos lo mismo que el que desborda todos los límites por su inmoderación.

64

[Alabanzas externas y cuidado de uno mismo]

Conviene que nos acompañe, si es espontáneo, el elogio de los demás, pero [somos] nosotros [mismos quienes] debemos ocuparnos de nuestra salud [anímica].

65

[Esterilidad de pedir a la divinidad lo fácilmente procurable]

Es absurdo pedir a los dioses aquello que cada uno es capaz de procurarse por sí mismo.

66

[Empatía activa]

Compadezcámonos de nuestros amigos no con lamentaciones, sino prestándoles ayuda.

67

[Vida libre y riquezas materiales]

Una vida libre no puede adquirir muchas riquezas [materiales], porque estas no son fáciles de obtener sin servilismos respecto de la masa o de los poderosos, sino que dicha clase de vida libre ya posee todo [lo necesario] en continua abundancia y, si por azar obtuviera muchas riquezas [materiales], también le sería fácil compartirlas teniendo en vista la obtención de la benevolencia de quienes le son más cercanos.

68

[Lo suficiente]

Nada es suficiente para quien lo suficiente es poco.

69

[No saber conformarse]

La ingratitud del alma [mente] [con los bienes de los que disfruta] hace que el ser vivo codicie infinitas variaciones en su forma de vida.

70

[Actuar libre de temor]

No hagas nada en tu vida que te cause temor en el caso de que sea conocido por el prójimo.

71

[Pregunta para todos los deseos]

A todos los deseos hay que preguntarles lo siguiente: ¿Qué me sucederá si se cumple lo perseguido por el deseo? y ¿qué si no se cumple?

72 (MC 13)

73

[El aviso del dolor corporal]

El padecimiento de ciertos dolores corporales nos ayuda a prevenirnos frente otros semejantes a ellos.

74

[El valor de la derrota dialéctica]

En las discusiones [filosóficas] entre aquellos que aman razonar es el derrotado quien más gana porque es quien más aprende.

75

[Apreciar lo obtenido en el pasado]

Desagradecida para con los bienes disfrutados en el pasado es la voz que dice: «Espera a ver el final de tu vida todavía larga.»

76

[Filosofía privada y pública]

Eres, en tu vejez, tal como yo aconsejo ser, y has sabido distinguir qué es filosofar para uno mismo y qué [filosofar] para la Hélade [Grecia]. Me alegro contigo. [Máxima extraída de una epístola dirigida por Epicuro a Leonteo de Lámpsaco o de una carta de Metrodoro a su hermano Timócrates].

77

[Autarquía y libertad]

El fruto más grande de la autosuficiencia es la libertad.

78

[Nobleza, sabiduría y amistad]

El hombre [de mente] noble se dedica principalmente a la sabiduría y a la amistad, de las cuales la primera es un bien intelectual y la segunda un bien inmortal.

79

[Serenidad]

El hombre sereno [libre de perturbación] no se inquieta por sí mismo ni por otro.

80

[Juventud y control de los deseos]

Para el joven el primer paso para la salvación [de su salud psíquica y física] consiste en proteger la juventud y estar en guardia contra todo lo que por sus exaltados apetitos [deseos] pueda enturbiarla.

81

[Libertad y alegría de la mente y deseos vanos]

No elimina la perturbación del alma [mente] ni produce un goce digno de mención la posesión de riqueza [material], aunque sea la más grande, ni la honra y admiración otorgadas por el vulgo, ni ninguna otra cosa de las que están sujetas a causas azarosas.

FRAGMENTOS Y TESTIMONIOS ESCOGIDOS[5]

1

[Filosofía y vida feliz]

La filosofía es una actividad que mediante razonamientos y argumentos procura una vida feliz.

(*Us* 219)

2

[La filosofía como medicina del cuerpo y la mente]

Estéril es la palabra del filósofo que no remedia ningún sufrimiento del hombre, porque así como no es útil la medicina si no suprime las enfermedades del cuerpo, así tampoco la filosofía si no sana las enfermedades del alma [mente].

(*Us* 221)

---

5   Se incluyen aquí citas de textos epicúreos recogidas por autores diversos. La fuente principal utilizada, que constituye la base documental más completa para el conocimiento de la doctrina epicúrea (el único documento que no incluye son las *Sentencias vaticanas*, descubiertas en 1888), es la recopilación de textos, noticias y testimonios antiguos editada por Hermann Usener en un volumen titulado *Epicurea* (1887). En dicha obra, auténtico monumento de erudición filológica, se recogen, además del libro X del *Vitae et sententiae philosophorum* de Diógenes Laercio, toda una serie de citas de la literatura griega y latina sobre Epicuro. Cada texto citado de la obra de Usener va identificado con la abreviación *Us* (Usener) seguida del número de fragmento al que alude dentro de los *Epicurea*. Además del material recogido por Usener, en nuestra selección de fragmentos epicúreos también se incluye una cita sobre Epicuro referenciada por Plutarco en su tratado antiepicúreo *Contra Colotes* (Plutarco, *Moralia*, XIV) y tres citas epicúreas recogidas por Diógenes de Enoanda y tomadas del libro de M.F. Smith *Diogenes of Oinoanda. The Epicurean Inscription* (1993), indicándose cada cita con la abreviación *Sm* (Smith) seguida del número de fragmento al que se refiere dentro de la obra. Entre corchetes, en cursiva y a modo de título y también en letra normal en el cuerpo del texto, se añaden epígrafes y aclaraciones para una mejor comprensión del texto.

3

[Filosofía y temor]

El amor a la verdadera filosofía disuelve cualquier deseo ansioso y doloroso.

(*Us* 457)

4

[Filosofía y libertad]

Para alcanzar la verdadera libertad debes ser esclavo de la filosofía.

(*Us* 199)

5

[La verdadera felicidad]

No son grandes cantidades de riquezas [materiales], ni ocupaciones relevantes, ni cargos de autoridad aquello que proporciona la felicidad y la alegría, sino la ausencia de dolor, la calma de nuestras pasiones y la disposición del alma [mente] a saber reconocer como límite aquello dictado por la Naturaleza.

(*Us* 548)

6

[Seguir el fin de la Naturaleza]

Debe decirse de qué manera preservará el hombre mejor el propósito que ha de seguir según la Naturaleza [buscar el placer y suprimir el dolor] y cómo, siguiendo este principio, no se presentará a ningún cargo público por su propia y libre voluntad.

(*Us* 554)

7

[Alegría y ocupaciones]

Nada produce tanto gozo como el no cumplir muchos cometidos ni emprender asuntos engorrosos ni violentar nuestra capacidad más allá de sus fuerzas, pues todo esto provoca perturbaciones en nuestra naturaleza.

(Sm 113)

8

[Perjuicios de la cultura oficial]

Toma tu barco y huye, hombre feliz, a vela desplegada, de cualquier forma de cultura [oficial].

(Us 163)

9

[Educación convencional y filosofía]

Te considero dichoso porque, limpio de toda educación [convencional], te has entregado a la filosofía.

(Us 117)

10

[Tetrafármaco]

Téngase presente solo el cuadrifármaco: la divinidad no se ha de temer, la muerte no se percibe, el bien es fácil de conseguir y el mal fácil de soportar.

(Us pg. 69 Epicurea)

11

[Noción de los dioses]

Sólo Epicuro concibió que existen los dioses por el hecho de que la Naturaleza ha grabado en el ánimo [mente] de todos la noción de ellos. Pues, ¿qué pueblo hay o qué estirpe de hombres que no tenga, sin previa instrucción doctrinal, una cierta anticipación de los dioses que Epicuro llama prolepsis?

(Us 34)

12

[Indiferencia de la divinidad]

El ser viviente incorruptible y feliz [la divinidad], saciado de todos los bienes y exento de todo mal, dado por entero al goce continúo de su propia felicidad e incorruptibilidad, es indiferente a los asuntos humanos. Sería infeliz si, a modo de un operario o de un artesano, soportara pesadumbres y preocupaciones por la creación del cosmos.

(*Us* 361)

13

[La divinidad y las súplicas de los hombres]

Si Dios atendiera a las plegarias de los hombres, pronto todos los hombres perecerían porque continuamente piden muchos males los unos contra los otros.

(*Us* 388)

14

[Recta comprensión de la divinidad]

El sabio tiene en todo momento opiniones puras y reverentes acerca de la divinidad y estima excelsa y augusta su naturaleza, y es particularmente en las festividades religiosas donde, progresando en la idea de la divinidad por tener continuamente en los labios su nombre con piadosa emoción, entiende con más convicción la inmortalidad de los dioses.

(*Us* 386)

15

[Culto y emulación de la divinidad]

Sacrifiquemos, pues, como conviene, piadosa y rectamente, y cumplamos con todas las demás cosas de acuerdo con las leyes, sin dejarnos turbar por nuestras vanas opiniones acerca de los seres más perfectos y augustos. Seamos además justos en base a la doctrina de la que os he hablado, pues así es posible para una naturaleza mortal vivir como Zeus.

(*Us* 387)

16

[Igualdad y debilidad ante la muerte]

Frente a los demás males es posible procurarse seguridad, pero en lo que se refiere a la muerte todos los hombres habitamos una ciudad sin murallas.

(*Us* 339)

17

[Daño del temor a la muerte]

Tan grande es la ignorancia de los hombres, tan grande su locura, que algunos por temor a la muerte se empujan a sí mismos hacia ella.

(*Us* 497)

18

[Raíz de la infelicidad humana]

La infelicidad [humana] está originada bien por el temor, bien por el deseo ilimitado y vano, pero si un hombre controla estos impulsos puede alcanzar la felicidad de la sabiduría.

(*Us* 485)

19

[Ansiedad de riquezas y vida desgraciada]

Con una actividad desenfrenada se acumula una gran cantidad de riquezas [materiales], pero de ello resulta una vida desgraciada.

(*Us* 480)

20

[Riquezas y males]

Muchos que han conseguido riquezas [materiales] no han encontrado en ellas la liberación de sus males, sino una permuta de estos por otros aún peores.

(*Us* 479)

21

[Riqueza según la Naturaleza y ansia ilimitada]

Es raro encontrar un hombre pobre si se atiene al fin [objetivo] de la Naturaleza y rico si se atiene a las vanas opiniones, porque ningún insensato, en efecto, se contenta con lo que tiene, sino que más bien se atormenta por lo que no tiene. Pues así como los que tienen fiebre, por la malignidad de la enfermedad, siempre están sedientos y desean las cosas más perjudiciales, así también los que tienen su alma [mente] enferma sienten siempre que todo les falta y se precipitan por su avidez en los más diversos deseos.

(*Us* 471)

22

[Riqueza auténtica y limitación de deseos]

Si quieres hacer rico a Pitocles, no aumentes sus riquezas [materiales] sino limita sus deseos.

(*Us* 135)

23

[Autarquía y riqueza]

La autosuficiencia es la mayor de todas las riquezas.

(*Us* 476)

24

[La Naturaleza y lo necesario]

Agradezcamos a la bendita Naturaleza haber hecho fácil de conseguir lo necesario y difícil de obtener lo innecesario.

(*Us* 469)

25

[La riqueza acorde con la Naturaleza]

El que sigue a la Naturaleza y no a las opiniones infundadas es autosuficiente en todo, porque toda adquisición para satisfacer lo que demanda la Naturaleza es riqueza, mientras que la mayor de las riquezas [materiales] relacionada con los deseos ilimitados es pobreza.

(*Us* 202)

26

[Riqueza de la pobreza natural]

La pobreza acomodada a la ley de la Naturaleza es gran riqueza.

(*Us* 477)

27

[Naturaleza, fortuna y sabiduría]

La Naturaleza nos enseña a considerar insignificantes las concesiones de la fortuna, a saber ser desafortunados cuando somos afortunados y, cuando somos desafortunados, a no valorar en exceso la fortuna. También nos enseña a recibir con serenidad los bienes concedidos por el azar y a mantenernos firmes frente a los que parecen ser sus males. Porque efímero es todo bien y todo mal estimado por el vulgo, mientras que, por su parte, la sabiduría nada tiene en común con la fortuna.

(*Us* 489)

28

[Placer como primer deber y origen de la virtud]

Epicuro y los cirenaicos dicen que el placer es el primer deber natural, porque fue por el bien que supone el placer que la virtud fue concebida como tal y produjo goce.

(*Us* 509)

29

[Virtud, placer y felicidad]

Quien posee la virtud es feliz, pero esa virtud en sí misma no es suficiente para una vida feliz, pues es el placer que resulta de la virtud y no la virtud en sí misma lo que nos hace felices.

(*Us* 508)

30

[Elección de la virtud por el placer]

También las virtudes se eligen por el placer y no por sí mismas como la medicina [se escoge] por la salud.

(*Us* 504)

31

[Vacuidad de la virtud sin placer]

Escupo sobre lo bello moral y los que vanamente lo admiran cuando no produce ningún placer.

(*Us* 512)

32

[Estima de la virtud por el placer]

Debemos apreciar lo bello moralmente, las virtudes y las cosas por el estilo si producen placer, pero si no es así hay que despacharlas.

(*Us* 70)

33

[Placeres estables y dinámicos]

La serenidad del alma y la ausencia de dolor corpóreo son placeres catastemáticos [estables], mientras que la alegría y el gozo se revelan por su actividad como placeres en movimiento [cinéticos].

(*Us* 2)

34

[Placer corporal estable y felicidad]

Para quienes son capaces de reflexionar, el equilibrio estable de la carne y la confiada esperanza de conservarlo conllevan la dicha más grande y segura.

(*Us* 68)

35

[Placer básico y placeres molestos]

Yo reboso de placer en el cuerpo cuando dispongo de pan y agua y escupo sobre los placeres de la suntuosidad, no por sí mismos, sino por las molestias que les siguen.

(*Us* 181)

36

[El placer del estómago]

Principio y raíz de todo bien es el placer del vientre: todos los actos más sabios e importantes están referidos a él.

(*Us* 409)

37

[Placeres dinámicos]

Por mi parte no sé qué idea puedo hacerme del bien si suprimo los placeres del gusto, del amor, del oído y los suaves movimientos que de las formas exteriores recibe la vista.

(*Us* 67)

38

[Placeres ininterrumpidos y placeres vacuos]

Yo exhorto a placeres prolongados y no a placeres vacíos y estériles, las esperanzas de cuyos frutos comportan turbación.

(*Us* 116)

39

[El amor-pasión o amor erótico]

El amor es un apetito vehemente de placer sexual acompañado de furor y angustia.

(*Us* 483)

40

[Verdadera necesidad de placer y deseos vanos]

Necesitamos del placer cuando sufrimos por su ausencia, pero cuando no estamos en esa condición [de carencia], sino que permanecemos en un estado sensorial estable, entonces no tenemos ninguna necesidad de placer, porque, en efecto, lo que [en esta situación] produce daño no es la necesidad natural sino el deseo basado en opiniones vanas.

(*Us* 422)

41

[Elección y rechazo de placeres y dolores]

Es mejor soportar ciertos dolores para gozar de placeres mayores. Igualmente, conviene privarse de determinados placeres para no sufrir dolores más penosos.

(*Us* 442)

42

[La insociabilidad del ser humano]

No te dejes engañar ni te engañes o equivoques: no existe ningún vínculo natural recíproco entre los seres racionales. No existe una sociedad humana, sino que cada uno cuida de sí mismo.

(*Us* 523)

43

[Las leyes como necesario bozal social]

Si se suprimieran las leyes, los hombres necesitarían las garras de los lobos, los dientes de los leones.

Plutarco (*Contra Colotes*, 1125b)[6]

44

[Las leyes y los sabios]

Las leyes están establecidas para los sabios, no para que no cometan injusticia sino para que no la sufran.

(*Us* 530)

45

[Justicia y ataraxia]

El más grande fruto de la justicia es la serenidad del alma [mente].

(*Us* 519)

---

6   *Cf.* con la afirmación de Metrodoro, discípulo de Epicuro, quien decía que «sin las leyes los humanos se devorarían los unos a los otros».

46

[Amistad, placer y seguridad]

La amistad no puede separarse del placer y merece ser cultivada porque sin ella no podemos vivir ni seguros ni libres de temor y, en consecuencia, no podemos vivir agradablemente.

(*Us* 541)

47

[El gozo de hacer el bien al prójimo]

Epicuro, que sitúa la felicidad en la más profunda tranquilidad del alma, como en un puerto protegido y silencioso, dice que hacer el bien no solo es más noble, sino también más agradable que recibirlo. De hecho, no hay nada que engendre más gozo que el hacer el bien desinteresadamente.

(*Us* 544)

48

[Alimento y amistad]

Preocúpate más por atender con quién comes y bebes que por aquello que comes y bebes, porque alimentarse sin un amigo es llevar una vida de león y lobo.

(*Us* 542)

49

[Amistad, placer y dolor]

Aun eligiendo la amistad por el placer [interés utilitario], Epicuro dice que por los amigos se deben soportar los más severos sufrimientos.

(*Us* 546)

50

[Modelo de conducta]

Es necesario escoger a un hombre bueno y tenerlo siempre presente a fin de vivir como si él nos vigilara y hacerlo todo como si él nos viera.

(*Us* 210)

51

[Nobleza]

No es la Naturaleza, que es única para todos, la que distingue a nobles e innobles, sino las acciones y las disposiciones de ánimo de cada cual.

(*Sm* 111)

52

[Disposición interior y felicidad]

Lo fundamental para la felicidad es nuestra disposición de ánimo, de la cual somos dueños.

(*Sm* 112)

53

[Recuerdo y felicidad]

El recuerdo de los bienes pasados es un factor muy importante para tener una vida feliz.

(*Us* 436)

54

[El daño de la política]

Los epicúreos huyen de la política como daño y destrucción de la vida dichosa.

(*Us* 552)

55

[Pasar inadvertido por la vida]

Vive oculto.

(*Us* 551)

56

[Filosofía para unos pocos]

Jamás pretendí contentar a la masa, porque lo que al vulgo le agrada yo lo ignoro y lo que yo sé bien lejos está de su comprensión.

(*Us* 187)

SOBRE EL SABIO[7]

[117] Veamos las opiniones de Epicuro y sus discípulos sobre el sabio. Hay tres motivos para los actos dañinos entre los hombres: el odio, la envidia y el desprecio, y a estos tres impulsos el sabio los vence con la razón. Además, quien ha alcanzado la sabiduría nunca más asumirá el hábito opuesto, ni siquiera en apariencia, si puede evitarlo. El sabio será más susceptible a los sentimientos, pero esto no afectará a su sabiduría. Sin embargo, no está al alcance de cualquier disposición corporal ni de cualquier raza la capacidad de llegar a ser sabio. [118] Incluso en medio de la tortura el sabio es feliz. Sólo el sabio sabe sentir gratitud hacia los amigos, con los presentes y los ausentes por igual, y lo demuestra con palabras y hechos. Pero cuando está sometido a tortura, entonces se queja y gime. El sabio no se asociará con mujeres en ninguna manera prohibida por la ley (según dice Diógenes en su *Epítome de las Doctrinas Éticas de Epicuro*). No castigará a sus sirvientes, sino que se compadecerá de ellos y tratará comprensivamente a los que sean personas de bien. Los epicúreos opinan que el sabio no ha de enamorarse ni tampoco preocuparse por su sepultura. De acuerdo con ellos el amor no es de origen divino (según Diógenes en su *Epítome de las Doctrinas Éticas de Epicuro*). El hombre sabio no discurseará con elocuencia. Los epicúreos dicen que las relaciones sexuales [el placer sexual] nunca son beneficiosas, y que uno debe estar agradecido si no es lasti-

---

7   Fuente: Diógenes Laercio, *Vitae et sententiae philosophorum*, libro X, 117-121. Edición de H.S. Long (1964) en dos volúmenes publicada en Oxford University Press. Se indican entre corchetes aclaraciones para una mejor compresión del texto así como los números de los párrafos del escrito original de Diógenes Laercio.

mado por ellas. [119] El sabio no se casará ni tendrá hijos (según Epicuro en sus *Incertidumbres* y en su *Sobre la Naturaleza*). No obstante, ocasionalmente, en determinadas circunstancias de su vida, puede contraer matrimonio. Se apartará de ciertas personas. No parloteará cuando esté borracho (dice Epicuro en su *Banquete*). No participará en política (según el primer libro *Sobre las formas de vida*), ni se convertirá en un tirano, ni vivirá como un cínico (según el segundo libro de *Sobre las formas de vida*), ni será un mendigo. Incluso cuando haya perdido la vista no se apartará de su modo de vida (según dice en el mismo libro). El sabio también puede experimentar aflicción (según Diógenes en el libro quinto de sus *Selecciones*). Puede servirse de los tribunales de justicia y dejar obras escritas, pero no participará en actos multitudinarios [no pronunciará panegíricos]. [120] Velará por sus propiedades y por su futuro. Amará el campo. Resistirá los embates de la fortuna y no abandonará a ningún amigo. Cuidará de su reputación en la medida precisa para no ser despreciado. Y se regocijará más que los otros en las fiestas [religiosas]. Dedicará estatuas, pero le resultará indiferente si se erige una en su honor. Sólo el sabio puede dialogar con acierto sobre las artes musicales o poéticas, pero no dedicará su actividad a componer. Ningún sabio es más sabio que otro. En caso de necesidad puede buscarse una ganancia monetaria, pero sólo relacionada con su sabiduría. Ocasionalmente puede servir a un monarca. Estará agradecido a cualquiera por una buena corrección. También puede dirigir una escuela, pero de modo que no atraiga muchedumbres. Llegará a dar lecturas [lecciones] en público, pero no por su gusto, [sino por petición de otros]. Tendrá principios de certeza y no dudará de todo. Incluso en los sueños se mantendrá ecuánime [será él mismo]. Por un amigo llegará a morir si es preciso. Los seguidores de Epicuro consideran que no todos los errores son iguales; que la salud en ocasiones es un bien y en otros casos algo indiferente; que el coraje [valor] no se produce por naturaleza, sino que nace del cálculo de lo más conveniente; y que la amistad es impulsada por nuestras necesidades, siendo preciso que [para su nacimiento] uno tome la iniciativa igual que tenemos que sembrar la semilla en la tierra, y [dicha amistad] se mantiene y adquiere consistencia por el logro y disfrute compartido de los placeres de la vida. [121] Conciben que hay dos tipos de felicidad: la más alta, que es la que rodea a la divinidad y que no puede aumentarse [no conoce alternancias], y la otra, la forma de felicidad que varia con la adición y la sustracción de placeres.

Bibliografía

ACOSTA MÉNDEZ, E. (1974). *Ética de Epicuro. La génesis de una moral utilitaria*. Barcelona: Barral.

ALCALÁ, R. & MONTERO, M. (2013). *Repensar el hedonismo: de la felicidad en Epicuro a la sociedad hiperconsumista de Lipovetsky*. Éndoxa 1 (31), 191-210. https://doi.org/10.5944/endoxa.31.2013.9371

ARENDT, H. (2006). *Eichmann en Jerusalén* (Trad. C. Ribalta). Debolsillo: Barcelona. (Trabajo original publicado en 1963).

ARENDT, H. (1974). *Los orígenes del totalitarismo*. (Trad. G. Solana). Madrid: Taurus. (Trabajo original publicado en 1951).

ARISTÓTELES (1964). *Obras*. (Trad. F. P. Samaranch). Madrid: Aguilar.

ARRIGHETTI, G. (1960). *Epicuro. Opere, frammenti e testimonianze sulla sua vita*. Turín: Einaudi.

BAUDRILLARD, J. (2005). *La posmodernidad explicada a los niños*. (Trad. E. Lynch). Barcelona: Gedisa. (Trabajo original publicado en 1986).

BAUDRILLARD, J. (2009). *La sociedad de consumo. Sus mitos, sus estructuras*. (Trad. A. Bixio). Madrid: Siglo XXI. (Trabajo original publicado en 1970).

BAUMAN, Z. (2005). *Identidad*. (Trad. D. Sarasola). Madrid: Losada. (Trabajo original publicado en 2004).

BAUMAN, Z. (2003). *Modernidad líquida*. (Trad. M. Rosenberg). México: FCE. (Trabajo original publicado en 2000).

BERKELEY, G. (1992). *Tratado sobre los principios del conocimiento humano*. (Trad. C. Mellizo). Alianza: Madrid. (Trabajo original publicado en 1709).

BERTI, G. (2015). *Epicuro. El objetivo supremo de la filosofía es conseguir la felicidad*. Barcelona: RBA.

BO, J. V. (27 de febrero de 2001). Descifran el final de «Gilgamés», el primer gran libro de la humanidad. *ABC*. Recuperado de https://www.abc.es

CABANAS, E. (2019). *Happycracia. Cómo la ciencia y la industria de la felicidad controlan nuestras vidas* (Trad. N. Petit). Barcelona: Paidos. (Trabajo original publicado en 2018).

CAMON, F. (1996). *Primo Levi en diálogo con Ferdinando Camon*. (Trad. C. Filipetto). Madrid: Anaya. (Trabajo original publicado en 1987).

CARDONA, J. A. (2015). *Estoicos, epicúreos, cínicos y escépticos*. Barcelona: Batiscafo.

CHAMFORT, N. (1999). *Máximas, pensamientos, caracteres y anécdotas*. Barcelona: Círculo de Lectores. (Trabajo original publicado en 1795).

CHOMSKY, N. (1996). *El nuevo orden mundial (y el viejo)*. (Trad. C. Castells). Crítica: Barcelona. (Trabajo original publicado en 1994).

CIORAN, E. (1980). *Adiós a la filosofía y otros textos*. (Trad. F. Savater). Alianza: Madrid. (Extractos de obras originales publicadas en 1949,1956 y 1969).

CONRUYT, C. (6 de mayo de 2021). Jean-Michel Blanquer interdit officiellement l'écriture inclusive à l'école. *Le Figaro Etudiant*. Recuperado de https://etudiant.lefigaro.fr.

CORONADO, A. (2019). *La filosofía hedonista de Epicuro y su lugar en el ethos posmoderno*. Humanitas 46, (1), 147-174. http://www.humanitas.uanl.mx/index.php/ah/article/view/313

DAVIES, W. (2016). *La industria de la felicidad. Cómo el gobierno y las grandes empresas nos vendieron el bienestar* (Trad. A. Padilla). Barcelona: Malpaso. (Trabajo original publicado en 2015).

DESMURGET, M. (2020). *La fábrica de cretinos digitales. Los peligros de las pantallas para nuestros hijos*. (Trad. L. Cortés). Barcelona: Península. (Trabajo original publicado en 2019).

EPICTETO & HADOT, P. (2015). *Manual para la vida feliz*. (Trad. C. Arroyo y J. Palacio). Madrid: Errata Naturae.

FRANKL, V. (2020). *El hombre en busca de sentido* (Trad. Comité de traducción al español). Barcelona: Herder. (Trabajo original publicado en 1946).

FROMM, E. (2004). *El arte de amar*. (Trad. N. Rosenblatt). Barcelona: Paidos. (Trabajo original publicado en 1959).

FROMM, E. (1998). *El miedo a la libertad*. (Trad. G. Germani). Barcelona: Paidos. (Trabajo original publicado en 1941).

FUKUYAMA, F. (1992). *El fin de la historia y el último hombre.* (Trad. P. Elías). Barcelona: Planeta.

GARCÍA GUAL, C. (2016). *El sabio camino hacia la felicidad: Diógenes de Enoanda y el gran mural epicúreo.* Barcelona: Ariel.

GARCÍA GUAL, C. (1981). *Epicuro.* Madrid: Alianza.

GRACIÁN, B. (1995). *Oráculo manual y arte de prudencia.* Madrid: Cátedra. (Trabajo original publicado en 1647).

HAYEK, F. (1944). *The Road to Serfdom.* London: Routledge Press.

HERNÁNDEZ, J. R. (2015). *Nietzsche. La crítica radical a los valores y la moral de la cultura occidental.* Barcelona: RBA.

HERNÁNDEZ PACHECO, J. (1996). *Corrientes actuales de filosofía.* Madrid: Tecnos.

HOBBES, T. (2016). *De Cive* (Trad. C. Mellizo). Madrid: Alianza. (Trabajo original publicado en 1642).

HORKHEIMER, M. (2000). *Anhelo de justicia. Teoría crítica y religión.* (Trad. J. J. Sánchez). Madrid: Trotta. (Textos originales publicados entre 1949-1973).

HORKHEIMER, M. (2002). *Crítica de la razón instrumental.* (Trad. J. Muñoz). Madrid: Trotta. (Trabajo original publicado en 1947).

HORKHEIMER, M. (1986). *Sociedad en transición: estudios de filosofía social. La teoría crítica, ayer y hoy.* (Trad. J. Godó). Barcelona: Planeta-Agostini. (Conferencia pronunciada en Venecia en 1969).

IMAZ, M. J. (1986). *La filosofía helenística: éticas y sistemas.* Madrid: Cincel.

JUFRESA, M. (1994). *Epicuro. Obras.* Madrid: Tecnos.

KLEIN, N. (2007). *La doctrina del shock: el auge del capitalismo del desastre.* (Trad. I. Fuentes). Barcelona: Paidos.

LEVI, P. (1989). *Los hundidos y los salvados.* (Trad. P. Gómez). Barcelona: Muchnik. (Trabajo original publicado en 1986).

LEVI, P. (1987). *Si esto es un hombre.* (Trad. P. Gómez). Barcelona: Muchnik. (Trabajo original publicado en 1947).

LIPOVETSKY, G. (1990). *El imperio de lo efímero. La moda y su destino en las sociedades modernas.* (Trad. F. Hernández y C. López). Barcelona: Anagrama. (Trabajo original publicado en 1987).

LIPOVETSKY, G. (1986). *La era del vacío: ensayos sobre el individualismo contemporáneo.* (Trad. J. Vinyoli y M. Pendanx). Barcelona: Anagrama. (Trabajo original publicado en 1983).

LONG, H. S. (1964). *Vitae et sententiae Philosophorum.* 2 vol. Oxford: University Press.

LYON, D. (1996). *Postmodernidad* (Trad. B. Urrutia). Madrid: Alianza. (Trabajo original publicado en 1994).

LYOTARD, J. F . (1984) *La condición postmoderna*. (Trad. M. Antolín). Madrid: Cátedra. (Trabajo original publicado en 1979).

LLÁCER, T. (2015). *Nietzsche. El superhombre y la voluntad de poder.* Barcelona: Batiscafo.

LLEDÓ, E. *El epicureísmo* (1984). Barcelona: Taurus.

MACHADO, A. (2014). *Los Proverbios y Cantares* de Antonio Machado. Edición de Emilio J. García Wiedemann. Granada: Dauro. (*Los Proverbios y Cantares* fueron publicados originalmente por Machado entre 1909 y 1924).

MARCUSE, H. (1984). *El hombre unidimensional*. (Trad. A. Elorza). Barcelona: Ariel. (Trabajo original publicado en 1964).

MARTOS A. (2018). *Imaginarios y ficciones de la muerte en la posmodernidad. Revista Crítica de Ciências Sociais*, 115, 5-28. https://doi.org/10.4000/rccs.6941

NAVARRA, A. (2019). *Devaluación continua*. Barcelona: Tusquets.

NIETZSCHE, F. (2008). *Fragmentos póstumos. Volumen II (1875-1882)*. (Trad. D. Sánchez Meca). Madrid: Tecnos.

NIETZSCHE, F. (2011). *Obras completas. Volumen I. Escritos de juventud (1858-1876)*. (Trad. D. Sánchez Meca). Madrid: Tecnos.

NIETZSCHE, F. (2014). *Obras completas. Volumen III. Escritos de madurez I (1878-1882)*. (Trad. D. Sánchez Meca). Madrid: Tecnos.

NIETZSCHE, F. (2016). *Obras completas. Volumen IV. Escritos de madurez II (1883-1889)*. (Trad. D. Sánchez Meca). Madrid: Tecnos.

ORDINE, N. (2013). *La utilidad de lo inútil. Manifiesto.* (Trad. J. Bayod). Barcelona: Acantilado.

ORTEGA Y GASSET, J. (1965). *Meditación de la Técnica*. Madrid: Espasa. (Curso impartido en 1933).

PITARCH, A. (2009). *Epicuro. Carta a Meneceo*. Valencia: Diálogo.

PLATÓN (1966). *Obras completas* (Trad. M. Araújo). Madrid: Aguilar.

QUÍLEZ, J. (17 de febrero de 2022). La LOMLOE tiene muy preocupado a buena parte del profesorado. Recuperado de https://www.levante-emv.com

ROUSSEAU, J. J. (1975). *El contrato social*. (Trad. F. de los Ríos). Madrid: Espasa. (Trabajo original publicado en 1762).

ROUSSEAU, J. J. (1973). *Discurso sobre el origen y los fundamentos de la desigualdad entre los hombres*. (Trad. M. Bustamante). Península: Barcelona. (Trabajo original publicado en 1755).

RUIZ, J. (2021). *Filosofía ante el desánimo. Pensamiento crítico para construir una personalidad sólida.* Barcelona: Destino.

RUIZ, J. I. (2012). Sobre el supuesto carácter circular del tiempo en el eterno retorno de Nietzsche. *Daimon Revista Internacional de Filosofía,* (57), 81-95.

SCHOPENHAUER, A. (2000). *El arte de ser feliz.* (Trad. A. Ackermann). Barcelona: Herder.

SCHOPENHAUER, A. (2013). *El mundo como voluntad y representación. Volúmenes I y II.* (Trad. R. Aramayo). Madrid: Alianza. (Trabajo original publicado en 1819, 1844 y, en su forma definitiva, en 1859).

SCHOPENHAUER, A. (1993). *Los dos problemas fundamentales de la ética.* (Trad. P. López). Madrid: Siglo XXI. (Trabajo original publicado en 1839).

SCHOPENHAUER, A. (2001). *Metafísica de las costumbres.* (Trad. R. Aramayo). Madrid: Trotta. (Lecciones preparadas por Schopenhauer en torno a 1820).

SCHOPENHAUER, A. (2006). *Parerga y Paralipómena I.* (Trad. P. López). Madrid: Trotta. (Trabajo original publicado en 1851).

SCHOPENHAUER, A. (2009). *Parerga y Paralipómena II.* (Trad. P. López). Madrid: Trotta. (Trabajo original publicado en 1851).

SCHOPENHAUER, A. (1981). *Sobre la cuádruple raíz del principio de razón suficiente.* (Trad. L. Palacios). Madrid: Gredos. (Trabajo original publicado en 1813 y revisado y reeditado en 1847).

SELIGMAN, M. (2000). Positive psychology: An introduction. *American Psychologist, 55* (1), 5–14. https://doi.org/10.1037/0003-066X.55.1.5

SELIGMAN, M. (1999). The President's Address. APA. 1998. (Annual Report). *American Psychologist,* 54, 559-562.

SMITH, M. F. (1993). *Diogenes of Oinoanda. The Epicurean Inscription.* Nápoles: Bibliopolis.

SPINOZA, B. (2011). *Ética.* (Trad. V. Peña). Madrid: Alianza. (Trabajo original publicado póstumamente en 1677).

SPINOZA, B. (2013). *Tratado político* (Trad. A. Domínguez). Madrid: Alianza. (Trabajo original publicado en 1670).

USENER, H. *Epicurea* (1887). Leipzig: Teubner. (Reimpreso en Roma en 1963 y en Stuttgart en 1966).

VARA, J. (1995). *Epicuro. Obras completas.* Madrid: Cátedra.

VATTIMO, G. (2001). *Introducción a Nietzsche.* (Trad. J. Binaghi). Barcelona: Península. (Trabajo original publicado en 1985).

VATTIMO, G. (1990). *La sociedad transparente.* (Trad. T. Oñate). Barcelona: Paidós. (Trabajo original publicado en 1989).

WIESEL, E. (2007). *Trilogía de la noche.* (Trad. F. Warschaver). Barcelona: El Aleph. (Trabajo original publicado en 1956).

WILDE, O. (2016). *De profundis.* (Trad. M. Feixas, M. Temprano y O. de Miguel). Debolsillo: Barcelona. (Trabajo original escrito en 1897 y publicado parcialmente en 1905).

Este libro se terminó de imprimir en su primera edición, por encargo de la editorial Almuzara, el 17 de junio de 2022, cien años después de publicarse la primera traducción al inglés del *Tractatus logico-philosophicus* de Ludwig Wittgenstein.